U0824962

环境公益诉讼观察报告

2016年卷

REVIEW OF PUBLIC INTEREST LITIGATION IN ENVIRONMENT PROTECTION

李　楯／主编

法律出版社
LAW PRESS · CHINA

特别鸣谢

感谢阿里巴巴公益基金会、中伦公益基金会，他们的大力支持使得《环境公益诉讼观察报告》2016年卷得以顺利出版！

感谢中华环保联合会、中国生物多样性保护与绿色发展基金会、福建绿家园环境友好中心、佛蒙特法学院亚美环境法中心、自然资源保护协会中国项目办公室的支持！

编 委 会

主　　编　李　楯

副主编　葛　枫

编委会（以姓氏笔画为序）

马　勇　王灿发　王　彦　刘加良

刘　湘　孙佑海　林　英　林燕梅

秦天宝　魏　哲

主编助理　王　琪　马荣真

校　　对（以姓氏笔画为序）

王鑫一　刘伊娜　杨　洋　吴杨敏

张　卿　陈　珍　林　红　周秀琴

组织编写单位

北京自然之友公益基金会

公益诉讼：艰难的制度设置与改进可能

一

这是第二个“环境公益诉讼观察报告”，第一个于去年（2016年）出版，记述了2015年的环境公益诉讼，第二个则记述了2016年的环境公益诉讼。

2016年环境公益诉讼发生的最大变化是检察机关的介入。

2015年，社会组织提起的环境公益诉讼有53起，2016年是68起，只比2015年增加了15起。而自2015年7月全国人大常委会授权最高检开展公益诉讼试点后，特别是2016年年末检察院开始大量提起环境公益诉讼后，至2017年1月，全国检察院已向法院提起环境公益诉讼案件495起（包括民事环境公益诉讼57起，行政环境公益诉讼437起，行政附带民事环境公益诉讼1起），加上通过诉前程序即已解决问题而无须再提起行政环境公益诉讼的3763起案件，全国检察机关办理的环境公益案件已达4258起。

也就是说，民间社会组织提起的环境公益诉讼在2015年和2016年间，没有显著的增加，而由检察院提起的环境公益诉讼则自2016年11月起有了突飞猛进的增加，已是民间社会组织办理案件的几十倍。检察院所办理的环境公益案件只在全国人大常委会授权的13个省级单位试点，可想而知，如果检察院办理环境公益案件在全国普遍推开，如果最高检对各级检察院办理环境公益案件有力度足够的推进，全国检察院系统办理的环境公益案件的数量最起码又会是现在的数倍——这，还是在有评论认为“对于环境公益案件，检察机关‘主动性不足’”的情况下。

另，海事部门被认为是在环境公益诉讼中可以作为原告提起诉讼的。依据是《海洋环境保护法》第89条第2款的规定——“对破坏海洋生态、海洋水产资源、海洋保护区,给国家造成重大损失的,由依照本法规定行使海洋环境监督管理权的部门代表国家,对责任者提出损害赔偿要求”。2015年,大连海事法院曾据此裁定驳回了社会组织(大连环保志愿者协会)以中油燃料油股份有限公司等污染海域、破坏生态为由提起的诉讼,理由是社会组织并非海事部门,此类案件只有海事部门才有“海洋污染公益诉讼的主体资格”。

但有研究者称:海事部门在2016年是否提起过环境公益诉讼,具体提起过多少起环境公益诉讼,相关信息难以查找。

再,《生态环境损害赔偿制度改革试点方案》颁布施行,国务院授权试点地方省级政府作为本行政区域内生态环境损害赔偿权利人,可指定相关部门或机构负责生态环境损害赔偿具体工作。于是,在2016年,江苏省环保厅作为原告对德司达(南京)染料有限公司污染事提起诉讼。贵州省环保厅也据此与实施了污染行为的息烽诚诚劳务有限公司等达成了生态损害赔偿协议。如果这类由政府行政机关提起诉讼案件继续推开,其案件数量是远非由社会组织提起的公益诉讼所能企及的。

公益诉讼,作为制度设置,先是于2005年由国务院在《关于落实科学发展观加强环境保护的决定》中提出(要“发挥社会团体的作用”,“推动环境公益诉讼”),后经全国人民代表大会常务委员会2012年修订《民事诉讼法》,2014年修订《环境保护法》,2015年做出《关于授权最高人民检察院在部分地区开展公益诉讼试点工作的决定》,最高人民法院、民政部、环境保护部发布《关于贯彻实施环境民事公益诉讼制度的通知》,司法部、环境保护部发布《关于规范环境损害司法鉴定管理工作的通知》,环境保护部发布《环境损害鉴定评估推荐方法(第Ⅱ版)》和《环境损害鉴定评估推荐机构名录(第二批)》,渐成规模。

在这个过程中,最高院的两个副院长和地方法院的一些院长和法官、政府环境行政管理机关的官员、法学院的教授和法学研究所的研究人员、社会组织中的人员,以及一些尝试提起环境公益诉讼的个人,在中国开展工作的外国非政府组织,都曾以行动和言论,在这个制度的形成中起到了各自不同的作用。

但是,这个初成规模的制度将在中国怎样运行,运行中有可能出现哪些问题,怎样使这个制度得以完善,却是应该认真关注的问题。

二

今日,诉讼,作为一种制度,要由法官(司法机关)对人(及由人构成的组织)在法律上的纷争做出裁判。

与行使国家权力主动做出的决定和处置不同,诉讼的启动是被动的,这就是所谓的“不诉不理”。诉讼的基本制度设置是法官相对于诉讼当事人(原告、被告等)是独立和中立的,是利益无涉的;诉讼当事人在诉讼中的地位是相当的,他们提出主张,必以证据支持(即使国家参与诉讼,亦必如此——如国家检察机关出现在刑事诉讼或民事诉讼、行政诉讼中,如国家行政机关出现在行政诉讼中,或国家机关出现在民事诉讼中),法官只依证据认定案件事实,并依法律做出裁判;全部诉讼过程必须遵循预设的程序进行,生效的裁判,应是终局裁判。

人们似乎很少想到:如果国家权力的行使能够解决一切问题,使国家法律得以充分施行,还需要诉讼吗? 诉讼,在现代,更多的是给了人(首先是个人)一种权利,一种选择的可能。

今天,发生在中国的司法改革(见中共中央《关于全面推进依法治国若干重大问题的决定》第四部分),一是要去除计划经济体制时期生成及其衍续生成的“机制体制弊端”,二是要针对中国问题,使司法更能公正,更能保护公民权利,协调不同利益,化解冲突。

公益诉讼,在中国,就是在这种情境下提出的——公益诉讼,在别国作为制度设置先于中国出现。在公益诉讼中,国家机关、组织或者个人都可作为原告出现;在不同国家,律师、非政府组织、法官分别在公益诉讼中发挥了主导作用。那么,在中国,应怎样或会怎样呢?

中国不但与发达国家不同,与一般发展中国家也不同,一般发展中国家都没有计划经济体制时期的经历与中国在20世纪中期于封闭中形成的特有的结构。如果说法治的理念是人类共同的,而走向法治的路径和实现法治的具体制度设置则会因各国面对的问题不同而各有不同。

公益诉讼制度是一种特殊的、非一般的诉讼制度,或说,是一般的诉讼制度的补充。在一般的诉讼中,原告必须基于与自己具有法律上的直接利害关系的事项提出诉请,在公益诉讼中,原告的诉请可以不具备在法律上与自己的直接利害关系,而是基于“公共利益”提出。

也就是说,公益诉讼给了公民一种权利,一种参与公共事务的行动方式。

“公共利益”与“国家利益”或有不同;“公共利益”对于法律人而言,我以为是能够清楚判定的;但“公共利益”在中国,又被一些人认为是概念颇难“定义”的。

诉讼的提起,涉及诉权。如果说一类案件,人与组织和国家机关都能提起,最起码就诉权而言,性质会是不一样的。

公益诉讼中的诉权,对公民和其组织(社会组织,或称“非政府组织”)而言,是权利;对国家机关(检察院、海事部门及其他政府机关)而言,是职权,亦即职责。前者,是可选择的;后者,是必须做的,不作为,应遭问责。

据称:政府现已认定有提起环境公益诉讼主体资格的社会组织在全国有千余家,

但在2015年实际上提起过环境公益诉讼的社会组织只有9家,2016年虽增长至14家,但在2015年提起过环境公益诉讼的9家中,2016年仍坚持做环境公益诉讼的只4家。

对社会组织而言,做环境公益诉讼的艰难,可见一斑。

海洋污染,被海事法院认定没有“海洋污染公益诉讼的主体资格”的社会组织的起诉不被受理,那么,有“海洋污染公益诉讼的主体资格”的海事部门提起诉讼了吗?如果它们不提起诉讼,怎么办,有无制衡机制?

同理,检察机关及其他政府部门的职权和职责设定如果包含了环境公益诉讼,如果它们不履职,怎么办,有无制衡?

另,当制度设置赋予了国家机关在一项环境公益诉讼中的诉权的同时,是否也就是排除了公民及其组织的诉权?

这也是应该通过充分的论争辩驳后予以明确的问题。

三

于是,针对当下的中国,提出一些建议:

一,社会组织提起环境公益诉讼的成本极大——如果不是只跟在环境污染刑事案件后面去打“死老虎”或“伤老虎”的话,那么,对污染和生态被破坏的鉴定的费用可能是很高的,要被告承担污染治理和生态修复的责任,就又要做出损害评估及治理和修复方案,费用会更高。作为证据的鉴定报告和作为诉讼要求的依据的损害评估及治理和修复方案的制作费用,最起码在诉前是要由作为原告的社会组织承担的。

2003年制定《法律援助条例》规定法律援助的范围时,在条例的第10条第2款中为地方预留了空间——“省、自治区、直辖市人民政府可以对前款规定以外的法律援助事项作出补充规定”。

建议:各省、自治区、直辖市人民政府将环境公益诉讼列入法律援助的范围。

或由国务院修改《法律援助条例》,将环境公益诉讼列入法律援助的范围。

二,中共中央《关于全面推进依法治国若干重大问题的决定》规定:“改革法院案件受理制度,变立案审查制为立案登记制,对人民法院依法应该受理的案件,做到有案必立、有诉必理。”

各级法院应改变对一些环境公益诉讼案件既不受理,也不裁定驳回,长期搁置,或受理后长期拖延不审的做法,真正做到“有案必立、有诉必理”。

三,最高人民法院在《印发修改后的〈民事案件案由规定〉的通知》中指出:“各级人民法院要正确认识民事案件案由的性质与功能,不得将修改后的《民事案件案由规定》等同于《中华人民共和国民事诉讼法》第一百零八条规定的受理条件,不得以当事人的诉请在修改后的《民事案件案由规定》中没有相应案由可以适用为由,裁定不予受理或者驳回起诉,影响当事人行使诉权。”

鉴于环境污染和生态被破坏情状的复杂和多样,各级法院不应以环境公益诉讼案件的诉请在《民事案件案由规定》中没有相应案由可以适用为由,裁定不予受理或者驳回起诉。

四,各级法院应对环境公益诉讼的提起者一视同仁,当检察院、海事部门及其他政府机关未能就一项污染或生态破坏提起环境公益诉讼,或对一项污染或生态破坏不予起诉时,法院应受理社会组织提起的诉讼。

五,法院应允许环境公益诉讼中的原告和被告在环境保护部发布《环境损害鉴定评估推荐机构名录》之外选择鉴定和评估机构做出鉴定和评估,法院在必要时也可在环境保护部发布《环境损害鉴定评估推荐机构名录》之内指定鉴定和评估机构做出鉴定和评估,或传《环境损害鉴定评估推荐机构名录》之内的鉴定和评估机构作为专家证人出庭,参与对原告、被告作为证据提交的鉴定和评估报告的质证。

当两个以上的鉴定和评估机构作出鉴定和评估表述不一或结论不一时,法院应传各个做出鉴定和评估的机构出庭接受质证,并可依据原告或被告的请求或法院的决定,传专家证人出庭作证,参与质证。

法官做出判决时,应在判决书中对不采信的鉴定和评估报告的结论及专家证言等,讲明不采信的理由。

这样做,可以避免在那些《环境损害鉴定评估推荐机构名录》之内的机构因不愿得罪某些有污染和破坏生态行为的企业或关联机构而拒绝做出鉴定和评估时,或原告、被告认为《环境损害鉴定评估推荐机构名录》之内的机构所做鉴定和评估报告偏袒另方时,仍可得到起诉所必需的鉴定和评估报告,或自认为有利于自己的鉴定和评估报告的机会。

这样做的理由是:依据证据认定案件事实,前提是要使所有的证据都能出现在法庭上;且什么机构出具的文书(如鉴定报告等)可以作为证据出现在法庭上,不应由行政机关决定。一个具体的文书能否作为证据,须依法律规定,最终由法官确认。

六,设立公益诉讼诉讼费听证制度,在必要时减免原告应缴付的诉讼费,或在原告败诉而经法院审定原告并非虚假诉讼、恶意诉讼、无理缠诉时,减免原告败诉所应缴付的诉讼费。

七,设立多方参与的,由法院判决环境公益诉讼中被告缴付的污染治理和生态修复资金的共管制度。

法院判决的污染治理和生态修复资金的使用方案在施行前应予以公开,听取国家行政主管机关、人大代表、政协委员、专家及公众的意见。

法院判决的污染治理和生态修复资金的使用应予以公开,接受国家审计部门的审计和公众的监督。

八,环境公益诉讼原告为社会组织的,筹集而来用于环境公益诉讼的资金应予免税。

九,改进现行制度,公民及其社会组织均可提起环境公益诉讼。对以环境公益诉讼之名做虚假诉讼、恶意诉讼、无理缠诉的,法院自可惩治。

无论由政府去"认定",还是由法院去判定一个人或一个社会组织有无"提起环境公益诉讼主体资格",均于法无据。"有案必立、有诉必理"是国家设立司法机关的职责所在。

李　楯

2017年12月31日

国家机关简称表

国家机关全称	国家机关简称
中华人民共和国环境保护部①	环保部
中华人民共和国最高人民法院	最高院
山东省德州市中级人民法院②	山东德州中院/德州中院
北京市第四中级人民法院③	北京四中院
山东省高级人民法院④	山东高院
最高人民检察院	最高检
山东省人民检察院⑤	山东检察院
江苏省常州市人民检察院⑥	江苏常州检察院/常州检察院
福建省漳州龙海市人民法院⑦	福建漳州龙海法院/福建龙海法院/龙海法院
福建省漳州龙海市人民检察院⑧	福建漳州龙海检察院/福建龙海检察院/龙海检察院
山东省环境保护厅⑨	山东环保厅
山东省济南市环境保护局⑩	济南环保局

---

① 现为中华人民共和国生态环境部。

② 本书中对各地市级中级人民法院简称为“省简称＋市简称＋中院”或“市简称＋中院”，如“山东德州中院”或“德州中院”。

③ 本书中对直辖市中级人民法院简称为“市简称＋数字＋中院”，如“北京四中院”。

④ 本书中对各省级高级人民法院简称为“省简称＋高院”，如“山东高院”。

⑤ 本书中对各省级人民检察院简称为“省简称＋检察院”，如“山东检察院”。

⑥ 本书中对各地市级人民检察院简称为“省简称＋市简称＋检察院”或“市简称＋检察院”，如“江苏常州检察院”或“常州检察院”。

⑦ 本书中对各区县级人民法院简称为“省简称＋市简称＋区、县或县级市简称＋法院”或“省简称＋区、县或县级市简称＋法院”或“区、县或县级市简称＋法院”，如“福建漳州龙海法院”或“福建龙海法院”或“龙海法院”。

⑧ 本书中对各区县级人民检察院简称为“省简称＋市简称＋区、县或县级市简称＋检察院”或“省简称＋区、县或县级市简称＋检察院”或“区、县或县级市简称＋检察院”，如“福建漳州龙海检察院”或“福建龙海检察院”或“龙海检察院”。

⑨ 本书中对各省环境保护厅简称为“省简称＋环保厅”，如“山东环保厅”。

⑩ 本书对各市、县环境保护局简称为“市或县简称＋环保局”，如“济南环保局”。

法律文件简称表

法律文件全称	法律文件简称
《中华人民共和国宪法》（2004 年修订）	《宪法》
《中华人民共和国环境保护法》（2014 年修订）	《环境保护法》
《中华人民共和国大气污染防治法》	《大气污染防治法》
《中华人民共和国海洋环境保护法》	《海洋环境保护法》
《中华人民共和国慈善法》	《慈善法》
《中华人民共和国民事诉讼法》（2017 年修订）	《民事诉讼法》
《中华人民共和国行政诉讼法》	《行政诉讼法》
《中华人民共和国信托法》	《信托法》
《中华人民共和国消费者权益保护法》	《消费者权益保护法》
《中华人民共和国人民检察院组织法》	《人民检察院组织法》
《最高人民法院关于适用〈中华人民共和国民事诉讼法〉的解释》	《民事诉讼法》司法解释
《最高人民法院关于审理环境民事公益诉讼案件适用法律若干问题的解释》	《环境民事公益诉讼解释》

目　录

第一部分　环境公益诉讼实录

2016 年提起环境公益诉讼的社会组织更多,案件数量也有增加。[①] 对于已经裁判的案件,我们收录了裁判文书;对于 2016 年起诉后进展中的案件,我们收录了起诉书等诉讼材料。

① 有些社会组织的案件材料未对外公开,因此,本书收录的案件及相关文书为不完全统计。除当事人个人信息和个别地方勘误外,本报告收录的全部法律文书均为原文,材料来源包括判决书原件、网站公开材料和当事人提供的材料。——编者注

一、社会组织提起的环境公益诉讼

（一）2016 年之前受理，于 2016 年作出裁判的案件

1. 镇江市生态环境公益保护协会诉江苏优立光学眼镜有限公司环境污染责任纠纷案

镇江中院于 2014 年 12 月 30 日立案，于 2015 年 4 月 22 日、2015 年 9 月 17 日、2016 年 4 月 26 日三次开庭审理，于 2016 年 6 月 3 日判决。

江苏省镇江市中级人民法院
民事判决书

（2015）镇民公初字第 00003 号

原　　告：镇江市生态环境公益保护协会，住所地：略。

法定代表人：卢××，该协会会长。

委托代理人：朱×，该协会会员。

支持起诉机关：丹阳市人民检察院，住所地：略。

法定代表人：李军，检察长。

被　　告：江苏优立光学眼镜有限公司。住所地：略。

法定代表人：SergeZINS，董事长。

委托代理人：金××，副总经理。

委托代理人：陈××，江苏××律师事务所律师。

原告镇江市生态环境公益保护协会诉被告江苏尊龙光学有限公司（以下简称尊龙公司）、江苏优立光学眼镜有限公司（以下简称优立公司）环境污染责任纠纷民事公益诉讼一案，本院于 2014 年 12 月 30 日受理后，依法组成合议庭，于 2015 年 4 月 22 日、

2015年9月17日、2016年4月26日三次公开开庭审理,原告的委托代理人朱×,两被告的共同委托代理人陈××,优立公司的委托代理人金××(仅第一、二次到庭)均到庭参加诉讼。支持起诉机关丹阳市人民检察院的助理检察员王高出庭参加诉讼。原告于2016年5月27日向本院申请撤回对尊龙公司的起诉,本院另行裁定准许。本案现已审理终结。

原告诉称:被告优立公司将其产生的树脂眼镜镜片修边工段的粉末约5.5吨交给无废物处置资质的3名货车司机,该3人将上述废物倾倒于丹阳市开发区小杜巷村一拆迁空地上,造成环境污染。丹阳市环境保护局组织江苏祥睿建设工程有限公司进行初步清理,并将废物运送至镇江风华废弃物处置有限公司保管。原告请求判令两被告采取措施消除环境污染,并承担固体废物暂存、前期清理以及验收合格的费用,或者赔偿因其环境污染所需的固体废物暂存费用8400元(暂存费用计算至2014年9月17日、实际费用以实际暂存期限结算)、前期清理费用36 000元以及后期处置、修复费用190 000元,合计人民币234 400元。

被告优立公司答辩称:1.优立公司产生的该类废物一直都交由镇江新宇固体废物处置有限公司处置,但是2014年4月以后,环保部门及镇江新宇固体废物处置有限公司对优立公司该类废物处置渠道加以限制,致使优立公司的该类废物未能及时处置;2.优立公司虽然没有合法处置相关废物,但并未委托3名货车司机直接倾倒,对其倾倒行为并不知情;3.优立公司的该类废物不应认定为危险废物,属于一般性固体废物,原告诉请按照危险废物处置费用的标准要求优立公司承担处置费用,缺乏合理性。综上,请求依法判决,优立公司愿意依法承担责任。

本院经审理查明:优立公司是尊龙公司等企业成立的生产树脂眼镜镜片的中外合资企业。在树脂镜片磨边、修边工段产生的树脂玻璃质粉末,是本案被倾倒的污染物(以下简称该类废物)。尊龙公司产生的该类废物于2006年被丹阳市环境保护科技咨询服务中心作出的环境影响报告表认定为危险废物HW13。优立公司产生的该类废物于2015年被丹阳市环境保护科技咨询服务中心作出的环境影响报告表认定为危险废物HW13,归类于“饱和或者废弃的离子交换树脂(900-015-13)”。按照上述环评应将该类废物交由危险废物处置单位按照危险废物处置。2014年4月至7月期间,优立公司将约5.5吨该类废物交给货车司机陈××、武××、周××,上述3名货车司机将该类废物倾倒于丹阳市开发区小杜巷村一拆迁空地,造成环境污染。优立公司当庭陈述称该公司当时未审查上述3名货车司机有无该类废物处置能力,未审查废物流向,也未将上述废物的数量、流向、贮存、处置等信息向丹阳市环境保护局申报。事发后,丹阳市环境保护局组织江苏祥睿建设工程有限公司对污染场地进行初步清理,将该废物连同被污染的土壤挖掘并运送至镇江风华废弃物处置有限公司保管,共约28吨。原告于2014年12月30日向本院提起环境公益诉讼,请求判令两被告采取措施消除环境污染，承担固体废物暂存、前期清理以及验收合格的费用，或者赔偿因其环境污染所需的相关费用合计人民币 234 400 元。

在本案审理期间，经本院调解，原告与两被告于 2015 年 9 月 24 日自愿达成如下调解协议：1. 优立公司自愿将暂存于镇江风华废弃物处置有限公司的所有树脂粉末混合物交由有资质的危险废物处置单位处置。2. 优立公司自愿承担相关废物暂存于镇江风华废弃物处置有限公司的存储费用共计 5 万元。3. 优立公司自愿承担前期处置费用共计 18 000 元。4. 第 2 项和第 3 项费用自本协议生效后一周内支付，丹阳市环境保护局协助支付给相关单位。5. 上述协议自签字或盖章后成立，经镇江市中级人民法院送达调解书后生效。本院依法对该协议进行公告，公告期间未收到异议。被告优立公司自愿承担诉讼费。2015 年 11 月初，经丹阳市环境保护局同意并监督，优立公司将相关废物运回该公司保管。优立公司已将相关废物初步分离，并将其中 5 吨树脂眼镜镜片修边粉末送交镇江新宇固体废物处置有限公司处置，处置费用 5000 元/吨，剩余废物约 23 吨为土壤与少量树脂粉末的混合物，仍保存于优立公司。优立公司已自愿向镇江风华废弃物处置有限公司支付暂存费用 5 万元、向江苏祥睿建设工程有限公司支付前期处置费用 18 000 元。原告于 2016 年 5 月 27 日向本院申请撤回关于前期清理费用、暂存费用、验收合格费用、处置 28 吨废物中的 5 吨树脂粉末的诉讼请求。

另查明：经丹阳市环境监测站委托，江苏康达检测技术有限公司对上述废物倾倒地被污染的土壤进行检测，未发现挥发性有机物、半挥发性有机物；经本院委托鉴定，鉴定机构江苏省环境科学研究院回函称，该类废物未列于《国家危险废物名录》（2008 版），且无代表性指标进行检测；经本院调取，上海松江区环境保护局审批的“上海依视路光学有限公司三期工程调整项目”环境影响评价报告表载明，自 1995 年上海依视路光学有限公司一期项目开始，该类废物被环境评价作为一般工业固体废物交第三方综合利用；江苏省固体废物监督管理中心《关于对树脂镜片废屑固废性质认定请示的复函》载明，该类废物不属于“树脂、乳胶、增塑剂、胶水/胶合剂生产过程中产生的不合格产品、废副产品”。

鉴于对该类废物的属性确定和管理，将影响丹阳眼镜产业数百家企业的安全清洁生产模式、生产成本、产业竞争格局以及区域危险废物处置产能的调整，为规范丹阳眼镜产业的固体废物管理，本院于 2015 年 11 月 25 日依法向丹阳市环境保护局、丹阳市眼镜商会发出（2015）镇中法建字第 7 号《司法建议书》。建议依法重新评定该类固体废物的属性、准确定性并依法移送涉嫌犯罪的环境污染案件、科学制定废物防治及回收利用方案、强化企业污染防治的主体责任。

接本院司法建议后，丹阳市环境保护局于 2015 年 12 月 6 日组织吴以中、林凯、高兴保 3 名专家进行现场调查、论证，形成《有关树脂镜片磨边、修边废屑的固废属性专家咨询意见》，认为在树脂镜片的生产过程中，固化后的毛坯镜片在磨边、修边工艺产生的废屑不属于“树脂、乳胶、增塑剂、胶水/胶合剂生产过程中产生的不合格产品、废副产品(261-036-13)”以及“饱和或者废弃的离子交换树脂(900-015-13)”。

丹阳市眼镜商会委托南京大学环境规划设计研究院有限公司(甲级环评机构)对树脂镜片磨边、修边废屑进行危险特性专项评价。2016年3月南京大学环境规划设计研究院有限公司作出《江苏优立光学眼镜有限公司树脂镜片磨边、修边废屑危险特性专项评价报告》(以下简称“南大专项评价报告”):经属性判别分析,该固体废物不具有易燃性、腐蚀性、反应性、浸出毒性、毒性物质含量的特性,经采样和检测结果分析,该固体废物不具有急性毒性,据此认定江苏优立光学眼镜有限公司树脂镜片磨边、修边粉末不具有危险特性。建议采用“交由第三方综合利用”或“无害化焚烧”等方式进行处置;参照固废相关环保管理要求,采取“转移五联单”的办法管理,妥善进行固废的转移运输、处置工作,明确固体废物转移去向等。吴以中于2016年3月12日对南大专项评价报告出具《专家函审意见》,认为该报告评价结论可信。丹阳市眼镜商会向丹阳市环境保护局申请南大专项评价报告备案。丹阳市环境保护局于2016年3月22日同意备案。丹阳市环境保护局认可南大专项评价报告,认可丹阳眼镜商会提出的该类废物集中处置方案,并愿意监督优立公司依法处置剩余废物。

还查明:至2015年,丹阳市该类废物均被环评认定为危险废物HW13,交由危险废物处置单位焚烧,处置成本3300~5000元/吨。审理期间,本院依法向丹阳市环境保护局调取相关执法监管材料:1.根据统计,丹阳市现有镜片生产企业100余家,环评中废镜片粉末产生量159.56吨,根据固废网申报平台提供的年实际处置量,2014年申报处置企业6家,年处置量29.06吨,2015年的申报处置企业8家,年处置量28.13吨,大量粉末去向不明;2.该局没有处理过该类案件,未提交该类废物具有危险特性的执法资料;3.关于眼镜镜片企业非法处置的主要情形有:非法倾倒、焚烧;自行交由无资质单位收集处置;4.环保部门主要执法方式:按照环评要求企业交资质单位处置。

2016年1月,丹阳眼镜商会协同各会员企业,建立该类废物处置协议档案管理机制;每月该类废物处置数据,依据企业上报数据、过磅单进行核对,建立企业明细账和汇总台账,企业、商会、句容洁鑫环卫有限公司、句容绿色动力再生能源有限公司(系经江苏省环境保护厅审批的生活垃圾焚烧发电项目)、环保部门实行“转移五联单”制度,进行全过程管控。截至2016年3月底,该商会已有14家规模企业(包括优立公司在内)签订集中处置协议,约定年处置该类固废数量共约617吨,已通过集中收集送交句容绿色动力再生能源有限公司焚烧发电处置105吨,平均成本950元/吨。目前,丹阳市眼镜商会正在联系筹建该类废物的回收处置项目,系物理粉碎后作为高档防滑涂料的填料,以实现该类废物的资源化利用,彻底解决该类废物的环境污染问题。

上述事实由经依法质证、双方对真实性均无异议的下列证据证实:尊龙公司、优立公司的工商登记资料;丹阳市公安局关于陈××、武××、周××的询问笔录;丹阳市环境保护局环境监察记录、询问笔录；固体废物无害化处置合同；江苏省危险废物交换、转移申请表；尊龙公司建设项目环境影响报告表；固废暂存协议；过磅单；镇江新宇固体废物处置有限公司费用预估报告以及危险废物经营许可证；现场照片；江苏康达检测技术有限公司检测报告；资产转让协议；优立公司建设项目环境影响报告表；优立公司固体废物无害化处置合同及发票；江苏省环境科学研究院回函；上海松江区环境保护局审批的"上海依视路光学有限公司三期工程调整项目"环境影响评价报告表；丹阳市环境保护科技咨询服务中心项目负责人陈郭俊证言；丹阳环境保护局审批科副科长巫九斤证言；江苏省环境保护厅固体废物监督管理中心苏固管函〔2015〕32号复函；有关树脂镜片磨边、修边废屑的固废属性专家咨询意见；丹阳环境保护局答复函；江苏优立光学眼镜有限公司树脂镜片磨边、修边废屑危险特性专项评价报告；江苏优立光学有限公司固废危险性鉴别毒性测试报告；专家函审意见；句容市洁鑫环卫有限公司与句容绿色动力再生能源有限公司协议；句容绿色动力再生能源有限公司环评批复；企业环评工作操作流程；商会台账管理；关于树脂镜片粉末生产企业处理工作内容总结等证据。

本院认为：

一、关于企业的污染治理责任

《中华人民共和国固体废物污染环境防治法》第三十条规定，产生工业固体废物的单位应当建立、健全污染环境防治责任制度，采取防治工业固体废物污染环境的措施。第三十二条第一款规定，国家实行工业固体废物申报登记制度。产生工业固体废物的单位必须按照国务院环境保护行政主管部门的规定，向所在地县级以上地方人民政府环境保护行政主管部门提供工业固体废物的种类、产生量、流向、贮存、处置等有关资料。第八十五条规定，造成固体废物污染环境的，应当排除危害，依法赔偿损失，并采取措施恢复环境原状。本案中，被告优立公司在未审查3名货车司机有无处置能力，未审查废物流向的情况下，非法交付废物，且未将该类废物的数量、流向、贮存、处置等有关资料向环保主管部门申报，应对由此造成的环境污染承担治理责任。

二、关于该类废物属性的确定

（一）危险废物的认定应严格按照危险废物鉴别程序认定。《中华人民共和国固体废物污染环境防治法》第八十八条第（四）项规定，危险废物，是指列入国家危险废物名录或者根据国家规定的危险废物鉴别标准和鉴别方法认定的具有危险特性的固体废物。依据《危险废物鉴别标准通则》（GB 5058.7—2007）4 鉴别程序规定，危险废物的鉴别应按照以下程序进行：4.1 依据《中华人民共和国固体废物污染环境防治法》《固体废物鉴别导则》判断待鉴别的物品、物质是否属于固体废物，不属于固体废物的，则不属于危险废物。4.2 经判断属于固体废物的，则依据《国家危险废物名录》判断。凡列入《国家危险废物名录》的，属于危险废物，不需要进行危险特性鉴别（感染性废物根据《国家危险废物名录》鉴别）；未列入《国家危险废物名录》的，应按照第4.3条的规定进行危险特性鉴别。4.3依据GB 5058.1 ~ GB 5058.6鉴别标准进行鉴别,凡具有腐蚀性、毒性、易燃性、反应性等一种或一种以上危险特性的,属于危险废物。4.4对未列入《国家危险废物名录》或根据危险废物鉴别标准无法鉴别,但可能对人体健康或生态环境造成有害影响的固体废物,由国务院环境保护行政主管部门组织专家认定。

本案中,该类废物不属于《国家危险废物名录》中的危险废物,丹阳市环境保护科技咨询服务中心在未进行危险属性鉴别、未经国务院环境保护行政主管部门组织专家认定的情况下,在环境评价中将该类废物认定为危险废物HW13,没有法律和科学依据。

(二)该类废物不具有危险特性。经查,江苏康达检测技术有限公司对上述废物倾倒地被污染的土壤进行检测,未发现挥发性有机物、半挥发性有机物;依据上海松江区环境保护局审批的"上海依视路光学有限公司三期工程调整项目"环境影响报告表,上海依视路光学有限公司自1995年一期项目开始,即将该类废物作为一般工业固体废物交第三方综合利用,实践已有20余年;树脂眼镜镜片长期使用于世界各地,长期与人体接触,安全性已成为众所周知的事实,其修边粉末系物理磨边、修边产生,丹阳市作为全球树脂镜片主要产地,丹阳市环境保护局亦未能提供该类废物具有危险性的执法资料;南大专项评价报告认定江苏优立光学眼镜有限公司树脂镜片磨边、修边粉末不具有危险特性;经环保专家审查,南大专项评价报告评价结论可信,丹阳市环境保护局亦予认可。综上,南大专项评价报告认定江苏优立光学眼镜有限公司树脂镜片磨边、修边粉末不具有危险特性,具有科学和法律依据,予以采信。

三、关于该类废物的监管和处置

环保主管部门有权在依法科学认定的基础上,对于属性明确的物质确定统一的监管标准,豁免对不同企业的同类物质分别进行危险属性鉴别。其一,法律并未规定对不同企业的同类废物必须分别进行属性鉴别。环保主管部门有权依据法律规定认定某类物质属于一般固体废物或者危险废物,对于属性明确的物质,无需针对不同企业分别进行危险属性鉴别。其二,环境保护应坚持科学性并尽量降低不必要的成本。危险废物的属性鉴别费用高、耗时长,是产业发展的重要成本。在对单一企业特定物质的属性依法科学认定的基础上,基于科学的一般原理,该结论可以适用于采用同类原材料、同类生产工艺产生的同类物质。因此环保主管部门在依法科学认定的基础上,可就属性明确的某类物质设定统一的监管标准,豁免对不同企业的同类物质分别进行属性鉴别。其三,《国家危险废物名录》的设定,即是准确认定危险废物并豁免分别鉴别的典范;按照"举重以明轻"的原则,对于已依法认定的某类一般固体废物,环保主管部门可以在属性明确、安全稳定、处置可控的前提下,设定豁免清单,避免分别进行危险属性鉴别,不仅可节省鉴别费用和时间成本,还可避免因错误归入危险废物挤占紧缺的危险废物处置产能。由于一般废物的种类远远多于危险废物,该类清单的论证和设立具有重要的环保和经济意义。因此,该类废物作为一般固体废物,丹阳市环境保护局可以依法设定统一的监管标准，要求相关企业依法处置，无需对不同企业的同类废物分别进行属性鉴别。

在本案审理期间，当事人已自愿达成调解协议，同意对该类废物按照危险废物处置，调解协议经公告，并未收到异议，但因本案涉及丹阳市树脂镜片产业的安全清洁生产和环境监管模式，在该类废物的属性已经科学认定的情况下，依据《最高人民法院关于审理环境民事公益诉讼案件适用法律若干问题的解释》第二十五条第二款之规定，本案应改采判决方式。

综上所述，被告优立公司非法处置该类废物约5.5吨，导致环境污染，应承担前期清理费用、暂存费用，并依法处置相关废物（被倾倒该类废物及被污染土壤），对于原告的相关诉讼请求，本院予以支持。在本案审理期间，优立公司已按照调解协议主动支付前期清理费用、暂存费用，主动将上述废物中的5吨树脂粉末依法处置，已依法履行相关责任，相关诉讼请求已经实现，因此原告撤回关于前期清理费用、暂存费用、验收合格费用、处置5吨树脂粉末的诉讼请求，不损害公共利益，本院予以准许，相关诉讼费亦依法不再收取。对于暂存于优立公司的约23吨剩余废物，系土壤和少量该类废物的混合物，因该类废物无危险性，相关剩余废物亦无危险性，应在丹阳市环境保护局的监督下按照一般废物依法处置。依据《中华人民共和国环境保护法》第六十四条、《中华人民共和国侵权责任法》第六十五条、《中华人民共和国固体废物污染环境防治法》第八十五条、《中华人民共和国民事诉讼法》第十五条、第五十五条、第一百四十二条之规定，判决如下：

被告江苏优立光学眼镜有限公司应于本判决生效后一个月内在丹阳市环境保护局监督下按照一般固体废物依法处置暂存于该公司的约23吨废物（树脂镜片磨边、修边粉末与土壤混合物）。

本案诉讼费375元，由被告江苏优立光学眼镜有限公司负担，限于本判决生效后十日内交纳至本院。

如不服本判决，可在判决书送达之日起十五日内，向本院递交上诉状，并按对方当事人的人数递交上诉状副本，上诉于江苏省高级人民法院，同时按《诉讼费用交纳办法》的有关规定，向江苏省高级人民法院预交上诉案件受理费。江苏省高级人民法院开户行：中国农业银行南京市分行山西路支行，账号：10×××75。

审 判 长 肖 雄
审 判 员 曹 英
代理审判员 陈小娟
二〇一六年六月三日
书 记 员 刘佳惠
书 记 员 肖梦婕

案例来源:中国裁判文书网,http://wenshu.court.gov.cn/content/content? DocID = 991aa11a-92f3-4c4d-aa59-42073bd49019&KeyWord = 镇江市生态环境公益保护协会,最后访问日期:2018 年 7 月 10 日。

2. 中国生物多样性保护与绿色发展基金会诉卜×果等环境污染责任纠纷案

2015 年 12 月 16 日,中国生物多样性保护与绿色发展基金会向徐州中院提交起诉材料,法院于 2015 年 12 月 18 日受理该案,于 2016 年 3 月 22 日公开开庭审理,于 2016 年 6 月 2 日判决。

江苏省徐州市中级人民法院
民事判决书

(2015)徐环公民初字第 4 号

原　　　　告:中国生物多样性保护与绿色发展基金会,住所地:略。

法定代表人:胡××,理事长。

委托代理人:李××,江苏××律师事务所律师。

委托代理人:陈××,江苏××律师事务所律师。

支持起诉机关:江苏省徐州市人民检察院,住所地:略。

出　庭　人　员:王辉,江苏省徐州市人民检察院检察员。

出　庭　人　员:韩荣,江苏省徐州市人民检察院助理检察员。

被　　　　告:卜×果。

被　　　　告:卜×全。

被　　　　告:卜×传(曾用名卜×宣)。

以上三被告共同委托代理人李×,江苏××律师事务所律师。

原告中国生物多样性保护与绿色发展基金会(以下简称中国绿发会)诉被告卜×果、卜×全、卜×传环境污染公益诉讼一案,本院于 2015 年 12 月 18 日受理后,依法向被告送达起诉状副本,同时公告案件受理情况。在公告期届满后并未收到其他机关或社会组织参加诉讼的申请。本院依法由审判员李娟、代理审判员杜林、人民陪审员陈虎组成合议庭,法官助理贾瑞莹协助办案,书记员毕晓雯担任案件记录,于 2016 年 3 月

22日公开开庭审理了本案。原告中国绿发会的委托代理人李××、陈××,被告卜×果及其与被告卜×全、卜×传的共同委托代理人李×到庭参加诉讼,支持起诉机关徐州市人民检察院指派王辉、韩荣出庭支持起诉。本案现已审理终结。

原告中国绿发会诉称:1.中国绿发会是本案的适格原告。中国绿发会是国务院批准设立、在民政部注册、中国科学技术协会主管的非营利社会组织,其主要职责之一就是推动绿色发展事业,维护环境公共利益。中国绿发会已成立5年以上,无违法记录,在全国范围内提起了多起环境污染公益诉讼,符合环境保护法及民事诉讼法对环境污染公益诉讼原告资格的规定。2.被告存在污染环境、破坏生态的行为。2014年7月至2015年4月,被告卜×果、卜×全、卜×传在江苏省丰县常店镇卜老家村从事酸洗、电镀加工,将产生的废水130余吨(其中,卜×全排放90余吨,卜×果排放40余吨)直接排放至院外集水坑内。根据丰县环境保护监测站的监测结果,该废水的pH为7.1,六价铬含量为210mg/L,致环境严重污染。被告因涉嫌环境污染罪,已被追究刑事责任。3.被告应承担相应的法律责任。被告污染环境的行为,违反了环境保护法、侵权责任法等法律法规的规定,应当承担停止侵害、消除危险、恢复原状、赔偿损失、赔礼道歉等民事责任。综上,请求法院判令被告卜×果、卜×全、卜×传:1.停止侵害、消除危险,即停止污染环境的生产、排放等行为,消除环境污染风险;2.将受损环境恢复原状,或承担生态环境修复费用176 800元(其中,卜×果承担54 400元,卜×全承担122 400元;卜×传分别与卜×全、卜×果承担连带责任);3.在徐州市市级媒体上公开赔礼道歉;4.共同承担原告因本案诉讼支出的律师费等合理费用合计1万元。案件受理费由被告卜×果、卜×全、卜×传共同承担。

支持起诉机关徐州市人民检察院认为:2014年7月至2015年4月,被告卜×果、卜×全、卜×传在江苏省丰县常店镇卜老家村从事酸洗电镀加工,将产生的废水130余吨直接排放至院外集水坑内。根据丰县环境保护监测站的监测结果,该废水的pH为7.1,六价铬含量为210mg/L。卜×果、卜×全、卜×传无视国家规定,未采取任何处理措施直接向水体排放、倾倒危险废物,对环境造成严重污染,损害社会公共利益。根据《中华人民共和国侵权责任法》第六十五条、《中华人民共和国环境保护法》第五十八条的规定,卜×果、卜×全、卜×传应当承担环境污染损害赔偿责任。中国绿发会是国务院批准设立、在民政部登记注册的非营利公益性社会组织,具备提起环境污染公益诉讼的资格。综上,徐州市人民检察院依据《中华人民共和国民事诉讼法》第十五条的规定,支持中国绿发会对被告卜×果、卜×全、卜×传提起本案诉讼。

被告卜×果、卜×全、卜×传答辩称:1.原告要求卜×果、卜×全分别承担责任,卜×传分别与卜×果、卜×全承担连带责任,故本案应分别审理。2.原告要求卜×传承担连带责任的理由不能成立。卜×传是卜×果、卜×全的雇工,依照侵权责任法的规定,应由雇主卜×果、卜×全承担赔偿责任。3. 被告均是农民,文化水平较低,对有毒有害物质了解较少,不懂得如何处置废水,为维持基本生活从事电镀经营,其主观恶性较小。被告已受刑事处罚,其中卜×全、卜×果仍在服刑,其民事责任应相对减轻。4. 案发后被告主动停止电镀生产,将设备拆除、租赁场地返还,原生产场所已转为仓库。这说明被告在诉前已停止生产、排污,消除了环境污染风险。原告关于停止侵害、消除危险的诉请已无必要。5. 原告主张生态环境修复费用176 800元的证据不足。首先,工业污水处理费用价格鉴定结论书认定涉案污水每吨处理费为120元、运输费为50元,缺乏依据,其对涉案污水在何处处理、处理方式、运输方式及距离均未明确。其次,原告专家咨询意见中卜×全排污数量为90吨,无事实根据。丰县环保局监测报告、省环保厅数据认可函均未记载卜×全排污数量,而刑事案件中卜×全认可的排污量为9万斤(45吨)。再次,虚拟治理成本法①倍数取8倍过高,原告技术专家未现场调查、走访。最后,被告在刑事案件中预赔偿的生态环境修复费用,原告未予扣除。6. 原告主张的律师费等合理费用应结合本案其他事实综合认定。请求法院依法裁判。

经原、被告当庭确认,本案的争议焦点是:1. 被告卜×果、卜×全、卜×传应否承担环境污染民事责任;2. 原告主张本案的生态环境修复费用为176 800元,能否成立;3. 原告主张的律师费等合理费用如何确定;4. 原告关于被告"停止侵害、消除危险"的诉请,能否成立。

原告中国绿发会为支持其诉讼主张,提供如下证据:

第一组证据:1. 法人登记证书;2. 组织机构代码证;3. 法定代表人身份证明书;4. 基金会章程;5. 2010年到2014年共5年的年度工作报告;6. 5年内无违法记录证明;7. 最高人民法院(2016)最高法民再48号民事裁定书。证明原告为在民政部注册登记的社团法人,业务主管部门为中国科学技术协会,主要职能是从事环境保护公益活动,维护环保公共利益(参见基金会章程第二条、第七条),已经连续运营5年以上且无违法记录,具备环境保护法等规定的环境公益诉讼原告资格,该事实已经最高人民法院生效文书确认。

第二组证据:1. 监测委托书、丰县环境保护监测站监测报告、江苏省环保厅对环境监测数据的认可函,证明被告存在污染环境、破坏生态行为,其所排废水的pH为7.1,六价铬浓度为210mg/L。国家标准污水综合排放标准(GB 8978—1996)和国家标准电

① 参照《突发环境事件应急处置阶段环境损害评估推荐方法》(附F),虚拟治理成本是指工业企业或污水处理厂治理等量的排放到环境中的污染物应当花费的成本,即污染物排放量与单位污染物虚拟治理成本的乘积。单位污染物虚拟治理成本是指突发环境事件发生地的工业企业或污水处理厂单位污染物治理平均成本(含固定资产折旧)。在量化生态环境损害时,可以根据受污染影响区域的环境功能敏感程度分别乘以1.5~10的倍数作为环境损害数额的上下限值。利用虚拟治理成本法计算得到的环境损害可以作为生态环境损害赔偿的依据。——编者注

镀污染物排放标准(GB 21900—2008)的规定:六价铬最高允许排放浓度为0.5mg/L,证明被告违法排放的污水六价铬严重超标,直接排放集水坑中严重污染环境。2.(2015)沛环刑初字第70号刑事判决书及被告卜×果、卜×全、卜×传在该案中的部分讯问笔录。2015年4月28日,卜×全接受公安机关讯问时述称,一天总共产生600斤废水,实际经营了5个月,总共排放了9万斤废水;2015年9月10日述称,一个月产生18吨废水,实际经营5个月,共排放90吨废水。卜×传2015年9月30日、2015年10月1日均述称,生产中一天产生0.7吨废水。证明被告对其污染环境行为予以认可并承担刑事责任。结合被告供述可确定卜×全违法生产的排污数量为90吨、卜×果为40吨,卜×传一直作为操作工参与生产。

第三组证据:1.丰县价格认证中心丰价证鉴〔2015〕299号鉴证结论书,证明正常处理涉案污水的单价为170元/吨(其中,处理费用120元、运输费用50元)。2.技术专家咨询意见,证明依照环保部《环境损害鉴定评估推荐办法》中推荐的"虚拟治理成本法"计算,涉案污水每吨的生态环境修复费用为正常处理费用的8倍,按照每吨治理单价170元,130吨计176 800元。其中,卜×全排污90吨,相应修复费用为122 400元,卜×果排污40吨,相应修复费用为54 400元。

第四组证据:1.律师代理合同、收费发票,江苏省物价局、司法厅"关于调整律师收费标准的通知"及苏价费〔2013〕421号文件;2.专家费发放表。证明原告为本次诉讼支出律师费1万元,原告本次起诉的五个案件的专家咨询费用为7500元,每案分担1500元。

第五组证据:1.丰县价格认证中心就本案价格鉴证书的说明;2.丰县华山镇晨宇金属制品厂公司出具的情况说明;3.丰县华山镇晨宇金属制品厂营业执照的副本。进一步证明涉案的价格鉴证结论是根据涉案污水客观情况,经过咨询当地有能力处理含重金属污水的企业后作出的。

经原告申请,本院依法通知丰县价格认证中心价格鉴证师阚凤丽、荏晓伟、丰县价格认证中心主任封钦涛出庭接受询问,就价格认证的依据和程序予以说明,进一步证明丰县价格认证中心是依据委托方提供的环保监测部门对涉案污水监测的情况进行的价格认证,相关内容是正确的,结论亦是客观真实的。

被告卜×果、卜×全、卜×传对原告提供的证据及价格鉴证人员出庭陈述的质证意见为:对第一组证据的真实性、合法性、关联性无异议。对第二组证据的真实性无异议,但对其证明目的有异议,卜×全排污不足90吨,其在刑事侦查环节的供述仅是约数,应扣除法定节假日及因其他原因不能生产的时间。对第三组证据的真实性无异议,但丰县价格认证中心未明确污水处理方式、运输距离;原告专家咨询意见中虚拟治理成本法倍数取8倍缺乏合理性,专家未现场勘验、走访。对第四组证据的真实性无异议。对第五组证据及价格鉴证师的出庭陈述认为,丰县价格认证中心对本案价格鉴证书的说明及丰县华山镇晨宇金属制品厂的说明超过举证期限;对晨宇金属制品厂营业执照副本的真实性无异议,但不能证明该厂具备污水处理能力且污水如何运输并不清楚。价格鉴定中心向晨宇金属制品厂询价时未告知其价格鉴证基准日是 2015 年 4 月 15 日。因此,价格鉴证师未查看污水处理过程,未查验设备、账册,仅依据丰县华山镇晨宇金属制品厂的工作人员陈述作出的鉴证结论,缺乏事实根据。

被告卜×果、卜×全、卜×传为支持其答辩观点,提供如下证据:1. 沛县法院的收据,证明被告案发后主动预缴部分生态环境修复费用;2. 案发时现场照片,证明案发时现场状况;3. 2016 年 2 月 12 日现场照片。证明被告在案发后拆除了生产设施,原生产地点改作他用。

原告中国绿发会对被告提供的证据的质证意见为:对收据的真实性、关联性无异议。对案发时现场照片的真实性无异议,可证明案发时的现场情况。对案发后现场照片无异议,但其不能证明被告已完全停止侵害环境的行为,因本案涉及公益,即使被告拆除了生产设备,判决书仍应对相关事实作出认定,以防再发生污染事故。

本院认证认为:被告对原告第一组证据的真实性、关联性、合法性不持异议,可以作为认定案件事实的依据。原告第二组、第四组证据的来源合法,与本案事实具有关联性,被告对其真实性不持异议。虽然被告就公安机关讯问笔录提出"应扣除法定节假日及因其他原因不能生产的时间"的意见,但并未提交相关证据证明存在停工时间,对于被告排放污水的总量,应综合本案相关证据依法予以认定。原告提供的第二组、第四组证据被告不持异议,可以作为认定案件事实的依据。原告提供的第三组、第五组证据及价格鉴证人员的出庭陈述,可以相互印证,证明丰县价格认证中心采用市场法走访案发当地生产同类、类似产品的企业得出处理涉案污水的费用单价,被告虽对价格鉴证结论提出异议,但经本院释明被告既不申请重新鉴定,也不能提供计算治理成本的其他方案及证据,因此,上述价格鉴证结论可以作为认定涉案污水治理成本的依据。被告提供的证据来源合法,与本案事实具有关联性,原告对其真实性不持异议,可以作为认定案件事实的依据。

根据以上证据及当事人陈述,本院查明:

2014 年 7 月至 2014 年年底,被告卜×全在未取得营业执照、未经环保部门审批的情况下,在江苏省丰县常店镇卜老家村雇佣被告卜×传从事酸洗电镀加工,且未配备污水处理设施设备,在酸洗电镀作业中直接将产生的废水 90 余吨排放到集水坑里。2015 年 1 月份以来,被告卜×果在上述地点,租用上述设备雇佣被告卜×传按照同样的工艺从事酸洗电镀加工,直接将产生的 40 余吨废水排放到集水坑里,2015 年 4 月 14 日被公安机关查获,并由江苏省丰县环境保护局环境监测站提取该加工点集水坑废水水样。经该环境保护监测站监测并经江苏省环保厅认可,该水样中六价铬的含量达 210mg/L。国家污水综合排放标准、国家电镀污染物排放标准规定,六价铬最高允许排放浓度为0.5mg/L。沛县法院2015年12月20日作出的(2015)沛环刑初字第0070号刑事判决,认定卜×果、卜×全、卜×传违法排放污染物,严重污染环境,构成污染环境罪,判处卜×全有期徒刑八个月,并处罚金人民币二万元,判处卜×果有期徒刑六个月,并处罚金人民币一万元,判处卜×传拘役四个月,缓刑一年,并处罚金人民币五千元。

原告中国绿发会提起本案诉讼,徐州市人民检察院支持起诉,并指派丰县人民检察院委托丰县价格认证中心对涉案污水的每吨处理费用进行鉴定,丰县价格认证中心走访丰县华山镇晨宇金属制品厂后,出具〔2015〕299号"关于工业污水处理费用的价格鉴证结论",认定涉案污水每吨处理费用为170元(含运输费用50元)。

另查明:卜×果在本案所涉刑事案件判决前表示自愿对其造成的环境污染承担责任,并已预赔偿二万元作为生态环境修复费用,卜×全、卜×传分别预赔偿生态环境修复费用五千元,暂存放于沛县人民法院。原告为本案诉讼支出专家咨询费用1500元、律师费一万元。

再查明,中国生物多样性保护与绿色发展基金会是1985年在中华人民共和国民政部注册、由中国科学技术协会主管的全国性公募基金会。该基金会章程第三条载明,其宗旨是广泛动员全社会关心和支持生物多样性保护与绿色发展事业,维护公众环境权益和社会公共利益,协助政府保护国家战略资源,促进生态文明建设和人与自然和谐,构建人类美好家园。

本院认为:

一、关于原告的主体资格问题

根据《中华人民共和国民事诉讼法》第五十五条的规定:"对污染环境、侵害众多消费者合法权益等损害社会公共利益的行为,法律规定的机关和有关组织可以向人民法院提起诉讼。"新修订的《中华人民共和国环境保护法》第五十八条规定:"对污染环境、破坏生态,损害社会公共利益的行为,符合下列条件的社会组织可以向人民法院提起诉讼:(一)依法在设区的市级以上人民政府民政部门登记;(二)专门从事环境保护公益活动连续五年以上且无违法记录。符合前款规定的社会组织向人民法院提起诉讼,人民法院应当依法受理。"本案中,原告中国绿发会是在中华人民共和国民政部注册的基金会法人,其章程确定的宗旨包括"广泛动员全社会关心和支持生物多样性保护与绿色发展事业,维护公众环境权益和社会公共利益,促进生态文明建设和人与自然和谐"等,应认定为"专门从事环境保护公益活动"的社会组织,其提起本案诉讼是为维护污染事故发生地公众的环境权益,与其宗旨和业务范围具有关联性。中国绿发会提交的起诉前连续五年的年度工作报告书,证明其连续五年从事生物多样性保护等生态环境保护公益活动,其亦依照相关司法解释的规定提交了社会组织登记证书、由其法定代表人签章的五年内无违法记录的声明等证据,上述证据能够证明中国绿发会符合法律及司法解释对环境污染公益诉讼原告的主体资格要求。对中国绿发会的原告资格本院予以确认。

二、关于原告要求判令被告“停止侵害、消除危险”的诉请能否成立的问题

环境污染民事诉讼中,“停止侵害”的诉讼请求针对的是已经开始且处于持续状态的生产、排污行为,而“消除危险”的诉讼请求针对的是生产、排污行为将来可能发生新的生态环境损害,如原告是为了防止生态环境损害的继续发生和扩大而提出此项诉讼请求,法院应依法予以支持。依现有证据,涉案污染环境行为的损害后果已实际发生,案发后卜×果、卜×全因犯污染环境罪被判处刑罚并被羁押,其客观上已经无法继续生产,停止了污染环境行为,原告亦认可被告已经停止生产,被告目前在客观上也不能对生态环境损害造成新的威胁。原告该项诉讼请求虽有法律依据,但与案件事实不符,鉴于被告客观上已经停止生产,在本案中已经没有判决被告“停止侵害、消除危险”的必要。

三、关于被告卜×果、卜×全、卜×传应否承担环境污染民事责任的问题

《中华人民共和国侵权责任法》第八条规定:“二人以上共同实施侵权行为,造成他人损害的,应当承担连带责任。”本案中,被告卜×全、卜×果前后接续雇佣被告卜×传利用同一设备在同一场所进行生产、排污,卜×全、卜×果分别在各自生产期间内与卜×传共同实施侵权行为。因卜×全、卜×果、卜×传的侵权行为相互衔接、交织,原告将被告一并起诉、法院一并予以审理,更利于查明事实、明确责任,被告要求分案审理并无充分的理由和依据,亦无分案审理之必要。《中华人民共和国侵权责任法》第三十五条规定:“个人之间形成劳务关系,提供劳务一方因劳务造成他人损害的,由接受劳务一方承担侵权责任。”卜×全、卜×果作为雇主,应就雇员卜×传提供劳务时造成的损害,对外承担侵权赔偿责任,即由卜×全、卜×果按其各自排污数量及损害后果,对外承担侵权责任,卜×传对外不承担侵权责任。本院对卜×传的相关抗辩予以采纳。但被告以其不知危害后果且已以受刑罚处罚为由要求减轻民事责任,不能成立。另外,被告在刑事案件审理期间缴纳的“预赔偿费用”仅为暂存放于法院、表明其赔偿态度的费用,并非已履行的赔偿款,在执行环节可以划扣履行。本案确定的是被告应承担责任的大小,与将来的履行方式无关,故不存在“扣除”一说。

四、关于原告主张本案的生态环境修复费用为 176 800 元能否成立的问题

根据《最高人民法院关于审理环境民事公益诉讼案件适用法律若干问题的解释》第十八条规定,对污染环境、破坏生态,已经损害社会公共利益或者具有损害社会公共利益重大风险的行为,原告可以请求被告承担恢复原状等民事责任。因卜×果、卜×全明确表示其无自行修复生态环境的能力亦未能提出修复方案,为确保生态环境修复的实现,依据《最高人民法院关于审理环境民事公益诉讼案件适用法律若干问题的解释》第二十条规定,本案可直接确定被告所应承担的生态环境修复费用,来替代恢复原

状的责任。

关于本案生态环境修复费用的具体计算。经原告委托，中国矿业大学教授张雁秋、徐州市环境科学学会研究员级高级工程师林丰、徐州市环境监测中心站高级工程师肖思海对本案污染行为相应的生态环境修复费用出具咨询意见，原告并申请上述专家到庭说明。经本院释明，被告卜×果、卜×全、卜×传不申请对本案的生态环境修复费用进行鉴定，但申请环境领域技术专家、中国矿业大学刘汉湖教授出庭就本案的环境修复费用问题进行说明。双方申请出庭的技术专家，均认为本案生态环境修复费用可按照国家环保部《关于开展环境污染损害鉴定评估工作的若干意见》（环发〔2011〕60号）和《环境损害鉴定评估推荐方法》（第Ⅱ版）（以下简称“推荐办法”），采用“虚拟治理成本法”确定。根据“推荐办法”，所谓虚拟治理成本，是指工业企业或污水处理厂治理等量的排放到环境中的污染物应该花费的成本，即污染物排放量与单位污染物虚拟治理成本的乘积。单位污染物虚拟治理成本是指突发环境事件发生地的工业企业或污水处理厂单位污染物治理平均成本。在量化生态环境损害时，可以根据受污染影响区域的环境敏感程度分别乘以一定的倍数作为环境损害数额的上下限值。

第一，关于被告排放污染物的治理成本。双方当事人对污染物种类、浓度无争议，但被告对原告提供的丰县价格认证中心价格鉴证结论书认定的单位污染物虚拟治理成本170元/吨不予认可。对此本院认为，丰县价格认证中心走访当地生产同类、类似产品的企业得出的单位污染物治理成本，具有一定的客观性、合理性，被告虽提出异议，但经本院释明后既不申请重新鉴定，亦不能提供相反证据，亦未对其抗辩进行合理性或逻辑性方面的说明，故对被告抗辩本院不予采纳，对原告主张予以支持，可以确认涉案污水的治理成为170元/吨。

第二，关于违法排污数量的认定。被告卜×果对原告主张其共计排污40吨予以认可。被告卜×全认为原告主张其排污90吨过高。对此本院认为，卜×全在刑事侦查环节接受公安机关讯问时认可其生产时间为5个月，其作为雇主并未全程进行具体生产操作，而一直在负责生产工作的卜×传对每天的污水排放量为0.7吨的供述较为稳定，依此计算5个月可产生约100吨废水，这与卜×全2015年9月10日“共排放90吨废水”的供述相印证。且卜×全未提供其他证据证明其排放污染物总量。在此情况下，原告主张卜×全违法排放污水共计90吨，可以成立。

第三，关于虚拟治理成本倍数的确定。原告申请出庭的技术专家认为，根据本案案情和污染监测结果及污染特征，按照国家环保部《关于开展环境污染损害鉴定评估工作的若干意见》（环发〔2011〕60号）和《环境损害鉴定评估推荐方法》（第Ⅱ版）“虚拟治理成本法”，计算本案地下水环境受污水污染的生态环境损害数额（生态环境修复费用）为：130×170×8＝176 800元。被告申请出庭的技术专家认可上述技术专家关于污染损害客观存在的意见，但认为本案直接污染的是上层地下水，丰县居民饮用的主要是下层地下水,污染水层和饮用水层有间隔,且污染事故发生地距离丰县县城 4 公里,建议虚拟治理成本倍数取 7 倍。

原告主张技术专家刘汉湖仅从侵权行为地距丰县县城的距离及事发地的地理构造出发认为本案的虚拟治理成本倍数应取 7 倍,未考虑侵权行为发生地周边居民利益。故倍数应采纳原告申请出庭的技术专家的意见,取值为 8。被告卜×果、卜×全、卜×传认可原告申请的技术专家关于涉案污染环境行为造成一定危害的意见,但认为本案中污染的是上层地下水,污染地居民饮用的是中下层地下水,故本案的虚拟治理成本倍数应取 7 倍。

对此本院认为,原告申请出庭的技术专家将本案污水排放地的地下水认定为Ⅲ类地下水,"推荐办法"中对应的虚拟治理成本倍数取值范围是 6~8 倍。鉴于被告所排污水中六价铬含量达 210mg/L,远超国家标准,而重金属六价铬进入环境、生物圈后很难自然降解,其危害具有持久性。被告关于本案虚拟治理成本倍数应取 7 倍的主张仅考虑地下水的饮用功能,而忽视了地下水亦承担着滋养植被、灌溉等功能,六价铬等重金属通过地下水被植物吸收后进入生物圈循环,其危害同样较大。故本院认为应将本案虚拟治理成本倍数确定为 8 倍,才能与涉案排污行为的危害程度及受损害环境治理难度相符。

综上,原告主张本案的生态环境修复费用计算为 176 800 元(计算方法为:130×170×8),具有事实和法律依据,本院予以采纳,其中卜×果承担 54 400 元,卜×全承担 122 400 元。

五、关于被告所应承担的其他责任

原告请求被告承担公开赔礼道歉的责任,对于赔礼道歉的方式,庭审中,原告明确要求被告在市级报纸(徐州日报、彭城晚报、都市晨报三者任选其一)就其污染环境行为向社会公众刊登致歉声明,对此,卜×果、卜×全不持异议,表示愿在原告要求的徐州日报、彭城晚报、都市晨报范围内的一家报纸上就其污染环境行为向社会公众刊登致歉声明。根据《最高人民法院关于审理环境民事公益诉讼案件适用法律若干问题的解释》第十八条的规定,对污染环境、破坏生态,已经损害社会公共利益或者具有损害社会公共利益重大风险的行为,原告可以请求被告承担停止侵害、排除妨碍、消除危险、恢复原状、赔偿损失、赔礼道歉等民事责任。涉案的污染环境行为导致损害发生后到恢复原状前生态环境服务功能的损失,影响社会公众享有美好生态环境的精神利益,被告卜×全、卜×果应在徐州市市级媒体上向公众公开书面致歉。故对原告该项诉请具有事实和法律依据,本院予以支持。

本院对原告主张的其因本案诉讼支出的专家咨询费、律师费,在 1 万元范围内予以支持。《最高人民法院关于审理环境民事公益诉讼案件适用法律若干问题的解释》第二十二条规定:"原告请求被告承担检验、鉴定费用,合理的律师费以及为诉讼支出的其他合理费用的，人民法院可以依法予以支持。”本案中，原告提供相关付款凭证、发票证明其为调查取证支出专家咨询费1500元、委托律师代理本案诉讼并支付律师费1万元，被告对此无异议。因原告在本案中仅主张1万元合理费用，故本院对其该项诉请予以支持。

综上，依照《中华人民共和国环境保护法》第五十八条、《中华人民共和国侵权责任法》第十五条第一款第（五）项、第（六）项、第（七）项、第六十五条，《最高人民法院关于审理环境民事公益诉讼案件适用法律若干问题的解释》第一条、第二条、第三条、第四条、第五条、第八条、第十一条、第十五条、第十八条、第二十条、第二十二条，《中华人民共和国民事诉讼法》五十五条，《最高人民法院关于适用〈中华人民共和国民事诉讼法〉的解释》第一百零八条之规定，判决如下：

一、被告卜×果于本判决生效后十日内赔偿生态环境修复费用人民币54 400元（支付至徐州市环境保护公益金专项资金账户）。

二、被告卜×全于本判决生效后十日内赔偿生态环境修复费用人民币122 400元（支付至徐州市环境保护公益金专项资金账户）。

三、被告卜×果、卜×全于本判决生效后十日内支付原告为本案支付的合理费用人民币1万元。

四、被告卜×果、卜×全于本判决生效后三十日内，在本市市级报纸（《徐州日报》《彭城晚报》《都市晨报》三者任选其一）上就其污染环境行为向社会公众刊登致歉声明（内容须经本院审核）。

五、驳回原告中国生物多样性保护与绿色发展基金会的其他诉讼请求。

案件受理费4036元，由被告卜×果负担1285元，由被告卜×全负担2751元。

如果未按本判决指定的期间履行给付金钱义务，应当依照《中华人民共和国民事诉讼法》第二百五十三条之规定，加倍支付迟延履行期间的债务利息。

如不服本判决，可在判决书送达之日起十五日内，向本院递交上诉状，并按对方当事人的人数递交上诉状副本，上诉于江苏省高级人民法院，同时向该院预交上诉案件受理费。（江苏省高级人民法院开户行：中国农业银行南京市分行山西路分理处，账号：03×××75）

审　判　长　李　娟
审　判　员　杜　林
人民陪审员　陈　虎
二〇一六年六月二日
书　记　员　毕晓雯

案例来源：中国裁判文书网，http://wenshu.court.gov.cn/content/content? DocID = e36f56d1 -

6ea7－4282－82f8－1e08f393d5d1&KeyWord＝卜宪全,最后访问日期:2018 年 7 月 10 日。

3. 中国生物多样性保护与绿色发展基金会诉陈××环境污染责任纠纷案

2015 年 12 月 16 日,中国生物多样性保护与绿色发展基金会向徐州中院提交起诉材料,徐州检察院支持起诉。法院于 2015 年 12 月 18 日受理本案,于 2016 年 3 月 22 日开庭审理,于 2016 年 6 月 2 日判决结案。

江苏省徐州市中级人民法院
民事判决书

(2015)徐环公民初字第 5 号

原　　告:中国生物多样性保护与绿色发展基金会,住所地:略。

法定代表人:胡××,理事长。

委托代理人:李××,江苏××律师事务所律师。

委托代理人:陈×强,江苏××律师事务所律师。

支持起诉机关:江苏省徐州市人民检察院,住所地:略。

出庭人员:王辉,江苏省徐州市人民检察院检察员。

出庭人员:韩荣,江苏省徐州市人民检察院助理检察员。

被　　告:陈××。

原告中国生物多样性保护与绿色发展基金会(以下简称中国绿发会)诉被告陈××环境污染公益诉讼一案,本院于 2015 年 12 月 18 日受理后,依法向被告送达起诉状副本、同时公告案件受理情况。在公告期届满后并未收到其他机关或社会组织参加诉讼的申请。本院依法由审判员李飞、代理审判员杜林、人民陪审员陈虎组成合议庭,法官助理贾瑞莹协助办案,书记员毕晓雯担任案件记录,于 2016 年 3 月 22 日公开开庭审理了本案。原告中国绿发会的委托代理人李××、陈×强,被告陈××到庭参加诉讼,支持起诉机关徐州市人民检察院指派王辉、韩荣出庭支持起诉。本案现已审理终结。

原告中国绿发会诉称,1. 中国绿发会是本案适格原告。中国绿发会是国务院批准设立、民政部注册、中国科学技术协会主管的非营利社会组织，其主要职责之一就是推动绿色发展事业、维护环境公共利益。中国绿发会已成立五年以上，无违法记录，并在全国范围提起了多起环境污染公益诉讼，符合环境保护法、民事诉讼法规定的提起环境污染公益诉讼的条件；2. 被告陈××存在污染环境、破坏生态的行为。2014 年 8 月至 2015 年 2 月，陈××在其家中从事酸洗电镀加工，将产生的含酸废水合计 60 余吨直接排放到其院外的河沟内，根据丰县环境保护监测站的监测结果，该废水的 pH 为 1.8，废水排放量为 0.4t/d，导致当地环境严重污染，生态环境受到严重损害。陈××因涉嫌环境污染罪，被追究刑事责任；3. 被告陈××应承担法律责任。被告的上述污染环境、破坏生态行为，违反了环境保护法、侵权责任法等法律的规定，其应当承担停止侵害、消除危险、恢复原状、赔偿损失、赔礼道歉等民事责任。综上，请求法院判令被告陈××：1. 停止侵害、消除危险，即停止污染环境的生产、排放行为并消除环境污染风险；2. 将受损环境恢复原状，或承担生态环境修复费用 4.08 万元，支付至徐州市环境保护公益资金账户；3. 在市级媒体上公开赔礼道歉；4. 承担原告因本案诉讼而支出的律师费、专家费用等合理费用共 6000 元，并承担本案案件受理费。

支持起诉机关徐州市人民检察院认为，2014 年 8 月至 2015 年 2 月，陈××在其家中从事酸洗电镀加工，将产生的含酸废水合计 60 余吨直接排放到其院外的河沟内，根据丰县环境保护监测站的监测结果，该废水的 pH 为 1.8，废水排放量 0.4t/d，导致当地环境严重污染，生态环境受到严重损害，应依法承担民事责任。陈××无视国家规定，未采取任何处理措施直接向水体排放、倾倒危险废物，对环境造成严重污染，损害了社会公共利益。根据《中华人民共和国侵权责任法》第六十五条、《中华人民共和国环境保护法》第五十八条的规定，陈××应当承担环境污染损害赔偿责任。中国绿发会是经国务院批准、在民政部登记注册的非营利公益性社会组织，具备提起环境污染公益诉讼的资格。综上，徐州市人民检察院依据《中华人民共和国民事诉讼法》第十五条的规定，支持中国绿发会对陈××提起本案诉讼。

被告陈××答辩称，对原告主张的排放废水总量不认可，应当扣除加工期间内停工以及下雨阴天没法干活的时间，再进行估算。

本案的审理焦点是：1. 中国绿发会是否是本案的适格原告；2. 原告“停止侵害，消除危险”的诉请能否成立；3. 原告主张的生态环境修复费用 4.08 万元，有无事实及法律依据；4. 原告“赔礼道歉”的诉请能否成立；5. 原告诉请被告承担本案律师费、专家咨询费能否成立。

原告中国绿发会为支持其诉讼请求，提供如下证据：第一组证据：1. 法人登记证书；2. 组织机构代码证；3. 法定代表人身份证明书；4. 基金会章程；5. 2010 年到 2014 年共 5 年年度工作报告；6. 5 年内无违法记录证明；7. 最高人民法院（2016）最高法民再 48 号民事裁定书。证明原告具备提起环境民事公益诉讼的主体资格。原告为民政部注册登记的社会团体,具有法人资格,业务主管部门为中国科学技术协会。主要职能是从事环境保护公益活动,维护环保公共利益。已经连续运营 5 年以上且无违法记录,符合《环境保护法》第 58 条规定的环境民事公益诉讼的主体条件,可以作为原告提起环境民事公益诉讼。证据 7 证明原告的环境民事公益诉讼原告主体资格经过最高人民法院的确认。

第二组证据:1. 丰县环境保护监测站监测报告(2015)环监(废水)字第(015)号;2. 报告监测程序及记录、对监测内容的委托书;3. 江苏省环保厅苏环监认〔2015〕7 号对环境监测数据认可的函;4. (2015)沛环刑初字第 0072 号刑事判决书。证明被告实施污染环境行为,排放污水 60 余吨,已经生效刑事判决书确认。

第三组证据:1. 丰县价格认证中心丰价证鉴〔2015〕296 号鉴证结论书;2. 环保技术专家出具的书面咨询意见。证明依照环保部《环境损害鉴定评估推荐办法》中推荐的"虚拟治理成本法"计算,涉案污水每吨的生态环境修复费用为正常处理费用的 8 倍,按照每吨治理单价 85 元,60 吨计 40 800 元。

第四组证据:1. 律师代理合同、收费发票,江苏省物价局、江苏省司法厅"关于调整律师收费标准的通知"及苏价费(2013)421 号文件;2. 专家费用发放表。证明原告为本次诉讼支出律师费 4600 元,专家咨询费用 5 个案子共计 7500 元,每个案子应分摊 1500 元,本案主张 1400 元,合理费用合计 6000 元。

被告陈 × × 对原告提交的证据的真实性无异议,但对于其排放污水 60 余吨水量的事实不认可,认为计算有误。

对原告提供的证据,本院认证认为,原告第一组证据中的法人登记证书、组织机构代码证、基金会章程、2010 年至 2014 年共 5 年的年度工作报告相互印证,能够证实中国绿发会系在民政部注册的连续 5 年开展生态环境公益保护活动的非营利组织,该事实亦为最高人民法院的生效民事裁定书所确认。中国绿发会通过的新章程或登记发证机关换发的登记证书均未改变中国绿发会 2010 年以来的主要宗旨及业务范围。该组证据真实、合法,且与本案具有关联性,可以作为认定案件事实的依据。原告提供的第二组、第三组、第四组证据来源合法,与本案事实具有关联性,被告对其真实性不持异议,亦可作为认定案件事实的依据。

被告陈 × × 未向本院提供证据。

根据以上证据及当事人陈述,本院查明:2014 年 8 月至 2015 年 2 月,陈 × × 在其家中从事酸洗电镀加工,将产生的 60 余吨含酸废水直接排放至院外河沟内。根据丰县环境保护监测站的监测结果,该废水的 pH 为 1.8,废水排放量 0.4t/d。2015 年 3 月 16 日,江苏省环境保护厅出具苏环监认〔2015〕7 号"关于对丰县环境监测数据认可的函",对上述监测数据予以认可。沛县人民法院于 2015 年 12 月 20 日作出(2015)沛环刑初字第 0072 号刑事判决,认定陈 × × 违规排放污染物,严重污染环境,构成污染环境罪，判处其有期徒刑七个月，并处罚金人民币一万元。

中国绿发会提起本案诉讼。徐州市人民检察院支持起诉，并由丰县人民检察院委托丰县价格认证中心对涉案污水每吨处理费用进行鉴定，丰县价格认证中心出具〔2015〕296号"关于工业污水处理费用的价格鉴证结论"认定涉案污水每吨处理费用为85元（包括运输费用50元）。

经原告委托中国矿业大学教授张雁秋、徐州市环境科学学会研究员级保护高工林丰、徐州市环境监测中心站高级工程师肖思海根据本案案情、污染监测结果及污染特征，按照国家环保部《关于开展环境污染损害鉴定评估工作的若干意见》（环发〔2011〕60号）和《环境损害鉴定评估推荐方法》（第Ⅱ版）"虚拟治理成本法"，计算本案环境污染中地表水环境受污水污染的生态环境损害数额（生态环境修复费用）为：60×85×8＝40 800元。原告并申请上述技术专家到庭说明。

经本院释明，被告不申请对本案的生态环境修复费用进行鉴定，亦不申请技术专家出庭对相关技术问题进行说明、论证。本院委托中国矿业大学环境领域专家刘汉湖教授就本案的生态环境修复费用出具书面咨询意见。刘汉湖教授认为：原告申请的3名环保专家根据公安机关采集的相关资料和污染物监测结果及污染物特征，按照国家环保部《关于开展环境污染损害鉴定评估工作的若干意见》（环发〔2011〕60号）和《环境污染损害鉴定评估推荐方法》（第Ⅱ版）中推荐的"虚拟治理成本法"，虚拟治理成本倍数取值为8倍，计算此次环境污染虚拟治理成本为40 800元。该生态损害修复费用的计算是科学、合理的。

另查明，被告陈××在本案所涉刑事案件判决前表示自愿对其造成的环境污染承担责任，并预赔偿5000元作为生态环境修复费用，暂存放于沛县人民法院。原告为本案诉讼支付专家咨询费1400元及律师费4600元，合计6000元。

再查明，中国绿发会全称中国生物多样性保护与绿色发展基金会，是1985年在中华人民共和国民政部注册、由中国科学技术协会主管的全国性公募基金会。该基金会章程第三条载明，其宗旨是广泛动员全社会关心和支持生物多样性保护与绿色发展事业，维护公众环境权益和社会公共利益，协助政府保护国家战略资源，促进生态文明建设和人与自然和谐，构建人类美好家园。

本院认为：

一、中国绿发会是本案适格原告

根据《中华人民共和国民事诉讼法》第五十五条的规定："对污染环境、侵害众多消费者合法权益等损害社会公共利益的行为，法律规定的机关和有关组织可以向人民法院提起诉讼。"《中华人民共和国环境保护法》第五十八条规定："对污染环境、破坏生态，损害社会公共利益的行为，符合下列条件的社会组织可以向人民法院提起诉讼：（一）依法在设区的市级以上人民政府民政部门登记；（二）专门从事环境保护公益活动连续五年以上且无违法记录。符合前款规定的社会组织向人民法院提起诉讼,人民法院应当依法受理。"本案中,原告中国绿发会是在中华人民共和国民政部注册的基金会法人,其章程确定的宗旨包括"广泛动员全社会关心和支持生物多样性保护与绿色发展事业,维护公众环境权益和社会公共利益,促进生态文明建设和人与自然和谐"等,应认定为"专门从事环境保护公益活动"的社会组织,其提起本案诉讼是为维护污染事故发生地公众的环境权益,与其宗旨和业务范围具有关联性。中国绿发会提交的起诉前连续5 年的年度工作报告书,证明其连续 5 年从事生物多样性保护等生态环境保护公益活动,其亦依照相关司法解释的规定提交了社会组织登记证书、由其法定代表人签章的5 年内无违法记录的声明等证据,上述证据能够证明中国绿发会符合法律及司法解释对环境污染公益诉讼原告的主体资格要求。

二、本案并无判决"停止侵害,消除危险"的必要

环境污染民事诉讼中,"停止侵害"的诉讼请求针对的是已经开始且处于持续状态的生产、排污行为,而"消除危险"的诉讼请求针对的是将来可能发生的新的生态环境损害,如原告是为了防止生态环境损害的继续发生和扩大而提出此项诉讼请求,法院应依法予以支持。依现有证据,涉案污染环境行为的损害后果已实际发生,案发后陈××因犯污染环境罪被判处刑罚并被羁押,其客观上已经无法继续生产,停止了污染环境行为,客观上也不能对生态环境损害造成新的威胁。原告该项诉讼请求虽有法律依据,但与案件事实不符,鉴于被告客观上已经停止生产,在本案中已经没有判决被告"停止侵害、消除危险"的必要。

三、关于本案的生态环境修复费用的认定问题

根据《最高人民法院关于审理环境民事公益诉讼案件适用法律若干问题的解释》第十八条的规定,对污染环境、破坏生态,已经损害社会公共利益或者具有损害社会公共利益重大风险的行为,原告可以请求被告承担恢复原状等民事责任。因被告陈××明确表示无自行修复生态环境的能力亦未能提出修复方案,为确保生态环境修复的实现,依据《最高人民法院关于审理环境民事公益诉讼案件适用法律若干问题的解释》第二十条规定,本案可直接确定被告所应承担的生态环境修复费用来替代恢复原状的责任。

关于本案生态环境修复费用的具体计算问题,本院认为,原告申请出庭的技术专家的当庭说明及本院咨询的技术专家提供的书面咨询意见,均认为对于本案生态环境修复费用可按照国家环保部《关于开展环境污染损害鉴定评估工作的若干意见》(环发〔2011〕60 号)和《环境损害鉴定评估推荐方法》(第Ⅱ版)(以下简称"推荐办法"),采用"虚拟治理成本法"确定。

根据"推荐办法",所谓虚拟治理成本,是指工业企业或污水处理厂治理等量的排放到环境中的污染物应该花费的成本,即污染物排放量与单位污染物虚拟治理成本的乘积。单位污染物虚拟治理成本是指突发环境事件发生地的工业企业或污水处理厂

单位污染物治理平均成本。在量化生态环境损害时，可以根据受污染影响区域的环境敏感程度分别乘以一定的倍数作为环境损害数额的上下限值。

本案中，双方当事人对污染物的种类、浓度无争议。原告申请出庭的技术专家及本院咨询的技术专家结合本案事实，将本案污水排放地的地下水认定为Ⅲ类地下水，“推荐办法”中对应的虚拟治理成本倍数取值范围是 6～8 倍。鉴于陈××所排污水的 pH 远超国家排放标准，本院认为应将本案虚拟治理成本倍数确定为 8 倍，才能与涉案排污行为的危害程度及受损害环境治理难度相符。

关于被告排放污水总量的问题，根据刑事侦查环节被告陈××于 2015 年 2 月 2 日、2015 年 2 月 3 日、2015 年 3 月 25 日、2015 年 8 月 24 日在公安机关所作的供述，能够证明被告排放污水总量为 60 吨，该事实亦已经生效的沛县人民法院(2015)沛环刑初字第 72 号刑事判决确认，被告辩称排放总量不足 60 吨但不能提供证明污染物排放总量的相关证据，亦未说明和证明具体的停工时间，对其提出扣除相应产量的意见，本院不予采纳。对原告主张的被告污水排放总量为 60 吨，本院予以确认。

综上，原告主张本案的生态环境修复费用计算为 40 800 元(计算方法为:60×85×8)，具有事实和法律依据，本院予以采纳。

四、关于被告所应承担的其他责任

关于原告请求被告承担公开赔礼道歉的责任问题。本院认为，根据《最高人民法院关于审理环境民事公益诉讼案件适用法律若干问题的解释》的相关规定，对污染环境、破坏生态，已经损害社会公共利益或者具有损害社会公共利益重大风险的行为，原告可以请求被告承担赔礼道歉等民事责任。涉案的污染环境行为导致损害发生后到恢复原状前生态环境服务功能的损失，影响社会公众享有美好生态环境的精神利益，原告该项诉请具有事实和法律依据，本院予以支持。

对原告主张的其因本案诉讼支出的专家咨询费 1400 元、律师费 4600 元，本院予以支持。《最高人民法院关于审理环境民事公益诉讼案件适用法律若干问题的解释》第二十二条规定:“原告请求被告承担检验、鉴定费用，合理的律师费以及为诉讼支出的其他合理费用的，人民法院可以依法予以支持。”本案中，原告提供相关付款凭证、发票证明其为调查取证支出专家咨询费 1400 元、委托律师代理本案诉讼并支付律师费 4600 元，被告对此无异议，本院依法予以支持。

综上，依照《中华人民共和国环境保护法》第五十八条、《中华人民共和国侵权责任法》第十五条第一款第(五)项、第(六)项、第(七)项、第六十五条，《最高人民法院关于审理环境民事公益诉讼案件适用法律若干问题的解释》第一条、第二条、第三条、第四条、第五条、第八条、第十一条、第十五条、第十八条、第二十条、第二十二条，《中华人民共和国民事诉讼法》第五十五条，《最高人民法院关于适用〈中华人民共和国民事诉讼法〉的解释》第一百零八条之规定，判决如下:

一、被告陈××于本判决生效后三十日内赔偿生态环境修复费用人民币 40 800 元(支付至徐州市环境保护公益金专项资金账户)。

二、被告陈××于本判决生效后三十日内,在本市市级报纸上(《徐州日报》《彭城晚报》《都市晨报》三者任选其一)就其污染环境行为向社会公众刊登致歉声明(内容须经本院审核)。

三、被告陈××于本判决生效后十日内支付原告为本案支出的合理费用人民币 6000 元。

四、驳回原告中国生物多样性保护与绿色发展基金会的其他诉讼请求。

案件受理费 970 元,由被告陈××负担。

如果未按判决指定的期间履行给付金钱义务,应当依照《中华人民共和国民事诉讼法》第二百五十三条之规定,加倍支付迟延履行期间的债务利息。

如不服本判决,可在判决书送达之日起十五日内,向本院递交上诉状,并按对方当事人的人数递交上诉状副本,上诉于江苏省高级人民法院,同时向该院预交上诉案件受理费。(江苏省高级人民法院开户行:中国农业银行南京市分行山西路分理处,账号:03×××75)

审判长 李飞
审判员 杜林
人民陪审员 陈虎
二〇一六年六月二日
书记员 毕晓雯

案例来源:中国裁判文书网,http://wenshu.court.gov.cn/content/content? DocID = f2dfd2bf - a430 - 45b8 - 9c71 - db7a7cde6254&KeyWord = 中国生物多样性保护与绿色发展基金会,最后访问日期:2018 年 7 月 10 日。

4. 中国生物多样性保护与绿色发展基金会诉孙×等环境污染责任纠纷案

2015 年 12 月 16 日,中国生物多样性保护与绿色发展基金会向徐州中院提交起诉材料,法院于 2015 年 12 月 18 日受理该案,于 2016 年 3 月 22 日公开开庭审理,于 2016 年 6 月 27 日调解结案。

江苏省徐州市中级人民法院
民事调解书

(2015)徐环公民初字第1号

原　　　　告:中国生物多样性保护与绿色发展基金会,住所地:略。

法定代表人:胡××,理事长。

委托代理人:李××,江苏××律师事务所律师。

委托代理人:陈××,江苏××律师事务所律师。

支持起诉机关:江苏省徐州市人民检察院,住所地:略。

出　庭　人　员:王辉,江苏省徐州市人民检察院检察员。

出　庭　人　员:韩荣,江苏省徐州市人民检察院代理检察员。

被　　　　告:孙×,个人信息略。

被　　　　告:张××,个人信息略。

被　　　　告:刘××,个人信息略。

被　　　　告:史××,个人信息略。

被　　　　告:秦××,个人信息略。

以上四被告共同委托代理人孟××:江苏××律师事务所律师。

原告中国生物多样性保护与绿色发展基金会(以下简称中国绿发会)诉被告孙×、张××、刘××、史××、秦××环境污染公益诉讼一案,本院于2015年12月18日受理后,依法向被告送达起诉状副本,同时公告案件受理情况。在公告期届满后并未收到其他机关或社会组织参加诉讼的申请。本院依法由审判员李飞、代理审判员杜林、人民陪审员陈虎组成合议庭,法官助理贾瑞莹协助办案,书记员毕晓雯担任案件记录,于2016年3月22日公开开庭审理了本案。原告中国绿发会的委托代理人李××、陈××,被告孙×及被告张××、刘××、史××、秦××等四人的委托代理人孟××到庭参加诉讼,支持起诉机关徐州市人民检察院指派王辉、韩荣出庭支持起诉。本案现已审理终结。

原告中国绿发会诉称,1. 中国绿发会是本案的适格原告。中国绿发会是国务院批准设立、在民政部注册、中国科学技术协会主管的非营利社会组织,其主要职责之一就是推动绿色发展事业,维护环境公共利益。中国绿发会已成立5年以上,无违法记录,在全国范围提起了多起环境污染公益诉讼,符合环境保护法及民事诉讼法对环境污染公益诉讼原告资格的规定。2. 被告存在污染环境、破坏生态的行为。2014年2月至2015年1月,孙×、张××、刘××、史××、秦××在丰县凤城镇张五楼村孙×经营的润丰制造厂内从事酸洗氧化加工,将产生的废酸液合计约28吨直接排放到其厂外水渠内。根据丰县环境保护监测站的监测结果,其排放的电镀废水pH为1.9,废水排放量为 2t/d,污染当地环境。被告因涉嫌环境污染罪,已被追究刑事责任。3. 被告应承担相应的法律责任。被告污染环境的行为,违反了环境保护法、侵权责任法等法律法规的规定,应当承担停止侵害、消除危险、恢复原状、赔偿损失、赔礼道歉等民事责任。综上,请求法院判令被告孙×、张××、刘××、史××、秦××:1. 停止侵害、消除危险,即停止污染环境的生产、排放等行为,消除环境污染风险;2. 将受损环境恢复原状,或承担生态环境修复费用 13 720 元;3. 在徐州市市级媒体上公开赔礼道歉;4. 承担原告因本案诉讼支出的律师费等合理费用合计 4000 元。案件受理费由被告孙×、张××、刘××、史××、秦××承担。

本院经审理查明:2014 年 2 月至 2015 年 1 月,孙×、张××、刘××、史××、秦××在丰县凤城镇张五楼村孙×经营的润丰制造厂内从事酸洗氧化加工,在未采取任何环保措施的情况下将该过程中产生的废液合计约 28 吨直接排放到其厂外水渠内。经丰县环境保护监测站检测,并经江苏省环境保护厅认可,前述外排废液的 pH 为 1.9,污染当地环境。沛县人民法院于 2015 年 12 月 20 日作出(2015)沛环刑初字第 51 号刑事判决,认定孙×、张××、刘××、史××、秦××违法排放污染物,严重污染环境,构成污染环境罪,判处孙×有期徒刑六个月,并处罚金人民币二万元;判处张××拘役三个月,缓刑一年,并处罚金人民币五千元;判处刘××拘役三个月,缓刑一年,并处罚金人民币五千元;判处史××拘役三个月,缓刑一年,并处罚金人民币五千元;判处秦××拘役三个月,缓刑一年,并处罚金人民币五千元。孙×不服该判决向本院提起上诉,张××、刘××、史××、秦××未上诉。在本院审理过程中孙×申请撤回上诉,本院经审查作出(2016)苏 03 刑终 35 号刑事裁定,准许孙×撤回上诉。上述判决已发生法律效力。

原告中国绿发会提起本案诉讼,徐州市人民检察院支持起诉并指派丰县人民检察院委托丰县价格认证中心对涉案污水的每吨处理费用进行鉴定,丰县价格认证中心出具〔2015〕297 号“关于工业污水处理费用的价格鉴证结论”,认定涉案污水每吨处理费用为 70 元(含运输费用 35 元)。

另查明,被告孙×、张××、刘××、史××、秦××在本案所涉刑事案件判决前表示自愿对其造成的环境污染承担责任,孙×预赔偿三万元作为生态环境修复费用。张××、刘××、史××、秦××分别预赔偿五千元作为生态环境修复费用。目前前述款项暂存放于沛县人民法院。

再查明,中国绿发会是 1985 年在中华人民共和国民政部注册、由中国科学技术协会主管的全国性公募基金会。该基金会章程第三条载明,其宗旨是广泛动员全社会关心和支持生物多样性保护与绿色发展事业,维护公众环境权益和社会公共利益,协助政府保护国家战略资源,促进生态文明建设和人与自然和谐,构建人类美好家园。原告为提起本案诉讼支出专家咨询费 1300 元、律师费 2700 元。

经本院主持调解，双方当事人自愿达成如下调解协议：

一、被告孙×、张××、刘××、史××、秦××已深刻认识到其涉案排污行为对生态环境及社会公众利益造成的损害，并就此对社会公众表示诚挚的歉意；

二、被告孙×自愿支付本案的生态环境修复费用13 720元至徐州市环境保护公益金专项资金账户，另外，孙×自愿捐赠2280元至徐州市环境保护公益金专项资金账户；张××、刘××、史××、秦××各自愿捐赠1000元支付至徐州市环境保护公益金专项资金账户；

三、被告孙×自愿向原告支付其因本案诉讼所实际支出的技术专家咨询费、律师费等合理费用4000元；

四、案件受理费243元，减半收取121.5元，由被告孙×承担；

五、上述第二、三、四项费用，被告孙×、张××、刘××、史××、秦××同意从其因涉案污染环境行为在沛县人民法院缴纳的预赔偿款中支出；

六、原告自愿放弃其他诉讼请求。

本院依据《最高人民法院关于审理环境民事公益诉讼案件适用法律若干问题的解释》第二十五条第一款的规定，在2016年5月25日至2016年6月24日对上述协议予以公告。在上述协议公告期间，本院未收到就该协议所提出的异议或意见。本院经审查认为，上述协议的内容符合法律规定，不损害社会公共利益，故本院对该协议予以确认。

审 判 长 李 飞
审 判 员 杜 林
人民陪审员 陈 虎
二〇一六年六月二十七日
书 记 员 毕晓雯

案例来源：中国裁判文书网，http://wenshu.court.gov.cn/content/content? DocID = 3cac925b - c44c - 4255 - 8e53 - a72e01010fe7&KeyWord = 孙虎、张敬民，最后访问日期：2018年7月10日。

5. 中国生物多样性保护与绿色发展基金会诉郭××等环境污染责任纠纷案

2015年12月16日，中国生物多样性保护与绿色发展基金会向徐州中院提交起诉材料，法院于2015年12月18日受理该案，于2016年3月22日公开开庭审理，于2016

年6月27日调解结案。

关于中国生物多样性保护与绿色发展基金会诉郭以峰、李贵英环境污染公益诉讼案件调解协议的公告

徐州市中级人民法院环境资源审判庭于2015年12月18日受理原告中国生物多样性保护与绿色发展基金会诉被告郭以峰、李贵英环境污染公益诉讼后,依法组成合议庭并于2016年3月23日公开开庭进行了审理。本案审理过程中,原、被告自愿达成调解协议。

依照《最高人民法院关于审理环境民事公益诉讼案件适用法律若干问题的解释》第二十五条的规定,环境民事公益诉讼当事人达成调解协议或者自行达成和解协议后,人民法院应当将协议内容公告,公告期间不少于三十日。现公告该调解协议内容(附后),公告期为三十日(自2016年5月16日至2016年6月15日止)。如对该调解协议有异议或意见的,可在公告期内提出,以协助本院对该协议进行全面审查。公告期满后,本院审查认为该调解协议的内容不损害社会公共利益的,将依法出具调解书。

特此公告。

徐州市中级人民法院

二〇一六年五月十六日

调 解 协 议

(2015)徐环公民初字第2号

原　　告:中国生物多样性保护与绿色发展基金会,住所地:略。

法定代表人:胡××,理事长。

委托代理人:李××,江苏××律师事务所律师。代理权限,特别授权。

委托代理人:陈××,江苏××律师事务所律师。代理权限:特别授权。

被　　告:郭××,个人信息略。

被　　告:李××,个人信息略。

原告中国生物多样性保护与绿色发展基金会诉被告郭××、李××环境污染公益诉讼一案中,双方当事人自愿达成如下协议:

一、被告郭××、李××已深刻认识到其涉案排污行为对生态环境及社会公众利益造成的损害,并就此对社会公众表示诚挚的歉意;

二、被告郭××、李××自愿支付本案的生态环境修复费用8400元至徐州市环境保护公益金专项资金账户；

三、被告郭××、李××自愿向原告支付其因本案诉讼所实际支出的技术专家咨询费1500元；

四、案件受理费50元减半收取25元，由被告郭××、李××承担；

五、上述第二、三、四项费用，被告郭××、李××同意从其因涉案污染环境行为在沛县人民法院(2015)沛环刑初字第0039号案件中向沛县法院缴纳的预赔偿款1万元中支出；

六、扣除上述费用后剩余的75元，二被告自愿作为生态环境捐助款缴纳至徐州市环境保护公益金专项资金账户；

七、原告自愿放弃本案中的其他诉讼请求。

案例来源：徐州市中级人民法院网，http://xzzy.chinacourt.org/article/detail/2016/05/id/2119624.shtml，最后访问日期：2018年7月10日。

6. 中国生物多样性保护与绿色发展基金会诉刘××环境污染责任纠纷案

2015年12月15日，原告向徐州中院提交起诉材料，法院于2015年12月18日受理该案，于2016年3月23日公开开庭审理，于2016年6月2日判决。

江苏省徐州市中级人民法院
民事判决书

(2015)徐环公民初字第3号

原　　　　告：中国生物多样性保护与绿色发展基金会，住所地：略。

法定代表人：胡××，理事长。

委托代理人：李××，江苏××律师事务所律师。

委托代理人：陈××，江苏××律师事务所律师。

支持起诉机关：江苏省徐州市人民检察院，住所地：略。

出 庭 人 员：王辉，江苏省徐州市人民检察院检察员。

出庭人员:韩荣,江苏省徐州市人民检察院助理检察员。

被　　　告:刘××。

委托代理人:袁×,江苏××律师事务所律师。

原告中国生物多样性保护与绿色发展基金会(以下简称中国绿发会)诉被告刘××环境污染公益诉讼一案,本院于2015年12月18日受理后,依法向被告送达起诉状副本,同时公告案件受理情况。在公告期届满后并未收到其他机关或社会组织参加诉讼的申请。本院依法由审判员李飞、代理审判员杜林、人民陪审员陈虎组成合议庭,法官助理贾瑞莹协助办案,书记员毕晓雯担任案件记录,于2016年3月23日公开开庭审理了本案。原告中国绿发会的委托代理人李××、陈××,被告刘××及其委托代理人袁×到庭参加诉讼,支持起诉机关徐州市人民检察院指派王辉、韩荣出庭支持起诉。本案现已审理终结。

原告中国绿发会诉称,1.中国绿发会是本案的适格原告。中国绿发会是国务院批准设立、在民政部注册、中国科学技术协会主管的非营利社会组织,其主要职责之一就是推动绿色发展事业,维护环境公共利益。中国绿发会已成立五年以上,无违法记录,并在全国范围提起了多起环境污染公益诉讼,符合环境保护法、民事诉讼法规定的提起环境污染公益诉讼的条件。2.被告刘××存在污染环境、破坏生态的行为。2013年8月至2014年5月,刘××在江苏省丰县常店镇卜老家村电镀加工金属件,并将加工过程中产生的废水30余吨排放至卜老家河。根据丰县环境保护监测站的监测结果,废水的pH为6.2,总磷含量0.364mg/L,锌含量123~135mg/L,六价铬含量204mg/L,导致环境严重污染。被告因涉嫌环境污染罪,已被追究刑事责任。3.被告刘××应承担相应的法律责任。刘××实施的上述污染环境、破坏生态的行为,违反了环境保护法、侵权责任法等法律规定,其应当承担停止侵害、消除危险、恢复原状、赔偿损失、赔礼道歉等民事责任。请求法院判令被告刘××:1.停止侵害、消除危险,即停止污染环境的生产、排放行为并消除环境污染风险;2.将受损环境恢复原状,或承担生态环境修复费用4.08万元(支付至徐州市环境保护公益金专项资金账户);3.在徐州市市级媒体上公开赔礼道歉;4.承担原告因本案诉讼支出的律师费等合理费用共计6000元。案件受理费由被告刘××负担。

支持起诉机关徐州市人民检察院认为:2013年8月至2014年5月,刘××在江苏省丰县常店镇卜老家村从事金属件电镀加工,并将产生的30余吨废水排放至卜老家河。根据丰县环境保护监测站的监测结果,该废水的pH为6.2,总磷含量0.364mg/L,锌含量123~135mg/L,六价铬含量为204mg/L。刘××无视国家规定,在未采取任何处理措施的情况下直接向水体排放、倾倒危险废物,对环境造成严重污染,损害了社会公共利益。根据《中华人民共和国侵权责任法》第六十五条、《中华人民共和国环境保护法》第五十八条的规定,刘××应当承担环境污染损害赔偿责任。中国绿发会是经国务院批准、在民政部登记注册的非营利公益社会组织，具备提起环境污染公益诉讼的主体资格。综上，徐州市人民检察院依据《中华人民共和国民事诉讼法》第十五条的规定，支持中国绿发会对刘××提起本案诉讼。

被告刘××答辩称：1. 对中国绿发会的原告资格有异议，其提供的章程是2015年才批准生效的。2. 原告关于"停止侵害、消除危险"的诉请不应得到支持。2015年4月刘××已停止生产，此后侵权行为并未持续。3. 对原告主张的生态环境修复费用有异议，本案中未进行客观、公正的生态环境修复价格认定。请求法院依法裁判。

经原、被告当庭确认，本案的争议焦点是：1. 中国绿发会是否是本案的适格原告；2. 原告"停止侵害，消除危险"的诉请能否成立；3. 原告主张的生态环境修复费用4.08万元，有无事实及法律依据。

原告中国绿发会为支持其诉讼请求，提供如下证据：

第一组证据：1. 法人登记证书；2. 组织机构代码证；3. 法定代表人身份证明书；4. 基金会章程；5. 2010年至2014年的年度工作报告；6. 五年内无违法记录声明；7. 最高人民法院（2016）最高法民再48号民事裁定书。证明中国绿发会系在民政部注册登记的社团法人，业务主管部门为中国科学技术协会，主要职能是从事生态环境保护公益活动，维护环保公益（参见基金会章程第二条、第七条），已经连续运营5年以上且无违法记录，符合《环境保护法》第五十八条规定的环境公益诉讼原告条件，中国绿发会的环境公益诉讼原告资格已由最高人民法院生效文书确认。

第二组证据：1. 丰县环境保护监测站监测报告、对监测内容的委托书、江苏省环保厅对监测数据的认可函，证明被告存在污染环境、破坏生态行为，其排放废水的pH为6.2，总磷含量0.364mg/L，锌含量123～135mg/L，六价铬含量204mg/L，根据国家污水综合排放标准（GB 8978—1996）、国家电镀污染物排放标准（GB 21900—2008），锌最高允许排放浓度为1.0mg/L，六价铬最高允许排放浓度为0.5mg/L，涉案污水重金属严重超标，排放水体中严重污染环境；2.（2015）沛环刑初字第0071号刑事判决书，证明被告实施污染环境行为，已经生效刑事判决书确认。

第三组证据：1. 丰县价格认证中心丰价证鉴〔2015〕300号鉴证结论书，证明正常处理涉案污水的单价为170元/吨（含处理费用120元、运输费用50元）；2. 技术专家咨询意见，证明依照环保部《环境损害鉴定评估推荐办法》中推荐的"虚拟治理成本法"计算，涉案污水每吨的生态环境修复费用为正常处理费用的8倍，按照每吨治理单价170元，30吨计40 800元。

第四组证据：1. 律师代理合同，收费发票，江苏省物价局、司法厅"关于调整律师收费标准的通知"及苏价费〔2013〕421号文件；2. 专家咨询费发放表。证明原告为本次诉讼支出律师费4600元，原告本次起诉的五案共产生专家咨询费用7500元，每案分担1500元。

第五组证据:1.丰县价格认证中心关于丰价证鉴(2015)300号价格鉴证结论书有关情况的说明;2.丰县华山镇晨宇金属制品厂出具的情况说明;3.丰县华山镇晨宇金属制品厂营业执照。进一步证明涉案的价格鉴证结论是根据涉案污水客观情况,经过咨询当地有能力处理含重金属污水的企业后作出的。

经原告申请,本院依法通知丰县价格认证中心价格鉴证师李凤英、李晋,丰县价格认证中心主任封钦涛出庭接受询问,就价格认证的依据和程序予以说明,指出价格鉴证结论书曾出现笔误,但鉴定时是依据委托方提供的环保监测部门对涉案污水监测的情况进行的价格认证,相关内容是正确的,结论亦是客观真实的。

被告刘××质证认为:对第一组证据的真实性无异议,但法人登记证书、组织机构代码证的有效期是2014年5月29日至2018年5月29日,基金会章程是2015年7月23日表决通过的,基金会章程在登记机关核准登记后生效,故该组证据不能证明中国绿发会具备原告资格。对第二组证据的真实性无异议。对第三组证据中的丰价证鉴(2015)300号价格鉴证结论书、专家咨询意见有异议,庭前送达被告的价格鉴证结论书复印件和原告当庭提交的价格鉴证结论书原件记载的污水pH不同,故价格鉴证结论书不能作为定案依据,而原告的专家咨询意见是依据该价格鉴证结论书作出的,亦不能采信。对第四组证据的真实性无异议。对第五组及价格鉴证人员的当庭陈述,综合质证意见是,丰县价格认定中心的价格鉴证报告曾出现记载错误,且看不出价格鉴证人员在对相关企业咨询价格问题时是否进行了市场成本核算,故仍不能确认价格鉴证结论的客观性和合理性。

本院认证认为:原告第一组证据中的法人登记证书、组织机构代码证、基金会章程、2010年至2014年共5年的年度工作报告能够相互印证,共同证明中国绿发会系在民政部注册的连续5年开展生态环境公益保护活动的非营利组织,该事实亦为最高人民法院的生效民事裁定书所确认。中国绿发会通过的新章程或登记发证机关换发的登记证书均未改变中国绿发会2010年以来的主要宗旨及业务范围。本院对第一组证据的真实性、关联性、合法性予以确认。原告第二组、第四组证据的来源合法,与本案事实具有关联性,被告不持异议,可以作为认定案件事实的依据。

原告提供的第三组、第五组及价格鉴证人员的当庭陈述意见,因原告庭前提供的价格鉴证结论书复印件中记载的污水pH为1.85,而原告当庭提交的价格鉴证结论书原件中记载的污水pH为6.2,对此被告提出异议,认为价格鉴证结论不能作为定案依据。丰县价格认证中心鉴证人员当庭陈述称"打字过程中出现了错误,已及时和委托方沟通,予以修正"。对此本院认为,原告当庭提交的价格鉴证结论书原件中记载的污水pH为6.2,与丰县环境保护监测站对涉案污水的监测结果及丰县人民检察院的价格认定委托书一致,价格鉴证人员已明确说明认证依据正确,只是在价格鉴证结论书中出现笔误,并已经进行修正后重新印发,鉴于两份价格鉴证结论书除上述记载不同外结论和其他内容一致，故价格认证人员的解释具有合理性。被告虽对价格鉴证结论提出异议，但经本院释明被告既不申请重新鉴定，也不能提供计算治理成本的其他方案及证据，因此，上述价格鉴证结论可以作为认定涉案污水治理成本的依据。

被告刘××未向本院提供证据。

根据以上证据及当事人陈述，本院查明：

2013 年 8 月至 2014 年 5 月，刘××在江苏省丰县常店镇卜老家村从事金属件电镀加工，将产生的废水 30 余吨排放卜老家河。根据丰县环境保护监测站的监测结果，该废水的 pH 为 6.2，总磷含量 0.364mg/L，锌含量 123～135mg/L，六价铬含量 204mg/L。2014 年 7 月 21 日，江苏省环境保护厅出具苏环监认〔2014〕38 号"关于对丰县环境监测数据认可的函"，对上述监测数据予以认可。根据国家污水综合排放标准及国家电镀污染物排放标准，六价铬最高允许排放浓度为 0.5mg/L。沛县法院 2016 年 12 月 20 日作出〔2015〕沛环刑初字第 0071 号刑事判决，认定刘××违规排放污染物，严重污染环境，构成污染环境罪，判处其有期徒刑八个月，并处罚金人民币二万元。

中国绿发会提起本案诉讼，徐州市人民检察院支持起诉，并指派丰县人民检察院委托丰县价格认证中心对涉案污水的每吨处理费用进行鉴定，丰县价格认证中心走访丰县华山镇晨宇金属制品厂后，出具丰价证鉴〔2015〕300 号"关于工业污水处理费用的价格鉴证结论"，认定涉案污水每吨处理费用为 170 元（含运输费用 50 元）。

另查明，被告刘××在本案所涉刑事案件判决前表示自愿对其造成的环境污染承担责任，并预赔偿 3 万元作为生态环境修复费用，暂存放于沛县人民法院。原告为本案诉讼支付专家咨询费 1500 元及律师费 4600 元，合计 6100 元。

再查明，中国生物多样性保护与绿色发展基金会是 1985 年在中华人民共和国民政部注册、由中国科学技术协会主管的全国性公募基金会。该基金会章程第三条载明，其宗旨是广泛动员全社会关心和支持生物多样性保护与绿色发展事业，维护公众环境权益和社会公共利益，协助政府保护国家战略资源，促进生态文明建设和人与自然和谐，构建人类美好家园。

本院认为：

一、关于中国绿发会是否本案适格原告的问题

根据《中华人民共和国民事诉讼法》第五十五条的规定："对污染环境、侵害众多消费者合法权益等损害社会公共利益的行为，法律规定的机关和有关组织可以向人民法院提起诉讼。"《中华人民共和国环境保护法》第五十八条规定："对污染环境、破坏生态，损害社会公共利益的行为，符合下列条件的社会组织可以向人民法院提起诉讼：（一）依法在设区的市级以上人民政府民政部门登记；（二）专门从事环境保护公益活动连续五年以上且无违法记录。符合前款规定的社会组织向人民法院提起诉讼，人民法院应当依法受理。"本案中，原告中国绿发会是在中华人民共和国民政部注册的基金会

法人,其章程确定的宗旨包括“广泛动员全社会关心和支持生物多样性保护与绿色发展事业,维护公众环境权益和社会公共利益,促进生态文明建设和人与自然和谐”等,应认定为“专门从事环境保护公益活动”的社会组织,其提起本案诉讼是为维护污染事故发生地公众的环境权益,与其宗旨和业务范围具有关联性。中国绿发会提交的起诉前连续5年的年度工作报告书,证明其连续5年从事生物多样性保护等生态环境保护公益活动,其亦依照相关司法解释的规定提交了社会组织登记证书、由其法定代表人签章的5年内无违法记录的声明等证据,上述证据能够证明中国绿发会符合法律及司法解释对环境污染公益诉讼原告的主体资格要求,故被告就此提出的抗辩意见不能成立,对中国绿发会的原告资格,本院予以确认。

二、关于原告提出的“停止侵害,消除危险”的诉请应否予以支持的问题

环境污染民事诉讼中,“停止侵害”的诉讼请求针对的是已经开始且处于持续状态的生产、排污行为,而“消除危险”的诉讼请求针对的是将来可能发生的新的生态环境损害,如原告是为了防止生态环境损害的继续发生和扩大而提出此项诉讼请求,法院应依法予以支持。依现有证据,涉案污染环境行为的损害后果已实际发生,案发后刘××因犯污染环境罪被判处刑罚并被羁押,其客观上已经无法继续生产,停止了污染环境行为,客观上也不能对生态环境损害造成新的威胁。原告该项诉讼请求虽有法律依据,但与案件事实不符,鉴于被告客观上已经停止生产,在本案中已经没有判决被告“停止侵害、消除危险”的必要。

三、关于原告主张本案的生态环境修复费用为40 800元能否成立的问题

根据《最高人民法院关于审理环境民事公益诉讼案件适用法律若干问题的解释》第十八条的规定,对污染环境、破坏生态,已经损害社会公共利益或者具有损害社会公共利益重大风险的行为,原告可以请求被告承担恢复原状等民事责任。因被告刘××明确表示无自行修复生态环境的能力亦未能提出修复方案,为确保生态环境修复的实现,依据《最高人民法院关于审理环境民事公益诉讼案件适用法律若干问题的解释》第二十条规定,本案可直接确定被告所应承担的生态环境修复费用来替代恢复原状的责任。

关于本案生态环境修复费用的具体计算。经原告委托,中国矿业大学教授张雁秋、徐州市环境科学学会研究员级高级工程师林丰、徐州市环境监测中心站高级工程师肖思海根据本案案情、污染监测结果及污染特征,按照国家环保部《关于开展环境污染损害鉴定评估工作的若干意见》(环发〔2011〕60 号)和《环境损害鉴定评估推荐方法》(第Ⅱ版)的“虚拟治理成本法”,计算本案地下水环境受污水污染的生态环境损害数额(即生态环境修复费用)为:30×170×8=40 800 元。原告并申请上述技术专家到庭说明。经本院释明,被告不申请对本案的生态环境修复费用进行鉴定,亦不申请技术专家出庭对相关技术问题进行说明、论证。为公正审理案件,本院委托中国矿业大

学环境领域技术专家刘汉湖教授就本案的生态环境修复费用出具书面咨询意见。刘汉湖教授认为：原告申请的3名环保专家根据公安机关采集的相关资料和污染物监测结果及污染物特征，按照国家环保部《关于开展环境污染损害鉴定评估工作的若干意见》（环发〔2011〕60号）和《环境污染损害鉴定评估推荐方法》（第Ⅱ版）推荐的"虚拟治理成本法"，将虚拟治理成本倍数取值8倍，计算此次环境污染虚拟治理成本为40 800元，是科学、合理的，其认同该意见。

原告主张其提供专家论证意见所依据的污染物排放情况经过环保部门检测，所依据的污水处理单价经过丰县价格认证中心价格鉴证，其计算客观、科学，应予采信。被告主张，技术专家作出咨询意见前未经过调查，无实测数据支撑。对此本院认为，原告申请出庭的技术专家的当庭说明及本院咨询的技术专家提供的书面咨询意见，均认为对于本案生态环境修复费用可按照国家环保部《关于开展环境污染损害鉴定评估工作的若干意见》（环发〔2011〕60号）和《环境损害鉴定评估推荐方法》（第Ⅱ版）（以下简称"推荐办法"），采用"虚拟治理成本法"确定。刘××以"污染程度没有实测数据"为由对适用"虚拟治理成本法"提出异议，但经本院释明，其表示不申请相关鉴定。被告将含多种污染物的污水直接排入河流，实测污染程度的难度大、成本高，原告咨询技术专家后选取"推荐办法"中的"虚拟治理成本法"确定生态环境修复费用，有客观合理性。"推荐办法"规定："虚拟治理成本法适用于环境污染所致生态环境损害无法通过恢复工程完全恢复、恢复成本远远大于其收益或缺乏生态环境损害恢复评价指标的情形"。故采用该评估方法无需实测。

根据"推荐办法"，所谓虚拟治理成本，是指工业企业或污水处理厂治理等量的排放到环境中的污染物应该花费的成本，即污染物排放量与单位污染物虚拟治理成本的乘积。单位污染物虚拟治理成本是指突发环境事件发生地的工业企业或污水处理厂单位污染物治理平均成本。在量化生态环境损害时，可以根据受污染影响区域的环境敏感程度分别乘以一定的倍数作为环境损害数额的上下限值。本案中，双方当事人对污染物的种类、浓度及排放量无争议。虽被告刘××对原告提供的丰县价格认证中心鉴证结论书中的单位污染物虚拟治理成本170元/吨不予认可，但本院认为，丰县价格认证中心走访当地生产同类、类似产品的企业得出的单位污染物治理成本，具有一定的客观性、合理性，被告虽提出异议，但经本院释明后既不申请重新鉴定，亦不能提供相反证据，亦未对其抗辩进行合理性或逻辑性方面的说明，故对被告抗辩本院不予采纳，对原告主张予以支持，可以确认涉案污水的治理成本为170元/吨。原告申请出庭的技术专家及本院咨询的技术专家结合本案事实，将本案污水排放地的地下水认定为Ⅲ类地下水，"推荐办法"中对应的虚拟治理成本倍数取值范围是6～8倍。鉴于刘××所排污水含多种污染物，其中六价铬含量达204mg/L，远超国家标准，而重金属六价铬进入环境、生物圈后很难自然降解，其危害具有持久性，故将本案虚拟治理成本倍数确定为 8 倍,与涉案排污行为的危害程度及受损害环境治理难度相符。

综上,原告主张本案的生态环境修复费用计算为 40 800 元(计算方法为:30 × 170 ×8),具有事实和法律依据,本院予以采纳。

四、关于被告所应承担的其他责任

原告请求被告承担公开赔礼道歉的责任,对于赔礼道歉的方式,庭审中,原告明确要求被告在市级报纸(《徐州日报》《彭城晚报》《都市晨报》三者任选其一)就其污染环境行为向社会公众刊登致歉声明,对此,被告刘 × × 不持异议。根据《最高人民法院关于审理环境民事公益诉讼案件适用法律若干问题的解释》的相关规定,对污染环境、破坏生态,已经损害社会公共利益或者具有损害社会公共利益重大风险的行为,原告可以请求被告承担赔礼道歉等民事责任。涉案的污染环境行为导致损害发生后到恢复原状前生态环境服务功能的损失,影响社会公众享有美好生态环境的精神利益,原告该项诉请具有事实和法律依据,本院予以支持。

本院对原告主张的其因本案诉讼支出的专家咨询费、律师费,在 6000 元范围内予以支持。《最高人民法院关于审理环境民事公益诉讼案件适用法律若干问题的解释》第二十二条规定:"原告请求被告承担检验、鉴定费用,合理的律师费以及为诉讼支出的其他合理费用的,人民法院可以依法予以支持。"本案中,原告提供相关付款凭证、发票证明其为调查取证支出专家咨询费 1500 元、委托律师代理本案诉讼并支付律师费 4600 元,被告对此无异议。因原告在本案中仅主张 6000 元合理费用,故本院对其该项诉请予以支持。

综上,依照《中华人民共和国环境保护法》第五十八条、《中华人民共和国侵权责任法》第十五条第一款第(五)项、第(六)项、第(七)项、第六十五条,《最高人民法院关于审理环境民事公益诉讼案件适用法律若干问题的解释》第一条、第二条、第三条、第四条、第五条、第八条、第十一条、第十五条、第十八条、第二十条、第二十二条,《中华人民共和国民事诉讼法》第五十五条,《最高人民法院关于适用〈中华人民共和国民事诉讼法〉的解释》第一百零八条之规定,判决如下:

一、被告刘 × × 于本判决生效后十日内赔偿生态环境修复费用人民币 40 800 元(支付至徐州市环境保护公益金专项资金账户)。

二、被告刘 × × 于本判决生效后十日内支付原告为本案支出的合理费用人民币 6000 元。

三、被告刘 × × 于本判决生效后三十日内,在本市市级报纸上(《徐州日报》《彭城晚报》《都市晨报》三者任选其一)就其污染环境行为向社会公众刊登致歉声明(内容须经本院审核)。

四、驳回原告中国生物多样性保护与绿色发展基金会的其他诉讼请求。

案件受理费 970 元,由被告刘 × × 负担。

如果未按本判决指定的期间履行给付金钱义务，应当依照《中华人民共和国民事诉讼法》第二百五十三条之规定，加倍支付迟延履行期间的债务利息。

如不服本判决，可在判决书送达之日起十五日内，向本院递交上诉状，并按对方当事人的人数递交上诉状副本，上诉于江苏省高级人民法院，同时向该院预交上诉案件受理费。（江苏省高级人民法院开户行：中国农业银行南京市分行山西路分理处，账号：03××75）

审 判 长 李 飞
审 判 员 杜 林
人民陪审员 陈 虎
二〇一六年六月二日
书 记 员 毕晓雯

案例来源：裁判文书网，http://wenshu.court.gov.cn/content/content? DocID = d2622490 - 36d2 - 4f7a - 8db4 - 718b900ac3b4&KeyWord = 中国生物多样性保护与绿色发展基金会，最后访问日期：2018 年 7 月 10 日。

7. 重庆市绿色志愿者联合会诉恩施自治州建始磺厂坪矿业有限责任公司水污染责任纠纷案

2014 年 11 月 13 日，重庆市绿色志愿者联合会向重庆二中院提交起诉材料，法院于 2016 年 1 月 21 日一审判决。2016 年 3 月 25 日，一审被告上诉获立案，2016 年 9 月 13 日，二审判决。

重庆市第二中级人民法院
民事判决书

（2016）渝 02 民终 772 号

上诉人（原审被告）：恩施自治州建始磺厂坪矿业有限责任公司，住所地：略。
法 定 代 表 人：张×，董事长。
委托代理人（特别授权）：鲁××，总经理。
委托代理人（特别授权）：李×，湖北××律师事务所律师。

被上诉人(原审原告):重庆市绿色志愿者联合会,住所地:略。

法　定　代　表　人:吴×,会长。

委　托　代　理　人:××青,副会长。

委　托　代　理　人:谢××,重庆××律师事务所律师。

支　持　起　诉　人:重庆市人民检察院第二分院。

出　　庭　　人　　员:刘红艳,该院检察员。

出　　庭　　人　　员:王长江,该院检察员。

上诉人恩施自治州建始磺厂坪矿业有限责任公司(以下简称建始磺厂坪矿业公司)因与被上诉人重庆市绿色志愿者联合会(以下简称重庆绿联会)环境污染公益诉讼纠纷一案,不服重庆市万州区人民法院(2014)万法环公初字第00001号民事判决,向本院提起上诉。本院于2016年3月25日立案受理后,依法组成合议庭,于2016年7月12日在污染事故发生地重庆市巫山县红椿乡公开开庭进行了审理。上诉人建始磺厂坪矿业公司的委托代理人鲁××、李×、被上诉人重庆绿联会的委托代理人××青、谢××到庭参加诉讼。支持起诉人重庆市人民检察院第二分院指派检察员刘红艳、王长江出庭发表意见。本案现已审理终结。

上诉人建始磺厂坪矿业公司上诉请求:撤销原审判决,改判驳回被上诉人重庆绿联会一审中的全部诉讼请求。事实和理由:一、原判第一项错误。1.一审的时候上诉人提交的证据表明,水库污染是多种原因的偶然结合造成的。上诉人在生产线和尾矿库没有连通的情况下,在调试机器过程中将调试机器产生的尾矿排在厂区洼地并结合气象灾害、特殊地质构造条件造成的。同时,污染在短时间内就得到了控制,没有对水库造成长期的负面影响。上诉人在被上诉人起诉之前已停止生产,对千丈岩水库饮用水源的侵害已经停止,一审要求上诉人停止对千丈岩水库饮用水源的侵害没有事实基础。2.“重新进行环境影响评价,未经批复和环境保护设施未经验收,不得生产”属于行政权范畴,不是民事责任的承担方式,如此判决不符合法律规定。且上诉人在事故发生后委托北京中天润成环保科技有限公司于2015年8月作出《恩施自治州建始磺厂坪矿业有限责任公司磺厂坪硫铁矿选矿项目环境风险评估报告》,该评估报告已充分考虑了对千丈岩水库饮用水源的影响,并提出了改进措施,即使人民法院有权责令上诉人重新进行环境影响评价,上诉人也已经完成,不应再判决上诉人重新进行环境影响评价。二、原判第二项是根据北京师范大学的鉴定报告作出的,该鉴定报告依法不应当被采信:1.北京师范大学无鉴定资格。《最高人民法院关于审理环境民事公益诉讼案件适用法律若干问题的解释》对鉴定主体有明确的规定,一审法院以“鉴定人是专家、是教授”认定北京师范大学有鉴定能力、技术水平,从而认定鉴定有效,违反、曲解了该司法解释的规定。2.鉴定程序违法、鉴定结论不科学。对洼地土壤的取样不科学,导致结论缺乏严谨的科学推理。Fe元素不是重金属,是对人体和动植物有益的元素,《土壤环境质量标准》(GB 15618)也未将其作为土壤的控制性指标,鉴定报告以Fe元素作为生态修复评价指标不妥。三、判令上诉人在国家级媒体上赔礼道歉错误。是否在媒体上道歉,在什么样的媒体上道歉,应该结合事故发生后上诉人的主观过错、采取的措施、损害后果补救、消除的情况等予以综合认定。污染事故是多种因素造成的,上诉人的主观过错较小,事件发生后亦积极采取各种补救措施,短时间内恢复了水库的生态,且上诉人在庭审中当庭道歉的行为也已被媒体所大量报道,故再要求上诉人道歉已无必要。四、一审支持的10万元律师费过高。被上诉人主张的10万元律师费远远超过了重庆市律师收费标准,且未证明其合理性。五、对于鉴定费,在一审的时候未进行质证,希望二审法院进行审理。综上,希望二审法院支持上诉人上诉请求。

被上诉人重庆绿联会辩称,上诉人的行为造成水库污染的事实清楚,造成的影响和损失比较大,被上诉人根据相关法律对环境污染事件提起环境公益诉讼合理合法,一审判决完全正确,上诉人的上诉请求没有法律依据,其上诉请求不应得到法院的支持,请求二审法院驳回上诉,维持原判。具体理由如下:一、污染事件虽经应急处理得到控制,但潜在的污染问题依然存在,且上诉人也无证据可以证明以现有工艺、设备、场地条件等,在今后恢复生产的情况下,不会再次发生污染。造成污染事件的原因很大程度上是因为上诉人没有严格执行行政法规的要求而故意或过失行为造成的,这就使得在处理污染环境事件时必然涉及行政法规。在司法改革创新的新环境下,把行政行为与环境公益诉讼一并审理,是一种进步,是发展的要求。环境影响评价是国家对于企业的起码要求,上诉人就是因为没有认真履行环评要求才造成的污染。建议上诉人认真吸取教训,应当重新进行环境影响评价,并严格执行。二、根据司法解释的规定,人民法院可以委托具备资格的鉴定人进行鉴定。目前涉及环境案件的鉴定人问题,法律尚无明文规定,只有环保部的推荐意见。环保部也指出,推荐机构名录不属于行政许可,不具备强制力,各级环保主管部门也可以向当事人推荐没有列入该名录的鉴定评估机构从事环境损害鉴定评估工作。北京师范大学是环保局向一审法院推荐的未列入名录的从事环境损害鉴定工作的评估鉴定机构,主体适格。上诉人对水库的污染是不争的事实,理应承担生态修复等责任。三、在庭审过程中的当庭道歉行为,不等于上诉人书面正式的媒体道歉。两者在性质上、诚意上、效果上均存在不同。上诉人既然造成了全国性的社会影响,当然也应该在相应的范围内予以消除,所以在相应媒体上赔礼道歉是应该的。四、为了此次环境公益诉讼,被上诉人花费了大量人力、时间和必要的经费,这还不包括一审期间和至今仍在发生的费用。根据《重庆市律师服务收费标准》,律师办理疑难、复杂和有重大影响的法律事务,律师事务所经与委托人协商,可高于收费标准收取律师服务费。本案属于疑难、复杂和具有重大影响的案件,10万元律师费合理,符合规定。

支持起诉人重庆市人民检察院第二分院述称,上诉人违法事实清楚,损害后果明确,应该依法承担相关法律责任。水库属于重庆市人民政府认定的集中饮用水源保护区,上诉人作为在建企业,重生产轻环保,在没有经过申请的情况下擅自生产导致地下水受到污染。一审认定事实清楚,适用法律正确,程序合法,建议驳回上诉,维持原判。

重庆绿联会向一审法院起诉请求:1. 判令建始磺厂坪矿业公司停止侵害,停止侵害的方式为不再生产或者生产不能造成再次污染。对今后可能出现的污染地下溶洞水体和污染水库的风险重新作出环境影响评价,根据环评结论,作出是否搬迁的裁判;2. 判令建始磺厂坪矿业公司恢复原状,进行生态环境修复,并承担相应费用 991 000 元;3. 判令建始磺厂坪矿业公司在相关范围内平面媒体上向公众道歉;4. 判令建始磺厂坪矿业公司支付重庆绿联会因本案诉讼而产生的律师费及其他费用共计 154 644 元;5. 判令建始磺厂坪矿业公司承担本案诉讼费。

一审法院认定事实:千丈岩水库位于重庆市巫山县、奉节县和湖北省建始县交界地带,距离长江 25 公里,水库设计库容 405 万立方米,2008 年开始建设,2013 年 12 月 6 日,该水库被重庆市人民政府确认为集中式饮用水源保护区。案发时,蓄水 280 万立方米,保障周边红椿乡、庙宇镇、铜鼓镇、长安乡居民 5 万余人的生活饮用和生产。

湖北省建始县毗邻重庆市巫山县,建始磺厂坪矿业公司选矿厂位于建始县业州镇郭家淌国有高岩子林场,距离巫山县千丈岩水库直线距离约 2.6 公里,该地区属喀斯特地貌的山区,地下裂缝纵横,暗河较多。该公司硫铁矿选矿项目设计选矿能力为 60 万吨/年原矿(20 万吨/年硫精矿),主要选矿药剂为乙基钠黄药和 2 号油(发泡剂)。该项目于 2009 年编制可行性研究报告,2010 年 4 月 23 日取得恩施土家族苗族自治州发展和改革委员会批复。2010 年 7 月开展环境影响评价工作,2011 年 5 月 16 日取得恩施土家族苗族自治州环境保护局环境影响评价批复。2012 年开工建设,2014 年 6 月基本完成,但水污染防治设施等未建成。建始磺厂坪矿业公司选矿厂硫铁矿生产中因有废水和尾矿排放,属于排放污染物的建设项目。其项目建设可行性报告中明确指出尾矿库库区为自然成库的岩溶洼地,库区岩溶表现为岩溶裂隙和溶洞。同时,尾矿库工程安全预评价报告载明:“建议评价报告做下列修改和补充:1. 对库区渗漏分单元进行评价,提出对策措施;2. 对尾矿库运行后可能存在的排洪排水问题进行补充评价。”但建始磺厂坪矿业公司实际并未履行修改和补充措施。

2014 年 8 月 10 日,建始磺厂坪矿业公司选矿厂使用硫铁矿原矿约 500 吨、乙基钠黄药、2 号油进行违法生产,产生的废水、尾矿未经处理就排入临近有溶洞漏斗发育的自然洼地。8 月 12 日,巫山县红椿乡村民反映千丈岩水库饮用水源取水口水质出现异常,水呈灰黑色,有异味,感官浊度高。巫山县启动应急预案,应急监测结果表明,被污染水体无重金属毒性,但具有有机物毒性,COD(化学需氧量)、Fe(铁)分别超标 0.25 倍、30.3 倍,悬浮物高达 260mg/L。

重庆市相关部门将污染水体封存在水库内，对受污染水体实施药物净化等应急措施。湖北省相关部门组织被告等人员用水泵等机械将洼地内废水、尾矿泥运往尾矿库，在洼地周边采用修引水沟渠、覆盖含水尾渣等措施实施清污分流、尾矿浆醮和、溶洞漏斗封堵。8月18日，政府在前期运水车临时供水的基础上，完成备用水源应急供水管网与既有管网的铺设、对接工作，基本满足四个乡镇数万居民两个月的生活用水。8月19日，巫山县政府宣布终止应急状态，转入后续处置阶段。

千丈岩水库水污染事件发生后，环境保护部明确该起事件已构成重大突发环境事件。湖北省环保厅于2014年9月4日作出行政处罚决定，认定建始磺厂坪矿业公司硫铁矿选矿项目水污染防治设施未建成，擅自投入生产；非法将生产产生的废水和尾矿排放、倾倒至厂房下方的洼地内，造成废水和废渣经洼地底部裂隙渗漏，导致重庆市巫山县千丈岩水库水体污染。依据《湖北省水污染防治条例》第79条规定，责令停止生产、直至验收合格，处罚款500 000元；依据《中华人民共和国水污染防治法》第76条规定，责令停止违法行为，限期采取治理措施，消除污染，处罚款500 000元。行政处罚决定做出后，建始磺厂坪矿业公司仅缴纳了罚款1 000 000元，但并未采取有效消除污染的治理措施。

2015年1月，一审法院依重庆绿联会申请调取了环境保护部环境规划院环境风险与损害鉴定评估研究中心作出的《重庆市巫山县红椿乡千丈岩水库突发环境事件环境损害评估报告》。该报告认定：1. 本次环境污染的污染物质为乙基钠黄药，排放量58.14kg。生产原料乙基磺原酸钠、2号油可能使用最大量分别为63.5kg和47kg。2. 本次突发环境事件造成的直接经济损失为250.94万元。3. 建议对被污染的洼地进行进一步环境调查，若经检测洼地中的污染物浓度较低，环境风险较小，可采取平整土地、覆土并植被覆盖的方式进行处理；若经检测，土壤中残留污染物浓度仍然较高，建议进一步重点调查岩溶发育规模、特征以及水文地质状况，监测场地土壤和地下水环境质量状况，确定主要污染物、污染范围和污染程度，评估该场地污染对地下水及千丈岩水库水质的影响，根据环境调查、环境监测和风险评估结果，制定详细的土壤和地下水修复方案。关于本次污染对水库生态环境影响的评价是：此次污染事件只造成了乙基钠黄药、化学需氧量以及悬浮物等污染物的短暂超标，8月14日～19日对重金属毒性和有机物毒性的检测结果均显示无毒性，根据现场勘查，该次事件没有造成水库中的水生生物死亡、变形等后果。因此，判断该次事件对水库的水生生态环境没有造成长期的不良影响，无须后续的生态环境修复，无须进行进一步的中长期损害评估。

2015年4月26日，一审法院依重庆绿联会申请，委托北京师范大学对千丈岩环境污染事件的生态修复及其费用予以鉴定，北京师范大学鉴定认为：1. 建始磺厂坪矿业公司系此次千丈岩水库生态环境损害的唯一污染源，责任主体清楚，环境损害因果关系清晰。2. 对《重庆市巫山县红椿乡千丈岩水库突发环境事件环境损害评估报告》评价的对水库生态环境没有造成长期的不良影响,无须后续的生态环境修复,无须进行进一步的中长期损害评估的结论予以认可。3. 本次污染土壤的生态环境损害评估认定:经过9个月后,事发区域土壤中的乙基钠黄药已经得到降解,不会对当地生态环境再次带来损害,但洼地土壤中的Fe污染物未发生自然降解,超出当地生态基线,短期内不能自然恢复,将对千丈岩水库及周边生态环境带来潜在污染风险,需要采取人工干预方式进行生态修复。根据《突发环境事件应急处置阶段环境损害评估推荐方法》(环办〔2014〕118号),采用虚拟治理成本法计算洼地土壤生态修复费用约需991 000元。4. 建议后续进一步制定详细的生态修复方案,开展事故区域生态环境损害的修复,并做好后期监管工作,确保千丈岩水库的饮水安全和周边生态环境安全。

在一审审理过程中,重庆绿联会申请通知鉴定人出庭,就生态修复接受质询并提出意见。鉴定人王金生教授认为,土壤元素本身不是控制性指标,就饮用水安全而言,洼地土壤中的Fe高于饮用水安全标准;被告建始磺厂坪矿业公司选矿厂所处位置地下暗河众多,地区降水量大,污染饮用水的风险较高。

另查明,重庆绿联会是从事环境保护的社会组织,公益活动已满5年且无违法记录,为提起本案诉讼,支付律师费100 000元及其他合理费用50 000元。本案委托鉴定费用为163 000元。

一审法院认为,建始磺厂坪矿业公司违法生产,污染环境,损坏公共利益,已构成民事侵权,应当承担民事责任。

1. 提起本案环境民事公益诉讼的可诉性

重庆绿联会是依法登记从事环境保护公益活动的社会组织,业务活动已满5年且无违法记录,有权提起公益诉讼。三峡库区是长江流域重要生态屏障,巫山县千丈岩水库位于三峡库区腹地,其特殊的地理位置、地质、地貌与长江三峡的生态涵养息息相关。建始磺厂坪矿业公司违法生产行为已导致千丈岩水库污染,破坏了千丈岩地区水体、地下水溶洞以及排放废水洼地等生态环境,造成周边四个乡镇居民的生活饮用水困难,损害了公共利益。同时,建始磺厂坪矿业公司厂址选择有极大的地下水污染风险,且至今未建设水污染防治设施,虽然采取了应急处理措施,但潜在的污染风险和现实的生态污染依然存在。建始磺厂坪矿业公司称已经履行行政处罚,但仅缴纳了100万元罚款,并未采取有效的治理措施消除污染风险,修复生态环境,因此,重庆绿联会提起公益诉讼确有必要,符合追求生态正义的社会需求。

2. 是否需判令停止侵害并重新作出环境影响评价

建始磺厂坪矿业公司辩称已履行行政处罚无须判令停止侵害的理由不成立。《中华人民共和国侵权责任法》第四条规定:“侵权人因同一行为应当承担行政责任或刑事责任的,不影响依法承担侵权责任。”因此,建始磺厂坪矿业公司应当承担停止侵害的侵权责任,并重新作出环境影响评价。(1)千丈岩水库污染虽经应急处理,但检测的部分生态指标仍然超过生态基线，区域生态环境已经遭受破坏；且本案污染源地理位置高于千丈岩水库，处于喀斯特地貌的山区，地下裂缝纵横，暗河较多，而其中的暗河水源正是千丈岩水库的聚水来源，污染风险明显存在。(2)《中华人民共和国水污染防治法》第三十五条规定："禁止利用渗井、渗坑、裂隙和溶洞排放、倾倒含有毒污染物的废水、含病原体的污水和其他废弃物。"由此可见，前述污染物在特定的区域和复杂的地质条件下对周边生态环境污染的潜在风险极高，而建始磺厂坪矿业公司在裂隙和溶洞较多的喀斯特山区建设选矿厂，从地理条件的角度，显然具有极高的生态污染风险。(3)《中华人民共和国环境影响评价法》第二十三条规定："建设项目可能造成跨行政区域的不良环境影响，有关环境保护行政主管部门对该项目的环境影响评价结论有争议的，其环境影响评价文件由共同的上一级环境保护行政主管部门审批。"本案硫铁矿建设项目环境影响评价未考量到千丈岩水库饮用水源保护区，客观现实已经造成跨行政区域的不良环境影响，其原有的环境影响评价依据发生情势变化，须重新作出，并履行法定审批程序。综上，重新进行环境影响评价，只是约束建设项目选址风险问题而作出的裁判，系建始磺厂坪矿业公司停止侵害、消除危险具体承担民事责任的方式之一，建始磺厂坪矿业公司辩称无须重新作出环境影响评价的理由不成立。

3. 是否需要对洼地进行生态环境修复

建始磺厂坪矿业公司履行修复义务或承担替代履行修复费用，对于消除环境污染和生态危险是应当的。(1)建始磺厂坪矿业公司违法生产行为已经破坏了该地区水体、溶洞以及排放废水洼地等整个生态环境，进行生态环境修复，符合破坏生态环境承担民事责任的法律规定。(2)我国《地表水环境标准》(GB 3838—2002)、《饮用水水源保护区污染防治规定》《生活饮用水卫生标准》的规定均是集中式饮用水源 Fe 低于 0.3mg/L，由此说明 Fe 含量是评价集中式饮用水源是否达标的指标之一。《土壤环境质量标准》(GB 15618)未将 Fe 作为土壤的控制性指标，是因为针对的对象是土壤，并不能类推 Fe 不能作为饮用水源的指标。本案中关于重大风险的评判也不是以其本身物理特性上含 Fe 量的高或者低，而是对饮用水安全而言。北京师范大学的鉴定报告选择洼地土壤 Fe 作为指标，判断其含量超标构成对饮用水水源的潜在污染风险具有科学性、合理性。(3)《最高人民法院关于审理环境民事公益诉讼案件适用法律若干问题的解释》第二十条规定，原告请求恢复原状的，人民法院可以依法判决被告将生态环境修复到损害发生之前的状态和功能。无法完全修复的，可以准许采用替代性修复方式。鉴于北京师范大学鉴定报告对洼地生态遭受破坏的客观判断，因此，理应对建始磺厂坪矿业公司承担洼地土壤生态修复的义务作出裁判。

4. 是否需要在相关范围内媒体上向公众道歉

虽然建始磺厂坪矿业公司积极配合政府采取应急措施，并当庭道歉，但其污染行为，破坏了生态环境，严重影响了当地居民的生产生活，损害了社会公共利益，应当在国家级媒体上向公众作出正式道歉。

此外,建始磺厂坪矿业公司依法还应承担重庆绿联会本次公益诉讼支出的合理费用和律师费,并承担北京师范大学鉴定费。

综上,长江是中华民族的母亲河,也是中华民族发展的重要支撑。保护好三峡库区和长江母亲河,修复长江生态环境,事关国家发展大局,事关中华民族长远利益。千丈岩水库地处三峡库区腹地,环境状况直接关系长江生态屏障安全,直接关系长江沿岸公众的生命健康。为了有效制裁破坏环境的违法行为,切实维护公共环境权益,依法保障生态文明建设,依照《中华人民共和国民法通则》第七条、第一百二十四条,《中华人民共和国环境保护法》第五十八条,《中华人民共和国水法》第七十六条,《中华人民共和国水污染防治法》第三十五条,《中华人民共和国环境影响评价法》第二十三条,《中华人民共和国侵权责任法》第四条、第六十五条,《最高人民法院关于审理环境侵权责任纠纷案件适用法律若干问题的解释》第一条、第十三条、第十四条,《最高人民法院关于审理环境民事公益诉讼案件适用法律若干问题的解释》第十一条、第十八条、第二十条、第二十二条以及《中华人民共和国民事诉讼法》第十五条、第五十五条之规定,一审法院判决:一、建始磺厂坪矿业公司立即停止对巫山县千丈岩水库饮用水源的侵害,重新进行环境影响评价,未经批复和环境保护设施未经验收,不得生产;二、建始磺厂坪矿业公司在判决生效后 180 日内,对位于恩施自治州建始县业州镇郭家淌国有高岩子林场选矿厂洼地土壤制定修复方案进行生态修复,逾期不履行修复义务或修复不合格,由建始磺厂坪矿业公司承担修复费用 991 000 元支付至指定的账号;三、建始磺厂坪矿业公司对其污染生态环境,损害公共利益的行为在国家级媒体上赔礼道歉;四、建始磺厂坪矿业公司支付重庆绿联会为本案诉讼而产生的合理费用及律师费共计 150 000元;五、驳回重庆绿联会的其他诉讼请求。案件受理费 15 069 元,由重庆绿联会承担 1069 元,依法予以免收,由建始磺厂坪矿业公司承担 14 000 元;鉴定费 163 000 元由建始磺厂坪矿业公司承担。

二审期间,当事人围绕上诉请求提交了如下证据:上诉人举示中华人民共和国环境保护部办公厅《关于解除湖北省恩施自治州建始磺厂坪矿业有限责任公司等 5 起环境违法案挂牌督办的通知》复印件一份,用以证明污染事故发生后,上诉人进行了整改,达到了督办的要求。被上诉人质证表示对其真实性无异议。本院审查后认为,该证据仅表明环保部对上诉人已解除挂牌督办,对上诉人是否需要承担停止侵害、进行生态修复等侵权责任并不具有证明力。此外,上诉人在庭审结束后向本院补充提交了曾在一审举示了复印件的北京中天润成环保科技有限公司于 2015 年 8 月作出的《恩施自治州建始磺厂坪矿业有限责任公司磺厂坪硫铁矿选矿项目环境风险评估报告》的原件,并表示仅用以法院核实真实性,不作为二审新证据。被上诉人表示,评估报告的真实性由法院核实,具体质证意见一审中已经阐述,不再重复。被上诉人举示《法律事务委托合同》一份,用以证明10万元律师费的真实、合理性。上诉人质证表示,对真实性无异议,但法院应审查其合理性。

庭审过程中,本院组织双方当事人对北京师范大学出具的鉴定费用清单进行了质证。上诉人质证认为缺乏相应的票据等佐证,不应采信;被上诉人对真实性无异议。

本院经审理查明的案件事实与一审查明的一致。

本院认为,本案的争议焦点为:一、一审判令上诉人“立即停止对巫山县千丈岩水库饮用水源的侵害,重新进行环境影响评价,未经批复和环境保护设施未经验收,不得生产”有无不当;二、对北京师范大学作出的鉴定评估报告的结论应否采信;三、责令上诉人在国家级媒体上赔礼道歉有无必要;四、鉴定费和律师费是否合理。具体评述如下:

一、关于一审判令上诉人“立即停止对巫山县千丈岩水库饮用水源的侵害,重新进行环境影响评价,未经批复和环境保护设施未经验收,不得生产”有无不当的问题

环境侵权行为对环境的污染、生态资源的破坏往往具有不可逆性,被污染的环境、被破坏的生态资源很多时候难以恢复,单纯事后的经济赔偿不足以弥补对生态环境所造成的损失,故对于环境侵权行为应注重防患于未然,才能真正实现环境保护的目的。本案上诉人所谓的停止生产,只是暂时停止了生产行为,其“三同时”工作严重滞后、环保设施未建成等违法情形并未实际消除,随时可能恢复违法生产。考虑到上诉人的违法情形尚未消除、项目所处区域地质地理条件复杂特殊,在不能确保恢复生产不会再次造成环境污染的前提下,应当禁止其恢复生产,才能有效避免当地生态环境再次遭受污染破坏,亦可避免在今后发现上诉人重新恢复违法生产后需另行诉讼的风险,减轻当事人诉累、节约司法资源。此外,由于上诉人先前的污染行为,导致相关区域土壤中部分生态指标超过生态基线,因当地降水量大,又地处喀斯特地貌山区,裂隙和溶洞较多,暗河纵横,而其中的暗河水源正是千丈岩水库的聚水来源,上诉人排放到土壤中的污染物质对千丈岩水库饮用水源的污染实际仍在持续,侵害并未停止。停止生产并不意味着已停止侵害。故上诉人辩称在起诉之前已停止生产,对千丈岩水库饮用水源的侵害已经停止,无须判令停止侵害的理由不能成立,一审判令停止侵害事实及法律依据充分。

关于一审判令上诉人“重新进行环境影响评价,未经批复和环境保护设施未经验收,不得生产”有无不当的问题。首先,该部分判决内容,是对上诉人重新恢复生产作出的一种约束,是对停止侵害具体履行方式的明确、细化,不违反相关法律规定。其次,千丈岩水库长期以来担负着周边红椿乡、庙宇镇、铜鼓镇、长安乡等5万余人的生活生产保障、防洪蓄水、梯级发电等任务,并于2013年12月6日被重庆市人民政府确定为集中式饮用水水源一级保护区,对当地群众的生存发展具有重大意义,也与三峡库区的生态涵养息息相关,对于周边建设项目,均应将其作为重点环境保护目标纳入

建设项目的环境影响评价。千丈岩水库开始建设于2008 年,而上诉人项目的环境影响评价工作开展于2010 年7 月,并于2011 年5 月16 日才取得当地环境行政主管部门的批复,考虑到该项目的性质、与水库之间的相对位置及当地特殊的地质地理条件,本应在当时项目的环境影响评价中着重考虑对千丈岩水库的影响,但由于两者分处不同省级行政区域,导致当时的环境影响评价并未涉及千丈岩水库,可见该次环境影响评价是不全面且有着明显不足的。鉴于千丈岩水库的重要性、作为一级饮用水水源保护区的环境敏感性及涉案项目对水库潜在的巨大污染风险,在应当作为重点环境保护目标纳入建设项目环境影响评价而未能纳入且客观上已经造成重大突发环境事件的情况下,考虑到原有的环境影响评价依据已经发生变化,出于对重点环境保护目标的保护及公共利益的维护,责令上诉人在考虑对千丈岩水库的环境影响的基础上重新对项目进行环境影响评价并履行法定审批手续显然是必要也是合理的。最后,由于新增加了千丈岩水库这一需要重点考量的环境保护目标,导致原有的环境影响评价依据发生变化,在已发生重大突发环境事件的现实情况下,涉案项目在防治污染、防止生态破坏的措施方面显然也需要作出重大变动。根据《中华人民共和国环境影响评价法》第二十四条第一款“建设项目的环境影响评价文件经批准后,建设项目的性质、规模、地点、采用的生产工艺或者防治污染、防止生态破坏的措施发生重大变动的,建设单位应当重新报批建设项目的环境影响评价文件。”、《中华人民共和国水污染防治法》第十七条第三款“建设项目的水污染防治设施,应当与主体工程同时设计、同时施工、同时投入使用。水污染防治设施应当经过环境保护主管部门验收,验收不合格的,该建设项目不得投入生产或者使用。”的规定,一审判令上诉人“重新进行环境影响评价,未经批复和环境保护设施未经验收,不得生产”于法有据。

关于上诉人提出针对最初的环境影响评价未考虑到对千丈岩水库的影响,其已在事故发生后主动对项目重新进行环境影响评价,已实际履行了重新进行环境影响评价的义务,不应再判决上诉人重新进行环境影响评价的上诉理由。本院认为,“重新进行环境影响评价,未经批复和环境保护设施未经验收,不得生产”中的环评、批复、环保设施验收,是相互关联且有机结合在一起的,不应逐项割裂开来孤立看待,上诉人在实际履行过程中应全面系统履行环评、批复、环保设施验收等各环节义务。上诉人虽在事故发生后曾重新作出环评报告,但该环评报告尚未经批复,能否通过环保行政主管部门审批仍未可知,且报告所附的专家意见亦表明该份报告关于尾矿库发生渗漏及极端气候条件下发生溢流的环境风险评估仍存在明显不足,尚需进一步修改完善,故不能仅以该份环评报告认定其已实际履行完毕重新进行环境影响评价的义务,上诉人的该上诉理由不能成立。

综上,一审该项判决并无不当。

二、关于对北京师范大学作出的鉴定评估报告的结论应否采信的问题本院认为，一审委托北京师范大学进行鉴定评估并无不当，鉴定评估的程序合法，结论科学，且得到了专家意见的支持与认可，可以作为认定本案事实的根据，应予采信。具体理由如下：

首先，一审委托北京师范大学进行鉴定评估并无不当。目前，环境侵权审判反映最突出的问题之一就是缺乏专业化的、具有公信力的环境损害鉴定机构。由于具备相应资质的司法鉴定机构极少，法院在审理环境侵权纠纷案件对外委托鉴定时，常常难以找到能够适应需要的环境损害司法鉴定机构。同时，因环境损害具有新型、复杂性等特点，能够被委托的鉴定机构也常因没有相应的科学技术设备、环境监测技术以及专业人才，而没有能力实施相关鉴定。在现阶段，考虑到构建专门的环境损害司法鉴定体系尚需时日，在现有司法鉴定机构远不能满足环境司法现实需要的情况下，基于案件审理的需要，法院应当注意发挥各类鉴定、科研机构的优势。在没有专门司法鉴定机构，或司法鉴定机构的鉴定能力不能满足鉴定需要的情况下，可以依法委托具备鉴定能力的科研机构实施鉴定。北京师范大学水科学研究院是专门从事水环境研究的科研机构，主要鉴定人员为国家环境应急专家组专家、教授，有较强的专业技术优势，具有专业方面的权威性及作为第三方鉴定评估机构的中立性，具备对本案进行鉴定评估的相应技术能力及公信力，故一审委托北京师范大学对生态修复及其费用进行鉴定评估并无不当。

其次，本案鉴定评估的程序合法、结论科学。经审查，鉴定评估机构在鉴定评估的受理、实施、鉴定评估结论的出具等方面，均不存在违法的情形，上诉人虽辩称鉴定评估机构对洼地土壤的取样不科学，但未能举证证明，本院不予采信，本案鉴定评估的程序合法。北京师范大学的鉴定评估报告选择洼地土壤 Fe 作为指标，判断其含量超标构成对饮用水水源的潜在污染风险，是有充分科学依据的。我国的《土壤环境质量标准》(GB 15618)虽未将 Fe 作为土壤的控制性指标，但在《地表水环境标准》(GB 3838—2002)、《饮用水水源保护区污染防治管理规定》《生活饮用水卫生标准》中均规定集中式饮用水源 Fe 低于 0.3mg/L，由此说明 Fe 含量是评价集中式饮用水源是否达标的指标之一。而本案中关于重大污染风险的评判正是针对饮用水安全而言，并非基于对土壤的污染。故鉴定评估报告依据充分，结论科学。

最后，鉴定评估报告得到专家意见的支持与认可，予以采信符合现有法律规定。根据《最高人民法院关于审理环境侵权责任纠纷案件适用法律若干问题的解释》第九条第二款的规定，具有专门知识的人在法庭上提出的意见，经当事人质证，可以作为认定案件事实的根据。本案中，主要鉴定人员北京师范大学的王金生教授出庭发表了专家意见并当庭接受了质询，根据前述司法解释的规定，该专家意见可以作为认定案件事实的根据。北京师范大学的鉴定评估报告得到了专家意见的支持与认可，故可以作为认定案件事实的根据，应予采信。

三、关于责令上诉人在国家级媒体上赔礼道歉有无必要的问题

赔礼道歉是一种人格恢复性责任方式,不仅适用于人格权和具有精神价值的财产遭受损害的情形,同样也适用于生态环境遭受损害的情形。在环境民事公益诉讼中,污染环境、破坏生态的行为导致损害发生后到恢复原状前生态环境服务功能的损害,该损害包含了社会公众享有美好生态环境精神利益的损失。本案中,上诉人明知相关环保设施未建成,而擅自投入生产,过错明显。上诉人违法生产造成环境污染,其行为侵害了社会公众的精神性环境权益,应当承担赔礼道歉的民事责任。本次污染事故属于跨省级行政区域的重大突发环境事件,污染后果严重,社会影响较大,一审判令上诉人在国家级媒体上赔礼道歉并无不当。上诉人虽在一审庭审过程中进行了道歉,但这种道歉形式不能等同也无法替代在媒体上的正式道歉,故上诉人的该项上诉理由不能成立。

四、关于鉴定费和律师费是否合理的问题

本院认为,北京师范大学出具的鉴定费用清单明确了鉴定费的实际构成,根据北京师范大学在接受委托后为鉴定事项所实际支出的各项费用,考虑到本案鉴定事项的复杂疑难程度,北京师范大学收取 163 000 元鉴定费具有合理性。根据重庆绿联会举示的《法律事务委托合同》和增值税发票,基于案件的复杂疑难程度,重庆绿联会与代理人合同约定的 10 万元律师费符合重庆市律师收费标准,亦具有合理性。根据《最高人民法院关于审理环境民事公益诉讼案件适用法律若干问题的解释》第二十二条之规定:"原告请求被告承担检验、鉴定费用,合理的律师费以及为诉讼支出的其他合理费用的,人民法院可以依法予以支持",上诉人主张鉴定费和律师费不合理不应支持的上诉理由不能成立。

综上所述,上诉人的上诉请求不能成立,应予驳回;一审判决认定事实清楚,适用法律正确,应予维持。依照《中华人民共和国民事诉讼法》第一百七十条第一款第一项的规定,判决如下:

驳回上诉,维持原判。

二审案件受理费 15 069 元,由上诉人恩施自治州建始磺厂坪矿业有限责任公司负担。

本判决为终审判决。

本判决发生法律效力后,当事人应自觉履行判决的全部义务。一方不履行的,自本判决内容生效后,权利人可以向人民法院申请强制执行。申请执行的期限为二年,该期限从法律文书规定履行期间的最后一日起计算。

审　判　长　王剑波

审　判　员　杨　超

代理陪审员　沈　平
二〇一六年九月十三日
法官助理　冉　烁
书 记 员　蹇佳莉

案例来源:中国裁判文书网,http://wenshu. court. gov. cn/content/content? DocID = 037135af - 4ea8 - 4985 - 8d2a - cef69e280099&KeyWord = 恩施自治州建始磺厂,最后访问日期:2018 年 7 月 10 日。

8. 贵阳公众环境教育中心诉贵州省龙里县人民政府不履行环境保护法定职责案

贵阳中院于 2015 年 12 月 10 日立案,原被告双方于 2016 年 12 月 27 日达成民事和解。

贵阳市中级人民法院关于受理环境公益诉讼案件的公告

贵阳市中级人民法院生态保护审判庭于 2015 年 12 月 10 日受理了原告贵阳公众环境教育中心诉被告贵州省龙里县人民政府不履行环境保护法定职责环境公益诉讼一案。原告贵阳公众教育中心诉称:龙里县政府设立的谷脚工业园与贵阳市南明区相邻,该工业园区没有完善的环境保护设施及监管措施,导致园区内的生产和生活废水渗入地下,污染地下水,进入贵阳市南明区,导致金翠湖、穿洞河污染,金翠湖、穿洞河的水均流入渔梁河,并流经贵阳市东效水厂汪家大井取水点,属于饮用水源准保护区。龙里县人民政府作为谷脚工业园的设置机构和管理者,没有正确履行职责,故诉至法院,请求:1. 判决被告立即履行职责,完善龙里县谷脚工业园环境保护设施,停止向贵阳市南明区境内排放废水,保证流入贵阳市南明区小碧乡黄泥哨水库(金翠湖)和永乐乡穿洞河的水符合质量标准;2. 判决被告赔偿原告因本次环境公益诉讼支出的专家费、调查费、律师费等合理费用共计 20000 元;3. 判决被告承担本案全部诉讼费用。

依照《中华人民共和国行政诉讼法》第一百零一条"人民法院审理行政案件,关于期间、送达、财产保全、开庭审理、调解、中止诉讼、终结诉讼、简易程序、执行等,以及人民检察院对行政案件受理、审理、裁判、执行的监督,本法没有规定的,适用《中华人民共和国民事诉讼法》的相关规定"、《中华人民共和国民事诉讼法》第五十五条"对污染环境、侵害众多消费者合法权益等损害社会公共利益的行为,法律规定的机关和有关组织可以向人民法院提起诉讼”及最高人民法院《关于审理环境民事公益诉讼案件适用法律若干问题的解释》第十条“人民法院受理环境民事公益诉讼后,应当在立案之日起五日内将起诉状副本发送被告,并公告案件受理情况”之规定,将本案受理情况进行公告,公告期为十日(自 2015 年 12 月 31 日起至 2016 年 1 月 10 日止)。有权提起诉讼的其他机关和有关组织在公告之日起三十日内可向本院提出申请参加诉讼。逾期申请的,不予准许。

特此公告。

贵阳市中级人民法院

二〇一五年十二月三十一日

贵州省清镇市人民法院
民事裁定书

(2016)黔 0181 民特 35 号

申　　请　　人:贵阳公众环境教育中心,地址:略。

法 定 代 表 人:黄××,该中心主任。

委托诉讼代理人:郑××,××律师(贵阳)事务所律师。

委托诉讼代理人:赵×,××律师(贵阳)事务所律师。

申　　请　　人:龙里县人民政府,地址:略。

法 定 代 表 人:陈×,该县县长。

委托诉讼代理人:胡×,龙里县环境保护局局长。

委托诉讼代理人:杨×,贵州××律师事务所律师。

申　　请　　人:贵州双龙航空港经济区管理委员会,地址:略。

法 定 代 表 人:高××,该管委会主任。

委托诉讼代理人:李××,贵州双龙航空港经济区生态建设管理局生态文明处负责人。

申请人贵阳公众环境教育中心,龙里县人民政府、贵州双龙航空港经济区管理委员会于 2016 年 12 月 27 日,向贵州省贵阳市中级人民法院申请对三方经贵阳市观山湖区会展社区调解委员会主持下达成的编号 20160007 号《人民调解协议书》进行司法确认。同日,贵阳市中级人民法院依据《中华人民共和国民事诉讼法》第一百九十四条及贵州省高级人民法院《关于环境保护案件制定集中管辖的规定》(试行)的规定下达决定书,决定三申请人所提本申请司法确认案件交由我院进行审查。本院现已审查终结。

申请人贵阳公众环境教育中心因位于双龙航空港经济区的黄泥哨水库环境污染与龙里县人民政府（以下简称龙里县政府）、贵州双龙航空港经济区管理委员会（以下简称贵州双龙管委会）产生纠纷，于2016年12月22日经贵阳市观山湖区会展社区人民调解委员会主持三方调解，达成调解协议如下：

一、由龙里县政府根据其与贵州双龙管委会签订的《委托管理协议》，加强对周边工业企业环境保护监管并完善千家卡片区农村垃圾整治。

二、由贵州双龙管委会按附表一确定的时间进度表加快完成大坡污水处理厂相关建设工作，确保大坡污水处理厂按照建设计划如期在2017年8月31日前投入运行，建设工期按照附表一执行（附表一作为本调解协议附件）。

三、龙里县政府会同贵州双龙管委会完善区域内水污染防治措施，确保大坡污水处理厂正常投入运行前，经千家卡工业园区进入黄泥哨水库的水质符合地表水Ⅲ类水质。委托具有资质的第三方独立社会检测机构每月对黄泥哨水库水质进行监测。监测结果报送贵阳市中级人民法院生态保护审判庭。本调解书签订之日起十个工作日内由龙里县政府，双龙管委会共同确定检测机构报经贵阳公众环境教育中心确认后执行。

四、本调解协议签订之日起至大坡污水处理厂正式投入运行时止，前述区域内水污染防治措施完成情况及大坡污水处理厂建设进度情况、黄泥哨水库水质监测情况，由龙里县政府及贵州双龙管委会每月最末一个工作日报送至贵阳市中级人民法院生态保护审判庭。贵阳公众环境教育中心有权利提出质疑。

五、自人民法院司法确认裁定下达之日起，至大坡污水处理厂建成投入使用后一年以内，就大坡污水处理厂建设及区域内环境保护事宜，龙里县政府、贵州双龙管委会自愿接受贵阳公众环境教育中心开展第三方监督，具体事宜由各方当事人在本调解协议签订之日起十个工作日内另行商议。

六、前述第四条所指水污染防治措施完成情况及污水处理厂建设情况、黄泥哨水库水质检测情况，本案各方当事人均有权再次申请组织各方协调或付诸法律诉讼。

七、如龙里县政府、贵州双龙管委会怠于履行调解协议义务，相关承诺事项期限届满无正当理由不能完成兑现的：龙里县政府、贵州双龙管委会应当在贵州省级以上媒体公开道歉。贵阳公众环境教育中心有权向人民法院提起诉讼要求强制执行。

八、各方当事人经观山湖区会展社区人民调解委员会组织签署本调解协议的5个工作日内，共同向贵阳市中级人民法院申请对本调解协议进行司法确认后生效。

九、龙里县政府在本协议生效后十个工作日内补偿贵阳公众环境教育中心因处理黄泥哨水库水环境污染问题支出的专家费、调查费、律师费2万元。

本院经审查认为，申请人达成的调解协议，符合司法确认调解协议的法定条件。

依照《中华人民共和国民事诉讼法》第一百九十五条的规定,裁定如下:

申请人贵阳公众环境教育中心、龙里县人民政府、贵州双龙航空港经济区管理委员会于2016年12月22日经贵阳市观山湖区会发展社区人民调解委员会主持达成的调解协议有效。

各方当事人应当按照调解协议的约定自觉履行义务,一方当事人拒绝履行或未全部履行的,对方当事人可以向人民法院申请执行。

审 判 员 罗光黔
二〇一六年十二月二十七日
书 记 员 苏桂兰

9. 中华环保联合会诉山东海科化工集团有限公司等环境污染责任纠纷案

2015年6月1日,中华环保联合会向东营中院提交起诉材料,东营经济技术开发区人民法院根据东营中院的指定于2016年6月5日受理该案,于2017年3月10日调解结案。

东营经济技术开发区人民法院
民事调解书

(2015)东开环保民初字第3号

原 告:中华环保联合会,住所地:略。
法定代表人:张××,秘书长。
委托代理人:王××,北京××律师事务所律师。
被 告:山东海科化工集团有限公司,住所地:略。
法定代表人:商××,董事长。
委托代理人:孙××,山东××律师事务所律师。
委托代理人:樊××,山东××律师事务所律师。
被 告:王×伟,个人信息略。

被　　告：王×光，个人信息略。

被　　告：周××，个人信息略。

原告中华环保联合会与山东海科化工集团有限公司、王×伟、王×光、周××环境污染责任纠纷公益诉讼一案，根据东营市中级人民法院指定，本院于2015年6月5日立案受理后，依法适用普通程序，于2015年6月9日公告了案件受理情况；并公开开庭进行了审理。原告委托诉讼代理人王××，被告山东海科化工集团有限公司法定代表人商××、委托诉讼代理人孙××、樊××，被告王×伟、王×光、周××到庭参加诉讼。

原告向本院提出诉讼请求：1. 被告立即停止非法处置污水行为；2. 被告支付环境污染损害生态修复费用8 790 750元，用于委托第三方机构对受到污染的当地环境进行生态修复；3. 被告承担原告为维权而支付的合理开支，包括差旅费、律师费等共计395 630元；4. 被告承担本案诉讼费用。原告诉称，2014年1月，被告海科公司将新建成品油罐区现场清理及土方回填工程（包括化工污水处理）承包给没有污染处理资质的王×伟，王×伟承包给王×光，王×光又承包给周××，周××雇佣司机将200多吨污水倾倒至东营市垦利区董集镇官庄村周××之父承包的土地内，造成大面积污染，环境修复费用为8 790 750元。

被告山东海科化工集团有限公司辩称，其未实施危险废物倾倒行为，非污染侵权实施者，其与其他被告没有实施共同侵权行为，不应承担共同侵权责任；原告要求其承担8 790 750元修复费用无事实依据；其如果存在侵权行为，应按照比例承担按份责任。

被告王×伟、王×光、周××均辩称，不知道倾倒的系危险废物。

原告为证明自己的主张，提交了以下证据，被告发表了质证意见。

证据一，（2014）垦刑初字第88号刑事判决书，拟证明涉案污染发生的事实，被告山东海科化工集团有限公司将危险废物交给没有资质的第三人处理，违反法律规定，其行为与被告周××的倾倒行为均违法。

被告山东海科化工集团有限公司对证据的真实性无异议，但认为其未直接倾倒废物，对判决书确定的因污染导致的财产损失数额不予认可。

被告王×伟、王×光、周××无异议。

证据二，山东省环境保护科学研究设计院环境风险与污染损害鉴定中心出具的鉴定报告1份，拟证明因倾倒废物造成的损害后果及修复环境所需费用。

被告山东海科化工集团有限公司对报告的真实性无异议，但对报告与本案的关联性未发表意见。

被告王×伟、王×光、周××认为报告的真实性无法确认。

证据三，委托代理合同及发票1份、差旅费票据1组，拟证明原告支付律师费375 630元、原告工作人员及律师往返东营以往支付差旅费20 700元、开庭支付差旅费

3450元。

被告山东海科化工集团有限公司对该组证据的真实性无异议,请求法院对费用是否真实发生予以核实。

被告王×伟、王×光、周××的质证意见同上。

被告山东海科化工集团有限公司为证明自己的主张,提交了以下证据,原告及其他被告发表了质证意见。

证据一,建筑安装工程承包合同1份,该合同第四条第三项约定,承办方王×伟外运污油残渣及危险废物,必须由相应资质的单位进行处理,外运车辆离开发包方山东海科化工集团有限公司大门引发的纠纷由承包方王×伟负责,发包方不负任何法律责任,拟证明其非污染者,与其他被告承担连带责任无事实根据。

原告对山东海科化工集团有限公司与王×伟承包合同关系予以认可,但认为双方约定的该条款无法排除山东海科化工集团有限公司的法定义务,因该义务不能通过合同约定进行让与。

被告王×伟、王×光、周××无异议。

证据二,(2014)垦刑初字第88号刑事判决书,拟证明危险废物的倾倒者是周××,而非山东海科化工集团有限公司。

原告认为,被告山东海科化工集团有限公司是否承担民事侵权责任,应在本案中予以认定。

被告王×伟、王×光、周××无异议。

被告王×伟、王×光、周××未提交证据。

根据双方当事人提交的证据以及陈述意见,本院确认以下事实:

2014年1月,山东海科化工集团有限公司将新建成品油罐区现场清理土方回填工程(含化工污水处理)承包给王×伟,王×伟将化工污水清理工程承包给没有处理危险废物资质的王×光,王×光将污水处理事项交给没有危险废物处理资质的周××。2014年1月19日至22日,周××雇用司机将7车200余吨污水倾倒至东营市垦利区董集镇官庄村其父亲承包土地挖好的沟内,造成大面积污染。经山东省环保科学研究设计院环境风险与污染损害鉴定评估中心鉴定,废水为HW35类危险废物,污染水面积2025平方米,污泥体积约为1148立方米。该鉴定评估中心出具环境损害鉴定报告,认为本次环境污染造成财产损失为8 790 750元。中华环保联合会与北京××律师事务所签订委托代理合同,约定北京××律师事务所委派律师担任本案委托诉讼代理人,代理费为375 630元;原告工作人员及代理律师往返东营、北京处理涉案事务支付差旅费20 700元,开庭支付差旅费3450元,但原告按20 000元主张。

在审理过程中,经本院主持调解,当事人自愿达成如下协议,请求人民法院确认:

一、被告山东海科化工集团有限公司、王×伟、王×光、周××将按照山东省环境保护科学设计院涉案检验报告确定的费用 8 790 750 元于调解书生效之日起 30 日内支付至专项账户，用于被污染环境的修复，经有资质的机构验收合格；实际修复费用如果高于 8 790 750 元，原、被告双方进行协商予以增加，协商不成，原告另行主张；低于 8 790 750 元，由原、被告协商退还，协商不成，被告另行主张；

二、被告山东海科化工集团有限公司、王×伟、王×光、周××于调解书生效之日起 30 日内支付原告律师代理费、差旅费等合理维权费用共计 375 630 元；

三、对于上述一、二项费用，由被告山东海科化工集团有限公司、王×伟、王×光、周××对外承担连带责任，四被告内部平均分担；

四、案件受理费 76 104.66 元，减半收取 38 052.33 元，由被告山东海科化工集团有限公司、王×伟、王×光、周××共同负担。

上述协议，本院于 2017 年 1 月 24 日在人民法院报进行了公示，公示期满后未收到任何意见或建议。

上述协议，不违反法律规定和社会公共利益，本院予以确认。

本调解书经各方当事人签收后，即具有法律效力。

审　判　长　陈立田
审　判　员　周国防
人民陪审员　纪立新
二〇一七年三月十日
书　记　员　杨　林

10. 中国生物多样性保护与绿色发展基金会诉河南省郑州市上街区峡窝镇马固村村委会等侵权责任纠纷案

郑州中院于 2015 年 10 月 16 日立案，原被告于 2016 年 12 月达成和解协议。

河南省郑州市中级人民法院公告

（2015）郑民二初字第 125 号

本院于 2015 年 10 月 16 日立案受理原告中国生物多样性保护与绿色发展基金会与被告河南省郑州市上街区峡窝镇马固村村民委员会、河南省郑州市上街区人民政府、河南省郑州市上街区峡窝镇人民政府、河南省郑州市上街区文化广电新闻出版局侵权责任纠纷公益诉讼一案。在诉讼过程中，当事人达成和解协议。依照《最高人民法院关于适用〈中华人民共和国民事诉讼法〉的解释》第二百八十九条规定，现予以公告。公告期间为2016年12月12日至2017年1月10日。

联系人：扈孝勇　河南省郑州市中级人民法院民事审判第二庭审判员

联系电话：0371－69521124

联系地址：河南省郑州市金水东路19号郑州市中级人民法院1124室

邮政编码：450016

特此公告。

二〇一六年十二月八日

附：

1. 民事起诉状

2. 和解协议书

民事起诉状

原告：中国生物多样性保护与绿色发展基金会，住所地：略。

法院代表人：胡××，职务：理事长

被告(1)：河南省郑州市上街区峡窝镇马固村村委会，住所地：略。

负责人：王××，职务：主任

被告(2)：河南省郑州市上街区人民政府，住所地：略。

负责人：翟××，职务：区长

被告(3)：上街区峡窝镇人民政府，住所地：略。

负责人：赵××，职务：镇长

被告(4)：郑州市上街区文化广电新闻出版局，住所地：略。

负责人：冯××，职务：局长

诉讼请求

1. 依法判令四被告在国家级媒体上为马固村文物毁坏事件向全国人民道歉；

2. 依法判令被告(2)、(3)、(4)重新规划原马固村地区，对王氏宗祠和关帝庙两处不可移动文物原地保护，对已拆除的王德魁故居、张连伟民居、王洪顺民居、王广林故居、马固村教堂采取遗址保护措施；

3. 依法判令被告在马固村建立文物博物馆，在博物馆内复建已经拆除的五处不可移动文物；

4. 依法判决被告承担原告为本次诉讼而支出的差旅费、调查费、案件受理费和必须支出的律师费等一切必要的费用。

事实和理由

原马固村(古村已经被拆了,所以只能用原马固村了)是河南省郑州市上街区峡窝镇的一个千年古村,一直享有“中原第一文物古村落”美誉,可以查证的建村历史开始于宋代初期王世安定居此地;原址位于上街区峨眉路西、昆仑路东、丹江路西段路北;原有耕地四千余亩,村落面积五百余亩,常住人口 3200 多人。已经消失的马固村有着厚重的历史文化积淀,2006 年 10 月在此地出土的两只完整的唐青花塔式罐是国家一级文物,据说也是我国最早的、工艺最复杂的、最精湛的、器形最大的、有明确出土单位的唐代青花瓷,它们的出土将中国青花瓷的起源向前推进了八百年至一千年。在全国第三次文物普查时,该村有七处不可移动文物名列其中,其中的关帝庙,初建已经不可考,有明确记载的是明万历二年(1574 年)重修时间,重修距今已经 441 年了;马固村教堂是郑州当年最早的天主教堂之一;王德魁故居是清代平定准噶尔叛乱的民族英雄王德魁所建。这七处文物的基本信息可以参考下表,这是从第三次全国文物普查不可移动文物名录中直接截取下来的:

郑州市上街区第三次全国文物普查不可移动文物名录

566	马固村关帝庙	清	古建筑	郑州市上街区峡窝镇马固村	
567	马固村王德魁故居	清	古建筑	郑州市上街区峡窝镇马固村	
568	马固村张连伟民居	清	古建筑	郑州市上街区峡窝镇马固村	
569	马固村王氏宗祠	明、清	古建筑	郑州市上街区峡窝镇马固村	郑州市文物保护单位
570	马固村王洪顺民居	民国	近现代重要史迹及代表性建筑	郑州市上街区峡窝镇马固村	
571	马固村王广林故居	民国	近现代重要史迹及代表性建筑	郑州市上街区峡窝镇马固村	
572	马固村教堂	民国	近现代重要史迹及代表性建筑	郑州市上街区峡窝镇马固村	

2015 年 4 月媒体报道马固村的五处文物已经被毁坏了,只剩余两处,其中的关帝庙也要马上拆掉。原告得知信息后马上开始查证毁坏文物的有关情况,并派人赴马固村现场调查。经调查得知,郑州上街区峡窝镇马固村的五处不可移动文物:王德魁故居、张连伟民居、王洪顺民居、王广林故居、马固村教堂已经被拆除,现场只剩一片瓦砾狼藉。据了解,此次上街区对马固村进行整体搬迁,是为了让位于一个名为“智能电器

产业园”的项目，直接拆迁人是马固村村委会。按照上街区总体规划，马固村整体规划为智能电器产业园，城区主干道许昌路等多条道路将从此处通过。截至目前，原告没有发现上街区政府和文物保护部门对这起严重破坏文物事件采取任何处理措施。

文物是不可再生的文化资源。毁坏文物就是在毁坏我们传统文明之根脉。文化资源是属于全体居民所享有的资源，毁坏文物使文化资源灭失，直接损害了社会公共利益。

被告(1)是马固村五处文物的直接拆迁人，对此次文物破坏负有直接责任，应该对破坏文物事件承担法律责任。根据《中华人民共和国文物保护法》和《河南省实施〈中华人民共和国文物保护法〉办法》的规定，被告(2)和被告(3)是马固村文物所在地的区、镇人民政府，负有保护文物的法定职责，被告(4)是上街区人民政府的文物管理部门，对上街区所辖范围内的文物负有监督管理的法定职责。被告(2)、(3)、(4)不履行法定职责，造成了马固村文物被损毁的严重后果，该三名被告也应当为此承担相应的法律责任。

《中华人民共和国环境保护法》第二条规定，人文遗迹是环境不可分割的组成部分；本案中被拆毁的不可移动文物是人文遗迹之一种。据此，不可移动文物的保护同样适用《中华人民共和国环境保护法》的有关规定。与周边环境具有不可分割关系的不可移动文物是生态系统的组成部分，是生态系统非生物因子。破坏不可移动文物就是破坏生态环境。《中华人民共和国环境保护法》第五十八条规定，对污染环境、破坏生态，损害社会公共利益的社会，符合条件的社会组织可以提起诉讼。原告是在国家民政部注册的环保公益社会组织，作为适格的法律主体，有权对被告破坏文物、破坏生态的行为提起环境公益诉讼。

终上所述，由于被告(1)的拆毁行为，更由于被告(2)、(3)、(4)不履行保护文物的法定职责，致使马固村五处不可移动文物被彻底毁坏，破坏了当地几百年以来已经形成的生态环境，严重损害了社会公共利益，必须承担相应的法律责任。原告作为适格的法律主体，根据《中华人民共和国环境保护法》第二条、第五十八条，《中华人民共和国文物保护法》第八条、第九条、第十三条、第十五条、第二十二条，《河南省实施〈中华人民共和国文物保护法〉办法》第十一条之规定，提起环境公益诉讼，请贵院依法支持原告的诉讼请求。

此致

河南省郑州市中级人民法院法院

原告(盖章)：中国生物多样性保护与绿色发展基金会

法定代表人(签字)：胡德平

二〇一五年九月二十一日

附件：

1. 本起诉状副本 5 份；

2. 证据材料(第一部分)2 份。

和解协议书

甲　　　方：中国生物多样性保护与绿色发展基金会，住所地：略。

法定代表人：胡××，该基金会理事长。

乙　　　方：河南省郑州市上街区峡窝镇马固村村委会，住所地：略。

负　责　人：王××，该村委会主任。

丙　　　方：河南省郑州市上街区人民政府，住所地：略。

法定代表人：翟××，该区人民政府区长。

丁　　　方：河南省郑州市上街区峡窝镇人民政府，住所地：略。

法定代表人：丁××，该镇人民政府镇长。

戊　　　方：郑州市上街区文化广电新闻出版局，住所地：略。

法定代表人：冯××，该局局长。

中国生物多样性保护与绿色发展基金会诉河南省郑州市上街区峡窝镇马固村村委会、河南省郑州市上街区人民政府、上街区峡窝镇人民政府、郑州市上街区文化广电新闻出版局侵权责任纠纷一案，由河南省郑州市中级人民法院受理，案号：(2015)郑民二初字第 125 号。甲、乙、丙、丁、戊综合各方实际情况，达成以下和解协议：

一、由乙、丙、丁、戊四方对王氏宗祠和关帝庙两处不可移动文物实施原地保护。部分加固修缮地方需履行正规审批手续，经文物专家评审通过在不伤及不可移动文物本身情况下方可实施。

上述文物保护工作的进程及相关报批手续接受甲方监督。

二、经甲方确认，丙方已对王氏宗祠和关帝庙周边重新规划，规划方案已经文物专家评审通过，现正履行报批手续。

上述实施过程及相关报批手续接受甲方监督。

三、关帝庙大门两侧坐南朝北门房共有两间(含过厅)，长 33.8 米，宽 5.3 米。共计 179.14 平方米；庙内西侧四间房屋，长 39.1 米，宽 6.3 米，共计 246.33 平方米，此六间房屋共计 425.47 平方米，加固修缮后作为上街区(马固)文化展示中心(暂定名)，用来展示已经拆除的王德魁故居、张连伟民居、王洪顺民居、王广林民居、马固村教堂及马固历史文化。

四、于 2016 年 6 月规划、环评均审批通过的位于郑州市上街区登封路与锦江北路交叉口西北角的市民文化中心项目是作为政府直接面向市民提供服务的场所，着力为市民提供一站式的市民服务功能,同时也是丰富市民精神文化、展示城市文明的重要平台,是展示城市的窗口。该项目拟于二层设立文化中心,用于展示上街区历史文化传承。截至本协议签订时,征地工作已完成,目前处于施工准备阶段。

丙方承诺市民文化中心二层文化中心展示区域有不少于 500 平方米的区域用于展示上街区历史文化,其中包括马固现存及被拆除的共七处不可移动文物及郑州市上街区峡窝镇马固村民委员会所属文物构件、模型、照片等能反映该村文物、文化、风貌的物件,使后人了解马固村的历史传承。

若上述市民文化中心项目主体未在两年内完成(自本协议生效之日起计算),则由甲方与丙方协商,在上街区其他地点选址建立文化展示中心,面积仍旧不低于 500 平方米,所有费用由乙、丙、丁、戊方负责。

五、上述第三条、第四条所列三处共计 925.47 平方米房屋用作上街区和马固历史文化展示,其内展品陈列、复建文物、展室布局、文字简介、图片展览等多个项目规划、设计、布展必须经甲方书面同意方可实施。

六、上述第三条所列"上街区(马固)文化展示中心"(暂定名)于本协议生效后六个月内完成。

七、上述第三条、第四条所列"上街区(马固)文化展示中心"(暂定名)作为甲方提出的建立文物博物馆的替代性措施。建成后由甲方指派专人监督。监督人员差旅费由乙方承担。

丙方承诺在建的市民文化中心项目接受甲方监督,直至该项目建设完毕投入使用并实现上述所列用途为止。

八、甲方于此案起诉前后,多次进行实地考察,乙、丙、丁、戊方积极配合甲方工作,各级保护措施已经在实施中。

鉴于乙、丙、丁、戊方工作态度认真诚恳,甲方决定放弃"赔礼道歉"的诉讼请求。

九、经乙、丙、丁、戊四方协商,甲方为此案支出的调查论证费、差旅费、案件受理费、律师费用由乙方承担,支付数额以实际票据为准。乙方已履行完毕。

十、违约责任

若乙、丙、丁、戊方未履行本协议第三条、第四条、第五条义务,则甲方有权申请法院强制执行。

十一、本协议经各方签字,盖章后生效,一式六份,甲、乙、丙、丁、戊五方各执一份,河南省郑州市中级人民法院执一份。

签及时间(略)

案例来源:河南省高级人民法院网,http://www.hncourt.gov.cn/public/detail.php?id=168083,最后访问日期:2018 年 7 月 10 日。

11. 湘潭环境保护协会诉株洲金利亚环保科技有限公司环境污染责任纠纷案

株洲中院于2015年6月12日立案,原被告于2016年6月27日达成调解协议。

补充诉讼请求申请书

申 请 人:湘潭环境保护协会
住 所 地:略。
法定代表人:李××
被 申 请 人:株洲市金利亚环保科技有限公司
住 所 地:略。
法定代表人:张××

申请人诉被申请人环境公益诉讼一案,因被申请人不能提供证据证明其试生产期间对全部垃圾渗滤液进行了处理,不能证明所排放的污水达到了国家标准,故申请人认为对被申请人的排污行为应当按全部排放渗滤液计算赔偿费用。现对申请人提出的第二项和第四项诉讼请求中的赔偿金额明确如下:

判令被告赔偿因其对地下水系以及湘江污染行为所造成的生态损失和治理费用6 145 500元(计算方式:渗滤液泄露量为20 485吨,按虚拟治理成本50元/吨,再乘以Ⅲ类地表水环境功能敏感程度推荐倍数4.5~6倍的上限6倍,为6 145 500元)。

申请人全部诉讼请求为:

1. 判令被告停止侵害、排除妨害,恢复被污染的土壤、水体、农田的原状;

2. 判令被告赔偿因其对地下水系以及湘江污染行为所造成的生态损失和治理费用6 145 500元。

3. 判令被告支付律师费、鉴定费、聘请专家费用、差旅费、检测费用等共计250 000元(以实际发生金额为准)。

此致

株洲市中级人民法院

申请人:湘潭环境保护协会

二〇一六年四月

证据目录

序号	证据名称	证明目的	页码
1	关于株洲市城市生活垃圾焚烧发电项目环保设施落实情况汇报	2014 年 6 月 23 日,株洲市城市生活垃圾焚烧发电厂项目筹建处就环保设施落实情况向株洲市环保局汇报,称垃圾渗滤液及生活污水处理系统已经建设好,但实际存在严重质量问题	1 ~ 2
2	1. 被告试生产申请书 2. 株洲市环境监察支队株环监函(2014)12 号关于株洲市城市生活垃圾焚烧发电厂项目申请试生产的复函	2014 年 6 月 30 日,株洲市环境监察支队经现场监察,确定被告垃圾渗滤液及生活污水处理系统未按环评要求建成,待全部建成后方可试生产	3 ~ 5
3	1. 株洲市金利亚环保科技有限公司关于对株环监函(2014)12 号复函落实情况的报告 2. 临时污水处理委托协议 3. 临时渗漏液外运委托协议	被告承诺试生产期间产生的渗滤液全部外运至南郊垃圾填埋场的污水处理站委托处理,实际却没有按此实施,导致渗滤液和未经处理的污水直排	6 ~ 12
4	株洲市环境监察支队株环监函(2014)14 号关于株洲市城市生活垃圾焚烧发电厂项目申请试生产的复函	株洲市环保局同意被告在落实渗滤液处理方案并确保环保局监管前提下试生产,并要求被告在 2014 年 10 月 31 日之前完成竣工验收,批准的试生产期限为三个月,但被告并没有按要求进行渗滤液处理	13 ~ 14
5	1. 被告关于试生产延期的请示 2. 株环监函(2014)29 号复函	株洲市环保局同意试生产延期至 2015 年 4 月 30 日,4 月 30 日之后没有相关批准,也没有竣工验收,被告系非法生产、非法排污	15 ~ 17
6	被告排放污染物许可证	被告排污许可证有效期至 2014 年 12 月 31 日,2015 年之后属于非法排污	18 ~ 20
7	2015 年 4 月 15 日关于江苏苏亿环境工程有限公司管理和调试的株洲市垃圾焚烧发电厂垃圾渗滤液处理站全面瘫痪事故分析会的会议纪要	2015 年 4 月 15 日,株洲金利亚环保科技有限公司进行事故分析,3 月 4 日至 5 日 27 小时,渗滤液进水量达 332 吨,系统全面瘫痪,直至 2015 年 4 月 6 日被环保部门检查被告才发现排污事故。证明 3 月 4 日至 4 月 6 日都存在渗滤液直排行为	21
8	被告关于渗滤液泄漏事故的情况说明	2015 年 5 月 16 日,被告方因污水管网破裂,造成渗滤液泄漏事故,被告认为最大泄漏量为 120 吨,但没有证据证明	22 ~ 23
9	株洲市环保局环境监察通知书三份	被告一直存在环境违法行为	24 ~ 28

续表

序号	证据名称	证明目的	页码
10	1. 株洲市环境保护局株环罚预字(2015)J-10号行政处罚事先告知书 2. 株环罚字(2015)J-10号行政处罚决定书、现场监察记录、调查询问笔录	经株洲市环保局调查核实,被告未对渗滤液进行处理,污水直接排入霞湾港	29~37
11	1. 株洲市环境保护局株环罚预字(2015)J-11号行政处罚事先告知书 2. 株环罚字(2015)J-11号行政处罚决定书、湖南省非税收入一般缴款书	经环保局调查核实,被告未对渗滤液进行处理,导致渗滤液从南面护坡渗滤入周边鱼塘、水渠、农田,出现死鱼现象。2015年5月29日,株洲市环保局对被告作出行政处罚决定,被告已依法缴纳罚款	38~41
12	株洲市环境保护局株环停字(2015)J-1号责令停产整治决定书	因被告不对渗滤液进行处理的直接排污行为,株洲市环保局对其决定停产整治	42~43
13	公证书	被告污染事故经微博披露并由株洲市环保局在微博上进行了公示	44~74
14	环境监测报告	株洲市环保局对被告进行监测数据表明,被告排污一直不达标	75~78
15	湖南景翌环保检测有限公司(QT)2015226检测报告	2015年5月20日,原告将污染现场的渗滤液送交检测,测出该渗滤液严重超标排放	79~81
16	湘潭市环境保护监测站潭环监B委字(2015)第150号委托监测报告	2015年5月27日,原告将被告厂区外的塘水送交检测,测出污染物超标,被告的污染行为造成周边环境污染	82~85
17	湖南湘剑律师事务所对沈××和贺××的调查笔录两份	被告的污染行为导致周边环境污染、居民生活环境改变的情况	86~89
18	湖南省环保厅信息公开回复	截至2015年6月25日,被告的项目没有竣工验收,被告生产排污行为违法	90
19	株洲市环保局信息公开回复	经株洲环境监测中心站监测,被告多处监测点结果均不达标	91~93
20	株洲市生活垃圾焚烧发电厂城市五区垃圾量汇总表	2014年10月至2015年5月,株洲市城市五区垃圾总量为171 526.53吨,产生渗滤液约为25 729吨。(171 526.53×0.15)	94
21	被告提出的和解方案	被告处理垃圾总量为18.6万吨,产生应生态治理的渗滤液20 485吨。(18 600×0.15-7415)	95~102
22	请提供相关资料的函告	2015年8月9日,原告要求被告提供资料证明泄漏量,但被告没有提供	103

补充证据一:

株洲市城市生活垃圾焚烧发电厂环境影响报告书。

证明内容:1. 根据环评报告,项目废水应当达到《中华人民共和国国家标准污水综合排放标准》(GB 8978—1996)三级排放标准排入城市污水管网,再经污水处理厂处理后排放,但被告没有处理就直接排放霞湾港;2. 渗滤液产生量按照垃圾焚烧量的 15% 计取;3. 垃圾渗滤液的产生量为 150 吨/天,考虑其他因素共计为 200 吨/天,被告和解方案称 120 吨/天不合理;4. 污水管网应与被告发电厂的污水管同时建设、同时竣工,污水必须达到排放要求才可接入污水管网,但被告没有达标就排放且没有接入污水管网。

湖南省株洲市中级人民法院
民事调解书

(2015)株中法民四初字第 39 号

原　　告:湘潭环境保护协会,住所地:略。

法定代表人:李 × ×,协会秘书长。

委托代理人:王 ×,湖南 × × 律师事务所律师,代理权限为特别授权代理。

委托代理人:蒋 ×,湖南 × × 律师事务所律师,代理权限为特别授权代理。

被　　告:株洲市金利亚环保科技有限公司,住所地:略。

法定代表人:张 × ×,公司董事长。

委托代理人:谭 × ×,湖南 × × 律师事务所律师,代理权限为特别授权代理。

案由:环境污染责任纠纷。

原告湘潭环境保护协会诉称:被告垃圾焚烧设备运营过程中发生垃圾渗滤液泄漏,且违反环境影响评价书要求,将垃圾渗滤液处理后产生的部分污水直排,给湘江水系和长株潭绿心的环境和生态造成了极大损害,故请求:1. 判令被告立即停止侵害、排除妨害;2. 判令被告赔偿因其对地下水系及湘江污染行为所造成的生态损失和治理费用 6 145 500 元;3. 判令被告支付律师费、鉴定费、聘请专家费、差旅费、检测费用等共计 250 000 元(以实际发生的金额为准);4. 判令被告承担全部诉讼费用。

被告株洲市金利亚环保科技有限公司应诉后,承认侵权损害公共利益的事实,表示愿意承担相应责任。

本院查明被告污染环境的事实与原告陈述基本一致。另查明,原告起诉后,被告停产整改,投入一千余万元对污水处理设施进行升级改造。2016 年 4 月,被告垃圾焚烧项目整体通过了环保部门的竣工验收。鉴于此,原告认为其停止侵害、排除妨碍的诉求已经实现。

本案在审理过程中，经本院主持调解，原、被告双方自愿达成如下协议：

一、双方经过现场联合调查，专家咨询，估算污水泄漏量为6211.83吨，双方对此予以认可；

二、被告提供的证据证明，有资质第三方治理同类污水的费用为每吨47元，原告予以认可；

三、双方认为可以适用环境保护部办公厅《关于印发〈环境损害鉴定评估推荐方法〉（第Ⅱ版）的通知》的附件2附录A.2.3虚拟治理成本法作为本案环境价值评估方法。在量化生态环境损害时，双方同意适用《突发环境事件应急处置阶段环境损害评估推荐方法》附F虚拟治理成本法之附表F-1确定生态环境损害的数额。根据被告提供的环评报告以及受污染影响的环境功能区现状，双方确认环境功能区类型为Ⅲ类，生态环境损害数额为虚拟治理成本的4.5~6倍，双方同意按4.5倍计；

四、被告应承担生态环境损失费用1 313 802.04元（6211.83×47×4.5），该款应于双方和解协议公告期满之日支付至株洲市中级人民法院执行专用账户，待湖南省环保公益基金成立，本院将该款项转付至该公益基金，如被告未按期支付，须承担违约金300 000元；

五、原告因本案发生的差旅费、检测费、专家论证费、律师费以及为诉讼支出的其他合理费用共计252 874元，由被告负担，该款应于双方和解协议签订之日支付至湘潭环保协会账户；

六、被告保证严格遵守国家环境保护法律法规，履行企业环境社会责任，自愿接受原告监督；

七、本案诉讼费550元，由被告承担。

上述协议，符合法律规定，本院予以确认。

本调解书经双方当事人签收后，即具有法律效力。

审　判　长　肖　晶
审　判　员　李少华
代理审判员　谢晓红
二〇一六年六月二十七日
书　记　员　邹春华

案例来源：中国生态环境保护大数据及举报中心，http://www.hj123.org/article.php?id=366，最后访问日期：2018年7月10日。

12. 中华环保联合会诉德州晶华集团振华有限公司大气污染责任纠纷案

德州中院于2015年3月24日立案;于2015年9月21日进行第一次庭前会议,交换证据;于2016年2月22日进行第二次庭前会议;于2016年6月24日开庭审理;于2016年7月18日作出判决。

山东省德州市中级人民法院
民事判决书

(2015)德中环公民初字第1号

原　　　告:中华环保联合会,住所地:略。
负　责　人:谢××,副秘书长。
委托代理人:张×,山东××律师事务所律师。
委托代理人:李××,山东××律师事务所律师。
被　　　告:德州晶华集团振华有限公司,住所地:略。
法定代表人:王××,总经理。
委托代理人:张××,山东××律师事务所律师。
委托代理人:刘××,河北××律师事务所律师。

原告中华环保联合会与被告德州晶华集团振华有限公司(以下简称振华公司)大气环境污染责任纠纷公益诉讼一案,本院于2015年3月24日受理后,于2015年3月25日公告案件受理情况。在公告期满后,未收到其他机关或者社会组织参加诉讼的申请。本院依法组成合议庭,于2016年6月24日公开开庭进行了审理,原告中华环保联合会的委托代理人李××、张×,被告振华公司的委托代理人张××、刘××到庭参加了诉讼,本案现已审理终结。

原告中华环保联合会诉称,振华公司原有三条浮法玻璃生产线,1#线已于2011年全面停产,2#线、3#线因玻璃生产特殊工艺要求及冬季供暖,一直继续生产,振华公司虽已投入资金建设了两线脱硫除尘设施,但2#、3#线两个烟囱向大气长期超标排放污染物,造成了严重的大气污染,严重影响了周围居民生活,被环境保护主管部门多次处罚后仍未整改，继续超标向大气排放污染物，根据《最高人民法院关于审理环境民事公益诉讼案件适用法律若干问题的解释》，特提起诉讼，请求法院判令：一、被告立即停止超标向大气排放污染物，增设大气污染防治设施，经环境保护行政主管部门验收合格并投入使用后方可进行生产经营活动；二、被告赔偿因超标排放污染物造成的损失2040万元（按照被告大气污染防治设施投入及运营的成本计算得出）；三、被告赔偿因拒不改正超标排放污染物行为造成的损失780万元（以10万为基数，自2015年1月1日开始暂计算至2015年3月19日）；四、被告在省级及以上媒体向社会公开赔礼道歉；五、本案诉讼、检验、鉴定、专家证人、律师及诉讼支出的费用由被告承担。上述第二、三项诉讼请求中的赔偿款项支付至地方政府财政专户，用于德州市大气污染的治理。后原告中华环保联合会将诉讼请求第二项变更为判令被告赔偿因超标排放污染物造成的损失2746万元。

被告振华公司答辩称，一、被告已经停止侵害；二、原告所诉因果关系难以判定，大气污染是动态的，无法确定大气污染是由被告一家企业造成的；三、对原告单方作出的鉴定评估意见不认可，原告所诉损害赔偿金额及要求在媒体公开道歉没有事实依据，原告在索赔时应当考虑被告已经实际投入的运营成本；四、同意原告要求被告将赔偿款项放置专项财政账户的诉讼请求。

经审理查明，原告中华环保联合会于2005年4月22日经民政部登记注册，宗旨为围绕可持续发展战略，围绕实现国家环境保护目标，围绕维护公众环境权益，发挥政府与社会之间的桥梁和纽带作用，推动资源节约型，环境友好型社会建设，推动中国及全人类环境事业的进步与发展。业务范围：围绕国家环境与发展的目标和任务，充分发挥政府与社会之间的桥梁和纽带作用，为各级政府及其有关行政主管部门提供决策建议；组织开展环境与发展论坛、环保新技术推介等活动，受政府委托承办或根据环境保护需要开展相关成果展览，推动资源节约型、环境友好型社会建设；组织开展维护环境权益的理论研究和实践活动，积极推动维护环境权益的立法和执法，建立健全环境权益保障体系，为环境权益受到侵害的弱势群体提供法律帮助，维护其合法环境权益；开展环境领域公众参与、社会监督，多渠道多角度为环境领域公众参与和社会监督创造条件，构建环境领域公众参与和社会监督的平台；开展环境政策、法律、法规和环保科技咨询服务；开展环境保护的宣传教育活动，普及环境保护和维护环境权益知识，提高全民的环保意识和环境维权意识；组织开展国际民间环境交流与合作，接受委托，组织和承担环境保护国际合作项目；开展环境公益活动，促进环境公益活动社会化，承办政府及有关组织委托的其他工作。经民政部年度检查，2009年度合格、2010年度合格、2011年度基本合格、2012年度基本合格、2013年度合格。原告中华环保联合会提供了2009年至2013年各年度工作报告，内容主要体现从事环境问题调研、提供环境保护咨询服务、承接国家课题、召开理论研讨会、交流会，并声明自成立以来无违法记录。

被告振华公司成立于2000年,经营范围包括电力生产、平板玻璃、玻璃空心砖、玻璃深加工、玻璃制品制造等。2002年12月,该公司600T/D优质超厚玻璃项目通过环境影响评价的审批,2003年11月,通过"三同时"验收。2007年11月,该公司高档优质汽车原片项目通过环境影响评价的审批,2009年2月,通过"三同时"验收。

根据德州市环境保护监测中心站的监测,2012年3月、5月、8月、12月,2013年1月、5月、8月,振华公司废气排放均能达标。2013年11月、2014年1月、5月、6月、11月,2015年2月排放二氧化硫、氮氧化物及烟粉尘存在超标排放情况。德州市环境保护局分别于2013年12月、2014年9月、2014年11月、2015年2月对振华公司进行行政处罚,处罚金额均为10万元。2014年12月,山东省环境保护厅对其进行行政处罚,处罚数额10万元。2015年3月23日,德州市环境保护局责令振华公司立即停产整治,2015年4月1日之前全部停产,停止超标排放废气污染物。原告中华环保联合会起诉之后,2015年3月27日,振华公司生产线全部放水停产,并于德城区天衢工业园以北养马村新选厂址,原厂区准备搬迁。

本案审理阶段,为证明被告振华公司超标排放造成的损失,2015年12月,原告中华环保联合会与环境保护部环境规划院订立技术咨询合同,委托其对振华公司排放大气污染物致使公私财产遭受损失的数额,包括污染行为直接造成的财产损坏、减少的实际价值,以及为防止污染扩大、消除污染而采取必要合理措施所产生的费用进行鉴定。2016年5月,环境保护部环境规划院环境风险与损害鉴定评估研究中心根据已经双方质证的本院调取的证据作出评估意见,鉴定结果为:振华公司位于德州市德城区市区内,周围多为居民小区,原有浮法玻璃生产线三条,1#浮法玻璃生产线已于2011年10月全面停产,2#生产线600t/d优质超厚玻璃生产线和3#生产线400t/d高档优质汽车玻璃原片生产线仍在生产。1. 污染物性质,主要为烟粉尘,二氧化硫和氮氧化物。根据《德州晶华集团振华有限公司关于落实整改工作的情况汇报》有关资料显示:截至2015年3月17日,振华公司浮法二线未安装或未运行脱硫和脱硝治理设施;浮法三线除尘、脱硫设施已于2014年9月投入运行;2. 污染物超标排放时段的确认,二氧化硫超标排放时段为2014年6月10日－2014年8月17日,共计68天,氮氧化物超标排放时段为2013年11月5日－2014年6月23日、2014年10月22日－2015年1月27日,共计327天,烟粉尘超标排放时段为2013年11月5日－2014年6月23日,共计230天;3. 污染物排放量,在鉴定时段内,由于企业未安装脱硫设施造成二氧化硫全部直接排放进入大气的超标排放量为255吨,由于企业未安装脱硝设施造成氮氧化物全部直接排放进入大气的排放量为589吨,由于企业未安装除尘设施或除尘设施处理能力不够造成烟粉尘部分直接排放进入大气的排放量为19吨;4. 单位污染处理成本,根据数据库资料,二氧化硫单位治理成本为0.56万元/吨,氮氧化物单位治理成本为0.68万元/吨,烟粉尘单位治理成本为0.33万元/吨;5. 虚拟治理成本,根据《环境空气质量标准》

《环境损害鉴定评估推荐方法(第Ⅱ版)》《突发环境事件应急处置阶段环境损害评估技术规范》,本案项目处环境功能二类区,生态环境损害数额为虚拟治理成本的3~5倍,本报告取参数5,二氧化硫虚拟治理成本共计713万元,氮氧化物虚拟治理成本2002万元,烟粉尘虚拟治理成本31万元;鉴定结论,被告企业在鉴定期间超标向空气排放二氧化硫共计255吨、氮氧化物共计589吨、烟粉尘共计19吨,单位治理成本分别按0.56万元/吨、0.68万元/吨、0.33万元/吨计算,虚拟治理成本分别为713万元、2002万元、31万元,共计2746万元。

在本案审理过程中,原告中华环保联合会申请环境保护部环境规划院专家吴琼出庭,就二氧化硫、氮氧化物、烟粉尘超标排放给大气造成的损害、污染物排放时间、污染物排放量、单位治理成本、虚拟治理成本、生态损害赔偿数额的确定以及被告投入运营设备是否会对虚拟治理成本产生影响提出专家意见,本院予以准许。吴琼认为,二氧化硫、氮氧化物以及烟粉尘是酸雨的前导物,超标排放肯定会对财产及人身造成损害,进而对生态环境造成损害,使大气环境的生态服务价值功能受到损害,影响大气环境的清洁程度和生态服务价值功能;因被告单位项目区域周围多为居民社区,属于环境保护域内保护的敏感点,按照环境损害评估推荐方法》虚拟治理成本可取3~5倍,可取较高值为参数5;被告已经投入的运营设备对虚拟治理成本的计算不会产生影响,且虚拟治理成本中不包含惩罚性赔偿因素。

另查明,原告中华环保联合会支付技术咨询合同费10万元;原告中华环保联合会与山东××律师事务所于2016年4月20日订立委托代理合同,约定按照诉讼标的2746万元计算代理费,为436 100元,但未提交交款凭证或发票,原告中华环保联合会亦承认至开庭之日该费用未发生;原告中华环保联合会主张为诉讼支出交通住宿等费用1万元,但未提交支付凭证。

还查明,被告振华公司曾分别与德州峰骋液压机械有限公司、张家港市锦明环保工程装备有限公司、德州海山水电暖设备安装有限公司等公司订立施工合同或购销合同,就2#生产线、3#生产线脱硫除尘项目供货、施工、安装、制作等进行了约定,各合同约定价款总计为1815万元,被告振华公司要求将此费用从赔偿数额中扣除。

以上事实,有中华环保联合会章程、声明、2009年度－2013年度报告书、振华公司600t/d优质超厚玻璃生产线项目环境影响评价报告表及审批意见、振华公司高档优质汽车玻璃原片项目环境影响报告表及审批意见、振华公司600t/d优质超厚玻璃生产线项目及天然气替代重油燃烧节能改造工程竣工环境保护验收监测表及审批意见、振华公司高档优质汽车玻璃原片项目竣工环境保护验收监测报告表及验收的批复、振华公司废气监测报告、德州市环境保护局行政处罚决定书、技术咨询合同、鉴定评估意见、合同、调查笔录、庭前会议笔录、勘验笔录及开庭笔录在卷证实。

本院认为,根据双方的起诉与答辩,双方争议焦点为:一、本案原、被告主体是否适格？二、被告振华公司应承担何种民事责任，损害赔偿数额如何计算？

关于焦点一，本案原、被告主体是否适格？

《中华人民共和国环境保护法》第五十八条规定，对污染环境、破坏生态、损害社会公共利益的行为，符合下列条件的社会组织可以向人民法院提起诉讼：（一）依法在设区的市级以上人民政府民政部门登记；（二）专门从事环境保护公益活动连续五年以上且无违法记录。原告中华环保联合会系 2005 年 4 月 22 日在民政部登记成立的社会组织，自登记之日至本案起诉之日成立满五年，从事环境保护公益活动满五年，并无违法记录。庭审中，被告振华公司对原告中华环保联合会作为环保公益组织提起本案诉讼亦无异议。因此，原告中华环保联合会是本案的适格主体。

根据《最高人民法院关于审理环境民事公益诉讼案件适用法律若干问题的解释》（以下简称环境民事公益诉讼司法解释）第一条规定，法律规定的机关和有关组织依据民事诉讼法第五十五条、环境保护法第五十八条等法律的规定，对已经损害社会公共利益或者具有损害社会公共利益重大风险的污染环境、破坏生态的行为提起诉讼，符合民事诉讼法第一百一十九条第二项、第三项、第四项规定的，人民法院应予受理；第十八条规定，对污染环境，破坏生态，已经损害社会公共利益或者具有损害社会公共利益重大风险的行为，原告可以请求被告承担停止侵害、排除妨碍、消除危险、恢复原状、赔偿损失、赔礼道歉等民事责任。本院认为，企业事业单位和其他生产经营者超过污染物排放标准或者重点污染物排放总量控制指标排放污染物的行为可以视为是具有损害社会公共利益重大风险的行为。被告振华公司超量排放的二氧化硫、氮氧化物、烟粉尘会影响大气的服务价值功能。其中，二氧化硫、氮氧化物是酸雨的前导物，超量排放可致酸雨从而造成财产及人身损害，烟粉尘的超量排放将影响大气能见度及清洁度，亦会造成财产及人身损害。被告振华公司自 2013 年 11 月起，多次超标向大气排放二氧化硫、氮氧化物、烟粉尘等污染物，经环境保护行政管理部门多次行政处罚仍未改正，其行为属于法律规定的“具有损害社会公共利益重大风险的行为”，故被告振华公司是本案的适格被告。

关于焦点二，被告振华公司应承担何种民事责任，损害赔偿数额如何计算？

根据环境民事公益诉讼司法解释第十八条的规定，环境民事公益诉讼案件承担责任的方式包括六种：停止侵害、排除妨碍、消除危险、恢复原状、赔偿损失、赔礼道歉。原告中华环保联合会关于被告振华公司立即停止超标向大气排放污染物以及在省级以上媒体向社会公开赔礼道歉的诉讼请求于法有据。根据本院查明的事实，被告振华公司已于 2015 年 3 月 27 日放水停产，停止使用原厂区，可认定被告振华公司已经停止侵害。环境权益具有公共权益的属性，就经济学角度而言，环境资源是一种综合性的财产，在美学层面上，优良的环境可以成为人精神活动的对象，因被告振华公司超标向大气排放污染物，其行为侵害了社会公共的精神性环境权益，应当承担赔礼道歉的民事责任。

关于生态损害赔偿费用。为证明被告振华公司因其行为应当承担的生态损害赔偿数额，原告中华环保联合会以双方提交的证据以及本院向环境保护机关调取的证据为依据，委托环境保护部环境规划院进行鉴定评估，经评估，二氧化硫单位治理成本为0.56万元/吨，超标排放255吨，虚拟治理成本为142.8万元(0.56万元/吨×255吨)；氮氧化物单位治理成本为0.68万元/吨，超标排放589吨，虚拟治理成本400.52万元(0.68万元/吨×589吨)；烟粉尘单位治理成本为0.33万元/吨，超标排放19吨，虚拟治理成本6.27万元(0.33万元/吨×19吨)。本院认为，一、原告中华环保联合会提交的鉴定评估报告虽系单方委托作出，评估机构具有法定资质，评估事项与待证事实有关，评估依据均已经过原、被告双方的质证，具备证据的真实性、客观性、关联性，且被告振华公司未举出相反证据推翻该鉴定评估报告，本院认为该报告可以作为认定事实的依据。二、根据德州市环境保护局《关于德州晶华集团振华有限公司高档优质汽车玻璃原片项目环境影响评价执行标准的意见》《环境空气质量标准》(GB 3095—2012)、《环境损害鉴定评估推荐方法(第Ⅱ版)》《突发环境事件应急处置阶段环境损害评估技术规范》的规定，利用虚拟治理成本法计算得到的环境损害可以作为生态环境损害赔偿的依据，被告振华公司所在区域为空气功能区为二类，按照规定，环境空气二类区生态损害数额为虚拟治理成本的3~5倍，本院认定按虚拟治理成本的4倍计算生态损害数额，即：2198.36万元(142.8万元×4+400.52万元×4+6.27万元×4)。三、《中华人民共和国侵权责任法》第六十六条规定，因污染环境发生纠纷，污染者应当就法律规定的不承担责任或者减轻责任的情形及其行为与损害之间不存在因果关系承担举证责任。《最高人民法院关于审理环境侵权责任纠纷案件适用法律若干问题的解释》第七条规定："污染者举证证明下列情形之一的，人民法院应当认定其污染行为与损害之间不存在因果关系；(一)排放的污染物没有造成该损害可能的；(二)排放的可造成该损害的污染物未到达该损害发生地的；(三)该损害于排放污染物之前已经发生的；(四)其他可以认定污染行为与损害之间不存在因果关系的情形。"被告振华公司主张因其投入脱硫设备，运营成本1815万元，应当据此减轻责任。本院认为，鉴定评估报告是对被告振华公司现有脱硫、除尘设备予以确认的情况下对污染物超标排放量及治理成本进行了认定，被告振华公司该项请求不属于法律规定的不承担责任或者减轻责任的情形，故对被告振华公司该项抗辩本院不予认可。

关于原告中华环保联合会要求被告振华公司赔偿因超标排放污染物造成的损失780万元。本院认为，原告中华环保联合会该项诉讼请求的依据是《中华人民共和国大气污染防治法》第九十九条及《中华人民共和国环境保护法》第五十九条，该两条规定的是行政处罚而非民事责任，且环境民事公益诉讼司法解释中并未规定惩罚性赔偿，故原告中华环保联合会该项诉讼请求法律依据不足，本院不予支持。

关于原告中华环保联合会"增设大气污染防治设施，经环境保护行政主管部门验收合格并投入使用后方可进行生产经营活动”的诉讼请求,因该项诉讼请求不属于环境民事公益诉讼司法解释规定的承担责任的方式中的任何一种,加之被告振华公司已经放水停产,原厂停止使用,另选新厂址,故对原告中华环保联合会该项诉讼请求本院不予支持。

关于评估费用、律师费以及为诉讼支出的其他合理费用问题。根据环境民事公益诉讼司法解释第二十二条规定,原告请求被告承担检验、鉴定费用,合理的律师费以及为诉讼支出的其他合理费用的,人民法院可以予以支持。原告中华环保联合会主张的评估费用 10 万元,属于为诉讼合理支出,本院予以支持;其主张律师费 40 万元及其他诉讼支出费用 1 万元,原告中华环保联合会承认关于律师费仅订立委托合同,未实际支付,且未就诉讼支出 1 万元提交支付凭证,关于此项请求本院不予支持。

综上所述,依照《中华人民共和国民法通则》第一百二十四条,《中华人民共和国侵权责任法》第六十六条,《中华人民共和国环境保护法》第五十八条,《最高人民法院关于审理环境侵权责任纠纷案件适用法律若干问题的解释》第八条,《最高人民法院关于审理环境民事公益诉讼案件适用法律若干问题的解释》第一条、第二条、第十八条、第二十条、第二十二条、第二十三条判决如下:

一、被告德州晶华集团振华有限公司于本判决生效之日起 30 日内赔偿因超标排放污染物造成的损失 2198.36 万元,支付至德州市专项基金账户,用于德州市大气环境质量修复;

二、被告德州晶华集团振华有限公司在省级以上媒体向社会公开赔礼道歉;

三、被告德州晶华集团振华有限公司于本判决生效之日起 10 日内支付原告中华环保联合会所支出的评估费 10 万元;

四、驳回原告中华环保联合会其他诉讼请求。

如未按本判决指定的期间履行给付金钱义务,应当按照《中华人民共和国民事诉讼法》第二百五十三条之规定,加倍支付迟延履行期间的债务利息。

案件受理费 182 000 元,由被告德州晶华集团振华有限公司负担。

如不服本判决,可在判决书送达之日起十五日之内向本院递交上诉状,并按对方当事人的人数或者代表人的人数提出副本,上诉于山东省高级人民法院。

审　判　长　刘立兵

代理审判员　张小雪

代理审判员　高晓敏

二〇一六年七月十八日

书　记　员　王　洁

13. 中华环保联合会诉浙江新安化工集团股份有限公司建德化工二厂等环境污染责任纠纷案

2015 年 1 月 13 日，中华环保联合会向东营中院提交起诉材料，法院受理后，被告提出管辖权异议，法院裁定驳回管辖异议，于 2016 年 1 月 26 日开庭审理，于 2016 年 12 月 16 日判决。

山东省东营市中级人民法院
民事判决书

（2015）东环保民初字第 1 号

原　　告：中华环保联合会，住所地：略。
负 责 人：谢××，副秘书长。
委托代理人：王××，北京×××律师事务所律师。
委托代理人：黄××，略。
支持起诉人：东营市环境保护局，住所地：略。
法定代表人：马保峰，局长。
委托代理人：周×，山东××律师事务所律师。
被　　告：浙江新安化工集团股份有限公司建德化工二厂，住所地：略。
法定代表人：胡×，董事长。
委托代理人：方××，浙江××律师事务所律师。
被　　告：浙江新安化工集团股份有限公司，住所地：略。
法定代表人：季××，董事长。
委托代理人：方××，浙江××律师事务所律师。
委托代理人：姜××，浙江新安化工集团股份有限公司副总经理，略。
被　　告：建德市宏安货运有限公司，住所地：略。
法定代表人：陈××，董事长。
委托代理人：何××，浙江××××律师事务所律师。
委托代理人，谢××，浙江××××律师事务所律师。

被　　　告:垦利县玖新工贸有限公司,住所地:略。

法定代表人:尚××,董事长。

委托代理人:盖××,山东××律师事务所律师。

被　　　告:李×,略。

委托代理人:万××,山东××××(东营)律师事务所律师。

被　　　告:李××,略。

原告中华环保联合会、支持起诉人东营市环境保护局与被告浙江新安化工集团股份有限公司建德化工二厂、浙江新安化工集团股份有限公司、建德市宏安货运有限公司、垦利县玖新工贸有限公司、李×、李××环境污染责任纠纷一案,本院受理后,依法组成合议庭,公开开庭进行了审理,原告中华环保联合会的委托代理人王××、黄××,支持起诉人东营环境保护局的委托代理人周×,被告浙江新安化工集团股份有限公司建德化工二厂的委托代理人方××,被告浙江新安化工集团股份有限公司的委托代理人方××、姜××,被告建德市宏安货运有限公司的委托代理人何××、谢××,被告垦利县玖新工贸有限公司的委托代理人盖××,被告李×的委托代理人万××到庭参加诉讼,被告李××经本院合法传唤,无正当理由拒不到庭,本案缺席审理,现已审理终结。

原告中华环保联合会起诉称,被告浙江新安化工集团股份有限公司建德化工二厂是建德市一家生产草甘膦农药的企业,其为了节省危险物质处置费从而获得更大的非法利益,将其生产草甘膦农药过程中产生的"磷酸盐混合液"交由不具有危险废弃物处置资质的徐××处置。2012 年 3 月至 2013 年 4 月,徐××将上述危险废物"磷酸盐混合液"交给同样未获得国家认定的危险废物处置资质的被告李×和李××处置,具体是由被告建德市宏安货运有限公司运至山东省德州市临邑县出租院内接收并非法处置10 650吨。2013 年 5 月,被告李×和李××同样将从被告(不是本案被告)手中接收的"磷酸盐混合液",由被告建德市宏安货运有限公司运至山东省东营市境内,并由被告垦利县玖新工贸有限公司接收并非法处置 720 吨。经查,被告李×和李××因涉嫌污染环境罪经指定管辖由东营市人民检察院向垦利县人民法院提起公诉。另,被告浙江新安化工集团股份有限公司建德化工二厂不具备法人资格,故要求其总公司即被告浙江新安化工集团股份有限公司依法承担相应责任。综上,上述被告的行为严重违反了《中华人民共和国环境保护法》等环境保护法律法规的规定,原告中华环保联合会具备提起公益诉讼的主体资格,现依据《中华人民共和国民事诉讼法》相关规定依法提起公益诉讼,请求贵院依法判令上述被告承担停止侵权,消除危险等民事责任,以维护公共环境利益。具体诉讼请求:一、请求法院判令上述被告停止非法处置危险废弃物"磷酸盐混合液"的行为。二、请求法院判令上述被告消除磷酸盐混合液可能对环境造成的潜在危险,即责令上述被告共同支付危险废物的处置费用 2274 万元(以鉴定评估机构评估为准），用于委托具备危险废物处置资质的第三方机构对上述废物进行合法处置。三、请求法院判令上述被告共同承担原告为维权而支付的合理开支，包括交通住宿费、律师费等共计 678 860 元。四、请求法院判令上述被告共同承担本案诉讼费用。

支持起诉人东营市环境保护局的支持起诉意见，东营市环境保护局针对中华环保联合会提起的本案诉讼，根据《中华人民共和国环境保护法》第五十八条、《中华人民共和国民事诉讼法》第五十五条、最高人民法院《关于审理环境民事公益诉讼案件适用法律若干问题的解释》第十一条之规定，提出以下支持意见，原告东营市环境保护局作为东营市的环境保护主管部门，依法负有环境保护职责，将在诉讼过程中为中华环保联合会提供法律咨询、协助调查取证、依法提供有关证明材料、根据案件线索展开调查，发现被告行为构成环境行政违法的，依法予以处理。总之，东营市环境保护局将依法促使原告的合法诉求得以实现，切实履行环境保护监督管理职责，与社会各界一道形成合力，严厉打击非法倾倒等环境违法行为，依法保障公民的环境权益。

被告浙江新安化工集团股份有限公司建德化工二厂答辩称，一、建德化工二厂与其母公司浙江新安化工集团为中国农药生产的龙头企业，在国际上首创了草甘膦——有机硅氯元素循环经济体，特别是在草甘膦母液的处理方面，开发了“有机磷废水资源利用及高效治理产业化技术”，因此，我公司在主观上并无将磷酸盐混合液交给无资质的第三方处理的故意。二、建德化工二厂已对草甘膦母液进行了“多级氧化”、浓缩的处理，使其变成了磷酸盐混合液，以便进行转化，转化为磷酸盐产品。2012 年，建德化工二厂的高温定向转化装置由于受到周围居民的反对而停止运行，导致磷酸盐混合液这一中间产品出现胀库，并交由被告建德市宏安货运有限公司运至余杭等地储存，由于管理不严，出现了倾倒、运至山东等地销售的问题，本案中磷酸盐混合液不是草甘膦母液，它是一种中间产品，具有经济价值。三、运至山东的磷酸盐混合液是作为“助燃剂”销售的，并没有倾倒、直接废弃在自然环境中的情形，没有证据表明其对环境造成了直接的危害。四、浙江新安化工集团作为一家上市公司，对此案高度重视，专门派人与法院协调，愿意对尚存在山东境内未处理的磷酸盐混合液运至我公司的江苏镇江基地或者浙江建德基地进行定向转化处理。综上，请求人民法院依法驳回原告的诉讼请求。

被告浙江新安化工集团股份有限公司答辩称，同被告浙江新安化工集团股份有限公司建德化工二厂的答辩意见。

被告建德市宏安货运有限公司答辩称，一、涉案物品“磷酸盐混合液”并非危险废弃物。本案是侵权之诉，根据《侵权责任法》第六条：“侵害人因过错侵害他人民事权益，应当承担侵权责任”之规定可知，“侵害民事权益”是承担侵权责任的前提条件，结合本案，本案不存在侵害事实。首先，原告认定“磷酸盐混合液”属危险废物的唯一证据——《固体废物属性鉴定报告》，然同案被告浙江新安化工集团股份有限公司亦提供了《司法鉴定意见书》,证实:磷酸盐混合液目前尚不可确定为危险固体废物。两个鉴定结论存在冲突的情况下,不能简单地将《固体废物属性鉴定报告》作为本案的定案根据。其次,被告浙江新安化工集团股份有限公司提供的专利证明等材料证实,磷酸盐混合液系其生产的中间产品,不是危险废物。最后,虽然余杭区人民法院及垦利县人民法院均对涉案被告污染环境罪作出刑事判决,目前相关当事人均已提出再审申请,上述判决书尚无法作为认定案件事实的依据。二、我公司未实施侵权行为。2012年3月,被告李×主动联系徐××要磷酸盐混合液,并声称会通过技术处理,不会污染环境。后经徐××请示被告浙江新安化工集团股份有限公司建德化工二厂的领导同意后,徐××才向山东运输磷酸盐混合液,徐××没有从中牟利。而被告李×、李××采取销售方式非法处置磷酸盐混合液徐××并不知情,我公司仅仅是一家具有危险物品运输资质的企业,为建德化工二厂进行运输的行为并不构成侵权。三、原告要求我公司支持处置费用1000万元缺乏证据支持,原告并未提供因我公司的行为造成损失的具体数额,故其要求于法无据。四、我公司的运输行为与本案的后果不存在因果关系。我公司作为一家具备相应资质的公司,为建德化工二厂提供运输服务并无不当。与原告所称的"造成环境污染的后果"不具有因果关系。五、退一步讲,即便我公司的行为构成民事侵权,然我公司已因本案被余杭区人民法院判处罚金1300万元,再要求我公司支付1000万元处置费用显属不公。另外,从垦利县人民法院刑事判决书对被告李×、李××的判决刑期及引用的相关法条,明显可知本案的损害后果不大。综上所述,我公司依法无需承担相应的民事赔偿责任。

被告垦利县玖新工贸有限公司答辩称,一、我公司主观上无过错,客观上没有参与其运输、买卖、处置等任何环节的工作,只是将储罐出租给李××使用。二、我公司也是受害者,没有得到任何经济利益,并且几年来已经承受巨大的损失。因我公司在受欺骗的情况下提供了储存危险废物的储罐,而其他被告均获得了一定的经济利益,相反因被欺骗致使厂房储罐一直被占用,对污染物一直无法进行处置,造成巨大经济损失。三、我公司没有处置危险废物的行为,并且愿意配合司法机关以及当地环保部门将污染物妥善处置。四、浙江新安化工集团股份有限公司属上市公司,其有能力、有义务处理涉案危险废物,法院应判令该公司承担本案中原告诉讼请求的全部义务。

被告李×答辩称,李×不应当承担责任,法院应当依法驳回原告对李×的起诉。理由:一、李×是受其父亲李××委托帮助从徐××处联系了磷酸盐混合液,考虑到是父子关系,无法推脱。二、由李××接收的磷酸盐混合液全部是由李××进行处置和转卖,李×没有参与也没有受益。三、被告浙江新安化工集团股份有限公司建德化工二厂愿意将涉案的磷酸盐混合液自行处置。所以,原告的诉讼请求不应当得到法院的支持。

被告李××未提供答辩意见。

庭审中,原告中华环保联合会为证明其主张,向本院提交以下证据:

证据一、证据名称:固体废物属性鉴别报告。证据来源:中国环境科学研究院固体废物污染控制技术研究所。证明:被告建德化工二厂的磷酸盐混合液出售、处置或者作为其他用途时,应作为固体废物,应按危险废物管理。

证据二、证据名称:监测报告(浙环监〔2013〕监字第292-1号),证据来源:浙江省环境监测中心。证明:被告建德化工二厂稀母液储罐、总排口及中间储罐、沉降池的液体中都含有有毒物质草甘膦。

证据三、对胡××、马××的讯问笔录。证据来源:杭州市公安局余杭区分局。证明:被告建德化工二厂将其生产草甘膦农药过程中产生的"磷酸盐混合液"交由不具有危险废物处置资质的被告建德市宏安货运有限公司即徐××处置。

证据四、对徐××的讯问笔录。证据来源:杭州市公安局余杭区分局。证明:徐××将"磷酸盐混合液"交给不具有处理"磷酸盐混合液"危险废物资质的被告李×和李××处理,处理的地点为山东省德州市临邑县和山东省东营市垦利县;徐××和被告李×和李××的业务往来只有"磷酸盐混合液"。

证据五、对李×的讯问笔录。证据来源:东营市公安局。证明:被告李×和李××未获得国家认定的危险废物处置资质,从徐××(被告建德市宏安货运有限公司)处接收磷酸盐混合液在山东省德州市临邑县出租院内和在山东省东营市垦利县由被告垦利县玖新工贸有限公司进行非法处置的事实。

证据六、东营市公安局起诉意见书[东公(刑)诉字(2013)0050号]。证明:在2012年3月至2013年4月期间,被告建德市宏安货运有限公司将10 650吨磷酸盐混合液运至山东省德州市临邑县出租院内,由被告李×和李××接收并非法处置;被告李×和李××将从徐××手中接收的720吨磷酸盐混合液由被告建德市宏安货运有限公司运至山东省东营市,并由垦利县玖新工贸有限公司接收并非法处置。

证据七、垦利县人民法院(2014)垦刑初字第63号刑事判决书。

证据一至证据七证明:1. 本案所涉及的磷酸盐混合液属于固体废物,证据一的内容显示磷酸盐混合液在出售、处置或作为其他用途时属于固体废物,磷酸盐混合液不是为了满足市场需求所制造的,不属于正常的商业循环或使用链中的一部分,其在加工或处置过程中存在一定的环境风险,因此做出了属于固体废物的认定。2. 来源于浙江新安化工建德二厂的磷酸盐混合液在山东省境内处置的量为11 370吨,其中除了垦利县玖新工贸有限公司涉及的废物的吨数是720吨,其他的被告涉及的处置的磷酸盐混合液总量是11 370吨。3. 李××和李×承担刑事责任,其中提到了他们对于运输处置的危险废物这一事实是确认的,他们是存在过错的。

证据八、山东省物价局关于危险废物处置的批复。证明:关于酸碱处置的废液是每吨2000元,2000乘以11 370吨等于2274万元。

证据九、北京市发改委与司法局联合印发的北京市律师诉讼代理服务收费政府指导价标准。证明:我们(北京×××律师事务所。——编者注)和本案的原告中华环保联合会有委托代理合同,2274万元乘以2%(律师代理费的比例)加224 000元(诉算数)等于678 800元。

证据十、杭州市余杭区法院和杭州市中级人民法院判决书两份。证明:对于刚才在垦利县法院所认定的相关事实在该两份判决书中也有相应的认定,认定事实一致,本案被告涉及的磷酸盐混合液为11 370吨。补充:建德化工二厂正常危险废物处理的合同价格为2700元每吨。证明:我们的计算依据是按照一吨2000元还低于他们自己的合同处置价价格,应当是得到支持的。

针对原告提供的证据,被告浙江新安化工集团股份有限公司建德化工二厂发表质证意见如下:

对证据一的真实性没有异议,对关联性及证明目的有异议。在鉴别报告第5页共3点鉴别结论,原告只读了2点,对第1点没有陈述,第1点是磷酸盐混合液是有益加工产物,为草甘膦母液综合利用生产磷酸盐的中间物料,在企业内部贮存并用于定向转化生产磷酸盐的过程可不作为固体废物管理。

对证据二的真实性没有异议,对其关联性及证明目的有异议。1.原告没有仔细研究这份监测报告,第2页的监测结果,我们在浙江新安化工集团股份有限公司有储罐,代码为4号的储罐草甘膦含量最高,一升里面含有9.9毫克,草甘膦含量最高的只有0.9%,从这份鉴别报告中可以看出已经低于3%的标准,已经不具有危险废物的特性了。2.这份检测报告也不能说明山东的磷酸盐混合液与我们厂生产的磷酸盐混合液具有同一性,所以原告不能证明他的证明目的。

对证据四、五、六、七的真实性没有异议,对其关联性及证明目的有异议。我们认为这些证据不能表明第一被告直接指使了其他被告将磷酸盐混合液运至山东处理的事实,只能证明我们曾经将磷酸盐混合液交由浙江绍兴华鑫环保科技公司处置或者交由余杭的荣圣化工储存的事实,我们没有和其他的被告发生过任何关系。

对证据八的真实性没有异议,对其合法性、关联性及证明目的有异议。1.山东危险废物的标准,本案所涉的10 000多吨的危险废物现在均已不存在,现存的几百吨,所以要处置只能处置几百吨,具体数目我们不清楚。2.标准本身是按千克来算的,如果是上万吨根本不是这样的处置标准。我们公司本能够将磷酸盐混合液变成产品并且有产品价值,这个标准在本案中不适用,所处置的费用也就是几百吨。

对证据九律师费应当是实际开支的费用或者实际发生的费用。对原告主张的该项费用也应该按照实际合理发生来计算。

对证据十的真实性无异议,但是对其在本案中的证明目的和关联性有异议,在余杭的判决是因为发生了荣圣化工将储存在储罐中的磷酸盐混合液直接排入杭州大运河引发的恶性事件，所以和本案在山东的情况是不一样的，所以在杭州可以认为是严重的污染环境案子，在山东是作为助燃剂进行销售，对环境的危害较小。关于原告提到的处置费用，并不是第一被告处置磷酸盐混合液的费用，磷酸盐混合液不存在处置，在徐州有10吨的磷酸盐混合液，把10吨运到一个有资格的处置厂进行处置的，每吨是2700元，判决书中写了在荣圣化工厂的全部由新安化工集团运回，储罐里有4000多吨。

被告浙江新安化工集团股份有限公司发表质证意见如下：

同浙江新安化工集团股份有限公司建德化工二厂的质证意见一致。

被告建德市宏安货运有限公司发表质证意见如下：

对原告的证据一、证据二的真实性无异议，对证明目的有异议。质证意见同以上第一、第二被告的质证意见。

对证据三、四、五的真实性无异议，对其证明目的有异议。1. 这三份证据里面首先证明了宏安货运公司是具有危险物品运输资质的单位。2. 不管这些货我们从余杭运出来还是从华鑫运出来，都是建德化工二厂生产的磷酸盐混合液。3. 我们把这批货运给山东以后，是李×、李××直接接收，他们接收以后放在槽罐里面。4. 然后从槽罐里面卖出去，卖给谁，如何处置我们概不知情。5. 徐××把这些磷酸盐混合液运到山东没有挣到钱，徐××没有从中获利。

对证据六的真实性没有异议，但是对其证明目的有异议。

对证据七的真实性没有异议，但是这份证据反而证明了本案造成损失的数额不是特别巨大，应该不到100万元，理由：最高法院、最高检察院的解释，从李×、李××的刑期可以判断本案损失数额不超过100万元。判决书第20页认定11 370吨社会危害较大，不是巨大。

对证据八的质证意见同第一、第二被告的质证意见。补充：这份批复的最后一句话“本通知试行一年，现在已经失效”，不能作为定案的依据。

对证据九，关于律师费的收取标准应遵循合法性、实际性、必要性三个原则。交通费、住宿费、律师费需要有发票。从必要性讲公益诉讼应该就低不就高。

对证据十的真实性无异议，同意第一、第二被告代理人的质证意见，补充：这两份判决书里面对建德化工二厂判处了6300万元的罚金，这个罚金基本是按照2700吨计算出来的。对建德宏安货运罚款1300万元的罚金也在判决书中载明，我要说明的是建德二厂已经按照原告代理人的所谓的2700吨的标准判决了罚金，现在原告没有理由要求再承担罚金，原告的讲法没有依据。

被告垦利县玖新工贸有限公司发表质证意见如下：

对证据一至证据四的真实性无异议，没有质证意见。

对证据五的真实性没有异议，但是该证据能够证实玖新公司是在被欺骗的情况下将储罐出租给其他被告使用,玖新公司不应承担处置费及其他费用。

对证据六、证据七的真实性没有异议,但是该证据不能证实玖新公司接收并非法处置了危险废物,不能证实原告的证明目的,玖新公司不承担任何责任。

对证据八、证据九的质证意见同第一被告、第二被告的质证意见。

对证据十的真实性无异议,但该证据不能证实玖新公司应当承担相应的法律责任。

被告李×发表质证意见如下:

对证据一至证据九的质证意见同其他被告代理人的质证意见。对证据五和证据七的质证意见,补充:证据五李×在公安机关的询问笔录关于如何帮助李××从徐××处联系草甘膦母液作了详细的供述,第七页李×说:"我是纯给我父亲帮忙,起到中间介绍作用,实际是我父亲去处理草甘膦母液,我没有得到好处。"根据证据五可以证实李×并没有非法处置过本案涉案的磷酸盐混合液,李×不应当承担民事责任。对证据七刑事判决书证实李×犯环境污染罪被垦利县人民法院判处有期徒刑并处罚金,李×承担刑事责任的依据是李×没有处置危险废物经营许可证而擅自帮助父亲从徐××处联系草甘膦母液的事实,不能因被告人李×承担了刑事责任就推定李×在本案中具有过错,这是两个不同的法律关系,适用的法律依据和基础也是不一样的。

对证据十的真实性无异议,与李×没有关系。

被告浙江新安化工集团股份有限公司建德化工二厂、浙江新安化工集团股份有限公司向本院提交以下证据:

证据一、发明专利证书,专利号ZL2009 1 0096726.9。证据来源:国家知识产权局。证明目的:被告取得了"一种氧化法处理草甘膦母液的方法"发明专利。

证据二、发明专利证书,专利号ZL2011 1 0370550.9。

证据来源:国家知识产权局。证明目的:被告取得了"一种处理磷工业生产废料的方法及由该方法得到的产物"发明专利。

证据三、专利申请受理通知书,申请号:2011 1 0310586.8。证据来源:国家知识产权局。证明目的:被告取得了"一种农药生产含磷废料的处理方法及由该方法得到的产物"发明专利申请权。

证据四、环境保护清洁生产重点支撑技术证书。证据来源:中国石油和化学工业联合会、中国化工环保协会。证明目的:证明被告的"高含磷废水资源化回收及高效治理技术"被评为石油和化工行业的环境保护、清洁生产重点支撑技术。

证据五、江苏省财政厅关于下达2013年度清洁生产示范项目中央财政补助(奖励)资金的通知(苏财建〔2013〕269号)。证据来源:江苏省财政厅。证明目的:被告全资子公司镇江江南化工有限公司的草甘膦清洁生产资源化利用推广示范项目获奖励。

证据六、荣誉证书。证据来源:江苏省经济和信息化委员会。证明目的:被告全资子公司镇江江南化工有限公司获江苏省经信委“江苏省清洁生产先进企业”荣誉证书。

证据七、磷酸钠产品的销售增值专用发票两份。证据来源:公司财务部凭证。证明目的:证明被告从磷酸盐混合液生产的产品已经实现销售,具有市场价值。

证据八、建德化工二厂专项审计报告[建信会审字(2014)第162号]。证据来源:建德信安会计师事务所。证明目的:证明被告磷酸盐混合液生产成本及效益状况,说明磷酸盐混合液是被告的中间产品。

证据九、关于草甘膦行业现状及新安化工草甘膦情况的说明。证据来源:中国石油和化学工业联合会、中国农药工业协会。证明目的:证明被告对草甘膦行业所作的贡献及对草甘膦母液处理处于全国领先地位。

证据十、专家法律意见书。证据来源:陈兴良、张明楷、陈卫东、汪劲等教授。证明目的:证明《固体废物属性鉴别报告》的检验过程和结论均存在疑问。磷酸盐混合液属于危险废物的证据尚未达到确实、充分的程度。

证据十一、司法鉴定报告意见书[云南德胜鉴司字(2014)第1074号]。证据来源:云南德胜司法鉴定中心。证明目的:证明磷酸盐混合液目前尚不可确定其为危险固体废物。

证据十二、与绍兴华鑫环保科技有限公司的合同及华鑫公司的资质证明。证据来源:余杭法院案件卷宗及浙江省环境保护厅网站。证明目的:不排除运到山东的磷酸盐混合液是从具有资质的处理单位流出。

证据十三、租赁运输协议。证据来源:余杭法院案件卷宗。证明目的:证明被告与宏安、荣圣仅为运输、存储关系。

原告发表质证意见如下:

对证据一至证据九对本案不具有关联性,不属于在他厂区内自行处置的范畴,该厂能否处理磷酸盐混合液与本案无关。

对证据十的真实性无异议,仅仅是一份参考材料,在刑事案件中并未被采纳。

对证据十一的真实性无异议,但是这份鉴定结论和环科院的鉴定结论相互矛盾,应以环科院的经过刑事认定的鉴定结论为准。

对证据十二的真实性不予确认。在杭州市中院的判决书提到华鑫公司正常的危险废物处置标准是2700元,580元每吨仅仅是一个幌子协议,该协议没有履行。

对证据十三的真实性无异议。证据十二、证据十三应当以刑事案件判决书所确定的事实为准。

被告建德市宏安货运有限公司发表质证意见如下:

对第一、第二被告的证据无异议。

被告垦利县玖新工贸有限公司发表质证意见如下:

对第一、第二被告提交证据的真实性无异议,但是不能证明其证明目的。

被告李×发表质证意见如下:

因为原告诉讼请求第二项处置费用2274 万元计算依据是本案李××所接收的磷酸盐混合液,因为计算费用的前提是建立在该废物没有被处置的情况下的计算标准,李××接收的11 370 吨磷酸盐混合液下落不明,原告应当举证证实仍然存在该部分的磷酸盐混合液,否则原告的诉讼请求没有事实依据。第一被告、第二被告具有清洁生产的能力,磷酸盐混合液是其中间加工的物料。

被告建德市宏安货运有限公司没有证据提交。

被告垦利县玖新工贸有限公司向本院提交以下证据:

提交2013 年8 月20 日垦利县公安局对尚××的询问笔录。证明:1. 玖新公司仅仅是出租了储罐。2. 玖新公司不知道李××存放的是磷酸盐混合液,主观上无过错。3. 玖新公司没有接收更没有非法处置磷酸盐混合液。

原告发表质证意见如下:

对该证据的真实性无异议,但是不能证明其主张,作为存储单位应当有义务知道你所储存的物品的性质。

被告浙江新安化工集团股份有限公司建德化工二厂、浙江新安化工集团股份有限公司发表质证意见如下:

对该证据的真实性无异议,但与我们没有关联性。

被告建德市宏安货运有限公司发表质证意见如下:

对该证据的真实性无异议,但是与宏安货运没有关联性。

被告李×发表质证意见如下:

对该证据的真实性无异议。

被告李×未提交证据。

本案审理过程中,东营市公安局食品药品与环境犯罪侦查支队向本院移交证据材料如下:

1. 东营市公安局食品药品与环境犯罪侦查支队出具的"关于李×污染环境案涉案固体废物存放情况的说明"一份。

2. 浙江省环境监测中心出具的监测报告一份。

3. 中国环境科学研究院固体废物污染控制技术研究所出具的固体废物属性鉴别报告一份。

4. 山东省分析测试中心出具的检验报告一份。

5. 东营市公安局食品药品与环境犯罪侦查支队对尚××、朱××、王××、石×的询问笔录、辨认笔录等材料。

原告发表质证意见如下:

对证据的真实性无异议,对移交材料的内容无异议。

被告浙江新安化工集团股份有限公司建德化工二厂、浙江新安化工集团股份有限公司发表质证意见如下：

对该证据的真实性无异议，该情况说明只是说有几处地方存放，但是没有具体的数量和状况。

被告建德市宏安货运有限公司发表质证意见如下：

对该证据的真实性无异议，对该内容不清楚。同第一、第二被告的质证意见。

被告垦利县玖新工贸有限公司发表质证意见如下：

对该证据的真实性无异议，对具体数量不知情。

被告李×发表质证意见如下：

对该证据的真实性无异议，本案原告的诉讼请求危险废物的处置费用应当以公安机关出具的危险物存放情况的证明的数量作为计算依据，不能以刑事判决认定的数量计算。

对原、被告提交的证据以及东营市公安局食品药品与环境犯罪侦查支队向本院移交的证据材料，本院认证如下：

对原告提交的证据一、二、三、四、五、六、七、十的真实性，各被告均无异议，只是对其证明的目的有异议，本院经审查认为，上述证据来源合法，证据显示的内容与本案事实有关联，对本案具有证明力，本院对真实性、合法性以及与本案的关联性予以确认。对原告提交的证据八，拟证明涉案磷酸盐混合液处置费用应按照该批复中的酸碱废液处置费用为每吨2000元计算，各被告不予认可，本院认为，原告提交的该证据的有效期限虽然显示"本通知自2010年5月1日起执行，试行期一年，期满后将根据实际情况另行报批"，但是结合原告提交的证据十杭州市余杭区人民法院(2014)杭余刑初字第619号刑事判决书中认定的涉案当事人与具有危险废物处置资质的绍兴华鑫环保科技有限公司约定每吨处置费合同价格不低于2700元；委托衢州市清泰环境工程有限公司以每吨2800元的价格进行处置。本案中，原告主张的处置费用均低于该刑事判决书中认定的当事人为处置相关危险废物与具有危险废物处理资质的公司签订合同的价格，因此，原告主张按每吨2000元的价格计算涉案磷酸盐混合液处置费用，合理有据，本院予以采纳。对原告提交的证据九，原告提交该证据是北京市发改委与司法局共同颁发的北京市律师诉讼代理收费政府指导价标准，各被告对该证据的真实性无异议，对其证明目的有异议，本院认为，该证据是政府机关制定的当地律师诉讼代理收费政府指导价标准(试行)，对于本案原告请求被告承担的律师费用，应根据最高人民法院《关于审理环境民事公益诉讼案件适用法律若干问题的解释》第二十二条的规定，同时参考该"指导价标准"，结合本案案情，对其合理的律师费用依法予以支持。

对被告浙江新安化工集团股份有限公司建德化工二厂与浙江新安化工集团股份有限公司提交的证据一至十一、证据十三的真实性予以确认，但以上证据与待证事实无关联,对本案事实不具有证明力;对证据十二,本院认为,关于涉案危险废物处置费用的价格认定问题,如前所述,本院参照本案中的其他证据以及相关生效刑事判决书认定的事实,本院采纳原告主张的处置费按每吨2000元计算,故对该证据本院不予采纳。

对被告垦利县玖新工贸有限公司提交的2013年8月20日垦利县公安局对尚××的询问笔录,本院认为,该证据系东营市公安局食品药品与环境犯罪侦查支队依法对尚××所作的询问笔录,该证据内容对本案待证事实的证明力,本院将综合案情予以采纳。

对东营市公安局食品药品与环境犯罪侦查支队向本院移交的证据材料,本院认为,公安机关在案发后,依法查封涉案危险废物,并对相关当事人所作的询问笔录,该证据来源合法,与本案事实有关联,对本案具有证明力,本院确认为有效证据。

经审理查明,被告浙江新安化工集团股份有限公司建德化工二厂(以下简称化工二厂)是一家生产草甘膦农药的企业,是被告浙江新安化工集团股份有限公司依法设立领取营业执照的非法人单位。被告建德市宏安货运有限公司是一家具有危险货物运输资质的运输公司,徐××为该公司实际负责人。

杭州市余杭区人民法院(2014)杭余刑初字第619号刑事判决认定:建德化工二厂草甘膦农药的生产过程中会产生大量草甘膦母液,之前化工二厂会配成10%的草甘膦水剂销售,国家禁止低浓度草甘膦水剂销售后,化工二厂通过氧化、浓缩将草甘膦母液转化成磷酸盐混合液,再通过高温定向转化为磷酸盐产品,但该高温定向转化装置在试运行阶段即因周边群众的投诉而被建德市政府叫停。而草甘膦母液氧化浓缩成磷酸盐混合液仍在进行,因得不到处置,化工二厂内储存的磷酸盐混合液胀库,影响到了工厂的正常生产。为了解决磷酸盐混合液胀库的问题,使化工二厂能正常生产,时任化工二厂厂长的被告人胡××等人决定将磷酸盐混合液交由不具有危险废物处置的企业及个人进行处置,同时仅支付极低的价格,实际上促使和认可运输及处置单位人员以焚烧、直排等方式予以非法处置。期间,化工二厂将磷酸盐混合液通过宏安公司运往山东省、江西省、浙江省衢州市、杭州市余杭区,大量非法处置。

2012年3月至2013年5月,化工二厂通过宏安公司将磷酸盐混合液共计11 370吨(含之前贮存在荣圣公司的部分)运往山东省临邑县、垦利县玖新工贸有限公司,交由李×、李××(均已判刑)非法处置,并支付50~80元每吨不等的处置费,后李×、李××将上述磷酸盐混合液予以销售。

2011年8月,经邢××(已判刑)联系,金×(已判刑)与具有危险废物处置资质的绍兴华鑫环保科技有限公司(以下简称华鑫公司)签订了代理合同。合同约定,金×在征得华鑫公司同意后,可在浙江省境内收集危险废物并运输至华鑫公司进行处理,其中液态废物每吨处理费合同价格不低于2700元。

2013 年 5 月下旬，被告人周金×将储存在电镀厂的部分磷酸盐混合液就地非法填埋，另将储存在鑫春干燥剂厂的 10 余吨磷酸盐混合液委托具有危险废物处置资质的衢州市清泰环境工程有限公司（以下简称清泰公司）以 2800 元每吨的价格进行处置。

经中国环境科学研究院固体废物污染控制技术研究所鉴定：化工二厂磷酸盐混合液不是为了满足市场需要而制作，不属于正常的商业循环或使用链中的一部分，其在加工或处置过程中存在一定的环境风险，因此，磷酸盐混合液出售、处置或作为其他用途应作为固体废物管理；化工二厂磷酸盐混合液如属固体废物，则应按危险废物管理。

杭州市余杭区人民法院刑事判决认为，被告单位化工二厂、宏安公司、荣圣公司违反国家规定，排放危险废物，严重污染环境，被告人胡××、徐××、戴××身为单位直接负责的主管人员，被告人马××、沈××、周××、杨××身为单位其他直接责任人员；被告人汪×、周金×、邓××违反国家规定，排放危险废物，严重污染环境，其行为均已构成环境污染罪，且系后果特别严重……经查，本案中，(1)对外签订协议、承接业务的均是以化工二厂、宏安公司、荣圣公司的名义；(2)被告人胡××、徐××、戴××分别系化工二厂、宏安公司、荣圣公司的实际负责人，三被告人的意志能代表单位的意志；(3)对于化工二厂来说，磷酸盐混合液的正规处理价格远高于本案中化工二厂所支付的价格，且如果磷酸盐混合液不进行处置，将影响化工二厂的正常生产，低价非法处置体现了化工二厂的利益，对于宏安公司来说，相关的运输费、处理费均汇入宏安公司账户，支付给其他单位、个人的费用中部分也从宏安公司直接汇出，且宏安公司也获得了运输费的收入，单位利益能够体现。综上，本案中被告单位化工二厂、宏安公司、荣圣公司均构成单位犯罪。据此判决，被告单位浙江新安化工集团股份有限公司建德化工二厂犯污染环境罪，判处罚金人民币六千三百万元；被告单位建德市宏安货运有限公司犯污染环境罪，判处罚金人民币一千三百万元；被告人徐××犯污染环境罪，判处有期徒刑五年六个月，并处罚金人民币三百万元。

垦利县人民法院(2014)垦刑初字第 63 号刑事判定书认定：李×、李××在没有处置危险废物经营许可证的情况下，于 2012 年 3 月至 2013 年 4 月，从徐××（另案处理）处运进浙江新安化工集团股份有限公司建德化工二厂草甘膦母液综合利用过程中产生的磷酸盐混合液 10 650 吨，存储于山东省临邑县；于 2013 年 5 月运进 720 吨，存储于山东省垦利县玖新工贸有限公司，并对上述磷酸盐混合液进行销售。据此判决，李×、李××犯污染环境罪，分别判处有期徒刑一年零六个月，缓刑二年，并处罚金人民币三万元。

2013 年 4 月，被告李××租赁被告垦利县玖新工贸有限公司的储罐，用于存放其同李×与被告建德化工二厂的实际负责人徐××联系并通过被告建德市宏安货运有限公司运进磷酸盐混合液 720 吨进行储存。被告李××、李×至今未支付给垦利县玖新工贸有限公司租金，该公司亦未从中获得其他利益。

根据公安机关提供的证明材料,涉案磷酸盐混合液尚有部分存放于山东省东营市垦利县、德州市临邑县、河北省邯郸市境内。本院依照《最高人民法院关于审理环境民事公益诉讼案件适用法律若干问题的解释》第十二条之规定,对被告所在地及涉案磷酸盐混合液存放地的德州市环境保护局、东营市垦利县环境保护局、河北省邯郸市环境保护局依法进行了告知,并发放通知书。

本院受理本案后,被告浙江新安化工集团股份有限公司、建德市宏安货运有限公司在答辩期间内对本案管辖权提出异议,本院经审查认为,本院依法对本案享有管辖权。遂依照相关法律规定,裁定:驳回被告浙江新安化工集团股份有限公司、建德市宏安货运有限公司对本案管辖权提出的异议。在上诉期内,两被告对该裁定提出上诉,后又撤回上诉,该裁定生效。

本院受理本案后,根据公益诉讼司法解释的相关规定,对被告所在地的环境保护部门德州市环境保护局、东营市垦利县环境保护局进行了法律告知的同时,亦对涉案工业废水存放地的河北省邯郸市环境保护局进行了告知,争取当地环境保护行政机关的支持配合,确保工业废水不再被扩散或者转移,以避免潜在的污染危险。

本院认为,本案各方当事人争议的焦点问题是:1. 涉案磷酸盐混合液的性质。2. 各被告的行为是否对环境造成潜在危险,是否构成环境民事侵权。3. 原告主张的涉案磷酸盐混合液处置费 2274 万元及交通费、律师代理费等费用有无事实与法律依据。

本院认为,环境保护是我国的一项基本国策。保护环境,人人有责。一切单位和个人都有保护环境的义务,并有权对污染和破坏环境的单位和个人进行检举和控告。我国设立公益诉讼制度,旨在发挥法律在生态保护中的惩罚、教育、引导功能,解决违法成本低,守法成本高的问题。

关于原告中华环保联合会的主体资格审查。原告中华环保联合会向本院起诉时提交了社会组织登记证书、章程、五年的年检报告、2005 年至今无违法记录声明。本院经审查认为,该组织提交的上述证明材料,内容真实,从中华环保联合会章程确定的宗旨和主要业务范围和无违法记录声明可以看出,该组织是维护社会公共利益,且从事环境保护公益活动的社会组织,符合《中华人民共和国环境保护法》第五十八条规定的"专门从事环境保护公益活动""无违法违纪"行为,故提起公益诉讼,维护环境公共利益,符合法律规定,主体适格。

本院在受理本案的过程中,原告中华环保联合会向本院递交了缓交诉讼费申请书,本院经审查认为,其缓交理由符合最高人民法院《关于审理民事公益诉讼案件适用法律若干问题的解释》(应为《关于审理环境民事公益诉讼案件适用法律若干问题的解释》。——编者注)第三十三条的缓交条件,本院予以准许。

关于东营市环境保护局支持起诉人的资格审查。《中华人民共和国民事诉讼法》第十五条规定:机关、社会团体、企业事业单位对损害国家、集体或者个人民事权益的行为，可以支持受损害的单位或者个人向人民法院起诉；《最高人民法院关于审理环境民事公益诉讼案件适用法律若干问题的解释》第十一条规定：检察机关、负有环境保护监督管理职责的部门及其他机关、社会组织、企业事业单位依据民事诉讼法第十五条的规定，可以通过提供法律咨询、提交书面意见、协助调查取证等方式支持社会组织依法提起环境民事公益诉讼。东营市环境保护局作为国家行政机关，依法负有环境保护监督职能，掌握环境监管的相关基础数据和相关技术标准，能够对案件的专业知识提供咨询与帮助，对环境状况分析及其环境治理提供技术支持和治理建议。本案案发后，东营市环境保护局依据上述法律规定，向本院提交了书面意见并依法出庭支持原告中华环保联合会起诉，合法有据。

根据本案诉争的事实，案件性质应为环境污染责任纠纷。所谓环境污染，是指人类活动向环境中排放的物质或能量使其在环境中的数量、浓度或强度超过了适用于该环境的环境质量标准的现象。其表现形式为向环境中排放废气、废水、废渣和各种有害物质和能量。其后果表现为环境的正常的物质组分和结构被打破，使环境的质量降低，危害人类生存、发展和生物的正常生长。

关于焦点一，涉案磷酸盐混合液的性质。

根据中国环境科学研究院固体废物污染控制技术研究所出具的鉴别报告可知，建德化工二厂的磷酸盐混合液来自草甘膦母液综合利用过程。草甘膦是一种农药除草剂，草甘膦母液为该厂甘氨酸烷基酯法草甘膦合成产物经结晶过滤收取草甘膦产品后的滤液，通过精馏回收三乙胺后产生的浓缩母液，该母液属于《国家危险废物名录》中的危险废物，其危险性为毒性。建德化工二厂采用“催化氧化—定向转化”工艺对草甘膦母液进行综合利用，磷酸盐混合液为该生产工艺工序中所产生的浓缩母液。因此，磷酸盐混合液出售、处置或作为其他用途应作为固体废物管理，建德化工二厂的磷酸盐混合液如属于固体废物，则应按危险废物管理。危险废物的随意排放、储存，会污染水体和土壤，破坏生态环境、严重影响人类健康等危害。

关于焦点二，各被告的行为是否对环境造成潜在危险，是否构成环境民事侵权。

本院认为，鉴定结论表明，被告建德化工二厂生产过程中产生的磷酸盐混合液，如果出售、处置或作为其他用途应作为固体废物管理，如属于固体废物，则应按危险废物管理。本案中，被告建德化工二厂通过被告建德市宏安货运有限公司外运磷酸盐混合液，将 11 370 吨运输至被告李×、李××指定的存放地点，并且被告李×、李××在未取得收集、贮存、处置危险废物经营许可证的情况下通过非正当手段、非常规程序进行非法储存处置，可见，上述各被告为谋取个体或者个人利益，不惜污染环境，事实上已经对环境造成了实质的污染和潜在的危险，并且涉案生效的刑事判决均已认定其构成污染环境罪，受到了相应的刑罚处罚，在本案中理应承担环境侵权的民事赔偿责任。原告中华环保联合会请求的判令各被告停止侵害、消除危险、支付污染治理费用的诉讼请求合法有据,本院予以支持。

2013 年 4 月,被告李××租赁被告垦利县玖新工贸有限公司的储罐,用于存放涉案磷酸盐混合液 720 吨进行储存处置,两者之间应为租赁合同关系,并且被告李××、李×至今未支付给垦利县玖新工贸有限公司租金,该公司亦未从中获得其他利益,主观上无过错,事实上未参与,其在本案中不构成环境侵权。

因被告建德化工二厂是被告浙江新安化工集团股份有限公司领取营业执照的分支机构,不具有法人资格,依法不能独立承担民事责任,根据相关法律规定,其民事责任应由其开办单位被告浙江新安化工集团股份有限公司承担。另,就保护环境的社会责任而言,被告浙江新安化工集团股份有限公司作为一家上市公司,依法监管其设立的非法人单位合法按规运营,保护环境不受损害亦是其应尽的社会责任。

综上,被告浙江新安化工集团股份有限公司建德化工二厂、浙江新安化工集团股份有限公司、建德市宏安货运有限公司、李×、李××在案件的不同环节存在共同的意思联络,依法应互负连带赔偿责任。

关于焦点三,原告主张的涉案磷酸盐混合液处置费 2274 万元及交通费、律师代理费等费用有无事实与法律依据。

根据杭州市余杭区人民法院和垦利县人民法院已经生效的刑事判决认定的事实能够确定,本案被告建德化工二厂生产的磷酸盐混合液非法外运处置的过程涉及多人多地,危害后果严重,不仅对环境造成了实际的污染,尚存部分磷酸盐混合液也已对环境造成了潜在的危险。根据最高人民法院《关于审理环境民事公益诉讼案件适用法律若干问题的解释》第二十三条规定:生态修复费用难以确定或者确定具体数额所需鉴定费用明显过高的,人民法院可以结合污染环境、破坏生态的范围和程度、生态环境的稀缺性、生态环境恢复的难易程度、防治污染设施的运行成本、被告因侵害行为所获得的利益以及过错程度等因素,并可以参考负有环境保护监督管理职责的部门的意见、专家意见等,予以合理确认。本院认为,为充分维护环境公共利益,防治污染,无论是被告已经通过非法处理的还是现在尚存的磷酸盐混合液的数量多少,结合本案污染环境的范围和程度,考虑到生态环境的稀缺性、生态环境恢复的难易程度、防治污染设施的运行成本、被告因侵害行为所获得的利益以及过错程度等因素,被告浙江新安化工集团股份有限公司建德化工二厂、浙江新安化工集团股份有限公司、建德市宏安货运有限公司、李×、李××都应为其在本案中的非法行为造成的环境污染承担赔偿责任。因此,污染治理费用应以其非法外运处置磷酸盐混合液共计 11 370 吨为基数计算。关于涉案磷酸盐混合液的处置价格确认问题,根据杭州市余杭区人民法院的刑事判决认定的事实可知,具有危险废物处置资质的绍兴华鑫环保科技有限公司液态废物每吨处置费合同价格不低于2700 元,案外人将磷酸盐混合液委托具有危险废物处置资质的衢州市清泰环境工程有限公司处置费用为每吨 2800 元。如前所述,本案中,原告主张的处置费用均低于该刑事判决书中认定的当事人为处置相关危险废物与具有危险废物处理资质的公司签订合同的价格，因此，原告主张按每吨2000元的价格计算涉案磷酸盐混合液处置费用，合理有据，本院予以采纳，对原告主张的涉案磷酸盐混合液处置费用共计2274万元，本院予以支持。

关于原告诉讼请求的律师代理费等费用，本院综合本案案情，对其合理部分予以支持，本院认为，应确定120 000元为宜。

被告李××经本院合法传唤，无正当理由拒不到庭，视为自动放弃诉讼权利。

综上所述，本院认为，被告浙江新安化工集团股份有限公司建德化工二厂、浙江新安化工集团股份有限公司、建德市宏安货运有限公司、李×、李××构成环境侵权的事实清楚，证据确实充分，依法应当承担损害赔偿责任，对原告主张的环境污染治理费2274万元，本院依法予以支持。对于原告主张的其他费用，本院对其合理部分予以支持。依照《中华人民共和国民事诉讼法》第十五条、第五十五条、第一百一十九条第（二）（三）（四）项、第一百二十一条、第一百四十四条，最高人民法院《关于适用〈中华人民共和国民事诉讼法〉的解释》第二百八十四条、第二百八十六条，《中华人民共和国环境保护法》第五十八条、第六十四条，《中华人民共和国侵权责任法》第四条、第六条、第八条、第十条、第十四条、第十五条第（一）（三）（六）项，第十九条、第六十五条、第六十六条，最高人民法院《关于审理环境侵权责任纠纷案件适用法律若干问题的解释》第一条、第二条、第六条、第十三条，最高人民法院《关于审理环境民事公益诉讼案件适用法律若干问题的解释》第一条、第二条、第四条、第五条、第八条、第十一条、第十二条、第十八条、第十九条、第二十二条、第二十三条、第三十三条之规定，判决如下：

一、被告浙江新安化工集团股份有限公司建德化工二厂、建德市宏安货运有限公司、李×、李××立即停止非法外运处置磷酸盐混合液的行为。

二、被告浙江新安化工集团股份有限公司建德化工二厂、浙江新安化工集团股份有限公司、建德市宏安货运有限公司、李×、李××于本判决生效后十日内支付环境污染治理费用22 740 000元，将款项打入本院指定的账户，用于环境修复治理工作。

三、被告浙江新安化工集团股份有限公司建德化工二厂、浙江新安化工集团股份有限公司、建德市宏安货运有限公司、李×、李××对上述款项互负连带责任。

四、被告浙江新安化工集团股份有限公司建德化工二厂、浙江新安化工集团股份有限公司、建德市宏安货运有限公司、李×、李××于本判决生效后十日内支付原告中华环保联合会律师费120 000元。

五、驳回原告的其他诉讼请求。

如未按本判决指定的期间履行给付金钱义务，应当按照《中华人民共和国民事诉讼法》第二百五十三条之规定，加倍支付迟延履行期间的债务利息。

案件受理费155 500元，由被告浙江新安化工集团股份有限公司建德化工二厂、浙江新安化工集团股份有限公司、建德市宏安货运有限公司、李×、李××共同负担。

如不服本判决,可在判决书送达之日起十五日内,向本院递交上诉状,并按对方当事人的人数提出副本,上诉于山东省高级人民法院。

审　判　长　杨秀梅
审　判　员　晋　军
人民陪审员　卞秀峰
二〇一六年十二月十六日
书　记　员　刘　杨

14. 中华环保联合会诉龙海市华宇五金制造有限公司等水污染责任纠纷案

2015年7月1日,龙海检察院以龙海市华宇五金制造有限公司、戴××、林××涉嫌污染环境罪,向龙海法院提起公诉。2015年7月10日,漳州中院向漳州检察院发出司法建议书,建议漳州检察院对龙海市华宇五金制造有限公司及戴××、林××提起公益诉讼。2015年8月13日,龙海检察院向中华环保联合会发出支持提起公益诉讼意见书,要求以中华环保联合会为原告,向污染企业及相关人员提起民事公益诉讼。2015年8月31日,中华环保联合会向漳州中院提交起诉材料,法院立案。2016年10月11日,原被告达成调解协议,经法院确认后公示。

福建省漳州市中级人民法院
民事调解书

(2015)漳民初字第406号

原　　　告:中华环保联合会,住所地:略。组织机构代码:略。
负　责　人:谢××,副秘书长。
委托诉讼代理人:杨××,福建××律师事务所律师。
支持起诉人:福建省龙海市人民检察院,住所地:略。
法定代表人:周跃武,职务:检察长。

被　　　　　告：龙海市华宇五金制造有限公司，住所地：略。

法 定 代 表 人：戴××，董事长。

被　　　　　告：戴××，个人信息略。

被　　　　　告：林××，个人信息略。

上述三被告共同委托诉讼代理人：占××，福建××律师事务所律师。

上述三被告共同委托诉讼代理人：陈××，福建××律师事务所律师。

原告中华环保联合会与被告龙海市华宇五金制造有限公司（以下简称华宇公司）、被告戴××、被告林××水污染责任纠纷一案，本院2015年9月7日立案后，依法组成合议庭审理了本案。

原告中华环保联合会诉讼请求：一、判令被告华宇公司立即停止向厂外排放未经有效处理的废水，消除非法排放废水给厂外环境产生的危害；二、判令三被告支付对厂外受污染环境的生态修复费用15万元（具体生态环境恢复费用以鉴定结论为准）；三、三被告应承担原告因提起诉讼支出的律师费用1万元。事实及理由：2014年12月中旬，华宇公司含镍废水反应池存在漏水现象，该公司在未向环保部门报告的情况下，违反规定对含镍废水反应池进行拆除，且未及时对含镍废水反应池进行重建或进一步做好有效处置，也没有及时发现破氰池OPR探头失灵的情况，导致生产过程中非法排放废水。2015年1月28日，该公司违法排放污水被环保部门查获。经检测，公司污水处理站总排放口水质含总镍4.12mg/L，总氰化物18.1mg/L，分别超标7.24倍和59.3倍。该行为对周边的水质安全及环境造成较大的影响。为保护公共环境利益，促进生态文明城市发展，根据法律规定提起诉讼。

支持起诉人福建省龙海市人民检察院于2015年9月15日向本院提交龙检民支诉〔2015〕号民事支持起诉意见书，提出：被告华宇公司、戴××、林××违反国家规定，在生产中非法排放含镍、氰化物等有毒物质，严重污染环境，必须承担环境修复的法律责任。中华环保联合会符合诉讼主体资格，支持其依法提起民事公益诉讼。

被告华宇公司、戴××、林××共同答辩称：一、对原告主张的事实没有异议，愿意承担环境损害相关赔偿责任。二、华宇公司自从被环保部门查处后已停止污水排放并已更新环保设备，杜绝超标排放。三、公司污水不是直接排向江河，而是流向漳州市台商投资区污水处理厂，没有直接排向外环境，在损害责任确定中请求予以考虑。

经审理查明，华宇公司于1995年6月成立，位于漳州台商投资区角美镇福龙工业园，主要从事五金产品的加工电镀等业务。被告戴××为该公司法定代表人和生产负责人，被告林××为该公司环保管理负责人。2014年12月中旬，该公司含镍废水反应池存在漏水现象，公司人员报告给公司负责人戴××，并建议拆除重建。后该公司在未向环保部门报告的情况下，由林××安排人员，违反规定对含镍废水反应池进行拆除，且未及时对含镍废水反应池进行重建或进一步做好有效处置，也没有及时发现破氰池 OPR 探头失灵的情况,导致生产过程中非法排放废水。直至 2015 年 1 月 28 日被环保部门查获。经检测,公司污水处理站总排放口水质含总镍 4.12mg/L,总氰化物 18.1mg/L,分别超标 7.24 倍和 59.3 倍。另查明,该公司 2014 年 12 月用水量 4450 吨,2015 年 1 月用水量 3990 吨。2015 年 7 月 1 日,龙海市人民检察院以华宇公司、戴××、林××涉嫌污染环境罪,向龙海市人民法院提起公诉。龙海市人民法院在审理该案中,发现华宇公司、戴××、林××非法排放废水污染环境、破坏生态的行为,已经造成损害社会公共利益的后果。2015 年 7 月 10 日,漳州市中级人民法院向漳州市人民检察院发出漳中建(2015)1 号司法建议书,建议督促、支持法律规定的机关和有关组织提起公益诉讼或直接作为原告提起民事公益诉讼。漳州市人民检察院于 2015 年 7 月 21 日将该案件线索转龙海市人民检察院审查。2015 年 8 月 24 日,由龙海市人民检察院支持中华环保联合会向本院起诉。在诉讼中,原告提出鉴定申请,申请对因被告龙海华宇五金制造有限公司非法排污行为受污染环境的生态修复费用进行鉴定。本院采纳原告中华环保联合会的申请,并针对鉴定专业问题,于 2015 年 12 月 18 日向福建省环境保护厅发出专家意见征询函,征询内容包括:一、根据该公司用水量及该公司工艺流程,能否对公司生产产生的废水量进行估算?二、根据排放污水量,参照检测所得的超标情况,能否对产生废水的治理和修复费用进行估算?福建省环境保护厅 2016 年 2 月 17 日复函答复:一、根据生产用水量和工艺流程估算废水量的问题,在该公司生产工艺流程、生产原辅材料和产品基本相似的情况下,可根据其多月平均生产的用水量和排水量,推算出生产废水的基本排放量。二、参照检测超标情况估算废水治理费用的问题。严格意义上讲,排污收费额度是污染物排放所造成的环境损害额度,建议参考排污收费的计算方法进行估算废水治理费用。2016 年 3 月 25 日,本院根据福建省环境保护厅上述回复及建议,并经双方当事人协商同意,委托 2016 年 2 月环境保护部公布的《环境损害鉴定评估推荐机构名录(第二批)》中推荐单位福建省环境科学研究院的协作单位福建历思司法鉴定所,对华宇公司 2014 年 12 月至 2015 年 1 月排污期间产生的废水量进行估算,并参照检测所得的超标情况,对产生废水的生态修复费用进行计算。2016 年 5 月 26 日,福建历思司法鉴定所作出闽历思鉴所〔2016〕环检字第 1 号环境物证司法鉴定意见书,鉴定意见:1. 华宇公司造成污染的生态修复费及对公共设施的补偿总额应不低于人民币 68 191.96 元。2. 依据龙海市环境保护监测站监测报告编号龙环测〔2015007〕号总排放口的监测数据,参照排污收费的计算方法估算产生废水,应额外缴纳超标废水排污费不低于人民币 5144 元。经质证,双方当事人对上述鉴定结论均无异议。另查明,原告中华环保联合会因委托福建××律师事务所律师杨××代理本案诉讼,支付律师费人民币 10 000 元。

还查明,原告中华环保联合会是经国务院批准,在民政部注册,环保部主管的社会团体,是非营利性的全国性社团组织,且主要的任务之一为组织和协调各方面的社会资源，共同参与环境事业，加强社会监督，维护公众环境权益，协助和监督政府实现国家环境保护目标，促进中国环境事业发展。中华环保联合会自2005年成立以来无任何违法记录，符合提起民事环境公益诉讼的原告主体资格条件，三被告对此亦无异议。

本案在审理过程中，原告中华环保联合会与被告龙海市华宇五金制造有限公司、戴××、林××共同请求漳州市中级人民法院主持调解，经调解，双方达成如下调解协议：

一、被告龙海市华宇五金制造有限公司、戴××、林××在福建历思司法鉴定所出具的鉴定意见的基础上，自愿加倍赔偿交纳生态修复费及对公共设施的补偿、超标废水排污费等共计人民币15万元。该款项支付至漳州市生态环境损害修复资金。（已履行）

二、被告龙海市华宇五金制造有限公司、戴××、林××自愿支付原告中华环保联合会因提起本案环境公益诉讼支出的律师费人民币1万元。（已履行）

三、被告龙海市华宇五金制造有限公司、戴××、林××从本案受到教育、吸取教训，愿以行动弥补对环境公共利益的损害，自愿为九龙江流域的生态保护、漳州环境保护进行义务宣传，印制环境保护宣传资料200份，宣传、动员九龙江沿岸企业、群众保护环境，建设富美漳州。

四、本案案件受理费3500元，由被告龙海市华宇五金制造有限公司、戴××、林××负担。

上述协议与本案原告起诉状，已依法于2016年8月25日在《福建海峡都市报》进行公告，公告期限三十日。现公告期满，无任何单位或个人对调解协议内容提出异议。上述协议内容符合法律规定，不损害社会公共利益，本院予以确认。

本调解书经双方当事人签收后，即具有法律效力。

审　判　长　刘小玲
审　判　员　俞志凌
审　判　员　罗德渊
二〇一六年十月十一日
书　记　员　柯雅惠

15. 中华环保联合会诉江阴市长泾梁平生猪专业合作社等环境污染责任纠纷案

无锡中院于2015年10月20日立案,于2015年12月22日裁定对被告财产进行保全,2016年2月2日、于2016年6月2日公开开庭进行了审理,于2016年6月2日判决。

江苏省无锡市中级人民法院
民事裁定书

(2015)锡环公民初字第1-1号

原　　告:中华环保联合会,住所地:略。

法定代表人:谢××,该会副秘书长。

委托代理人:吴××,马××,江苏××律师事务所律师。

被　　告:江阴市长泾梁平生猪专业合作社,住所地:略。

法定代表人:陆××。

被　　告:江阴市长泾栋梁生猪养殖场,住所地:略。

经　营　者:陆××。

本院在审理原告中华环保联合会与被告江阴市长泾梁平生猪专业合作社(以下简称梁平合作社)、江阴市长泾栋梁生猪养殖场(以下简称栋梁养殖场)环境民事公益诉讼一案中,原告申请对被告超标排放污水的行为及其对周边水环境及土壤造成的破坏等进行证据保全。

本院认为:被告在经营过程中排放污水、污染环境的相关证据存在可能灭失或者以后难以取得的情况。为此,依照《中华人民共和国民事诉讼法》第八十一条第一款之规定,裁定如下:

一、扣押梁平合作社、栋梁养殖场成立至今的生产报表、原辅材料台账,以及环保设施建设、利用资料,主要包括给排水系统、固体废物处理、异味恶臭处理以及动物免疫处理等;

二、对梁平合作社、栋梁养殖场污染环境的排污行为进行拍照、录像并采样。

本裁定书送达后立即执行。

如不服本裁定，可以向本院申请复议一次。复议期间不停止本裁定的执行。

审　判　长　周　科
审　判　员　蒋依澄
助理审判员　郭继光
二〇一五年十月二十二日
书　记　员　刘　英

江苏省无锡市中级人民法院
民事判决书

(2015)锡环公民初字第1号

原　　告：中华环保联合会，住所地：略。

法定代表人：谢××，该会副秘书长。

委托代理人：吴××，马××，江苏××律师事务所律师。

被　　告：江阴市长泾梁平生猪专业合作社，住所地：略。

法定代表人：陆××，个人信息略。

被　　告：江阴市长泾栋梁生猪养殖场，住所地：略。

经　营　者：陆××，个人信息略。

二被告共同委托代理人周××，江苏××律师事务所律师。

原告中华环保联合会与被告江阴市长泾梁平生猪专业合作社(以下简称梁平合作社)、江阴市长泾栋梁生猪养殖场(以下简称栋梁养殖场)环境民事公益诉讼一案，本院于2015年10月20日受理后，依法组成合议庭，于2016年2月2日、2016年6月2日公开开庭进行了审理。原告中华环保联合会的委托代理人吴××、马××，被告梁平合作社的法定代表人、栋梁养殖场的经营者陆××及其共同委托代理人周××到庭参加诉讼。本案现已审理终结。

原告中华环保联合会诉称：梁平合作社、栋梁养殖场所经营项目系生猪规模化养殖项目，与周边村庄居民距离较近，项目建设未依法进行环境影响评价、未经环保部门审批同意、应配套的畜禽养殖场污染防治设施未经验收，项目擅自投入生产。经中华环保联合会的志愿律师实地调查，发现梁平合作社、栋梁养殖场的污水治理设施形同虚设，粪便、沼液未依法利用和处理，随意排放到周边农田沟渠、河道，造成邻近区域严重污染。经环保部门监测，梁平合作社、栋梁养殖场排放的污染物中COD、氨氮、总磷、总氮等浓度均已超过《畜禽养殖业污染物排放标准》(GB 18596—2001),无锡市、江阴市两级环保部门多次要求梁平合作社、栋梁养殖场改正环境违法行为,整治环境污染,并作出相应的行政处罚,但至今梁平合作社、栋梁养殖场未履行到位。综上,梁平合作社、栋梁养殖场违反环境影响评价及环保“三同时”法律制度,超标排放废水废液,严重污染周边环境,已违反《中华人民共和国环境保护法》《中华人民共和国侵权责任法》《畜禽规模养殖污染防治条例》等环境保护法律法规的规定,请求判令:1. 二被告立即停止违法养猪、非法排污行为,并通过无锡当地媒体向公众赔礼道歉;2. 二被告对养猪粪便、沼液等进行无害化处理,排除对环境的危险,并承担消除危险采取合理预防、处置措施而发生的费用;3. 二被告对污染的水环境及土壤进行修复,并承担相应的生态环境修复费用;4. 二被告承担生态环境受到损害至恢复原状期间功能损失费用;5. 二被告承担实际支出的监测费、鉴定评估费、中华环保联合会支出的律师费 31 800 元;6. 二被告承担本案诉讼费用。

被告梁平合作社、栋梁养殖场答辩称:梁平合作社、栋梁养殖场系 20 世纪末依据当时的农业养殖政策,依托所在村落建立的生猪规模化养殖项目,鉴于其确已造成一定污染,其于 2015 年 9 月 30 日与江阴市长泾镇人民政府(以下简称长泾镇政府)签订了养殖场《关停补偿协议书》,并正在按照协议约定逐步完成养殖场关停工作,目前已不存在违法排污等行为。作为养殖企业,梁平合作社、栋梁养殖场实际经营过程中产生的猪粪和沼液等,已通过无害化处理,运入田间作有机肥料,也不会流入外部水系,不会对土壤和周边环境造成后续的污染,而且在综合利用的情况下,反而有利于发展绿色农业。在同长泾镇政府签订关停协议当日,梁平合作社、栋梁养殖场已向长泾镇政府作出了《环境修复承诺书》,承诺在 2015 年 12 月 30 日前完成环境整治和修复的所有工作。故针对中华环保联合会的诉请,梁平合作社、栋梁养殖场无需立即停止违法养猪、非法排污行为,愿意通过其他方式向养殖场周边村民赔礼道歉,并承担养殖场关停后的环境治理修复工作。

经审理查明:

江阴市长泾镇梁平养猪场(以下简称梁平养猪场)经当地政府批准同意成立于 20 世纪末,位于江阴市长泾镇习礼村界下,经营者陆 × ×。2004 年 10 月 25 日,江阴市长泾镇习礼村村民委员会(甲方)和梁平养猪场(乙方)签订土地租赁协议,协议约定:甲方将河南土地 22.8 亩承包给乙方;承包期为十年(2004 年 6 月 1 日至 2014 年 6 月 1 日),到期后需要经双方协商后再续订合同;乙方承包期满合同终止时,必须恢复土地原貌,复耕费用由乙方承担,否则乙方的资产由村委接管处理。

2009 年 7 月 30 日,125 名习礼村村民共同申请成立农民专业合作社——梁平合作社,形成生猪规模化养殖场所,位于江阴市长泾镇习礼村界下,成员出资总额 138 万元,法定代表人陆 × ×,业务范围生猪养殖、销售。2012 年 6 月 12 日,为解决动物防疫许可证问题，陆××申请成立栋梁养殖场，住所地位于江阴市长泾镇习礼村界下，经营范围生猪养殖、销售，经营者陆××。

梁平合作社、栋梁养殖的经营场所、经营项目、人员均相同，实为一体。梁平合作社、栋梁养殖场自经营以来，至今未取得环保部门项目审批，未进行环境影响评价，应配套的环境保护设施未经验收。养殖期间，随着经营规模日益扩大，在当地政府部门督促下，梁平合作社、栋梁养殖场相继增设沼气池、雨污分流、干湿分离设备，WSZ－PE污水处理系统等专业治污设施，但均未通过当地环保、农林部门验收。

2015年9月11日，鉴于梁平合作社存在的养殖污染问题，江阴市环境保护局对梁平合作社做出澄环罚书字〔2015〕第156号《行政处罚决定书》。该处罚决定书认为：2015年8月31日，梁平合作社生猪养殖项目正常运营，场区废水处理设施停用，沼气池内污水正溢流至专区生态净化塘中，该河塘内废水经西侧泥坝缺口处正注入网船浜内。经现场采样分析，沼气池排放废水水样COD浓度为2150mg/L，氨氮值1310mg/L，总磷值252mg/L，总氮值1450mg/L；污水集水池溢流废水水样COD浓度为2380mg/L，氨氮值1480mg/L，总磷值151mg/L，总氮值1520mg/L；生态净化塘内排放废水水样COD浓度为461mg/L，氨氮值245mg/L，总磷值42.2mg/L，总氮值265mg/L，均超过了GB 18596—2001《畜禽养殖业污染物排放标准》中规定的相应排放标准；梁平合作社的行为违反了《中华人民共和国水污染防治法》的相关规定。江阴市环境保护局据此作出决定，责令梁平合作社立即采取停产整治措施，并处以罚款人民币拾万元整。目前，行政处罚决定已经生效。2015年9月23日，江阴市环境保护局再次对梁平合作社作出澄环罚书字〔2015〕第188号《行政处罚决定书》。该处罚决定书认定：2015年9月13日江阴市环境保护局再次现场检查，梁平合作社并未履行停产整治义务，生猪养殖项目至今仍在运营。江阴市环境保护局据此作出决定：责令梁平合作社关闭。目前，行政处罚决定已经生效。

2015年9月30日，长泾镇政府与梁平合作社签订《关停补偿协议书》，主要内容如下：梁平合作社于2015年11月20日前搬迁完毕，房屋交长泾镇政府处理；长泾镇政府支付梁平合作社搬迁补偿款862.4225万元，其中50%于梁平合作社签订该协议并交出其钥匙后拨付，审计决算后结清剩余款项。2015年9月30日，梁平合作社向长泾镇政府作出《环境修复承诺书》，主要承诺事项包括：1.对养殖场积余的粪便、沼液等进行无害化处理，并运往农田作有机肥料，不得排入周边水系或残留在原地；2.沼气池和WSZ－PE处理设施停止运行后，残留的沼液、废水全部运送农田作肥料；3.三个生态净化塘内暂存的沼液、废水全部运送农田作有机肥料，塘底积留淤泥必须冲洗干净，恢复网船浜绿水；4.猪舍内和养猪场外部场地、道路必须打扫干净；5.梁平合作社现场检查时如发现其他必要整治的也需同时做好；6.以上所有治理和修复费用，全部由梁平合作社承担；7.习礼村村委负责监管、督查、组织验收关停后的环境整治和修复工作；

8. 如梁平合作社在治理和修复时需要协调和技术支持,村委负责邀请镇环保、水利、农林等领导和专家提供技术支持;9. 如梁平合作社治理和修复验收不到位,村委有权组织第三方参与治理和修复,费用全部由承诺方承担,可在长泾镇政府结算关停补偿费中扣除支付。

另查明,江阴市国土资源局长泾分局提供的《地类规划证明》显示,二被告占用的22.56亩土地为江阴市长泾镇习礼村集体用地,所占用土地的地类为农用地(坑塘水面0.26亩、设施农用地21.85亩、田坎0.45亩),规划为一般农田。江阴市国土资源局提供的梁平合作社所在区域历年遥感影像图显示,2012年该地块有一片坑塘水面,后被梁平合作社新建畜禽舍建筑物所覆盖。

2015年10月27日,根据中华环保联合会的申请,本院对梁平合作社、栋梁养殖场进行现场勘验,裁定梁平合作社、栋梁养殖场立即停止排放废水、污染环境行为,并采取证据保全和行为保全措施,查封、扣押梁平合作社、栋梁养殖场持有的生产设备、生产报表、生产日志、原辅材料台账等相关资料。同时,本院委托无锡市环境保护局分别在梁平合作社、栋梁养殖场养殖区域内三个生态净化塘、邻近较大河流网船浜东升桥下水域采集水样进行检测鉴定。

经现场勘验,梁平合作社占地约20多亩,周围有围墙隔断,东西两侧均有村民聚集区,东侧距离约为150米,西侧距离约100米,南侧即入口处为马路,北侧三个生态净化塘,与较大河道网船浜相连,中间有泥坝隔断。多云微风天气条件下,东西侧50米左右均可清晰闻到刺激性气味。梁平合作社大致成梯形南北走向,基本被畜禽舍所覆盖,入口处为管理用房,畜禽舍依场内主干道分居两侧,大型饲料搅拌池在主干道两侧均匀分布,主干道北部尽头竖立一个长高废液处理设备,各个畜禽舍均通过下水道与之相连,当日该设备运行正常。梁平合作社最北侧围墙外为三个生态净化池塘,东侧一塘已近干涸,西侧两塘水面较低,呈暗黑色,通过一条软管与河边一大型污水处理器相连,该机器正常运行,与之相连的软管一直有水注入生态净化塘。

2015年11月2日,无锡市环境保护局向本院提交了(2015)环监(HZ)字第(323)号《监测报告》,该报告显示2015年10月27日无锡市环境保护局在梁平合作社现场采集的水样的监测结果分别为:1. 东升桥-1,高锰酸盐指数13.9mg/L、氨氮33.5mg/L、总磷9.08 mg/L;2. 东升桥-2,高锰酸盐指数13.8mg/L、氨氮32.9mg/L、总磷9.12mg/L;3. 生态净化塘1-1,高锰酸盐指数66.7mg/L、氨氮88.9mg/L、总磷142mg/L;4. 生态净化塘1-2,高锰酸盐指数67.67mg/L、氨氮85.6mg/L、总磷138mg/L;5. 生态净化塘2-1,高锰酸盐指数454mg/L、氨氮827mg/L、总磷144 mg/L;6. 生态净化塘2-2,高锰酸盐指数456mg/L、氨氮823mg/L、总磷142mg/L;7. 生态净化塘3-1,高锰酸盐指数36.0mg/L、氨氮94.5 mg/L、总磷21.4mg/L;8. 生态净化塘3-2,高锰酸盐指数36.4mg/L、氨氮95.8/L、总磷21.0mg/L。原被告双方对该《检测报告》均无异议。

2015 年 11 月 29 日，在本院责令下，梁平合作社就存在的环境保护问题向本院提交了《关于江阴市长泾镇梁平生猪专业合作社环境修复的报告》（以下简称《环境修复报告》）：1. 生猪出栏方案：2015 年 11 月 20 日前已将栏内生猪全部卖完；2. 猪粪、猪尿处理方案：沿用原有处理方式，一是供给江阴市联业生物科技有限公司生产有机肥，二是依照原有长期合作协议，用专业运粪车供给种植基地作肥料；3. 河道整治方案：一是对养殖场后的河道（原生态净化塘）中暂存的沼液、废水送到林地作肥料；二是河底、河坡积留淤泥全部挖除；三是确保河道畅通，水质达到江阴市东清河水质管理标准；4. 土地复耕方案：待地面附着物拆除后，着手开展土地复耕工作，复耕标准达到国土部门复耕要求和农林部门农业生产条件符合性评价指标与要求，有效土层不低于 60cm，并按耕地要求做好田埂，确保正常耕种。上述土地复耕方案经当地农林部门同意并盖章确认。原告中华环保联合会对上述方案中的河道整治方案提出异议，并要求将环境修复范围扩大到养猪场外围李家浜河段。

2016 年 2 月 2 日，本院组织双方对被告提供的河道整治方案进行质证，并邀请江南大学环境与土木工程学院詹旭副教授作为专家证人发表专家意见：1. 养殖场采用的污水处理工艺无法达到处理效果，造成污水直接进入生态净化塘；2. 仅仅通过清淤、保持河道沟通，无法达到河道整治效果；3. 该方案并未明确东清河水质管理标准适用国标几类标准；4. 作为方案本身，需要阐述河道水质治理的具体实施技术和方法，而该方案并无该专业内容。双方对专家意见均无异议，本院予以确认。被告拒绝自行委托第三方重新制定修复方案、监管方案，双方均同意法院委托。

2016 年 3 月 24 日，本院委托江南大学环境与土木工程学院就涉案环境污染制作修复方案。2016 年 4 月 5 日，江南大学环境与土木工程学院向本院提交《江阴市梁平生猪专业合作社环境违法事件水环境修复技术方案》（以下简称《修复方案》），制作费用 100 000 元。该方案明确：受污染水体经预处理（包括格栅、沉砂池、固液分离系统、水解酸化池等）、厌氧生物处理（折流式厌氧反应器 ABR）、膜化学反应器（MCR）联合处理方法处理后，再经消毒净化，其污染物浓度降低到《地表水环境质量标准》（GB 3838—2002）V 类标准，方可排入周边网船浜地表水体；受污染区域的底泥和处理过程中产生的污泥应采用好氧堆肥技术进行无害化处理后还田综合利用；修复过程中禁止对周边环境造成新的污染，应采取防渗措施避免造成地下水污染。

2016 年 4 月 7 日，本院委托无锡轻大建筑设计研究院有限公司就上述《修复方案》制定相应的监管方案。2016 年 5 月 5 日，无锡轻大建筑设计研究院有限公司向本院提交《江阴市梁平生猪专业合作社环境违法事件水环境修复过程监理简要方案》（以下简称《监理方案》），监理费用 20 000 元。该方案明确对涉案环境修复过程中产生的大气、水、噪声、固体废弃物等进行实时监测，从而全面监理《修复方案》的落实。

2016年4月6日,为保障《修复方案》顺利实施,本院做出(2015)锡环公民初字第1-3号民事裁定书,依法冻结梁平合作社、栋梁养殖场银行存款人民币260万元或查封、扣押其等值财产。4月7日,本院向长泾镇政府送达该民事裁定书及协助执行通知书,实际冻结长泾镇政府应支付给梁平合作社的关停补偿款160万元。

又查明:中华环保联合会成立于2005年,是经中华人民共和国民政部登记注册,由中华人民共和国环境保护部主管的非营利、全国性社会组织。该会宗旨和主要业务范围是维护社会公共利益,自成立以来,每年都积极开展环境保护公益活动,从未中断,且无违法记录。

再查明:中华环保联合会为提起本环境污染公益诉讼,聘请律师进行前期调查,代理诉讼等活动,支出律师费31 800元。

上述事实,有工商登记资料、行政处罚决定书、监测报告、勘验笔录、调查笔录、当事人陈述、申请报告、现场照片、录像、联合会章程、委托代理合同、《修复方案》制作费用发票、监理费用发票等证据在卷佐证。

本院认为:防治畜禽养殖污染,推进畜禽养殖废弃物的综合利用和无害化处理,保护和改善环境,是畜禽规模养殖发展的应有之义。《中华人民共和国畜牧法》第四十六条规定,畜禽养殖场、养殖小区应当保证畜禽粪便、废水及其他固体废弃物综合利用或者无害化处理设施的正常运转,保证污染物达标排放,防止环境污染。《中华人民共和国水污染防治法》第四十九条规定,国家支持畜禽养殖场、养殖小区建设畜禽粪便、废水的综合利用或者无害化处理设施。畜禽养殖场、养殖小区应当保证其畜禽粪便、废水的综合利用或者无害化处理设施正常运转,保证污水达标排放,防止污染水环境。《中华人民共和国环境保护法》第四十九条规定,从事畜禽养殖和屠宰的单位和个人应当采取措施,对畜禽粪便、尸体和污水等废弃物进行科学处置,防止污染环境。依据本案现有证据,梁平合作社、栋梁养殖场所经营生猪规模化养殖项目自设立时既未经环保部门审批,也未进行环境影响评价;其次,实际经营中经现场勘验,其养殖经营对周边土壤、水体造成了严重污染;并且在当地环保部门作出行政处罚决定后,仍未改善其养殖排污流程,仍未履行防治污染义务,构成了环境侵权,应当承担停止侵害、排除污染、修复环境的民事责任。

关于原告要求二被告立即停止违法排污行为的诉讼请求,经本院现场勘验和调查,二被告在本案诉讼前已经停止了养殖生猪及排污等行为,故该诉讼请求针对的事实行为已不存在。

关于原告要求二被告立即排除污染、修复土壤的诉讼请求。鉴于本案诉讼中,二被告已向本院提交了土地复耕方案,并通过了专家论证,且经被告所在地县级以上人民政府农林部门同意并盖章确认。故对原告的该项诉讼请求,本院予以支持。

关于原告要求二被告立即排除污染、对污染的水环境进行修复的诉讼请求。针对涉案水环境污染，本院在审理过程中，已依法委托江南大学环境与土木工程学院制定《修复方案》，该方案系专家在现场调研和勘探的基础上，针对涉案环境地形地貌、污染状况，并结合国家、地方地表水环境质量标准、江河湖泊水功能区划水质要求，作出的技术性修复方案。该方案程序合法、依据充分，本院予以确认。二被告应按照《修复方案》确定的修复方式、程序对受污染的水环境进行修复，并自觉接受监理单位的监督。故对原告的该项诉讼请求，本院予以支持。

关于原告要求二被告承担生态环境受到损害至恢复原状期间功能损失费用的诉讼请求，因原告至庭审结束时仍未向本院提供相关证据和计算依据，本院不予理涉。

关于原告要求二被告承担律师费31 800元的诉讼请求。根据《最高人民法院关于审理环境民事公益诉讼案件适用法律若干问题的解释》第二十二条的规定，检验、鉴定费用、合理的律师费用，人民法院可以依法予以支持。本案中，结合原告律师调查取证的次数、难度以及实际参加诉讼等情况，31 800元的律师费用应属合理范围，该诉讼请求本院予以支持。另，本院依法委托第三方制定《修复方案》的费用100 000元，监理费用20 000元应由梁平合作社、栋梁养殖场负担。

据此，依照《中华人民共和国环境保护法》第六条、第四十一条第一款，《中华人民共和国水污染防治法》第十条第一款、第二十二条，《中华人民共和国侵权责任法》第十五条、第二十一条，《中华人民共和国民事诉讼法》第五十五条，《最高人民法院关于审理环境民事公益诉讼案件适用法律若干问题的解释》第二十二条之规定，判决如下：

一、梁平合作社、栋梁养殖场必须严格按照《环境修复报告》明确的土地复耕方案对涉案土壤进行修复，复耕标准达到国土部门复耕要求和农林部门农业生产条件符合性评价指标与要求；

二、梁平合作社、栋梁养殖场必须严格按照《修复方案》对涉案污染的水环境进行修复，水环境污染物浓度应降低到《地表水环境质量标准》(GB 3838—2002) V类标准，并自觉接受监理单位的监督；

三、梁平合作社、栋梁养殖场在本判决生效后一个月内向本院报告环境修复落实情况，本院将委托当地环保职能部门验收；

四、如自行修复后经环保职能部门验收仍不能达到环境修复预期目标的，本院将委托第三方进行修复，由此产生的一切费用由梁平合作社、栋梁养殖场负担；

五、中华环保联合会指出的律师费31 800元由梁平合作社、栋梁养殖场负担，该款项在本判决生效之日起十日内由梁平合作社、栋梁养殖场直接支付给原告中华环保联合会(开户行：××银行××支行；账号：010×××48)；

六、驳回中华环保联合会的其他诉讼请求。

如果未按本判决指定的期间履行给付金钱义务，应当依照《中华人民共和国民事诉讼法》第二百五十三条之规定，加倍支付迟延履行期间的债务利息。

案件受理费 2200 元,《修复方案》的制定费 100 000 元、监理费 20 000 元,合计 122 200 元,均由梁平合作社、栋梁养殖场负担(案件受理费于本案判决生效后十日内缴付至本院,《修复方案》的制定费于本判决生效后十日内直接支付至江南大学环境与土木工程学院,监理费于本判决生效后十日内直接支付至无锡轻大建筑设计研究院有限公司)。

如不服本判决,可以在判决书送达之日起十五日内向本院递交上诉状,并按对方当事人人数提出副本,上诉于江苏省高级人民法院。

审 判 长 周 科
审 判 员 蒋依澄
代理审判员 郭继光
二〇一六年六月二日
书 记 员 刘 英

本案援引法律条款(略)

16. 北京市朝阳区自然之友环境研究所诉泰州市沃爱特化工有限公司环境污染责任纠纷案

原告北京市朝阳区自然之友环境研究所(以下简称自然之友)于 2014 年 11 月 11 日,将江苏中丹化工技术有限公司、泰州市沃爱特化工有限公司及泰兴市橡胶化工厂作为共同原告,向泰州中院提交起诉材料,法院于 2015 年 1 月 15 日裁定不予受理。2015 年 1 月 22 日,自然之友上诉至江苏高院,法院裁定由泰州中院予以审理。后被告提出异议,申请分开审理,于是原告自然之友对上述案件撤回两个被告,并分别另案起诉。至此,一个案件被拆分成三个案件。2016 年 8 月 10 日,原告因证据不足撤回对泰兴市橡胶化工厂的起诉,法院 9 月 21 日裁定同意撤诉。2016 年 9 月 21 日,法院对自然之友诉泰州市沃爱特化工有限公司污染环境案进行了判决。2016 年 9 月 21 日,原告与江苏中丹化工技术有限公司达成调解协议。

江苏省泰州市中级人民法院
民事判决书

（2015）泰中环公民初字第00003号

原　　告：北京市朝阳区自然之友环境研究所。住所地：略。

法定代表人：张××，该所副总干事。

委托代理人：葛×，该所工作人员。

委托代理人：祝×，北京市××律师事务所律师。

被　　告：泰州市沃爱特化工有限公司，住所地：略。

法定代表人：马××，经理。

委托代理人：曹××，泰州市高港区××法律服务所法律工作者。

原告北京市朝阳区自然之友环境研究所（以下简称自然之友）与被告泰州市沃爱特化工有限公司（以下简称沃爱特公司）环境污染损害赔偿纠纷一案，于2015年10月12日向本院起诉。本院于次日受理后，予以了公告，并于2015年10月14日向被告送达了起诉状副本及应诉通知书。本院依法组成合议庭，分别于2015年12月11日、2016年3月18日组织当事人进行了证据交换，于2016年3月31日公开开庭审理了本案，原告自然之友的委托代理人葛×、祝××，被告沃爱特公司的法定代表人马××和委托代理人曹××到庭参加诉讼。本案现已审理终结。

原告自然之友诉称，2012年10月至2013年2月，被告沃爱特公司将324吨废酸交予无处理资质和处理能力的戴×国等人处置，被倾倒至如泰运河、古马干河，严重污染了环境，根据专家意见，上述废酸的虚拟治理成本为64.8万元至113.4万元。参照江苏省泰州市中级人民法院（2014）泰中环公民初字第00001号泰州市环保联合会与被告江苏常隆农化有限公司、泰兴锦汇化工有限公司、江苏施美康药业股份有限公司、泰兴市申龙化工有限公司、泰兴市富安化工有限公司、泰兴市臻庆化工有限公司环境污染公益诉讼案民事判决，以虚拟治理成本64.8万元乘以4.5倍计算环境污染损害赔偿费用为291.6万元。请求判令泰州市沃爱特化工有限公司赔偿环境污染损害赔偿费用291.6万元，并承担原告为本案支付的差旅费3077元，律师费9.6万元。

被告沃爱特公司辩称，原告不具备诉讼主体资格。我公司从2012年4月至2013年2月基本处于停产，根本不可能产生废酸，更没有让戴×国等人帮助处置废酸。我公司在停产期间将厂房进行了出租，从姚××的讯问笔录可以证明。本案的责任方应当是南京天宏化工有限公司，该公司是否具有违法行为，我公司并不知道，直接责任人是南京一个承包人马红×、姚××等人的违法行为均是与马红×达成的协议，与我公司没有关系,所以请求驳回原告对于我公司的诉讼请求。

原告自然之友为支持其诉讼请求,向本院提交了以下证据:

1. 戴×国、姚××、戴×平、张×、杨××等人的讯问笔录;证明被告在 2012 年 10 月—2013 年 2 月交给无处理资质的戴×国等非法处置废酸共计 324 吨。

2. 被告《环评文件》。证明被告具有产生废酸的场地和设备等生产能力。

3. 被告厂区照片。证明被告厂区的情况。

4. 江苏省环境保护厅苏中环境保护督查中心《现场检查笔录》。证明被告厂区存在的高浓度废水,以及在停产后擅自生产的事实。

5. 专家意见。证明被告倾倒废酸应该承担的赔偿数额。

6. 差旅费说明及差旅费票据。证明原告为本案支出的差旅费为 3077 元。

被告沃爱特公司向本院提交了泰州市大泗镇人民政府的证明及泰州市高港区整治企业违法排污专项行动领导小组泰高治污(2014)2 号文,证明被告已于 2014 年 8 月被政府强制关闭,设备、厂房均已拆除。

经质证,原、被告对对方提供的证据的真实性予以认可。但被告认为处置的是废水,不是废酸;鉴定评估报告不合法、不科学,废水的治理成本较低;律师费、差旅费、复印费等不应由被告承担。原告认为其具有诉讼主体资格,讯问笔录、询问笔录、行政处罚决定均能证明处置的是废酸。

本院对上述证据认证如下:原、被告提供的证据来源合法,可以证明本案的有关事实,对其真实性、合法性、关联性本院予以认定。

经审理查明:2012 年 10 月至 2013 年 2 月,无危险废物处理资质的戴×国、姚××等人从被告沃爱特公司处拉出废酸 27 车,每车 12 吨左右,合计约 324 吨,倾倒至泰兴市如泰运河、泰州市高港区古马干河,严重污染了环境。原告自然之友于 2014 年 11 月 11 日向本院起诉江苏中丹化工技术有限公司、泰州市沃爱特化工有限公司、泰兴市橡胶化工厂,因江苏中丹化工技术有限公司向本院提出共同管辖异议,原告自然之友遂撤诉后单独起诉泰州市沃爱特化工有限公司。

另查明,被告沃爱特公司于 2014 年 8 月被泰州市大泗镇人民政府强制关闭,其营业执照尚未吊销。被告沃爱特公司处置废酸案为江苏常隆农化有限公司等六公司处置废酸案的系列案件。本院在审理泰州市环保联合会与江苏常隆农化有限公司、泰兴锦汇化工有限公司、江苏施美康药业股份有限公司、泰兴市申龙化工有限公司、泰兴市富安化工有限公司、泰兴市臻庆化工有限公司环境污染公益诉讼案[(2014)泰中环公民初字第 00001 号]中认定,2010 年、2011 年泰州市环境保护局环境质量年报载明:如泰运河水质现状为Ⅲ类,古马干河水质现状为Ⅲ类。江苏省环境科学学会 2014 年 4 月出具的《泰兴 12.19 废酸倾倒事件环境污染损害评估技术报告》,载明削减倾倒危险废物中酸性物质对水体造成的损害需要花费人民币 2541.205 万元;正常处理倾倒危险废物中的废酸需要花费人民币3662.0644万元，其中江苏常隆农化有限公司每吨需花费1507.69元、泰兴锦汇化工有限公司每吨需花费1669.23元、江苏施美康药业股份有限公司每吨需花费700元、泰兴市申龙化工有限公司每吨需花费1238.46元、泰兴市富安化工有限公司每吨需花费1754.31元、泰兴市臻庆化工有限公司每吨需花费1453.85元。

本院认为：本案的争议焦点是：1.被告沃爱特公司是否存在非法处置废酸的行为；2.生态环境损害赔偿费用。

关于第一个争议焦点，被告沃爱特公司是否存在非法处置废酸的行为。戴×国、姚××、戴×平等人的讯问笔录，证明其从被告沃爱特公司处拉出废酸27车，每车12吨左右。被告沃爱特公司的环评文件亦证明其生产会产生废酸。被告沃爱特公司辩称该行为是租赁其厂房的马红×所为。因被告沃爱特公司未能提供相应证据证明，本院不能采信。《中华人民共和国侵权责任法》第六十五条规定，因污染环境造成损害的，污染者应当承担侵权责任。第六十六条规定，因污染环境发生纠纷，污染者应当就法律规定的不承担责任或者减轻责任的情形及其行为与损害之间不存在因果关系承担举证责任。被告沃爱特公司并未举证证明其存在法律规定的不承担责任或者减轻责任的情形，应当对其造成的环境损害承担侵权责任。

关于第二个争议焦点，生态环境损害赔偿费用。被告沃爱特公司的废酸被倾倒至河流中，必然对水生态环境造成损害。环境保护部《环境损害鉴定评估推荐办法》第二版中的附件《突发环境事件应急处置阶段环境损害评估技术规范》附F虚拟治理成本法规定，关于生态环境损害数额难于计算的情况下，地表水生态环境损害数额采用虚拟治理成本法计算的原则为，Ⅲ类地表水的生态环境损害数额为虚拟治理成本的4.5~6倍。被告沃爱特公司处置的废酸因无样本，其成分无法确定，原告提供的专家意见亦仅说明现在周边省市危险废物的处置收费标准为2000~3500元，故被告废酸的治理成本尚无法科学认定。但被告沃爱特公司处置废酸案为江苏常隆农化有限公司等六公司处置废酸案的系列案件，故被告沃爱特公司废酸的治理成本可参照本院(2014)泰中环公民初字第00001号中江苏常隆农化有限公司等六公司的治理成本酌定；六公司最高治理成本为每吨1754.31元，最低为每吨700元，故被告沃爱特公司废酸的治理成本本院酌定为1200元。按照虚拟治理成本的4.5倍计算，被告沃爱特公司应承担的生态环境损害赔偿费用为1 749 600元。

关于原告为本案支付的差旅费、律师费的承担。《最高人民法院关于审理环境民事公益诉讼案件适用法律若干问题的解释》第二十二条规定，原告请求被告承担检验、鉴定费用、合理的律师费用以及为诉讼支出的其他合理费用的，人民法院可以依法予以支持。原告为本案支付的差旅费3077元，有相关票据证明，应由被告负担。关于原告所称的9.6万元的律师费，本院认为，原告提起的环境民事公益诉讼目的出于公益，原告及其代理人应不得有谋取经济利益的行为，原告的律师费，本院考虑其律师误工损失等情况,酌定为 2 万元,由被告负担。

关于被告辩称的原告不具备诉讼主体资格问题,因江苏省高级人民法院(2015)苏环公民诉终字 00001 号民事裁定对此作了认定,被告的该辩称理由,本院不予采纳。

综上,《中华人民共和国水污染防治法》第二十九条规定,禁止向水体排放油类、酸液、碱液或者剧毒废液。《中华人民共和国侵权责任法》第六十五条规定,因污染环境造成损害的,污染者应当承担侵权责任。被告泰州市沃爱特化工有限公司将废酸交给无危险废物处置资格的戴×国等人处置,严重污染环境,应当承担损害赔偿责任。依据《中华人民共和国水污染防治法》第二十九条第一款,《中华人民共和国侵权责任法》第六十五条、六十六条之规定,判决如下:

一、被告泰州市沃爱特化工有限公司在本判决生效后十日内赔偿生态环境损害费用人民币 1 749 600 元,用于泰兴地区的环境修复;上述款项交付至泰州市环保公益金专用账户(开户行:建设银行××××支行,账号:32××××69)。

二、被告泰州市沃爱特化工有限公司在本判决生效后十日内给付原告北京市朝阳区自然之友环境研究所差旅费 3077 元,律师费 2 万元,合计 23 077 元。

案件受理费 20 546 元,由被告泰州市沃爱特化工有限公司负担。

如不服本判决,可在判决书送达之日起十五日内提起上诉,向本院递交上诉状,并按对方当事人的人数提出副本,上诉于江苏省高级人民法院。

审 判 长 叶志军
代理审判员 蔡 鹏
人民陪审员 陈 雯
二〇一六年九月二十一日
书 记 员 王 蕊

17. 北京市朝阳区自然之友环境研究所诉泰兴市橡胶化工厂及李××环境污染责任纠纷案

案例简介同案例 16。

撤诉申请书

申 请 人:北京市朝阳区自然之友环境研究所。

法定代表人：张××，职务：副总干事，住所：略。

请求事项：撤回你院(2015)泰中环公民初字第2号北京市朝阳区自然之友环境研究所诉泰兴市橡胶化工厂和李××关于环境污染责任纠纷一案的起诉。

事实和理由：经你院释明，由于目前无证据证明被告违法处置的物质(硫酸亚铁水)属于危险废物，也缺乏相应的证据证明其对环境造成的影响大小，特此申请撤回上述起诉。

此致

泰州市中级人民法院

北京市朝阳区自然之友环境研究所

二〇一六年八月十日

江苏省泰州市中级人民法院
民事裁定书

(2015)泰中环公民初字第00002号

原　　告：北京市朝阳区自然之友环境研究所，住所地：略。

法定代表人：张××，该所副总干事。

委托代理人：葛×，该所工作人员。

委托代理人：刘×，上海××律师事务所律师。

被　　告：泰兴市橡胶化工厂，地址：略。

法定代表人：钱××，厂长。

被　　告：李××，个人信息略。

两被告共同委托代理人季×，江苏×××律师事务所律师。

原告北京市朝阳区自然之友环境研究所(以下简称自然之友)与被告泰兴市橡胶化工厂、李××环境污染损害赔偿纠纷一案，本院于2015年10月13日立案。原告自然之友于2016年8月10日向本院提出撤诉申请。

本院认为：李××租赁泰兴市橡胶化工厂的闲置厂房生产经营硫酸铜产品，产生硫酸亚铁水。本院向环保行政机关征询意见，其认为铁离子和硫酸根离子均是自然界广泛存在的物质，硫酸亚铁水不能归为危险废物，亦谈不上治理。故原告自然之友的撤诉申请不侵犯社会公共利益，符合法律规定。依照《中华人民共和国民事诉讼法》第一百四十五条第一款的规定，裁定如下：

准许原告北京市朝阳区自然之友环境研究所撤诉。

本案诉讼费免交。

审　判　长　叶志军
代理审判员　蔡　鹏
人民陪审员　陈　雯
二〇一六年九月二十一日
书　记　员　王　蕊

18. 北京市朝阳区自然之友环境研究所诉江苏中丹化工技术有限公司环境污染责任纠纷案

案例简介同案例 16。

江苏省泰州市中级人民法院
民事调解书

(2015)泰中环公民初字第 0001 号

原　　　告:北京朝阳区自然之友环境研究所,住所地:略

法定代表人:张××,该所副总干事。

委托代理人:葛×,该所工作人员。

委托代理人:夏×,北京××律师事务所律师。

被　　　告:江苏中丹化工技术有限公司,住所地:略。

法定代表人:张××,总经理。

委托代理人:常××,江苏××律师事务所律师。

委托代理人:陆×,江苏××律师事务所律师。

原告北京市朝阳区自然之友环境研究所(以下简称自然之友)与被告江苏中丹化工技术有限公司(以下简称中丹公司)、泰州市沃爱特化工有限公司、泰兴市橡胶化工厂环境污染损害赔偿纠纷一案,于 2014 年 11 月 11 日向本院起诉,本院于 2015 年 1 月 15 日作出不予受理的裁定,自然之友不服,向江苏省高级人民法院提起上诉。江苏省高级人民法院于 2015 年 5 月 15 日作出(2015)苏环公民诉终字 00001 号民事裁定,指

令本院予以受理。本院于2015年8月14日受理后,予以了公告,并于2015年8月24日向被告送达了起诉状副本及应诉通知书。2015年9月2日,被告中丹公司向本院提出管辖权异议,申请对此案不合并审理。2015年10月12日原告自然之友向本院提出申请,在本案中撤回对被告泰州市沃爱特化工有限公司、被告泰兴市橡胶化工厂的起诉,另案起诉泰州市沃爱特化工有限公司、泰兴市橡胶化工厂。本院于2015年10月14日裁定准许原告自然之友撤回对被告泰州市沃爱特化工有限公司、被告泰兴市橡胶化工厂的起诉。本院依法组成合议庭,分别于2015年12月11日、2016年3月18日组织当事人进行了证据交换,于2016年3月31日公开开庭审理了本案,原告自然之友的委托代理人葛×、夏×,被告中丹公司的委托代理人常××到庭参加诉讼。

原告自然之友诉称,2012年4月至2012年12月,被告中丹公司将892.84吨废酸交予无处理资质和处理能力的戴卫国等人处置,被倾倒至如泰运河、古马干河,严重污染了环境,经评估,上述废酸的虚拟治理成本为178.6万元至312.5万元。参照江苏省泰州市中级人民法院(2014)泰中环公民初字第00001号环境污染公益诉讼案民事判决,以虚拟治理成本178.6万元乘以4.5倍计算环境污染损害赔偿费用为803.7万元,请求判令中丹公司赔偿环境污染损害赔偿费用803.7万元,并承担原告为本案支付的差旅费25 797元,鉴定评估费12万元及律师费(赔偿费用的8%)。

被告中丹公司辩称,1.原告不具备诉讼主体资格。原告登记日期是2010年6月18日,提起诉讼时间为2014年11月,成立时间未达到法律规定的连续5年,且原告章程确定的宗旨和主要业务范围内未明确维护社会公共利益且从事环境保护公益活动,因此原告不具备本案的诉讼主体资格。2.原告认定被告中丹公司交给戴×国处置的物质是废酸没有事实根据。依照环保部门批复的环评报告,被告中丹公司生产过程中产生的尾气吸收液是废水,不是废酸。在12·19刑事案件中对被告中丹公司尾气吸收液的检测结果为含酸量比较低,属于废水,故未追究中丹公司责任。3.原告认定被告中丹化工交戴×国等人处置的废弃物数量没有事实根据,原告依据的是戴×国在公安机关的供述,而该供述并未被人民法院所确认,因此不能作为本案认定的根据,事实上从环评报告所依据的产品工艺来看,实际上产生的废水量不大,达不到原告所讲的800多吨。4.原告所称的中丹公司废弃物成本评估不科学,不能作为依据。认定属于废酸没有依据。原告单位委托的人员没有法定评估资质,且评估未经过与被告协商和人民法院指定,没有法律效力。

经审理查明:2012年4月至2012年12月,被告江苏中丹化工技术有限公司以每吨30~60元的价格将814.72吨尾气吸收液交予戴×国、蒋××等人处置,并倾倒至泰兴市如泰运河、泰州市高港区古马干河,污染了环境。2015年5月7日,泰兴市环境保护局作出泰环罚字(2015)16号行政处罚决定,对被告中丹化工技术有限公司罚款6万元。2016年8月4日,泰兴市环境保护局出具证明:“江苏中丹化工技术有限公司已认真整改、规范处置,在泰兴12·19案件后未发生超标违规排放和污染事故。"

本案审理过程中,经本院主持调解,双方当事人自愿达成以下协议:

一、被告江苏中丹化工技术有限公司赔偿生态环境损害费用100万元,于签收调解书之日交付至泰州市环保公益金专用账户(开户行:建设银行×××支行,账号:32×××69);

二、原告北京市朝阳区自然之友环境研究所支出的律师费5万元、评估费10万元、差旅费3万元,合计18万元,由被告江苏中丹化工技术有限公司于签收调解书之日给付原告北京市朝阳区自然之友环境研究所。

案件受理费13 800元,由被告江苏中丹化工技术有限公司负担。

上述协议,不违反法律规定,本院予以确认。

本调解书经双方当事人签收后,即具有法律效力。

审 判 长 叶志军

代理审判员 蔡 鹏

人民陪审员 陈 雯

二〇一六年九月二十一日

书 记 员 王 蕊

19. 中华环保联合会诉昆山君汉电子材料有限公司等环境污染责任纠纷案

中华环保联合会于2015年8月28日向苏州中院提交起诉材料,法院于2016年6月8日开庭审理。该案裁判文书至今无法通过公开渠道获得,原告中华环保联合会也未收到裁判文书;因此,仅将本案代理词等资料列示如下。

代 理 词

尊敬的审判长、审判员、人民陪审员:

江苏××律师事务所接受中华环保联合会委托,指派本律师担任中华环保联合会与昆山君汉电子材料有限公司(下称"君汉公司")、胡志×、胡×环境污染责任纠纷民事公益诉讼一案中,中华环保联合会的委托代理人。现根据庭审查明的事实,发表如下代理意见,供贵院参考。

一、被告非法从事电镀业务，未经处理向环境排放电镀废水，严重污染环境，应当依法承担环境侵权责任。

2012 年起，被告君汉公司未经环境影响评价审批同意，也未依法配套电镀污染治理设施，向环境超标排放电镀废水，严重污染环境。经昆山市人民法院(2015)昆环刑初字第 0002 号刑事判决书判决，被告君汉公司、胡志×构成污染环境罪，胡志×被判处实刑。被告君汉公司、胡志×均未上诉，已服判。

原告认为，被告非法从事电镀、超标排放电镀废水、严重污染环境的行为，事实清楚，证据确实充分，被告应当依法承担停止侵害、赔礼道歉、赔偿损失、恢复原状等环境侵权责任。

二、被告应当承担被污染环境的修复费用人民币 1 198 890 元。

被告未经处理、超标排放电镀废水，废水中的污染物已扩散到环境中，其环境污染行为所致生态环境损害客观存在，已不能通过恢复工程恢复，且恢复成本过高，故请求法院依据虚拟治理成本法，计算生态环境损害赔偿额。

原告认为，被告应当承担的污染环境的修复费用为人民币 1 198 890 元，具体理由如下：

1. 经昆山市环境监测站(监测报告 2014 环监水字第 J543 号)监测，被告君汉公司非法超标排放的电镀废水，主要污染物六价铬含量为 137mg/L，总铬含量为 140mg/L。

昆山市环保局接到信访投诉后，对君汉公司进行了现场检查及执法，执法人员对君汉公司总排口废水进行了两次采样(首次采样号:20144522d;第二次采样号:20144522e)。被告君汉公司的员工鲁××，参与现场采样过程并确认。

根据《环境行政处罚办法》《关于环保部门现场检查中排污监测方法问题的解释》等环保法律法规的规定，昆山市环保局现场即时采样的监测结果，可以作为判定是否超标的依据。执法人员采样时，被告君汉公司已实际停止非法电镀生产作业，但用于清洗电镀件的自来水未关闭，外排废水浓度已经比实际浓度低；相较首次采样，第二次采样时间在首次采样时隔一小时后，水样浓度因自来水稀释，显著低于首次采样，故将首次采样的监测结果作为案件认定事实的依据，更能客观、真实地反映被告对外环境造成的污染。

经监测，首次采样的电镀废水六价铬浓度为 137mg/L，超过《电镀污染物排放标准》(GB 21900—2008)1370 倍，总铬浓度为 140mg/L，超过标准的 280 倍。昆山市人民法院在(2015)昆环刑初字第 2 号案件的审理过程中，对监测报告、情况说明等均进行了质证，被告人君汉公司、胡志×及其代理人对采样过程及监测数据均无异议，法院依法认定了该证据的真实性、合法性和关联性，该监测数据依法经江苏省环保厅认可。同时，鉴于被告非法电镀作业期间，未配套环保治理设施，排放的电镀废水未经任何处理，故原告认为首次采样的监测数据更合理。

2. 根据昆山市价格认证中心《关于工业污水处理费用的价格认定结论书》(昆价认〔2015〕35 号),君汉公司非法排放电镀废水的单位废水虚拟治理成本可以确定。

昆山市价格认证中心受昆山市环保局委托,依法对君汉公司排放电镀废水的单位污染物的虚拟治理成本,向昆山当地污水处理企业进行了询价。经调查了解,结合昆山当地的实际情况,及当地工业污水处理企业的实际处理能力,经综合分析确定,在现有条件下,处理 1 吨君汉公司排放的电镀废水(含六价铬浓度 137mg/L;总铬浓度 140mg/L),需人民币 220 元。经审查,昆山市价格认证中心及其工作人员具有价格认定的相关资质。被告对价格认定书仅提出抗辩理由,没有提供相应证据,也没有申请重新认定。

3. 根据君汉公司的用水量、实际生产经营状况及现有证据,原告主张将被告排放的 1211 吨废水,作为计算环境修复成本的依据。

根据原告整理提供的送货单、对账单显示,君汉公司于 2012 年 5 月起即开始非法经营电镀业务。其中,2013 年 8 月搬迁至昆山华德尔复合化肥有限公司(以下简称“华德尔公司”)厂房至 2014 年 7 月案发,可查实其共计用自来水 1211 吨。原告根据现有证据,主张将君汉公司的 1211 吨自来水,作为计算环境修复费用的依据。至于被告提出其存在生活用水及抛光用水,其应当对其存在生活用水及抛光用水的水量,以及生活用水、抛光用水能够与电镀废水进行区分的主张,承担举证责任。昆山市环保局是在被告君汉公司的总排口进行采样,依据用水量能够真实反映君汉公司的污水排放情况。

4. 受污染影响区域的环境功能类型为Ⅳ类地表水。

根据昆山市环保局出具的《情况说明》,受污染影响的昆山市周市镇万安路附近区域的水域,其功能主要为一般工业用水及人体非直接接触的娱乐用水,根据《地表水环境质量标准》(GB 3838—2002)中标准分类,该水域属于Ⅳ类水标准。同时,参照《突发环境事件应急处置阶段环境损害评估推荐方法》附表 F-1“利用虚拟治理成本法确定生态环境损害数额的原则”,环境功能区类型为Ⅳ类地表水,生态环境损害数额应当为虚拟治理成本的 3~4.5 倍。原告认为应当按 4.5 倍计算。

综上,原告认为,根据生效判决确认的虚拟治理成本法计算,被告君汉公司应当依法承担的生态环境损害赔偿数额为:220 元/吨×1211 吨×4.5=1 198 890 元。

三、被告胡志×系君汉公司(一人有限责任公司)股东,其未对公司财产独立于股东自己财产进行举证,应当对公司债务承担连带责任。

鉴于一人有限责任公司的公司治理结构具有特殊性,为防止股东滥用公司独立人格,《中华人民共和国公司法》第六十二条对一人有限责任公司的财务监督进行了规定,即一人有限责任公司应当在每一会计年度终了时编制财务会计报告,并经会计师事务所审计。同时第六十三条规定,对公司财产独立于股东自己的财产负有举证义务,否则应当对公司债务承担连带责任。

被告君汉公司系一人有限责任公司,胡志×系其股东。根据查获的《现金日记账》及君汉公司的年度审计报告看,君汉公司仅对业务往来进行了记载,未按照公司法及会计制度的相关规定,编制财务会计报告,也未经会计师事务所审计。庭审过程中,胡志×也没有对公司财产独立于股东自己财产进行举证,故其应当对公司债务承担连带责任。

四、被告胡×与君汉公司不存在劳动关系,其在明知被告君汉公司非法从事电镀业务的情况下,仍深度参与并代理非法电镀业务,应当承担连带赔偿责任。

1. 被告胡×与被告君汉公司之间存在民事代理关系,不存在劳动关系。

刑事案卷(〔2015〕昆环刑初字第2号)显示,昆山市环境保护局的调查询问笔录、刑事侦查及审查起诉过程中形成的讯问笔录、询问笔录中,包括被告胡志×本人、田××(与被告胡志×系夫妻关系)、鲁×(与被告胡×系夫妻关系)、张××(系被告君汉公司员工)等均确认,被告君汉公司的人员构成仅有七人,不包括被告胡×。上述被告人供述及其他询问笔录能够相互印证。另外,刑事审判庭审笔录(第6~8页)显示,经质证,被告胡志×及其辩护人对胡志××本人的供述(刑事证据卷11~16页)及鲁××的询问笔录(刑事证据卷75~78页)载明的事实无异议。

原告认为,刑事案卷中的各份笔录,属于昆山市环保局、公安局、检察院及法院在行使职权过程中制作的文书,均已由被询问人签字确认,并在2015昆环刑初字第2号刑事案件中当庭质证。根据《民事诉讼法》司法解释(应指《最高人民法院关于适用〈中华人民共和国民事诉讼法〉的解释》。——编者注)第114条,笔录记载的事项应当推定为真实,并有较高的证明力。虽然被告胡×在庭审过程中自认是被告君汉公司的员工,被告胡志×亦认可,但二人均未就被告胡×与被告君汉公司之间存在劳动关系进行举证,也未提供任何足以推翻笔录的相反证据。故原告认为,被告胡×与被告君汉公司之间,不存在劳动关系。

2. 被告胡×明知被告君汉公司非法从事电镀业务,仍故意向其提供实质性帮助,深度参与并代理君汉公司从事非法电镀业务,应当承担共同侵权责任。

(1)被告胡×为被告君汉公司非法开展电镀业务,出借了主要启动资金。

被告胡志×2014年8月21日的讯问笔录(刑事证据卷第22~24页第2页倒数第5行起)显示:被告胡×明知被告君汉公司未进行环保审批、未配套也无能力配套电镀污染治理设施,仍向被告君汉公司出借资金18万元,专门用于购买电镀生产线。被告胡×的帮助行为,对于被告君汉公司非法开展从事电镀业务,起实质性帮助作用。

关于该段陈述的真实性,原告认为胡志×的该部分供述可信度较高,理由如下:首先,考虑到该份讯问笔录系昆山市公安局依职权制作,被告胡志×在核对笔录无误后签字确认,根据《民事诉讼法》司法解释(应指《最高人民法院关于适用〈中华人民共和国民事诉讼法〉的解释》。——编者注)第 114 条,笔录记载的事项应当推定为真实。其次,该份笔录中,除了电镀业务的开展时间外,其余胡志×的供述均能与其他询问笔录、单据相互印证,故该部分供述基本真实。最后,从该部分供述的性质看,属于对近亲属的不利供述,结合该份笔录第 2 页第 12 行,被告胡志×供述被告胡×在非法电镀业务所起的作用时进行了一定掩饰("胡×业务与胡威×经理谈好后,货大部分都是我去拿的"),故原告认为,被告胡志×的该部分关于被告胡×借款的不利供述,应当属实。同时,鉴于被告君汉公司当庭并未提供购买电镀生产线的付款凭证,被告胡×也未当庭提供足以推翻该部分供述的相关证据,故原告认为,被告胡志×关于电镀生产线资金来源的该部分陈述是真实的。

(2)被告胡×为方便被告君汉公司非法进行电镀业务,主动寻找、联系并租赁经营场所。

被告胡志×2014 年 8 月 19 日的供述(第 2 页倒数第 6 行)、房屋租赁合同及黄××2014 年 9 月 22 日的询问笔录(第 1 页第 5 行起)等显示:被告胡×为方便被告君汉公司开展非法电镀业务,主动联系昆山华德尔复合肥有限公司法定代表人黄××,就租赁期限、准备期等租赁事宜进行洽谈,以自己名义租赁了厂房,并将该厂房作为被告君汉公司非法从事电镀业务的经营场所,为被告君汉公司非法从事电镀业务提供了实质性帮助。

(3)证据显示,2012 年 5 月起,被告胡×即深度参与并代理被告君汉公司非法从事的电镀业务。

①胡威×的两份询问笔录(2014 年 8 月 20 日及 2015 年 6 月 25 日)显示,自 2012 年起,为帮助被告君汉公司寻找、推广非法电镀业务,被告胡×主动联系昆山协扬机械有限公司(以下简称"协扬机械"),积极为其推销和洽谈。往来期间,被告胡×还主要负责拉货及送货(刑事证据卷第 51 页第 16 行起,"我们公司的业务胡×过来包的次数多,他哥哥少一点……"),是被告君汉公司与协扬机械业务往来的唯一联系人,对君汉公司从事非法电镀业务起重要帮助作用,以致协扬机械的相关负责人误认为被告胡×系君汉公司的唯一股东。

②从被告君汉公司处扣押的部分报价单显示,被告君汉公司向协扬机械等三家公司就非法电镀作业进行过报价,报价单载明的联系人均为被告胡×,并提供了被告胡×的联系方式。其中一张报价单的总金额显示为 11 455 元。

③从被告君汉公司处扣押的部分送货单、发货单、采购单显示,2012 年 5 月起,被告胡×就参与并代理被告君汉公司,从多家委托加工企业处领取零部件、运送非法电镀加工成品及负责非法电镀加工成品的退换货工作,并在业务单据上签字予以确认,深度参与并代理了君汉公司非法电镀业务。仅 2012 年 5 月 1 个月内,被告胡×代理被告君汉公司,为协扬机械一家企业领取零部件、送货及退换货就达 12 次之多。结合前

述协扬机械胡威×的询问笔录中涉及的业务往来持续时间及被告胡×的“还包次数”,原告认为,前述证据足以推定,被告胡×深度参与及频繁代理被告君汉公司非法从事电镀业务的事实。

④被告胡志×2014年8月21日的供述显示,“我从广东过来的,这边人没有他(被告胡×)熟。我2013年当时自己联系了昆山振兴精密模具有限公司的业务后,就请胡×帮我通过他的人脉关系再拉点业务给我做”(刑事证据卷第23页倒数第10行起)。该陈述表明,被告胡×为被告君汉公司非法从事电镀作业联系业务。根据前述被告胡×代理君汉公司与协扬机械业务往来的情况可推定,被告胡×在拉到其他公司的业务后,也深度参与及代理被告君汉公司非法电镀作业的拉货、送货及退换货业务。

⑤张××2014年9月10日的供述(刑事证据卷第41~45页)也显示,被告胡×大量参与并代理君汉公司非法电镀业务。主要供述包括:“平时送货的主要是胡志×的亲弟弟(被告胡×)”(第43页第10行起),“业务流程是:胡志×的弟弟先到别的公司把需要电镀的金属五金件拉回来……之后就打包装送货了,平时送货也都是老板胡志×的弟弟”(第43页第10行起),“胡志×的弟弟平时在公司负责拉货、送货”(第44页第4行)。

综上,原告认为,被告君汉公司能够非法从事电镀业务,实施环境污染行为,与被告胡×实施的帮助及代理行为密不可分;被告胡×本人对君汉公司非法电镀业务的启动(提供生产初始资金及联系租赁经营场所)、推广、实际经营等众多环节进行了深度参与并积极实施了代理行为。没有被告胡×的帮助及代理行为,被告君汉公司的非法电镀业务就无法顺利开展。被告胡×本人应当对被告君汉公司环境侵权行为的产生及侵权后果的扩大,负主要责任,依法应当与君汉公司共同承担环境侵权责任。证据显示被告胡×不是被告君汉公司的员工,却深度参与君汉公司非法电镀业务,并积极实施代理行为,其目的就是为了非法获利,逃避环保监管,逃避法律严惩。

五、关于在环境公益诉讼中追究被告惩罚性赔偿责任,实施惩罚性司法审判的建议。

原告认为,被告君汉公司、胡志×、胡×未经环保审批,也未配套电镀污染治理设施,长期从事非法电镀作业,已对外环境造成严重污染,主观恶性大。按照保守的证据,仅要求被告承担环境修复费用,尚不足以对各被告的环境违法行为进行惩戒。故原告根据《最高人民法院关于充分发挥审判职能作用为推进生态文明建设与绿色发展提供司法服务和保障的意见》(法发〔2016〕12号)之精神,请求追究被告的惩罚性赔偿责任,理由如下:

1. 被告非法排放的电镀废水,其特征污染物对人体及生态环境具有致害性,污染物浓度高,对生态环境破坏后不易恢复。

①被告非法排放的电镀废水中,其特征污染物对人体及生态环境具有致害性。

被告非法排放的电镀废水,其特征污染物主要为铬及其化合物(六价铬和总铬),铬及其化合物对人体有较大毒性,可在人体内积累。六价铬能溶于水且稳定存在,对环境有持久危险性,较易被人体吸收,有强氧化作用,对局部组织有腐蚀性,慢性中毒往往以局部损害开始逐渐发展到不可救药,是潜在的致癌物。人体内过量的铬可沉淀核酸和核蛋白,使蛋白质变性,可能造成遗传性基因缺陷;皮肤长期或反复接触铬化物,可发生接触性皮炎。过量的(超过 10ppm)六价铬对水生物还有致死作用。

②环保部门对电镀废水中铬及其化合物采取严格的监管要求及排放限制。

《污水综合排放标准》(GB 8978—1996)中,总铬和六价铬分列第一类污染物(表1)第 4 项和第 5 项,标准要求:不分行业和污水排放方式,也不分受纳水体的功能类别,一律在车间或车间处理设施排放口采样,其最高允许排放浓度必须达到排放标准要求。

③经环境监测,被告非法排放的电镀废水,六价铬和总铬的含量超出国家规定的排放标准的倍数大。

被告非法排放的电镀废水中污染物含量越高,对周边生态环境的破坏及对人体的致害性越严重。经监测,被告直接向周边水域非法排放的电镀废水,六价铬含量为137mg/L,超过《电镀污染物排放标准》(GB 21900—2008)1370 倍;总铬含量为 140mg/L,超过标准的 280 倍,超标倍数大。由于被告周边水域河流交错纵横,生态环境脆弱,超标排放的污染物经由水体扩散后,将进一步严重威胁其他水域的生态环境及居民的用水安全。

2. 被告违反了环保法的禁止性规定,环境违法情节严重。

①被告非法从事电镀生产位于太湖流域,国家和江苏省对此有严格的禁止性规定。

《水污染防治法》第四十二条规定,“国家禁止新建不符合国家产业政策的小型造纸、制革、印染、染料、炼焦、炼硫、炼砷、炼汞、炼油、电镀、农药、石棉、水泥、玻璃、钢铁、火电以及其他严重污染水环境的生产项目”;《江苏省太湖水污染防治条例》第四十五条第一款第(一)项规定,“太湖流域一、二、三级保护区禁止下列行为:(一)新建、改建、扩建化学制浆造纸、制革、酿造、染料、印染、电镀以及其他排放含磷、氮等污染物的企业和项目”,第三十七条第一款又规定,“对工艺落后、污染严重、不能稳定达标的直接或者间接向水体排放污染物的化工、医药、冶金、印染、造纸、电镀等重污染企业,太湖流域市、县(市、区)人民政府应当予以关闭、淘汰”。被告建设的小型电镀生产项目,国家和江苏省太湖流域属禁止、淘汰的建设项目。

②被告从事电镀作业未办理环评审批手续,也没有配套电镀污染治理设施,违反了环境影响评价制度和“三同时”制度。

《环境影响评价法》(2002)第二十五条规定,“建设项目的环境影响评价文件未经法律规定的审批部门审查或者审查后未予批准的,该项目审批部门不得批准其建设,建设单位不得开工建设";《建设项目环境保护管理条例》第十六条规定,"建设项目需要配套建设的环境保护设施,必须与主体工程同时设计、同时施工、同时投产使用";第二十三条又规定,"建设项目需要配套建设的环境保护设施经验收合格,该建设项目方可正式投入生产或者使用"。被告从事电镀作业未办理环评审批手续,也没有配套电镀污染治理设施,违反了环境影响评价制度和"三同时"制度,属于严重的环境违法行为。

③被告向水体超标排放电镀废水,属严重环境违法行为。

《水污染防治法》第二十九条第一款规定,"禁止向水体排放油类、酸液、碱液或者剧毒废液";《江苏省太湖水污染防治条例》第四十五条第一款第(三)项规定,"太湖流域一、二、三级保护区禁止下列行为:……(三)向水体排放或者倾倒油类、酸液、碱液、剧毒废渣废液、含放射性废渣废液、含病原体污水、工业废渣以及其他废弃物"。被告未配套电镀污染治理设施,直接向周边水域超标排放含剧毒物质的电镀废水,已严重违反了前述环保法的禁止性规定。

④被告非法储存危险化学品三氧化铬(铬酸酐),违反国家危险化学品管理制度。

昆山市环保局现场勘验检查照片显示,被告从事非法电镀作业期间,非法储存危险化学品三氧化铬[别名:铬酸酐,《危险化学品目录(2015版)》第1913号;CAS号:1333-82-0],三氧化铬助燃、高毒、为致癌物,具腐蚀性、刺激性,可致人体灼伤。《危险化学品安全管理条例》第三十三条规定,"国家对危险化学品经营(包括仓储经营,下同)实行许可制度。未经许可,任何单位和个人不得经营危险化学品"。被告不具备危险化学品的安全运输、储存和使用条件,未经许可,擅自非法储存、使用危险化学品铬酸酐,已威胁周边环境及公共安全。

综上,原告认为,被告从事电镀作业未办理环评审批手续,也没有配套电镀污染治理设施,向周边水域直接排放电镀废水,已违反多项环保法律法规的禁止性规定;其非法储存、使用危险化学品铬酸酐,威胁周边环境及公共安全,应当追究其惩罚性赔偿责任。

3. 被告非法从事电镀作业,超标排放电镀废水,已威胁经营场所周边众多环境敏感目标的安全。

据调查了解,被告在租赁昆山华德尔复合肥有限公司厂房(以下简称厂房),从事非法电镀作业期间,其经营场所附近,存在众多环境敏感目标:①厂房沿河而建,附近水域交错纵横,生态环境脆弱,超标排放电镀废水,直接影响周边灌溉用水及居民取水、用水安全[根据《生活饮用水卫生标准》(GB 5749—2006),供人生活的饮水和生活用水的水质,六价铬不应超过0.05mg/L];②厂房周边均为农田,超标排放电镀废水(含重金属铬及其化合物),影响农业灌溉,进而影响农业生态环境及食品安全[根据《农田灌溉水质标准(GB 5084—2005)》表1农田灌溉用水水质基本控制项目标准值,农田灌溉用水水质含六价铬不应超过0.1mg/L];③距厂房(沿万安路)100米处系居民聚居地及菜地等,影响环境公共安全。

4.被告非法经营电镀业务,持续违法时间长,污染物排放量大,逃避环境监管,未受到处罚。

①被告非法经营电镀业务,持续违法时间长,污染物排放量大。

根据公安机关查获的送货单、发货单、现金记账本显示,被告自2012年5月起,即开始在昆山市玉山镇从事非法电镀作业,获取非法利益;2013年8月搬迁至周市镇昆山华德尔复合肥有限公司厂房,继续从事非法电镀业务,直至2014年7月14日被依法查处取缔。公安机关查实的水量仅2013年8月至2014年7月14日(12个月)1211吨;2013年8月前被告尚有16个月非法经营电镀业务,水量目前已无法查清。

②被告非法经营电镀业务未受到行政处罚,其在2014年2月之前实施的环境违法行为,也未受到刑事处罚。

被告非法经营电镀业务未受到过环保行政处罚,(2015)昆环刑初字第2号刑事判决书认定的被告实施环境违法行为的期间为"2014年2月至2014年7月14日"。鉴于被告实施的环境违法行为,尚未受到充分惩戒,也未得到完全处理,故原告请求贵院追究被告环境惩罚性赔偿责任。

为保护公共环境利益,请求贵院依法公正审理,并支持原告的全部诉讼请求,维护环境正义。

此致

苏州市中级人民法院

代理人:吴××

二〇一六年八月二十五日

(二)2016年受理,并作出裁判的案件

1.中国生物多样性保护与绿色发展基金会诉湖北宜化化工股份有限公司等环境污染责任纠纷案

2015年12月17日,中国生物多样性保护与绿色发展基金会向汉江中院提交起诉

材料，法院于2016年3月17日立案，原被告双方于2016年6月达成调解协议，并在《湖北日报》对调解协议予以公示，公示过程中，因群众反映问题较大，调解终止。2016年9月22日，双方进行证据交换。最终通过调解，被告湖北宜化化工股份有限公司与中铁信托有限公司设立以社会公众为受益人的数额为700万元的环境保护慈善信托。因无法搜集到本案的裁判文书，仅将本案的受理案件通知书收录如下。

湖北省汉江中级人民法院
受理案件通知书

（2016）鄂96号民初7号

中国生物多样性保护与绿色发展基金会：

你（单位）诉湖北宜化化工股份有限公司、湖北宜化肥业有限公司关于环境污染责任纠纷一案的起诉材料收悉。经审查，起诉符合法定受理条件，本院决定立案受理。现将有关事项通知如下：

在诉讼过程中，你（单位）有权委托代理人，提出回避申请，收集、提供证据，进行辩论，请求调解，提起上诉，申请执行；可以查阅本案有关材料，并可以复制本案有关材料和法律文书；可以与对方当事人自行和解；可以放弃或者变更诉讼请求；你（单位）必须依法行使诉讼权利，遵守诉讼秩序，履行发生法律效力的判决书、裁定书或调解书。

二〇一六年三月十七日

2. 广东省环境保护基金会诉焦×水污染责任纠纷案

2016年4月1日，焦×等5人均因构成污染环境罪，分别被天河法院判处缓刑至有期徒刑一年四个月不等。广东省环境保护基金会向广州中院提交起诉材料，广州市天河区检察院、天河区环保局作为支持起诉人；法院于2016年11月19日一审判决。

广东省广州市中级人民法院
民事判决书

(2016)粤01民初51号

原　　　　告:广东省环境保护基金会,住所地:略。

法 定 代 表 人:陈×,理事长。

委托诉讼代理人:王××,广东××律师事务所律师。

被　　　　告:焦×,户籍地址:略。

委托诉讼代理人:朱××,广东××律师事务所律师。

支 持 起 诉 人:广州市天河区人民检察院,住所地:略。

法 定 代 表 人:刘志民,检察长。

委托诉讼代理人:葛××,该院民事行政检察科副科长。

支 持 起 诉 人:广州市天河区环境保护局,住所地:略。

法 定 代 表 人:杨庆耀,局长。

委托诉讼代理人:罗××,该局工作人员。

原告广东省环境保护基金会(以下简称"省环保会")与被告焦×水污染责任民事环境公益诉讼一案,本院立案受理后,依法适用普通程序,对本案进行了公开开庭审理。原告省环保会的委托诉讼代理人王××、被告焦×的委托诉讼代理人朱××到庭参加诉讼。支持起诉人广州市天河区人民检察院向本院提交书面意见,支持提起公益诉讼,并指派该院民事行政检察科副科长葛存军参加庭审。支持起诉人广州市天河区环境保护局向本院提交书面意见,支持提起公益诉讼,指派该局工作人员罗庆全全参加庭审。本案现已审理终结。

原告省环保会向本院提出诉讼请求:1.判令被告赔偿人民币416 404.8元;2.判令被告支付评估费90 000元、律师费26 000元;3.判令被告承担本案诉讼费用。事实和理由:2015年3月起,焦×租用广州市天河区凤凰街柯木塱背坪窑屋地面街一巷6-1号作为加工场对铁钉进行电镀,伙同其姐姐焦某甲、母亲王某对加工场进行经营管理,雇用焦某乙、潘某、陈某三人对铁钉进行除锈、电镀,并将电镀后的污水未经任何处理直接倾倒于厕所,污水随厕所排污管道排到屋外的雨水沟后最终排向车陂涌。经天河区环境保护局对上述排水口进行采样监测显示:现场采样污水中pH、镍含量均超出中华人民共和国国家标准《电镀污染物排放标准》规定的排放标准,其中,pH为5.78,超出排放标准限值(6-9),镍浓度为612mg/L,超出排放限值(镍小于或等于0.1mg/L)6119倍。经查该场所没有任何进行电镀生产及经营的执照。被告直接向雨水沟排放未经处理的电镀污水行为已被广东省广州市天河区人民法院判决认定构成环境污染罪。重金属镍虽然是人体必需的微量元素，但过多摄入可导致人体中毒，头发变白，在大量镍污染的环境中，会增加呼吸道肿瘤与皮肤病的发病概率。2015 年 12 月，经广东省环境科学研究院作出鉴定报告，被告非法排放重金属镍严重超标污水对周边环境造成直接经济损失达人民币 416 404.8 元。为维护公共环境利益，原告提起了本诉讼。

支持起诉人广州市天河区人民检察院支持起诉称，焦×未经任何处理将严重超标的污水直接排向屋外雨水沟，最终排向车陂涌，对车陂涌及周边环境造成严重污染，根据《中华人民共和国民法通则》第一百二十四条、第一百三十四条之规定，《中华人民共和国侵权责任法》第六十五条之规定，应承担民事责任。依据《中华人民共和国民事诉讼法》第十五条之规定，决定支持原告省环保会的起诉。

支持起诉人广州市天河区环境保护局支持起诉称，焦×在生产过程中将未经任何处理，超标严重的电镀废水直接排向屋外雨水沟，最终排向车陂涌，对车陂涌及周边环境造成严重污染，根据《中华人民共和国民法通则》第一百二十四条、第一百三十四条之规定，《中华人民共和国侵权责任法》第六十五条之规定，被告应承担民事责任。依据《中华人民共和国民事诉讼法》第十五条之规定，决定支持原告省环保会提起的环境民事公益诉讼。

被告焦×辩称，用于评估环境损害的两个数据（污染物浓度和废水处理量）不具备代表性、准确性和科学性，损害评估报告缺乏依据，存在明显错误，请求法院依法驳回原告的诉讼请求。理由如下：1. 原告提交的《广州市天河区焦×电镀厂涉嫌非法排放电镀废水案件环境损害评估报告》缺乏依据，其作出的环境损害数额无法成立。该报告对环境损害数额的计算采用的方法为虚拟治理成本方法，虚拟治理成本是指工业企业或污水处理厂治理等量地排放到环境中的污染物应当花费的成本，即污染物排放量与单位污染物虚拟治理成本的乘积。其中“污染物排放量”是指电镀废水处理量的体积乘以污染物的浓度，根据报告中所附的计算公式，废水处理量的体积是用“电镀车间（生产线）总用水量乘以 90%”计算出来的，但本案中的电镀车间总用水量因客观原因根本无法估算，而电镀厂用水记录凭据也已丢失。该报告实际上是错误地把生活用水和电镀车间用水的总用水量当作电镀车间的用水量，并据此计算出的环境损害数额明显缺乏依据，不具备科学性和准确性。2. 广州市环境监理所天河监理二站所作出的（穗天）报告表监字 2015 第 42 号《广州市环境监理所天河监理二站监测报告》中，监测员去到现场只进行了一次瞬间采样，并仅仅就该次瞬间采样的样本进行检测得出结果，违反了《地表水和污水监测技术规范》HJ/T91－2002 的相关规定，其得出的镍超标 6119 倍的监测结果不具备代表性和准确性。本案中，焦×的电镀车间没有污水处理设施，污水并未能稳定排放，且由于工人倾倒废水的方式会导致废水的流量和浓度不均。

对于混合样品的单元采样,应至少进行两次。进行两次单位采样后,再组成混合样品,对该混合样品的监测结果才能比较准确反映污水的平均浓度。3. 广东省环境科学研究院所作出的环境损害数额 185 068.8 元至 416 404.8 元是治理污染物所需要的虚拟成本乘以一定的倍数得出的数额,是一个有弹性范围的估算数据,而不是原告在诉状中所称的直接经济损失。

具有专门知识的人龙某(广州市环境监理所天河监理二站分析人员)发表以下意见:本案中,监测人员在案发现场进行了一次采样,使用玻璃瓶取得约 500ml 污水样本后就将该污水样本送往检测。对该污水样本进行分析的方法是原子吸收火焰分析法。

具有专门知识的人叶某(广东省环境科学研究院风险评估中心主任)发表以下意见:本案中,涉案的污水完全没有进行过处理就直接排向雨水沟,损害现场无法复原,根据国家现有技术规范,采用虚拟治理成本法是最妥当的。虚拟治理成本法是在短期内难以开展生态修复的情况下使用的方法,是最适合本案的一种计算方法。根据《电镀废水治理工程技术规范》中对于电镀废水的估算"无类比数据时,可按电镀车间(生产线)总用水量的 85% ~95% 估算废水的处理量",由于本案中的污水未经任何处理,因此采用"电镀车间(生产线)总用水量乘以 90%"进行估算是合理的。因为本案的焦×电镀厂没有接用公共水管,所以没有准确的用水量。本案中的用水量数据就仅有房东提供的数据,结合珠三角同类行业的用水量及相关的技术指南,参考同类行业的电镀用水量,其日耗水量一般从数吨到数十吨不止,由于涉案的电镀厂规模小,是作坊式的,所以采用了房东提供的用水量作为评估报告中的用水量体积。根据我的工作经验,电镀后的清洗流程会产生大量的工业废水,而本案中的加工厂完全没有治污设施,其实际用水远远不只房东所提供的 8 ~12 吨用水量数据。本案中的污水最终被排放到车陂涌,按照广州市水环境功能区划,应当以《地表水环境质量标准》中的第Ⅳ类标准值作为水环境功能目标,即以恢复至地表水第Ⅳ类型标准的水体为目标,因此其环境损害数额以虚拟治理成本倍数的 3 ~4.5 倍进行计算。本案中焦×电镀厂排放废水所造成的环境损害数额区间数额 185 068.8 ~416 404.8 元就是通过"治理单位达标污水处理成本×用水量体积×虚拟治理成本倍数×6210×90%"的计算公式计算得出的。至于采样的次数问题,依实际情况而定,有时只能进行一次性采样。

经审理查明,2015 年 3 月至 4 月 10 日,被告租用广州市天河区凤凰街柯木塱背坪窑屋地西街一巷 6 -1 号作为加工场,在不具备除锈和电镀加工资质的情况下,雇用多人对铁钉进行除锈和电镀,从中牟利,并在没有任何污水处理设施的情况下,将电镀后产生的污水未经任何处理直接倾倒于加工场的卫生间,污水随卫生间的排水管道排放到屋外的雨水沟后最终排向车陂涌。

广州市天河区环境保护局在日常执法过程中发现该污染行为后,立即组织调查。2015 年 4 月 10 日,广州市环境监理所天河监理二站监测人员对涉案电镀车间存水、直排水口废水进行采样监测，监测结果显示：现场采样废水中的pH、镍的含量均超出《电镀污染物排放标准》（GB 21900—2008）规定的水污染物特别排放限值，其中：pH为5.78（排放限值为6～9），呈酸性；镍浓度为612mg/L（排放限值为0.1mg/L），超出国家排放标准6119倍。

2015年12月，广东省环境科学研究院接受原告与广州市天河区人民检察院的共同委托，对被告排放电镀废水所造成的环境损害进行评估，并出具了《广州市天河区焦×电镀厂涉嫌非法排放电镀废水案件环境损害评估报告》。该报告显示：（一）评估空间范围：广州市天河区凤凰街柯木塱背坪窑屋地西街1巷6－1号居民楼排放口及其排放水流经雨水沟、下游河涌；（二）时间范围：2015年3月6日焦×电镀厂开始电镀工作至2015年4月10日焦×电镀厂被查获停止电镀作业；（三）评估方法：鉴于目前国内针对自然流动水体开展的生态环境损害评估多采用虚拟治理成本法，评估机构根据方法筛选，对本案采用虚拟治理成本法来评估被告排放电镀废水所造成的生态环境损害；（四）损害评估数额量化：（1）按照广州市水功能区区划，确定车陂涌以《地表水环境质量标准》中的Ⅳ类标准值作为水环境功能目标，同时根据利用虚拟治理成本法确定环境损害数额的原则，确定Ⅳ类地表水的环境损害数额为虚拟治理成本的3～4.5倍；（2）依据广州市自来水公司供水范围内城市工业类污水处理单价1.4元/m^3确定治理单位达标排放污水处理成本；（3）依据《电镀废水治理工程技术规范》（HJ2002－2010）中对电镀废水的估算方法确定废水处理量按照用水量的90%计算；（4）由于涉案电镀厂用水量记录凭据丢失，评估机构依据房东提供的用水数据8t/月～12t/月来对用水量进行计算验证。最终评估机构根据计算公式 $Cd = Cp \cdot Q \cdot M \cdot 6120 \cdot 90\%$（其中：Cp指治理单位达标污水处理成本，单位元/$m^3$；Q指用水量体积，单位为$m^3$，M为虚拟治理成本倍数），得出被告涉案电镀厂排放废水所造成的环境损害数额为185 068.8～416 404.8元。同时，该报告亦载明："由于环境污染的不可逆性，且无论对受污染生态环境进行修复还是通过人工干预将污染引发的风险降低至可接受水平，其费用均远远超过污染物直接处理的费用。"为此次评估，原告需向广东省环境科学研究院支付评估费90 000元。

原告为证明其为提起本案环境公益诉讼已支出律师费26 000元，提交了其与广东××律师事务所签订的《民事委托代理合同》及律师费发票一张。

另查明，被告因涉案污染环境行为被检察机关提起公诉，广东省广州市天河区人民法院作出（2016）粤0106刑初70号刑事判决，判决被告犯污染环境罪，判处有期徒刑一年四个月，并处罚金人民币三千元。该案已经本院（2016）粤01刑终932号案裁定予以维持。

再查明，原告系在广东省民政厅登记的基金会法人，业务主管单位为广东省环境保护局。原告提交的2010－2014年度工作报告显示，该会已通过了业务主管单位与登记管理机关的年检。原告亦声明,其自 2003 年开办至今无任何违法记录。《广东省环境保护基金会章程》第三条规定该会的宗旨为支持广东省环境保护事业,促进社会经济可持续发展;第二章"业务范围"亦规定该会的业务为从事环境保护公益活动。

广东省环境科学研究院是我国环境保护部所推荐的第一批环境损害鉴定评估推荐机构名录中的鉴定机构之一,该院拥有由中华人民共和国发展和改革委员会所颁发的工程咨询单位资格证书,具备对生态建设和环境工程专业进行规划咨询、评估咨询、工程项目管理等资质。

本院认为,《中华人民共和国环境保护法》第五十八条第一款规定:"对污染环境、破坏生态,损害社会公共利益的行为,符合下列条件的社会组织可以向人民法院提起诉讼:(一)依法在社区的市级以上人民政府民政部门登记;(二)专门从事环境保护公益活动连续五年以上且无违法记录。"本案中,原告作为在广东省民政厅登记的专门从事环境保护公益活动的社会组织,亦连续五年不存在违法记录,具备了上述法律规定的条件,可以提起环境民事公益诉讼。

最高人民法院《关于审理环境民事公益诉讼案件适用法律若干问题的解释》第十一条规定:"检察机关、负有环境保护监督管理职责的部门及其他机关、社会组织、企业事业单位依据民事诉讼法第十五条的规定,可以通过提供法律咨询、提交书面意见、协助调查取证等方式支持社会组织依法提起环境民事公益诉讼。"广州市天河区人民检察院和广州市天河区环境保护局作为检察机关和环保监督部门为支持原告提起本案环境民事公益诉讼,提交了书面意见、协助原告调查收集证据并共同委托评估机关进行损害评估、指派人员到庭参加诉讼,符合上述司法解释的规定,本院对此予以支持。

《中华人民共和国侵权责任法》第六十五条规定:"因污染环境造成损害的,污染者应当承担侵权责任。"最高人民法院《关于审理环境民事公益诉讼案件适用法律若干问题的解释》第十八条规定:"对污染环境、破坏生态,已经损害社会公共利益或者具有损害社会公共利益重大风险的行为,原告可以请求被告承担停止侵害、排除妨碍、消除影响、恢复原状、赔偿损失、赔礼道歉等民事责任。"本案中,被告在不具备除锈和电镀加工资质的情况下,租用民宅并雇佣多人对铁钉进行除锈和电镀,后将电镀后产生的污水未经任何处理直接倾倒于加工场的卫生间,污水随卫生间的排水管道排放到屋外的雨水沟后最终排向车陂涌。经过广州市环境监理所天河监理二站的监测,其排污的废水中的 pH、镍的含量已远远超出国家排放标准,造成了环境污染。被告已因上述排污行为被追究刑事责任。但根据上述规定,被告仍应为其环境污染行为承担相应的民事责任。

本案中,鉴于被告排放的废水最终流向的车陂涌属于开放性水域,而修复生态环境的专业性往往较强,被告作为个人在没有能力自行进行生态环境修复的情形下,原告诉请被告对其排污行为承担赔偿损失的主张,本院予以支持。最高人民法院《关于审理环境侵权责任纠纷案件适用法律若干问题的解释》第八条规定："对查明环境污染案件事实的专门性问题，可以委托具备相关资格的司法鉴定机构出具鉴定意见或者由国务院环境保护主管部门推荐的机构出具检验报告、检测报告、评估报告或者检测数据。"本案中，针对被告的污染行为所造成的损害，原告和广州市天河区人民检察院共同委托了有评估资质的广东省环境科学研究院进行评估。被告虽抗辩评估报告中采用的废水用水量计算有误，但鉴于涉案电镀厂用水量记录凭据丢失，评估机构依据房东提供的用水数据 8t/月 ~12t/月来对用水量进行计算并最终确定损害结果的区间范围并无不当，本院对被告的该抗辩意见不予采纳。因此对于该评估机构依照法定程序展开的评估，现在被告未能举证证明该评估行为存在违法情形或有相反证据推翻该评估报告的情况下，本院对该评估报告予以采信。该评估机构虽在对涉案环境损害进行量化时，确定了损害数额结果呈区间范围，为 185 068.8 ~416 404.8 元，但同时该评估机构亦表明由于环境污染的不可逆性，且无论对受污染生态环境进行修复还是通过人工干预将污染引发的风险降低至可接受水平，其费用均远远超过污染物直接处理的费用。鉴于此，为维护社会公共利益和修复生态环境，原告主张被告赔偿 416 404.8 元有事实和法律依据，本院予以支持。但同时根据最高人民法院《关于审理环境民事公益诉讼案件适用法律若干问题的解释》第二十四条第一款的规定："人民法院判决被告承担的生态环境修复费用、生态环境受到损害至恢复原状期间服务功能损失等款项，应当用于修复被损害的生态环境"，涉案被告赔偿的费用应用于修复被损害的生态环境，不得用作他用。

最高人民法院《关于审理环境民事公益诉讼案件适用法律若干问题的解释》第二十二条规定："原告请求被告承担检验、鉴定费用、合理的律师费以及为诉讼支出的其他合理费用的，人民法院可以依法予以支持。"本案中，原告主张其为提起本案环境民事公益诉讼支出了评估费 90 000 元和律师费 26 000 元，有评估机构出具的评估报告、交费通知、律师费发票和评估人员出庭、律师接受委托出庭等事实证明其确有评估费和律师费的支出，且律师费亦未超过法定的收费标准。因此本院对原告要求被告支付上述费用的诉请予以支持。

综上所述，原告的诉讼请求有事实和法律依据，本院予以支持。依照《中华人民共和国侵权责任法》第六十五条、最高人民法院《关于审理环境侵权责任纠纷案件适用法律若干问题的解释》第八条、最高人民法院《关于审理环境民事公益诉讼案件适用法律若干问题的解释》第十八条、第二十二条的规定，判决如下：

一、被告焦×于本判决发生法律效力之日起十日内赔偿人民币 416 404.8 元（以上款项上缴国库，用于修复被损害的生态环境）；

二、被告焦×于本判决发生法律效力之日起十日内支付原告广东省环境保护基金会评估费人民币 90 000 元和律师费人民币 26 000 元。

如果未按本判决指定的期间履行给付金钱义务，应当依照《中华人民共和国民事诉讼法》第二百五十三条规定，加倍支付迟延履行期间的债务利息。

案件受理费 9124 元，由被告焦×负担。

如不服本判决，可以在判决书送达之日起十五日内，向本院递交上诉状，并按对方当事人或者代表人的人数提出副本，上诉于广东省高级人民法院。

审 判 长 李 琦
审 判 员 刘 欢
审 判 员 石 佳
二〇一六年十一月十九日
书 记 员 苏仁智

案例来源：中国裁判文书网，http://wenshu.court.gov.cn/content/content? DocID = fd2af4eb - 184f - 43fa - 8ed5 - 151a2745edd1&KeyWord = 广东省环境保护基金会，最后访问日期：2018 年 7 月 10 日。

3. 绍兴市生态文明促进会诉新昌县天和医药胶囊有限公司等水污染责任纠纷案

本案是全国首例由环境损害赔偿磋商环节转入诉讼程序的环境公益诉讼。绍兴中院于 2016 年 12 月 5 日立案，于 2017 年 1 月 16 日开庭审理，于 2017 年 1 月 20 日主持调解，原被告双方达成调解协议。

浙江省绍兴市中级人民法院公告

(2016) 浙 06 民初 774 号

关于受理绍兴市生态文明促进会诉新昌县天和医药胶囊有限公司、吕国超、新昌县天擎轴承有限公司水污染责任纠纷环境公益诉讼案件的公告

我院受理了原告绍兴市生态文明促进会与被告新昌县天和医药胶囊有限公司、吕

××、新昌县天擎轴承有限公司水污染责任纠纷环境公益诉讼案件。原告绍兴市生态文明促进会诉称:2016 年 3 月 31 日,新昌县环境保护局环境执法人员查处了“3 · 31”新昌县新昌江含油废水泄漏局部污染事件。该事件发生在新昌江拔茅大坑河段,因第一被告新昌县天和医药胶囊有限公司发包给第二被告吕××造桥施工,在拔茅大坑内挖桥墩基础坑时,造成污水窨井塌方,污水管道断裂,含油废水进入拔茅大坑内桥墩基础坑中。第一、第二被告均未采取及时有效的应急措施,仍由抽水泵(原用于抽干桥墩基础坑中河水)继续工作,导致含油废水泵入拔茅大坑并汇入新昌江,造成拔茅大坑河道和新昌江局部受到污染。根据新昌县环境保护局调查询问笔录得知,含油废水由第三被告新昌县天擎轴承有限公司员工偷倒进入污水管网中,共计 90 公斤。经查明,第三被告员工曾多次往第三被告车间附近污水井内偷倒废淬火油累计 250 公斤,含油废水系废淬火油与污水井内污水混合而成。该事件造成拔茅大坑管道破裂处到新昌江城北大桥石油类和 COD 不同程度的超标。油类超过《地表水环境质量标准》(GB 3838—2002)中Ⅲ类标准的 32.6 ~ 513 倍,COD 超过《地表水环境质量标准》(GB 3838—2002)中Ⅲ类标准的 0.28 ~ 37.9 倍(冷湖拦水坝执行Ⅱ类标准)。造成管道破裂处至拔茅大坑汇入新昌江处的拔茅大坑河段、拔茅大坑汇入新昌江处至新昌江城北大桥的新昌江河段的水生态环境损害。虽然,水环境污染已通过新昌江的水体和水流进行了混合和稀释,但是其造成的水生态环境损害无法通过现场修复工程达到完全恢复。该事件发生后,经委托绍兴市环保科技服务中心评估鉴定,认定三被告致使的含油废水泄漏造成水生态环境受到损害,其中对拔茅大坑河段造成的生态环境损害数额为 34 600 元,对新昌江河段造成的生态环境损害数额为 21 150 元,并支出鉴定费 20 000 元,以上合计 75 750 元。三被告对于其环境污染行为造成的生态环境损害费用及鉴定评估费用应予以赔偿。同时,原告为此次诉讼支出的律师服务费 5000 元,亦应由三被告承担。综上,根据《中华人民共和国民事诉讼法》第五十五条、《中华人民共和国环境保护法》第五十八条和《最高人民法院关于审理环境保护民事公益诉讼案件适用法律若干问题的解释》的相关规定,原告具有提起环境公益诉讼的法定资格,特向我院提起诉讼,诉请依法裁决。请求:1. 判令三被告赔偿因含油废水泄漏造成新昌江局部污染的生态环境损害费用 55 750 元并承担鉴定评估费 20 000 元;2. 判令三被告支付原告为主张此次诉讼支出的律师服务费 5000 元。以上 1、2 两项合计 80 750 元,由三被告承担;3. 本案诉讼费用由三被告承担。

依照《中华人民共和国民事诉讼法》第五十五条的规定:“对环境污染、侵害众多消费者合法权益等损害社会公共利益的行为,法律规定的机关和有关组织可以向人民法院提起诉讼”,为保障其他具有诉讼主体资格的机关和有关组织的诉权,现将本案受理情况进行公告,公告期为三十日。

特此公告。

浙江省绍兴市中级人民法院

二〇一六年十二月八日

案例来源:绍兴市中级人民法院网,http://www.sxcourt.gov.cn/E_ReadNews.asp? NewsID=10297,最后访问日期:2018年7月10日。

浙江省绍兴市中级人民法院
关于绍兴市生态文明促进会诉新昌县天和医药胶囊有限公司、吕××、新昌县天擎轴承有限公司水污染责任纠纷环境公益诉讼案件调解协议的公告

(2016)浙06民初774号)

绍兴市中级人民法院于2016年12月5日受理原告绍兴市生态文明促进会诉被告新昌县天和医药胶囊有限公司、吕××、新昌县天擎轴承有限公司水污染责任纠纷环境公益诉讼案后,依法组成合议庭于2017年1月16日公开开庭进行了审理。本案在审理过程中,原、被告自愿达成调解协议。

依照《最高人民法院关于审理环境民事公益诉讼案件适用法律若干问题的解释》第二十五条的规定,环境民事公益诉讼当事人达成调解协议或者自行达成调解协议后,人民法院应当将协议内容公告,公告期间不少于三十日。现公告该调解协议内容(附后)。公告期为三十日(自2017年1月20日至2017年2月19日止)。如对该调解协议有异议或意见的,可在公告期内提出,以协助本院对该协议进行全面审查。公告期满后,本院审查认为该调解协议的内容不损害社会公共利益的,将依法出具调解书。

特此公告。

二〇一七年一月二十日

附:调解协议内容

经本院主持调解,双方当事人自愿达成调解协议如下:

一、被告吕××、新昌县天和医药胶囊有限公司、新昌县天擎轴承有限公司共同赔偿生态环境修复费用55 750元,并支付鉴定评估费20 000元,合计75 750元(款付至生态环境损害赔偿金账户,开户行:中国农业银行××××支行营业部,户名:绍兴市市级机关财务结算中心,账号:略),以上款项于2017年2月20日前付清;

二、被告吕××、新昌县天和医药胶囊有限公司、新昌县天擎轴承有限公司支付原告为主张此次诉讼支出的律师服务费5000元(款付至生态环境损害赔偿金账户,开户

行:中国农业银行××××支行营业部,户名:绍兴市市级机关财务结算中心,账号:略),于2017年2月20日前付清;

三、案件审理费1819元,依法减半收取909.5元,由被告吕××、新昌县天和医药胶囊有限公司承担409元,新昌县天擎轴承有限公司承担500.5元。

案例来源:绍兴市中级人民法院网,http://www.sxcourt.gov.cn/E_ReadNews.asp?NewsID=10393,最后访问日期:2018年7月10日。

4.河南省企业社会责任促进中心诉铜仁市铜鑫汞业有限公司等环境污染责任纠纷案

本案是由河南省社会组织提起的首例环境民事公益诉讼。2016年8月17日,河南省企业社会责任促进中心向洛阳中院提交起诉材料,法院于2016年8月19日立案,同时裁定同意原告的先予执行申请,于2016年12月13日作出一审判决。被告不服提起上诉。

民事起诉状

原　　告:河南省企业社会责任促进中心,住所地:略。

法定代表人:林×,主任。

委托代理人:唐××,河南×××律师事务所律师。

委托代理人:冯××,河南×××律师事务所律师。

被　　告:贵州省铜仁市铜鑫汞业有限公司,住所地:略。

法定代表人:朱××。

被　　告:内蒙古伊东集团东兴化工有限责任公司,住所地:略。

法定代表人:赵××。

被　　告:保定市保运化学危险货物运输有限公司,住所地:略。

法定代表人:任××。

被　　告:毛××,住址:略。

被　　告:范××,住址:略。

诉讼请求:

1.请判令被告贵州省铜仁市铜鑫汞业有限公司(以下简称铜鑫汞业公司)立即排除危害,将其非法倾倒在洛宁县底张乡大阳村洛阳碧水源农业技术开发有限公司院内

的危险废物依法安全转移或承担相应的代履行费用;

2. 请判令被告铜鑫汞业公司消除其非法倾倒现场的环境污染风险,或承担相应的代履行费用;

3. 请判令被告铜鑫汞业公司对受损环境恢复原状,或承担相应的生态修复费用;

4. 请判令被告铜鑫汞业公司赔偿因非法倾倒危险废物造成的全部经济损失,包括已发生的30万元和即将发生的安全防护、看护等费用;

5. 请判令被告铜鑫汞业公司承担原告因本案支出的律师费、调查费等实际费用共计10万元;

6. 其他被告对上述责任承担连带责任;

7. 诉讼费由被告方承担。

事实与理由:

2016年6月17日,被告铜鑫汞业公司和被告内蒙古伊东集团东兴化工有限责任公司(以下简称东兴化工公司)将东兴化工公司产生的危险废物低汞触媒交付给被告毛××,由毛××驾驶豫AV5910汽车运往铜鑫汞业公司所在地,包装袋标签显示"危险废物""化学名称:低汞触媒""主要成分:汞""危险情况:易中毒",《危险废物转移联单》注明"形态:固态""数量:39.05吨""主要危险成分:汞""产生单位:内蒙古伊东集团东兴化工有限责任公司""接受单位:贵州省铜仁市铜鑫汞业""运输单位:保定市保运化学危险货物运输有限公司""运达地:铜仁市铜鑫汞业""车型:危化车""车号:豫AV5910""禁忌与应急措施:泄露"。实际上,该豫AV5910号汽车只是普通的货运汽车,而不是具有道路危险货物运输经营资质的专用车辆,司机毛××也无相应的道路危险货物从业资格。

2016年6月19日下午,毛××(跟车人范××)驾驶上述车辆行经洛阳市洛宁县底张乡大阳村时,将装载的39.05吨危险废物卸载至洛阳碧水源农业技术开发有限公司院内,且未进行任何防护措施,其中部分包装袋严重破损,危险废物散落在地。该危险废物汞触媒,危险废物名录代码900-022-29,该物质对环境有严重的危害,会对地表、水、土壤、大气、饮用水等造成污染,堆放地点临近河流,加之近期雨水天气较多,对周边的环境污染造成严重威胁。

根据国家法律规定,危险废物的运输单位、运输工具、储存单位、储存条件以及每批次的运输活动、运输路线等均应经过环境保护等部门依法批准,并采取严格的安全防护措施,且产生单位所在地环境保护主管部门应向途经地的环境保护部门进行通报。被告铜鑫汞业公司作为危险废物的接受单位,却连同产生单位被告东兴化工公司,把危险废物交付给不具有道路危险货物运输资质的人员和车辆进行运输,致使被告毛××、范××违规运输、擅自倾倒危险废物,且倾倒现场不具备任何危险废物储存条件,对此,运输单位被告保定市保运化学危险货物运输有限公司也负有不可推卸的责任，各被告的行为均严重违反《中华人民共和国环境保护法》《中华人民共和国固体废物污染环境防治法》等法律规定，且造成污染周边环境，威胁周边人民群众的人身安全，给国家造成重大经济损失，应当依法承担排除危害、消除危险、恢复原状、赔偿损失等全部民事责任。

原告系在河南省民政厅登记的公益组织，负有促进包括环境保护等企业社会责任的职责，成立五年多以来，在生态文明建设，推动绿色发展事业，维护环境公共利益方面开展了系列活动，符合环境保护法、民事诉讼法等规定的提起环境公益诉讼的条件。为此依法提起诉讼，敬请贵院依法判决，以维护法律尊严，保护生态环境，维护环境公共利益。

此致

洛阳市中级人民法院

起诉人：河南省企业社会责任促进中心

二〇一六年八月十七日

河南省洛阳市中级人民法院
民事裁定书

（2016）豫03民初253号

申　请　人：河南省企业社会责任促进中心，住所地：略。

法定代表人：林×，该中心主任。

委托代理人：唐××、冯××，河南×××律师事务所律师。

被 申 请 人：铜仁市铜鑫汞业有限公司，住所地：略。

法定代表人：朱××。

被 申 请 人：内蒙古伊东集团东兴化工有限责任公司。住所地：略。

法定代表人：赵××。

被 申 请 人：保定市保运化学危险货物运输有限公司。住所地：略。

法定代表人：任××。

被 申 请 人：毛××，略。

被 申 请 人：范××，略。

河南省企业社会责任促进中心诉铜仁市铜鑫汞业有限公司、内蒙古伊东集团东兴化工有限责任公司、保定市保运化学危险货物运输有限公司、毛××、范××环境污染责任纠纷一案，申请人河南省企业社会责任促进中心于2016年8月19日向本院申请先予执行,请求:1. 对被告铜仁市铜鑫汞业有限公司先行采取措施,将其非法倾倒在洛宁县底张乡大阳村洛阳碧水源农业技术开发有限公司院内的危险废物依法安全转移;2. 被告铜鑫汞业公司消除其非法倾倒现场的环境污染风险;3. 被告铜鑫汞业公司对受损环境恢复原状;4. 就已发生的经济损失 30 万元和即将发生的看护费等处置费用,所有被告先行支付 50 万元。

本院经审查认为,申请人河南省企业社会责任促进中心的部分申请事项符合法律规定。依照《中华人民共和国民事诉讼法》第一百零六条、第一百零七条之规定,裁定如下:

铜仁市铜鑫汞业有限公司立即将其非法倾倒在河南省洛宁县底张乡大阳村洛阳碧水源农业技术开发有限公司院内的危险废物依法安全转移。

案件申请费 5000 元,由铜仁市铜鑫汞业有限公司负担。

如不服本裁定,可以自收到裁定书之日起五日内向本院申请复议一次。复议期间不停止裁定的执行。

审 判 长 刘 宝
审 判 员 关若泰
审 判 员 张 蕾
二〇一六年八月十九日
书 记 员 李艺霞

河南省洛阳市中级人民法院
民事判决书

(2016)豫 03 民初 253 号

原　　告:河南省企业社会责任促进中心,住所地:略。组织机构代码:略。

法定代表人:林 ×,该中心主任。

委托代理人:唐 × ×,河南 × × × 律师事务所律师,特别授权。

委托代理人:冯 × ×,河南 × × × 律师事务所律师,一般代理。

被　　告:铜仁市铜鑫汞业有限公司,住所地:略。统一社会信用代码:略。

法定代表人:朱 × ×,该公司董事长。

委托代理人:陈 × ×,贵州锦江律师事务所律师,特别授权。

被　　告:内蒙古伊东集团东兴化工有限责任公司,住所地:略。统一社会信用代码:略。

法定代表人:赵××,该公司董事长。

委托代理人:张××,内蒙古××律师事务所律师,特别授权。

被　　告:保定保运化学危险货物运输有限公司。住所地:略。统一社会信用代码:略。

法定代表人:任××,该公司经理。

委托代理人:刘×,河北×××律师事务所律师,特别授权。

被　　告:毛××,个人信息略。

委托代理人:刘××,个人信息略。

被　　告:范××,个人信息略。

委托代理人:王××,个人信息略。

原告河南省企业社会责任促进中心(以下简称社会责任中心)诉铜仁市铜鑫汞业有限公司(以下简称铜鑫公司)、内蒙古伊东集团东兴化工有限责任公司(以下简称东兴公司)、保定保运化学危险物运输有限责任公司(以下简称保运公司)、毛××、范××环境污染责任纠纷公益诉讼一案,本院于2016年8月19日立案后,依法适用普通程序,于2016年8月23日公告了案件受理情况,并在法定期限内告知了对被告行为负有环境保护监督管理职责的部门。本院依法组成合议庭,于2016年11月24日公开开庭进行了审理。原告社会责任中心的法定代表人林×及委托代理人唐××、冯××,被告东兴公司的委托代理人张××,被告保运公司的委托代理人刘×,被告毛××的委托代理人刘××,被告范××的委托代理人王××到庭参加诉讼。本案现已审理终结。

原告社会责任中心诉称:2016年6月17日,被告铜鑫公司和被告东兴公司将东兴公司产生的危险废物低汞触媒交付给被告毛××,由毛××驾驶豫AV5910汽车运往贵州省铜鑫公司所在地,包装袋标签显示"危险废物""化学名称:低汞触媒""主要成分:汞""危险情况:易中毒",《危险废物转移联单》注明"形态:固态""数量:39.05吨""主要危险成分:汞""生产单位:内蒙古伊东集团东兴化工有限公司""接收单位:贵州省铜仁市铜鑫汞业""运输单位:保定市保运化学危险货物运输有限责任公司""运达地:铜仁市铜鑫汞业""车型:危化车""车号豫AV5910""禁忌与应急措施:泄露"。实际上,该豫AV5910号汽车只是普通的货运汽车,而不是具有道路危险货物运输经营资质的专用车辆,司机毛××也无相应的道路危险货物从业资格。2016年6月19日下午,毛××(跟车人范××)驾驶上述车辆行经洛阳市洛宁县底张乡大阳村时,将装载的39.05吨危险废物卸载至洛阳碧水源农业技术开发有限公司(以下简称碧水源公司)院内,且未进行任何防护措施,其中部分包装袋严重破损,危险废物散落在地。该危险废物汞触媒,危险废物名录代码900-022-29,该物质对环境有严重的危害,会对地表、水、土壤、大气、饮用水等造成污染,堆放地点临近河流,加之近期雨水天气较多,对周边的环境污染造成严重威胁。根据国家法律规定,危险废物的运输单位、运输工具、储存单位、储存条件以及每批次的运输活动、运输路线等均应经过环境保护等部门依法批准,并采取严格的安全防护措施,且产生单位所在地环境保护主管部门应向途经地的环境保护部门进行通报。被告铜鑫公司作为危险废物的接收单位,却连同产生单位被告东兴公司,把危险废物交付给不具有道路危险货物运输资质的人员和车辆进行运输,致使被告毛××、范××违规运输、擅自倾倒危险废物,且倾倒现场不具备任何危险废物储存条件,对此,运输单位被告保运公司也负有不可推卸的责任,各被告的行为均严重违反《中华人民共和国环境保护法》《中华人民共和国固体废物污染环境防治法》等法律规定,且造成污染周边环境,威胁周边人民群众的人身安全,给国家造成重大经济损失,应当依法承担排除危害、消除危险、恢复原状、赔偿损失等全部民事责任。原告系河南省民政厅登记的公益组织,负有促进包括环境保护等企业社会责任的职责,成立五年多以来,在生态文明建设,推动绿色发展事业,维护环境公共利益方面开展了系列活动,符合环境保护法、民事诉讼法等规定的提起环境公益诉讼的条件。请求法院依法判令:1. 被告铜鑫公司立即排除危害,将其非法倾倒在洛宁县底张乡大阳村洛阳碧水源农业技术开发有限公司院内的危险废物依法安全转移或承担相应的代履行费用;2. 被告铜鑫公司消除其非法倾倒现场的环境污染风险,或承担相应的代履行费用;3. 被告铜鑫公司对受损环境恢复原状,或承担相应的生态修复费用;4. 被告铜鑫公司赔偿因非法倾倒危险废物造成的全部经济损失,包括已发生的 30 万元和即将发生的看护费等费用;5. 被告铜鑫公司承担原告因本案支出的律师费、调查费等实际费用共计 10 万元;6. 其他被告对上述责任承担连带责任。

被告铜鑫公司辩称:一、社会责任中心不具有本案原告诉讼主体资格,应裁定驳回起诉,理由是:社会责任中心的宗旨与环境保护根本不具有关联性,其根本没有从事过环境保护公益活动,不符合有关法律、司法解释的规定;二、原告诉称完全悖离事实,其起诉答辩人承担责任错误,答辩人不应被列为本案被告,理由如下:1. 毛××、范××不是答辩人委托运输,其与答辩人之间根本不存在运输合同关系,即便存在运输合同关系,运输过程中发生的风险责任也应由承运方承担,而不是答辩人承担;2. 毛、范二人是受董××的指使倾倒货物,不是因为没有资质才倾倒货物,本案擅自倾倒危险废物与有无运输资质不具有因果关系;3. 原告诉称的危险货物刚从车上卸在碧水源公司内就被当场查封,另一车在服务区时被扣押,可见,两车货物均是处于当地环保局行政强制措施的查封、扣押当中,原告要求答辩人立即排除危害、安全转移、消除危险等,起诉对象错误,货物置于行政强制措施之下,答辩人没有权利擅自安全转移,后来转移的事实证明,答辩人是在环保部的协调下,解除查封和扣押后,根据环保部门的安排才能进行安全转移,因此,原告起诉的责任主体不应是答辩人,答辩人不承担责任;三、原告诉请恢复受损环境与事实不符,且与答辩人无关,答辩人不承担责任,理由是:涉案货物系当场查封、扣押，当地环保部门立即采取有效措施进行看护、防护，对当地环境根本没有造成任何污染，根本不存在恢复受损环境，退一步讲，即便造成了二次污染，由于危险废物是处于行政强制看管之下，环保部门才是直接责任人，答辩人也不应承担责任；四、原告诉请的防护、看护费用、律师费及调查费，完全是为了谋取一己私利，应不予支持，理由如下：1. 涉案货物处于行政强制措施监管之下，防护、看护是当地环保部门的法定职责，实际上也是他们在履行职责，根据我国行政强制法第二十六条之规定，如果被答辩人发生了相关费用，则应是环境保护部门形成委托管理关系，由委托的行政机关承担相关费用，答辩人不需要承担行政看管费用，被答辩人诉请的40万元，既与答辩人无因果关系，也不属于涉案民事赔偿范围，应不予支持；2. 如果被答辩人在履行防护和看护的职责，则被答辩人诉称的环境污染责任应由其自行承担看管和防护不力的法律责任，承担环境修复费用；五、本案涉案责任人董××、张××、碧水源公司应作为本案被告追加，以查明案件事实，理由是：本案发生的原因是董××因与张××个人债务问题，违法私自强行将危险废物卸下所引起的，其应承担一切法律责任，张××与答辩人是业务合作关系，其未经答辩人同意擅自从东兴公司运输废触媒，按照双方约定，由此产生的法律责任应由其全部承担。碧水源公司明知其不具备倾倒危险货物的条件，仍同意董××堆放货物，如造成了环境污染，其应承担一定的责任。综上，答辩人认为，被答辩人和答辩人均不具有本案诉讼主体资格，且答辩人对被答辩人的诉讼请求不承担任何责任，请求法院依法驳回被答辩人的起诉。

被告东兴公司辩称：一、本案不属于公益诉讼范围，从本案事实看，没有造成公共利益损害，也没有造成公共利益损害的风险，原告的诉求也不属于公益诉讼的范畴，不符合公益诉讼的条件；二、原告主体不适格，原告的业务范围是企业社会责任咨询、培训、宣传等活动，从章程来看，其宗旨也不符合公益诉讼原告主体资格的要求；三、东兴公司不是本案的适格被告，本案发生在洛宁县的倾倒危险物完全是董××、张××、谢××、碧水源公司造成的，与我公司没有任何的主观合意和客观关联，我公司不应当承担任何责任。总之，本案的原告和被告都是不适格的，如果有适格的原告，被告也应当是董××、张××、碧水源公司等，不应当是我们公司。请求驳回原告对我公司的诉讼请求。

被告保运公司辩称：被答辩人诉答辩人承担连带责任无事实及法律依据，答辩人对损害的发生无任何过错，理由如下：1. 答辩人系合法注册具备相关合法手续的危险货物运输企业，在承运危险货物时按照法律规定及企业规定进行操作，而本案涉案车辆与答辩人没有任何关系，答辩人对涉案车辆不具有所有权及管理权；2. 答辩人在与铜鑫公司签订协议时答辩人已就运输所涉车辆及司机资料等按法律、法规的规定由铜鑫公司在内蒙古进行了备案，而本案所涉车辆及人员既非备案车辆，也与我公司无任何关联，另协议签订后铜鑫公司并未向公司提出运输要求，事实是本案运输所涉车辆系铜鑫公司与毛××、范××签订的运输合同,答辩人对此并不知情也无从知晓。综上,请求法院驳回原告对我公司的起诉。

被告毛××辩称:一、答辩人是通过张××和董××运输该批货物的,当时告知我们的是活性炭,我们是在不知情的情况下才用普通货车装货的;二、范××不知情,只是一个跟车人。答辩人文化水平低,不知道这个情况,当时是董××亲戚带着去卸货的,不是答辩人自己卸货的,不属于非法倾倒,我们不应当承担责任。请求法院驳回原告的诉讼请求。

被告范××辩称:我们跟着货主,货主让倒哪里就倒到哪里。

本院经审理查明:2016年东兴公司(甲方)与铜鑫公司(乙方)签订《固废委托处理合同》,约定甲方作为危险废物的产生单位,委托乙方进行危险废物的处置,乙方负责运输,甲方负责装车,合同约定的废物处理标的是1200吨含汞废物,合同有效期为2016年4月至2017年4月。2016年3月31日,保运公司与铜鑫公司签订的《运输协议》,约定由保运公司承运铜鑫公司经营范围内的危险货物,由铜鑫公司指定装车地运至铜鑫公司。2016年6月17日,与铜鑫公司签订有《含汞废物业务提成合作协议》的张××代表铜鑫公司委托董××将两车废汞触媒运到铜鑫公司。董××遂联系一家货运部,由毛××(跟车人范××)驾驶车牌号为豫AV5910的货车(该车无运输化学危险废物资质)将39.05吨的废汞触媒从东兴公司运出,2016年6月19日行至河南省洛宁县时,将上述车辆上的39.05吨废汞触媒直接倾倒至河南省洛阳市洛宁县底张乡大阳村碧水源公司院内。在倾倒、存放过程中,部分废物包装破损,危险废物散落在地,现场未采取防护措施。

2016年6月19日下午,接到群众举报后,河南省环境保护厅指示洛阳市环境保护局与洛阳市公安局、洛宁县公安局、洛宁县环境保护局组成联合调查组,到现场进行查处。洛宁县环保局对碧水源公司院内暂存的废汞触媒采取了防渗漏、防扩散、防流失措施,包括建围挡、聘用专人全天候看护现场、雇用专人专车进行排查等。

原告社会责任中心于2016年8月19日向本院提出先予执行申请,请求依法裁定被告铜鑫公司先行采取措施,将其非法倾倒在碧水源公司院内的危险废物依法安全转移,消除其非法倾倒现场的环境污染风险,对受损环境恢复原状并裁定所有被告先行支付已发生的经济损失30万元和即将发生的安全防护、看护费等实际费用,合计暂定50万元。本院于2016年8月19日作出(2016)豫03民初253号民事裁定书,裁定铜鑫公司立即将其非法倾倒在碧水源公司院内的危险废物依法安全转移。2016年8月20日,铜鑫公司对非法倾倒在碧水源公司院内的危险废物进行装车,至当晚10点装载完毕。8月21日下午14点20分,装载该危险废物的车辆起运,晚21点30分驶离河南省。

本案诉讼期间,原告社会责任中心委托河南农业大学资源与环境学院杨××副教授、赵×教授、化××教授三位专家，通过对现场进行勘察、采集土壤样品、对土壤样品进行检测，作出《洛宁县废汞触媒倾倒事件对周边土壤环境污染损害评价报告》(以下简称损害评价报告)，报告显示，彩钢棚内的六个点位中有三个点位表层土壤均达到重度污染等级，一个点位表层土壤达到轻微污染等级，剩余两个点位的表层土壤检测值虽未达到污染等级，但含量明显高于对照点位的检测值，分别为对照点位含量的35.85倍和29.95倍，表明土壤也已受到明显的损害；次层土壤中有两个点位土壤达到土壤污染等级，分别为轻度污染等级和轻微污染等级，四个点位次层土壤虽未达到污染等级，但含量明显高于对照点位的检测值，分别为对照点位含量的16.1倍、16.82倍、13.77倍、17.35倍，表明该层土壤已受到明显的损害。彩钢棚外的九个点位中有四个点位表层土壤均达到土壤污染等级，其中一个点位表层土壤达到重度污染等级，其余五个点位表层土壤监测值未达到污染等级，但含量明显高于对照点位的检测值，分别为对照点位含量的41.3倍、9.75倍、12.85倍、7.05倍，11.8倍，表明土壤已受到明显的损害；对于彩钢棚外九个点位的次层土壤中有一个点位达到土壤污染等级，为中度污染，其余点位均未达到土壤污染等级，但有六个点位土壤中汞含量明显高于对照点位的检测值，分别为对照点位含量的14.13倍、11.85倍、7.31倍、7.15倍、1.95倍、28.45倍，表明土壤已受到明显的损害。形成的结论包括：一、本次洛宁县废汞触媒倾倒事件发生后，根据评价区域土壤重金属Hg含量明显升高的监测结果，表明该事件已造成了该区域的土壤生态环境损害；二、此次洛宁县废汞触媒倾倒事件导致受影响区域地表有明显的汞解媒颗粒及粉末(外来物)散落、土壤Hg含量明显升高，由此证明废汞触媒倾倒是造成该区域土壤汞含量超标、生态功能损害的直接原因；三、此次洛宁县废汞触媒倾倒事件发生后，根据监测点位土壤Hg含量的监测结果，评价区域的土壤Hg含量值明显高于对照点位Hg含量，而此次废汞触媒的主要成分是$HgCl_2$，与土壤Hg含量升高有直接关联。基于上述生态环境损害评价方法选择原则，本次洛宁县废汞触媒倾倒事件所涉及区域的土壤修复满足：恢复的环境及其生态系统服务与受损的环境及其生态系统服务具有同等或可比的类型和质量、恢复行动符合成本有效性原则等两个基本条件，土壤生态环境损害评价方法以替代等值分析方法中的服务等值分析方法。针对本次洛宁县废汞触媒倾倒事件的主要问题是土壤重金属Hg含量明显升高，涉及区域的土壤基本恢复方案可选择人工恢复措施。初步筛选修复方案为：对事故区域地表进行认真清理，将地表散落的颗粒状及粉状汞触媒彻底清除干净，并按危险固废的相关要求由肇事方进行处置。受污染土壤采用客土法修复方式完成，即将污染土壤铲除后按危险品安全填埋，并从周边区域采取未污染土壤进行回填。进一步调查监测土壤受影响区的范围(水平与垂直)，并在此基础确定相应的治理方案。根据现有监测数据，此次事件所造成的污染土壤，达到污染等级的水平范围为彩钢棚内(东西向6米)及棚外5米的区域，面积共计：$15m \times (6m + 5m) = 165m^2$。按最大污染深度为50厘米计算，污染土壤的体积为 82.5 立方米。棚东侧 5 米至东墙一共 10 米,南北 15 米的区域为受影响区,按受影响深度为 25 厘米计算,需要处置的土方数为 15m×10m×0.25m× =37.5 立方米。合计需处置的土方为:82.5+37.5=120(立方米)。按危险品安全填埋 0.38 万元/方的费用(含回填费用)计算,污染土壤的处置费用为 120 ×0.38=45.6(万元)。最后,环境损害费用主要由两部分组成,即土壤环境监测费用及土壤修复费用。土壤环境详细调查费用 2.688 万元;土壤修复费用由污染土壤的安全清运与未污染土壤回填两部分组成,合计 45.6 万元。总费用为 48.288 万元。

原告社会责任中心已支付专家费用 2 万元,另有 3 万元未支付。

另查明,原告与代理本案的河南×××律师事务所签订的委托合同书约定本案的律师费为 10 万元,包括律师办案实际费用在内,不再另行收取。

洛宁县环境保护局为处理此次废汞触媒倾倒事件垫付彩钢房款 31 200 元($216m^2$ × 120 元/ m^2);值班人员工资 136 400 元(共 13 人,累计天数 62 天)。2016 年 8 月 21 日,洛宁县环境保护局向铜鑫公司出具收条:"今收到铜仁市铜鑫汞业有限公司交来危废滞留洛宁期间防护、看护费暂收叁万元整。"

还查明,河南省企业社会责任促进中心原名称为河南省民营企业社会责任促进中心,于 2010 年 12 月 30 日在河南省民政厅登记成立,2014 年 7 月 7 日变更为现名称。

庭审中,应原告申请,洛宁县环境监察大队大队长祁晓阳作为证人出庭作证,对本案非法倾倒汞触媒危险废物的基本情况、应急处置过程、环境损害后果及修复方案等作了说明,并接受各方当事人询问。经原告申请,本院通知专家杨××、化××出庭,就损害评价报告接受各方当事人询问。

上述事实由经依法质证的下列证据证实:社会责任中心的民办非企业单位登记证书、组织机构代码证、章程、年度检查报告书(2011 年度~2015 年度)、无违法记录的声明书、洛阳市固体废物管理中心对张××、铜鑫公司总经理唐××的调查询问笔录、洛阳市环境监察支队对毛××、范××等的调查询问笔录、毛××、范××陈述事情经过、危险废物转移联单、东兴公司与铜鑫公司签订的《固废委托处理合同》、铜鑫公司与保运公司签订的《运输协议》、洛阳市环境保护局现场检查(勘察)笔录、涉案危险废物卸载现场照片、2016 年 7 月 1 日河南省环境监测中心监测报告、"6·19 危险废物值班人员工资表"、彩钢房施工人吕××出具的收条、专家出具的损害评价报告、2016 年 7 月 25 日洛阳市环境保护局致河南省环保厅《关于 6·19 非法转运汞触媒危险废物的调查报告》、专家费收据、委托合同数、铜鑫公司提交的《含汞废物业务提成合作协议》、收条、东兴公司提交的派车单等证据。

根据双方当事人起诉、答辩情况,并征询当事人意见,本院归纳争议焦点为:一、社会责任中心是否具备原告资格?二、是否应追加董××、张××、碧水源公司为本案被告?三、本案中危险废物倾倒地及周边环境目前是否存在环境损害及各被告应否承担责任及如何承担责任？四、本案环境处置费用、看护费用、律师费及其他损失，费用是多少？应由谁负担？

关于原告社会责任中心的主体资格是否适格问题。本院认为：本案系社会组织提起的环境污染公益诉讼。为保障公众有序参与环境治理、确立和救济公众环境权益、依法追究侵权行为人法律责任，民事诉讼法第五十五条规定了环境民事公益诉讼制度，明确法律规定的机关和有关组织可以提起环境公益诉讼。环境保护法第五十八条规定，“对污染环境、破坏生态、损害社会公共利益的行为，符合下列条件的社会组织可以向人民法院提起诉讼：（一）依法在设区的市级以上人民政府民政部门登记；（二）专门从事环境保护公益活动连续五年以上且无违法记录。符合前款规定的社会组织向人民法院提起诉讼，人民法院应当依法受理。”《最高人民法院关于审理环境民事公益诉讼案件适用法律若干问题的解释》（以下简称环境公益诉讼司法解释）第四条规定“社会组织章程确定的宗旨和主要业务范围是维护社会公共利益，且从事环境保护公益活动的，可以认定为环境保护法第五十八条规定的‘专门从事环境保护公益活动’。社会组织提起的诉讼所涉及的社会公共利益，应与其宗旨和业务范围具有关联性”。故，对于本案社会责任中心是否可以作为“专门从事环境保护公益活动”的社会组织提起本案诉讼，应重点从其宗旨和业务范围是否包含维护环境公共利益，是否实际从事环境保护公益活动，以及所维护的环境公共利益是否与其宗旨和业务范围具有关联性等三个方面进行审查：第一，关于社会责任中心章程规定的宗旨和业务范围是否包含维护环境公共利益的问题。社会责任中心2010年章程规定的宗旨包括“引导促进民营企业树立科学的、可持续性的发展理念，积极承担并履行企业社会责任”，业务范围包括“为民营企业履行社会责任工作提供政策咨询、教育培训和宣传策划服务，组织开展有关企业社会责任的理论研讨和学习交流活动”，该章程第二条明确规定企业社会责任包括对环境的责任。2014年章程规定的宗旨包括“促进生态文明建设”，业务范围包括“注重对企业在资源节约、节能减排、安全生产等方面的履责情况进行评估和指导，以减小企业决策对环境的负面影响，并带动社会各界参与到社会环境责任建设中来”。以上均显示该中心的宗旨和主要业务范围包括维护社会公共利益，故应认定其宗旨和业务范围包含维护环境公共利益内容；第二，关于社会责任中心是否实际从事环境保护公益活动的问题。社会责任中心提交的最近5年的《年度检查报告书》显示，其起草了《河南省民营企业社会责任发展导则（征求意见稿）》，包含强调企业对环境等利益相关者应承担的责任，探索不以牺牲生态和环境为代价的三化协调发展的中原经济区建设新路径，召开了“6·5世界环保日环保责任宣讲”，举办了“高污染企业如何履行企业社会责任分享会”“要工业、要生态？——2014年河南工业经济行业企业社会责任培训班”等活动。本院认为，与生态环境保护有关的宣传教育、研究培训、学术交流等活动有利于完善环境治理体系，提高环境治理能力，促进全社会形成环境保护广泛共识,属于环境保护公益活动,因此原告提交的证据可以证明其从事了环境保护公益活动,符合环境保护法和环境公益诉讼法司法解释的规定。同时,上述证据亦证明该中心从事环境保护公益活动的时间已满五年,符合环境保护法第五十八条关于社会组织应从事环境保护公益活动连续五年以上的规定;第三,关于本案所涉及的社会公共利益与社会责任中心的宗旨和业务范围是否具有关联性的问题。本案环境公益诉讼系针对废汞触媒倾倒事件提起,社会责任中心起诉认为五被告违规倾倒废汞触媒,给当地的土壤等生态环境造成严重威胁,所涉及的环境公共利益之维护属于社会责任中心的宗旨和业务范围。此外,社会责任中心的登记证书可以证明,其是在河南省民政厅登记的民办非企业单位;社会责任中心还提交了其五年内未因从事业务活动违反法律、法规的规定而受到行政、刑事处罚的无违法记录声明。据此,社会责任中心具备提起环境民事公益诉讼的主体资格。综上,本院认为,各被告认为原告不具备提起环境民事公益诉讼的主体资格的理由不能成立。

关于本案是否需要追加董××、张××、碧水源公司为共同被告的问题。本院认为,原告根据侵权责任法第十三条之规定"法律规定承担连带责任的,被侵权人有权请求部分或者全部连带责任人承担责任",选择以铜鑫公司等五方当事人为被告提起诉讼是原告的权利,且本案中的相关事实已经过多级环保部门调查证实,不追加董××、张××、碧水源公司为被告不影响本案的审理。且张××对外代表铜鑫公司回收含汞废物,相应民事责任应由铜鑫公司承担。故本案原告仅起诉部分侵权人未违反法律规定。因此本案不需要追加董××、张××、碧水源公司为共同被告。

关于本案第三个争议焦点,即危险废弃物倾倒地及周边环境目前是否存在环境损害及各被告应否承担责任及如何承担责任等问题。本院认为,废汞触媒时废弃的含汞催化剂,因含有高浓度 $HgC1_2$ 具有毒性而被列入《国家危险废物名录》(类别为"HW29 含汞废物",废物代码"900 - 022 - 29",危险特性"T"),易溶于水,高温情况下可以转化为单质汞挥发到周围环境中,对人的人身、财产安全构成危险并造成生态破坏。本案审理过程中,原告委托专家作出损害评价报告并经过庭审质证,出具报告的杨××、赵×、化××均具有高级职称,并具有相关专业能力,勘察采样全面、客观、具有代表性,该报告足以认定本次废汞触媒倾倒事件已造成了该区域土壤生态环境损害,且倾倒事件与损害结果之间具有关联性。

侵权责任法第六十五条规定,因污染环境造成损害的,污染者应当承担侵权责任;第六十六条规定,因污染环境发生纠纷,污染者应当就法律规定的不承担责任或者减轻责任的情形及其行为与损害之间不存在因果关系承担举证责任。固体废物污染环境防治法第八十六条规定,因固体废物污染环境引起的损害赔偿诉讼,由加害人就法律规定的免责事由及其行为与损害结果之间不存在因果关系承担举证责任。上述规定均体现了环境侵权责任的无过错归责原则和举证责任倒置原则,即不考虑环境侵权人是否存在过错，只要其行为与造成的环境损害之间存在因果关系，就应当对其造成的环境损害结果承担侵权责任。在本案审理期间，各被告均未就法律规定的不承担责任或者减轻责任的情形及其行为与损害之间不存在因果关系进行举证。本案中，被告铜鑫公司虽有危险废物经营许可证，但却放任张××以铜鑫公司名义将废汞触媒交由不具有危险废物运输资质的人员及车辆运输，导致本案废汞触媒倾倒事故的发生。事故发生以后，铜鑫公司并未按照环境保护主管部门的要求及时改正违法行为、采取处置措施，导致废汞触媒滞留现场长达两个月，铜鑫公司对事故的发生应承担责任。被告东兴公司作为产生废汞触媒的单位，明知铜鑫公司用来运输废汞触媒的车辆不具有运输危险废物资质，仍将危险废物交付运输，对事故的发生也应承担责任。被告毛××、范××不具有危险废物运输资质，却擅自运输危险废物，造成对环境具有较强危害性的废汞触媒被非法倾倒，应对所造成的环境损害后果承担侵权责任。被告毛××辩称"当时告知我们的是活性炭，我们是在不知情的情况下才用普通货车装货的"，因本案倾倒现场的废汞触媒包装袋标签已显示"危险废物""化学名称：低汞触媒""主要成分：汞""危险情况：易中毒"等，因此对毛××的上述辩解，本院不予采信。被告保运公司辩称其对事故的发生不知情，不应承担责任，本院认为，没有充分证据证明保运公司参与本次事故，保运公司的答辩理由成立。

关于被告如何承担责任问题。根据侵权责任法第八条规定："二人以上共同实施侵权行为，造成他人损害的，应当承担连带责任。"环境公益诉讼司法解释（该条应为《最高人民法院关于审理环境侵权责任纠纷案件适用法律若干问题的解释》（以下简称《环境侵权司法解释》第2条。——编者注）第二条规定：两个以上污染者共同实施污染行为造成损害，被侵权人根据侵权责任法第八条请求污染者承担连带责任的，人民法院应予支持。环境公益诉讼司法解释（该条应为《最高人民法院关于审理环境侵权责任纠纷案件适用法律若干问题的解释》（以下简称《环境侵权司法解释》第2条。——编者注）被告铜鑫公司、东兴公司、毛××、范××等共同实施侵权行为，致使发生本案环境污染事故，对本案环境污染应当承担连带侵权责任。

关于被告应承担责任的方式问题。环境公益诉讼司法解释第二十条规定："原告请求恢复原状的，人民法院可以依法判决被告将生态环境修复到损害发生之前的状态和功能。无法完全修复的，可以准许采用替代性修复方式。人民法院可以在判决被告恢复生态环境的同时，确定被告不履行修复义务时应承担的生态环境修复费用；也可以直接判决被告承担生态环境修复费用。生态环境修复费用包括指定、实施修复方案的费用和监测、监管等费用。"第二十三条规定："生态环境修复费用难以确定或者确定具体数额所需鉴定费用明显过高的，人民法院可以结合污染环境、破坏生态的范围和程度、生态环境的稀缺性、生态环境恢复的难易程度、防治污染设备的运行成本、被告因侵害行为所获得的利益以及过错程度等因素，并可以参考负有环境保护监督管理职责的部门的意见、专家意见等，予以合理确定。”因此，本案被告应承担环境修复责任，如不履行环境修复义务，应当承担环境修复费用，具体数额以损害评价报告计算为准，即环境损害费用主要有两部分组成，即土壤环境监测费用及土壤修复费用。土壤环境详细调查费用2.688万元，土壤修复费用45.6万元，环境损害费用合计为48.288万元。关于本案5万元专家费，主要是为了解决是否存在环境损害、是否需要修复环境，以及确定修复的方案和费用等，对此部分支出，根据环境公益诉讼司法解释第二十条第三款规定：“生态环境修复费用包括制定、实施修复方案的费用和监测、监管等费用。”因此，专家费用属于环境修复费用的范畴，该部分费用应由被告承担。

关于本案第四个争议焦点，即环境处置费用、看护费用、律师费及其他损失的多少应由谁负担的问题，根据环境保护法第五条规定：“环境保护坚持保护优先、预防为主、综合治理、公众参与、损害担责的原则。”第六条第三款规定：“企业事业单位和其他生产经营者应当防止、减少环境污染和生态破坏，对所造成的损害依法承担责任。”《国家突发环境事件应急预案》6.2条规定：“突发事件应急处置所需经费首先由事件责任单位承担”。环境公益诉讼司法解释第十三条规定：“人民法院应当根据被侵权人的诉讼请求以及具体案情，合理判定污染者承担停止侵害、排除妨碍、消除危险、恢复原状、赔礼道歉、赔偿损失等民事责任。”（该条应为《最高人民法院关于审理环境侵权责任纠纷案件适用法律若干问题的解释》第13条。——编者注）本案中，洛宁县环境保护局在倾倒事故放生后，在倾倒现场搭建了彩钢房，并委托专人看护。洛宁县环境保护局为处理此次废汞触媒倾倒事件垫付彩钢房款31 200元，本院予以支持；关于看护费用，本案酌定按每天三班，每班二人，共62天，每人每天150元计算，合计55 800元。上述费用属于突发事件应急处置所需经费，原告该项请求本院予以支持。铜鑫公司已支付的3万元应当予以扣减。关于洛阳市固体废物管理中心，洛宁县环境保护局支出的差旅费等，属于环保部门职责范围内的正常行政开支，不应属于本案的民事赔偿范围，对该部分费用本院不予支持。环境公益诉讼司法解释第二十二条规定：“原告请求被告承担检验、鉴定费用，合理的律师费以及为诉讼支出的其他合理费用的，人民法院可以依法予以支持。”本案原告请求被告支付律师费10万元，未超过《河南省律师协会律师服务收费行业指导意见》及《河南省律师服务收费行业指导标准》规定的收费幅度，因此，对于原告的该项请求，本院予以支持。

综上，本院认为，被告铜鑫公司、东兴公司、毛××、范××非法处置危险废物，造成了环境污染和生态破坏的结果，且二者之间存在因果关系，应该承担对生态环境进行修复的法律责任。庭审中原告社会责任中心明确表示由于本案涉案的废汞触媒已运离河南省，对诉状中的第一条诉讼请求即要求被告铜鑫公司立即排除危害，将其非法倾倒的危险废弃物依法安全转移或承担相应的代履行费用不再主张。本院认为，原告所称属实，对原告放弃该诉讼请求予以准许。综上，依照《中华人民共和国侵权责任法》第八条、第十三条、第六十五条、第六十六条,《中华人民共和国环境保护法》第五十八条,《最高人民法院关于审理环境民事公益诉讼案件适用法律若干问题的解释》第十八条、第二十条、第二十一条和第二十二条,《最高人民法院关于审理环境侵权责任纠纷案件适用法律若干问题的解释》第二条、第十三条、第二十二条之规定,判决如下:

一、被告铜仁市铜鑫汞业有限公司于本判决生效后三个月内将位于河南省洛阳市洛宁县底张乡大阳村洛阳碧水源农业技术开发有限公司院内倾倒废汞触媒污染及损害区域恢复原状,消除影响,将地表散落的颗粒状及粉状汞触媒触底清除干净,并依法进行处置,对受污染土壤采取客土法修复方式完成,即将污染土壤铲除后,从周边区域采取未污染土壤进行回填。如被告铜仁市铜鑫汞业有限公司在上述期限内未履行该义务,则应立即向本院指定账户支付环境修复费用48.288万元,作为代履行费用;

二、被告铜仁市铜鑫汞业有限公司于本判决生效后十日内向原告河南省企业社会责任促进中心支付专家费5万元;

三、被告铜仁市铜鑫汞业有限公司于本判决生效后十日内向本院指定账户支付环保部门为防止损失扩大支出的必要费用5.7万元(彩钢房费3.12万元,看护费5.58万元,减去铜仁市铜鑫汞业有限公司支付给洛宁县环境保护局的3万元);

四、被告铜仁市铜鑫汞业有限公司于本判决生效后十日内向原告河南省企业社会责任促进中心支付律师费10万元;

五、被告内蒙古伊东集团东兴化工有限责任公司、毛××、范××对本判决第一项、第二项、第三项、第四项承担连带责任;

六、驳回原告河南省企业社会责任促进中心的其他诉讼请求。

如果未能按本判决指定的期间履行给付金钱义务,应当依照《中华人民共和国民事诉讼法》第二百五十三条之规定,加倍支付迟延履行期间的债务利息。

案件受理费7300元,保全费3020元,合计10 320元,由被告铜仁市铜鑫汞业有限公司、内蒙古伊东集团东兴化工有限责任公司、毛××、范××共同承担。

如不服本判决,可在判决书送达之日起十五日内,向本院递交上诉状,并按对方当事人的人数提出副本,上诉于河南省高级人民法院。

审　判　长　刘　宝
审　判　员　关若泰
审　判　员　张　蕾
二〇一六年十二月十三日
书　记　员　李艺霞

5. 中华环保联合会诉陈××等环境污染责任纠纷案

苏州中院于 2016 年 3 月 29 日立案,于 2016 年 3 月 30 日公告了案件受理情况。于 2016 年 8 月 11 日开庭审理,于 2016 年 9 月 26 日一审判决。

民事起诉状

原告:中华环保联合会,负责人谢玉红,住所地:略。

被告:陈××,信人信息略。

被告:马××,信人信息略。

诉讼请求

1. 请求判令被告支付生态环境修复费用共计 130 173.75 元至昆山市环保公益金专用账户;

2. 请求判令被告承担本案诉讼费、律师费及其他合理费用。

事实及理由

2014 年 8 月至 2015 年 2 月 4 日,被告陈××、马××夫妻在昆山市张浦镇增光村杨树庄 22 号民房内非法从事电镀加工,该电镀加工店未经环保审批,无工商营业执照,无电镀废水处理设施,并将含有重金属铬、锌的废水未经处理直接排放于外环境。昆山市环境监察站出具的水质监测报告显示,滚镀车间南侧水泥台边排放管外排水水样总铬浓度 9.26mg/L,总锌浓度为 154mg/L,均严重超过《电镀污染物排放标准》(GB 21900—2008)的 18 倍和 154 倍。两被告的行为已经严重污染环境,且废水被排入中心河道,其所造成的污染已无法通过修复工程完全恢复至原来的生态环境。

经昆山市价格认定中心认定,被告排放废水的治理成本为 175 元/吨。根据环境保护部《环境损害鉴定评估推荐方法(第Ⅱ版)》第 A.2.3 条与《突发环境事件应急处置阶段环境损害评估推荐方法》附 F 之规定,以及昆山市环保局关于受污染地表水功能区划属于Ⅳ类水质目标之说明,应当以虚拟治理成本的 4.5 倍作为环境损害数额,即为 130 173.75 元。

《中华人民共和国侵权责任法》第六十五条规定:因环境污染造成损害的,污染者应当承担侵权责任。两被告的行为给生态环境造成了严重的污染,极大侵害了社会公共利益,原告作为专门从事环境保护公益活动的组织,特向贵院提起诉讼,请求判如所请。

此呈

苏州市中级人民法院

原告:中华环保联合会

日期:缺

支持起诉申请书

申 请 人:中华环保联合会,负责人谢玉红,住所地:略。

被申请人:陈××,个人信息略。

被申请人:马××,个人信息略。

申请事项

请求贵院支持申请人对被申请人依法提起环境公益诉讼。

事实及理由

2014年8月至2015年2月4日,被申请人陈××、马××夫妻在昆山市张浦镇增光村杨树庄22号民房内非法从事电镀加工,该电镀加工店未经环保审批,无工商营业执照,无电镀废水处理设施,并将含有重金属铬、锌的废水未经处理直接排放于外环境。昆山市环境监察站出具的水质监测报告显示,滚镀车间南侧水泥台边排放管外排水水样总铬浓度为9.26mg/L,总锌浓度为154mg/L,均严重超过《电镀污染物排放标准》(GB 21900—2008)的18倍和154倍。两被申请人的行为已经严重污染环境,且废水被排入中心河道,其所造成的污染已无法通过修复工程完全恢复至原来的生态环境。

经昆山市价格认定中心认定,被申请人排放废水的治理成本为175元/吨。根据环境保护部《环境损害鉴定评估推荐方法(第Ⅱ版)》第A.2.3条与《突发环境事件应急处置阶段环境损害评估推荐方法》附F之规定,以及昆山市环保局关于受污染地表水功能区划属于Ⅳ类水质目标之说明,应当以虚拟治理成本的4.5倍作为环境损害数额,即为130 173.75元。

《中华人民共和国侵权责任法》第六十五条规定:因污染环境造成损害的,污染者应当承担侵权责任。两被申请人的行为给生态环境造成了严重污染,极大侵害了社会公共利益,申请人作为专门从事环境保护公益活动的组织,拟对被申请人提起环境公益诉讼。兹依据《中华人民共和国民事诉讼法》第十五条之规定,向贵院申请支持起诉,请求贵院予以支持。

此呈

昆山市人民检察院

申请人:中华环保联合会
日期:缺

江苏省苏州市中级人民法院
民事判决书

(2016)苏05民初232号

原　　　　告:中华环保联合会,住所地:略。
主 要 负 责 人:谢××,该会副秘书长。
委托诉讼代理人:刘××、江苏省××律师事务所律师。
委托诉讼代理人:姚××,江苏省××律师事务所实习律师。
被　　　　告:陈××,个人信息略。
委 托 代 理 人:邓××,江苏××律师事务所律师。
委 托 代 理 人:瞿×,江苏××律师事务所律师。
被　　　　告:马××,个人信息略。
委 托 代 理 人:邓××,江苏××律师事务所律师。
委 托 代 理 人:瞿×,江苏××律师事务所律师。

原告中华环保联合会与被告陈××、马××环境民事公益诉讼纠纷一案,本院于2016年3月29日立案受理后,依法适用普通程序,于2016年3月30日公告了案件受理情况。本院于2016年8月11日公开开庭审理了本案。原告中华环保联合会委托诉讼代理人刘××、姚××,被告陈××、马××委托诉讼代理人邓××到庭参加诉讼。昆山市人民检察院向本院提交书面意见,协助原告调查取证,支持提起公益诉讼,指派检察员赵庆参加庭审,本案现已审理终结。

原告中华环保联合会向本院提出诉讼请求:1.被告陈××、马××支付生态环境修复费用130 173.75元至昆山市环保公益金专用账户;2.被告陈××、马××支付本案原告律师费10 000元。事实和理由:2014年8月至2015年2月4日,被告陈××、马××在昆山市张浦镇增光村杨树庄22号民房内非法电镀,并将含有重金属铬、锌的废水未经处理非法排放于外环境,造成严重环境污染。昆山市环境监测站出具的监测报告显示,被告陈××、马××非法电镀车间南侧水泥台边排放管外排水水样,总铬、总锌含量分别为9.26mg/L、154mg/L,均超过《电镀污染物排放标准》(GB 21900—2008)的18倍、154倍。被告陈××、马××的上述行为已经造成污染环境的后果,极大危害了社会公共利益,原告中华环保联合会作为专门从事环境保护公益活动的组织,特提起环境民事公益诉讼。

昆山市人民检察院支持起诉称,陈××、马××未经环保审批,从事非法电镀作业,并将含有重金属铬、锌的废水非法排放至外环境,造成严重环境污染。根据《中华人民共和国环境保护法》第六十四条、《中华人民共和国侵权责任法》第六十五条、《中华人民共和国民事诉讼法》第十五条等规定,中华环保联合会对陈××、马××提起环境民事公益诉讼,符合法律规定,昆山市人民检察院决定支持起诉。

被告陈××、马××辩称,两被告从事非法电镀加工,破坏了生态环境,危害了社会,两被告借此也向社会、法庭表示深深歉意并愿意接受相应处罚。两被告实际已经接受刑事处罚,其中陈××被判处有期徒刑一年,刚刚服刑期满,马××判处有期徒刑,实际执行缓刑一年半,目前也没有正常收入职业,鉴于两被告实际经济收入情况,对于原告主张的赔偿数额,两被告认为计算合理,但是实际承担非常困难。在法庭审理时,希望考虑被告实际情况,给予宽松处理。

当事人围绕诉讼请求依法提交了证据,本院组织当事人进行了证据交换和质证。对当事人无异议的证据,本院予以确认并在卷佐证。对有争议的证据,本院认定如下:被告陈××、马××对原告提供的"昆山市环境保护局(以下简称"昆山环保局")环境监察现场检查笔录""昆山市环境监测站检测报告"的真实性没有异议,但对关联性有异议;被告陈××、马××对原告提供的"昆价认〔2016〕2号关于工业污水处理费用的价格认定结论书",对治理成本的计算没有异议,但对赔偿数额有异议;被告陈××、马××对原告提供的"昆山市张浦自来水有限公司用户历史数据查询报表""昆山市张浦自来水有限公司的情况说明""昆山市人民检察院调查笔录(金××2016年2月26日)"真实性没有异议,但认为自来水用水量并不等于污水排放量。本院认为,原告提供的上述证据依其反映的内容和证明目的与本案具有关联性,且符合合法性、真实性要件,应予认定。

本院经审理查明,2014年8月至2014年2月4日,陈××、马××在昆山市张浦镇增光村杨树庄22号民房内从事非法电镀加工,并将含有重金属铬、锌等有毒物质的废水未经处理非法排放至外环境。昆山市环境监测站出具的监测报告显示,陈××、马××非法电镀车间南侧水泥台边排放管外排水水样,总铬、总锌含量分别是9.26mg/L、154mg/L,超过《电镀污染物排放标准》(GB 21900—2008)的18倍、154倍。2015年9月23日,昆山市人民法院作出(2015)昆环刑初字第0004号判决,认定陈××、马××违反国家规定,排放有毒物质,严重污染环境,其行为构成刑事犯罪,判处陈××有期徒刑一年,并处罚金人民币二万元,判处马××有期徒刑一年,缓刑一年六个月,并处罚金一万元。

经昆山市环境保护局委托,昆山市价格认定中心对涉案污水处理费用进行价格认定,并出具昆价认(2016)2 号关于工业污水处理费用的价格认定结论书,认定涉案污水费用每吨的处理费用为 175 元(其中药剂费用 30 元/吨,污泥处理费用 35 元/吨,人工 5 元/吨,电费 5 元/吨,运输费用 100 元/吨)。

本院认为,污染者应当对其造成的环境污染承担赔偿责任。本案中陈××、马××非法从事电镀作业,并将含有重金属铬、锌的废水未经处理非法排放至外环境,造成严重环境污染,应当依法承担环境修复责任。

原告认为涉案生态环境修复费用的计算应当采用“虚拟治理成本法”,即以污染物排放量与单位污染物虚拟治理成本的乘积作为虚拟治理成本,再乘以一定倍数作为生态环境修复费用数额。本院认为,依据环境保护部《环境损害鉴定评估推荐办法(第Ⅱ版)》第 A.2.3 条与《突发环境事件应急处置阶段环境损害评估推荐办法》附 F 之规定,所谓虚拟治理成本,是指按照现行的治理技术和水平治理排放到环境中的污染物所需要的支出,即污染排放量与单位污染物虚拟治理成本的乘积。在量化生态环境损害时,可以根据受污染影响区域的环境敏感程度乘以一定倍数作为环境损害数额的上下限值。经审查,本案中原告主张的生态环境修复费用计算方式符合上述规定,且两被告对此亦无异议,本院予以支持,涉案生态环境修复费用具体认定如下:

第一,关于污染排放量的计算,原告认为,依据昆山市张浦自来水有限公司用户历史数据查询报表、昆山市张浦自来水有限公司的情况说明、昆山市人民检察院调查笔录(金××2016 年 2 月 26 日),2014 年 8 月至 2015 年 2 月 4 日,被告污水排放量为 165.3 吨。两被告认为,原告主张的污水排放量依据主要是同期自来水使用量,也就意味着污水排放量同自来水使用量是相等的。从生活常识可以明确,电镀过程中水本身要蒸发的,实际污水排放量理论讲肯定小于自来水使用量。本院认为,原告对其主张的污染排放量已经提供了初步证据,被告认为污染排放量并不等同于自来水使用量,但对实际污水排放数量、计算方式等,未提供证据予以证实,应当承担不利的后果。另,按照一般社会经验,电镀作业需要消耗大量用水,蒸发水量与用水量相差悬殊,原告主张以自来水使用量来计算污水排放量相对合理,接近真实的污水排放量。故本院认定 2014 年 8 月至 2015 年 2 月 4 日,两被告污水排放量为 165.3 吨。

第二,关于单位污染物虚拟治理成本的认定。原告认为,依据昆价认〔2016〕2 号关于工业污水处理费用的价格认定结论书,涉案污水每吨的处理费用为 175 元。两被告对治理成本的计算没有异议,故本院认定涉案污水处理费用为 175 元/吨。

第三,关于虚拟治理成本倍数的确定。原告认为,根据昆山市环保局出具的情况说明,本案所涉污染场地地表水功能区划属于Ⅳ类水质目标,生态环境损害费用应当以虚拟治理成本的 4.5 倍计算。两被告对此并无异议,本院予以认定。

综上,原告诉请的涉案生态环境修复费用 130 173.75 元(165.3 吨×175 元/吨×4.5倍),具有事实和法律依据,本院予以支持。

另,《最高人民法院关于审理环境民事公益诉讼案件适用法律若干问题的解释》第二十二条规定,原告请求被告承担检验、鉴定费用、合理的律师费以及为诉讼支出的其他合理费用的,人民法院可以依法予以支持。原告要求两被告支付的律师费10 000元,系原告因诉讼而产生费用,金额亦未超出合理范围,且有聘请律师合同及发票等证据予以证实。故本院依法对原告诉请的律师费10 000元予以支持。

综上,本院认定涉案生态环境修复费用130 173.75元、律师费10 000元,合计人民币140 173.75元,由被告陈××、马××承担。据此,依据《中华人民共和国环境保护法》第六十四条、《中华人民共和国侵权责任法》第六十五条、《最高人民法院关于审理环境民事公益诉讼案件适用法律若干问题的解释》第十八条、第二十条、第二十二条之规定,判决如下:

被告陈××、马××于本判决发生法律效力之日起十日内向昆山市环境保护公益金专用账户(户名:昆山市环境保护公益联合会,账号略,开户行略)支付生态环境修复费用130 173.75元、律师费10 000元,合计人民币140 173.75元。

如果没有按照本判决指定的期限履行给付金钱义务,应当按照《中华人民共和国民事诉讼法》第二百五十三条的规定,加倍支付迟延履行的债务利息。

案件受理费人民币3104元,由被告陈××、马××负担。该款项由原告中华环保联合会预交,被告陈××、马××在履行本判决时一并支付至昆山市环境保护公益基金专用账户。

如果不服本判决,双方当事人可在本判决书送达之日起十五日内,向本院递交上诉状,并按对方当事人的人数提出副本,上诉于江苏省高级人民法院。根据国务院《诉讼费用缴纳办法》所规定的相关标准交纳相应的上诉费用(交于江苏省高级人民法院帐户:开户行略,账号略)。

审　判　长　潘　亮
审　判　员　孙　莹
代理审判员　姜雨昊
二〇一六年九月二十六日
书　记　员　陆慧娟

6. 北京市朝阳区自然之友环境研究所、广东省环境保护基金会诉广东南岭森林景区管理有限公司等生态破坏责任纠纷案

2016 年 1 月 28 日,北京市朝阳区自然之友环境研究所向清远中院提交起诉材料,法院于 2016 年 3 月 4 日立案;在案件受理公告期内,广东省环境保护基金会申请作为共同原告加入诉讼,并申请追加广东省乳阳林业局为被告;2016 年 4 月 8 日,证据交换;2016 年 12 月 29 日,清远中院开庭审理本案,原、被告各方在法院主持下进行法庭调解,并达成调解协议;2017 年 1 月 5 日,清远中院发出调解公告。2017 年 3 月 2 日,自然之友签收调解书。

民事起诉状

原　　告:北京市朝阳区自然之友环境研究所(以下简称自然之友),住所地:略。

法定代表人:张××,职务:副总干事。

支持起诉单位:中国政法大学环境资源法研究和服务中心(又称"中国政法大学污染受害者法律帮助中心"),地址:略。

负 责 人:王××,职务:主任。

支持起诉单位:广州市越秀区鸟兽虫木自然保育中心,住所地:略。

法定代表人:彭××,职务:负责人。

被　　告:广东南岭森林景区管理有限公司(以下简称"景区公司"),地址:略。

法定代表人:刘××,职务:董事长。

被　　告:深圳市东阳光实业发展有限公司(以下简称"东阳光公司"),住所地:略。

法定代表人:张××,职务:董事长。

案由:环境民事公益诉讼

诉讼请求:

1. 请求判令二被告立即停止在南岭国家级自然保护区核心区内老蓬至石坑崆之

间修建公路。

2. 请求判令二被告在六个月内将在南岭国家级自然保护区核心区内老蓬至石坑崆之间修路毁坏的生态环境恢复至原状，若二被告未在六个月内将修路毁坏的生态环境恢复至原状，则支付生态环境修复费用 500 万元（以评估或专家意见为准）。

3. 请求判令二被告共同赔偿上述修路生态环境受到损害至恢复原状期间服务功能损失费用 500 万元（以评估或专家意见为准）。

4. 判令二被告在省级以上媒体上对南岭国家级自然保护区核心区内修路破坏生态环境的行为公开赔礼道歉。

5. 判令二被告支付原告因诉讼支出的评估或鉴定费、律师费、差旅费、调查取证费、专家咨询费、诉讼费等费用。

事实与理由：

2009 年 12 月 26 日，广东省乳阳林业局与被告东阳光公司签约合作开发乳源县五指山南岭国家森林公园。此后，被告景区公司、东阳光公司在南岭国家森林公园进行森林生态旅游项目开发、经营及管理。南岭国家森林公园与南岭国家级自然保护区的面积几乎完全重叠。

2010 年 10 月始，被告开始在广东南岭国家级自然保护区核心区内炸山修路。2011 年年底，核心区修路的石坑崆山体陡峭，修路一圈一圈炸开山体，炸开的山石不经任何处理，直接用推土机推下山，使大量森林植被被掩埋，石坑崆的山体体无完肤。2012 年，老蓬段至石坑崆路段植被被全部破坏殆尽，公路雏形已现。2016 年元旦，被告开始实施硬化路面施工，目测至少有 4 公里沙泥路（之前炸山毁林开的沙泥路）已经铺上水泥，施工工人告知 2016 年年底可通车。自然保护区核心区内严禁任何开发建设项目，被告在南岭国家级自然保护区核心区内自 2010 年动工炸山毁林修路至现在实施路面硬化的建设工程也未取得环境影响评价审批。被告的行为违反了《中华人民共和国环境保护法》第 19 条、第 29 条，《中华人民共和国环境影响评价法》第 25 条，《自然保护区条例》第 27 条、第 28 条、第 32 条，《国家级森林公园管理办法》第 9 条等规定。

南岭国家级自然保护区是 1994 年经国务院批准的国家级自然保护区，孕育着丰富的森林和野生动植物资源，是我国生物多样性关键性地区，国家至今未调整保护区内功能区边界。被告修建的公路位于南岭国家级自然保护区的西北部，在老蓬至石坑崆之间，海拔 850 ~ 1800 米，沿途多为深谷、陡坡，全长十七公里，完全在南岭国家级自然保护区核心区内。修路造成植被严重破坏，公路运行将永久性地加剧动植物栖息地的破碎化，进而导致部分濒危动植物的小种群现象甚至局部灭绝，对生态环境产生难以弥补的损害。

原告自然之友是 1993 年 6 月 5 日成立的非营利性民间环保组织，宗旨是“倡导生态文明、开展环境研究，促进可持续发展”，于 2010 年 6 月在民政部门登记注册，无违法记录。根据《环境保护法》第五十八条规定，原告有权提起环境民事公益诉讼。第三人是该自然保护区的管理部门,有义务保护破坏的生态环境,承担相应责任。

综上,原告认为:二被告的行为已使国家级自然保护区核心区自然生态环境受到严重损害,并将继续加剧对生态环境的损害。故为保护好我们赖以生存的生态环境,特依据《中华人民共和国环境保护法》等法律规定向贵院提起环境民事公益诉讼,请求贵院依法裁判支持原告的诉讼请求。

此致

广东省清远市中级人民法院

具状人:北京市朝阳区自然之友环境研究所

支持起诉单位:中国政法大学环境资源法研究和服务中心

支持起诉单位:广州市越秀区鸟兽虫木自然保育中心

二〇一六年一月二十八日

作为共同原告的申请书

清远市中级人民法院:

我们看到贵院发布的环境公益诉讼受理公告得知,贵院受理了原告北京市朝阳区自然之友环境研究所诉被告广东南岭森林景区管理有限公司、深圳市东阳光实业发展有限公司环境民事公益诉讼案。根据《最高人民法院关于审理环境民事公益诉讼案件适用法律若干问题的解释》(法释〔2015〕1 号)第 10 条第 2 款规定,“有权提起诉讼的其他机关和社会组织在公告之日起三十日内申请参加诉讼,经审查符合法定条件的,人民法院应当将其列为共同原告”,作为长期关注生态环保并符合法定条件的组织,我会申请作为共同原告参加本案诉讼(2016 年 1 月 18 日,广州市中级人民法院已受理我会对焦×环境民事公益诉讼案)。

请准许。

广东省环境保护基金会

二〇一六年三月二十八日

追加被告申请书

申　请　人:广东省环境保护基金会,住所地:略。

法定代表人:陈××,职务:理事长

被 申 请 人:广东省乳阳林业局,事业单位法人证书号:略。

法定代表人:陈××,住所地:略。

申请事项：追加被申请人为本案被告参加诉讼，依法判令其与其他被告共同承担责任。

申请事实与理由：

被申请人是广东南岭国家级自然保护区的土地使用和建设管理事业单位，企、事业单位都是《中华人民共和国环境保护法》的调整对象。被申请人罔顾国家法律规定和党中央、国务院和国家林业、环保、国土职能部门的三令五申，未经行政主管部门审批同意，擅自做主与深圳东阳光实业发展有限公司签订合作协议，对广东南岭国家自然保护区进行旅游项目开发，未经交通、环保、国土、林业等主管部门的相关审批许可，在自然保护区核心区、缓冲区内进行旅游公路建设，擅自建设石坑崆盘山公路，对施工企业的野蛮施工、破坏生态行为不履行管护、制止职责，导致自然保护区核心区、缓冲区内生态系统遭受巨大破坏！根据《国家林业局办公室关于国家级自然保护区"绿剑行动"监督检查结果的通报》（办护字〔2016〕23 号），广东南岭国家级自然保护区已被定为国家重点督办整改的 30 处国家级自然保护区之一，在国内外造成极坏的影响，给党和国家生态文明国家战略的执行造成极大干扰，给党和国家形象造成极大破坏！

对上述事实，自然之友和申请人已依法作为共同原告，对深圳市东阳光实业发展有限公司和相关单位广东南岭森林景区管理有限公司提起环境侵权民事公益诉讼，以维护社会公共利益，并已提交相关证据以证明被申请人与本案有上述重大利害关系，根据《环境保护法》第六十一条、第六十三条和第六十四条以及《侵权责任法》《最高人民法院关于审理环境侵权责任纠纷案件适用法律若干问题的解释》的相关规定，被申请人应与本案被告承担共同侵权责任，是必须共同进行诉讼的当事人。因此，根据《最高人民法院关于适用〈中华人民共和国民事诉讼法〉的解释》第七十三条之规定，"必须共同进行诉讼的当事人没有参加诉讼的，人民法院应当依照民事诉讼法第一百三十二条的规定，通知其参加；当事人也可以向人民法院申请追加。人民法院对当事人提出的申请，应当进行审查，申请理由不成立的，裁定驳回；申请理由成立的，书面通知被追加的当事人参加诉讼"。申请人特此申请追加被申请人作为被告参加诉讼，以查明案情，追究其责任。

此致

清远市中级人民法院

申请人：广东省环境保护基金会

二〇一六年三月二十八日

调解协议

(2016)粤18民初3号

原告:北京市朝阳区自然之友环境研究所。

地址:略。

法定代表人:张××,副总干事。

委托代理人:刘×,上海××律师事务所律师。

委托代理人:祝××,北京市××律师事务所律师 。

支持单位:广州市越秀区鸟兽虫木自然保护育中心。

法定代表人:彭×,负责人。

支持单位:中国政治大学环境资源法研究和服务中心。

负责人:王××,主任。

原告:广东省环境保护基金会。

地址:略。

法定代表人:陈×。

委托代理人:陈××,北京市××(广州)律师事务所律师。

委托代理人:李×,广东环境保护基金会法律中心副主任。

被告:广东南岭森林景区管理有限公司。

地址:略。

法定代理人:刘××,董事长。

委托代理人:于××,北京市××(青岛)律师事务所律师 。

被告:深圳市东阳光实业发展有限公司。

地址:略。

法定代表人:张××,董事长。

委托代理人:郑×,该公司职员。

被告:广东省乳阳林业局。

地址:略。

法定代表人:陈××,局长。

监于原告就广东南岭国家级自然保护区环境公益诉讼案件,原被告双方达成如下调解协议:

一、被告广东南岭森林景区管理有限公司同意停止在南岭国家级自然保护区(南岭国家森林公园)内老蓬至石坑崆之间的修建公路行为,根据专家意见,为确保不造成新的生态破坏，对已经硬化的道路采取保留现状的处置措施。在南岭保护区功能区划调整之前，上述路段的道路只作为森林防火、资源管护、生态修复军事用途使用。今后在南岭自然保护区内的建设项目必须严格依照现有法律、法规，依法审批后进行建设，不得新增任何旅游开发项目。

二、被告广东南岭森林景区管理有限公司在调解协议达成后十日内向广东省清远市中级人民法院专用账号（清远中行鹿鸣支行，账户：65×××69）汇入人民币500万元，此款为南岭国家级自然保护区生态修复专项费用。该费用全部用于老蓬至石坑崆段公路的生态修复以及自然保护区生态治理工作。修复工程应该履行公开招投标程序，并在北京市朝阳区自然之友环境研究所和广东省环保基金会和支持起诉单位监督下使用，公开透明，并接受社会公众监督。

三、被告广东南岭森林景区管理有限公司严格按照广东省林业调查规划院所做出的《南岭国家森林公园林区公路（老蓬段）边坡复绿与生态修复（期）工程方案》（以下简称《工程方案》）的要求实施修复工程，确保在2019年4月前完成涉案公路的生态修复工作。与此同时，被告广东南岭森林景区管理有限公司同意在2019年4月，由本院和相关行政主管部门组织原告北京市朝阳区自然之友环境研究所和广东省环保基金会、被告广东南岭森林景区管理有限公司、支持起诉单位及相关专家对涉案公路的生态修复情况进行评估，相关费用由被告广东南岭森林景区管理有限公司支付，如经评估生态修复尚未达到《工程方案》要求，则被告广东南岭森林景区管理有限公司应继续承担后续修复费用。

四、被告广东南岭森林景区管理有限公司对因石坑崆公路修建而给生态环境所带来的破坏深表歉意。被告广东南岭森林景区管理有限公司应在每年年底向本院及原告通报生态修复情况，并接受司法、行政、原告、支持起诉单位及社会监督。原告及支持起诉单位有权到现场查看修复情况，相关合理费用由被告广东南岭森林景区管理有限公司承担。

五、被告广东南岭森林景区管理有限公司向原告北京市朝阳区自然之友环境研究所、广东省环保基金会各支付律师费20万元；向北京市朝阳区自然之友环境研究所支付差旅费4万元及评估费6万元、专家咨询费2万元；向原告广东省环保基金会支付专家咨询费3万元，并向两支持起诉单位各支付调查取证费5万元。合计金额为65万元。

六、被告广东省乳阳林业局负责监督石坑崆公路生态修复工程的实施，确保在最短时间内达到生态修复的成效。

7. 北京市朝阳区自然之友环境研究所诉山东金岭化工股份有限公司大气污染责任纠纷案

2016 年 1 月 4 日,北京市朝阳区自然之友环境研究所向东营中院提交起诉材料,法院于 2016 年 2 月 26 日开庭审理,原、被告达成调解意向,2016 年 5 月 7 日,调解协议生效。

环境民事公益起诉状

原　　告:北京市朝阳区自然之友环境研究所(以下简称自然之友),住所地:略。

法定代表人:张××,职务:副总干事。

支持起诉单位:中国政法大学环境资源法研究和服务中心(又名中国政法大学污染受害者法律帮助中心),住所地:略。

负　责　人:王××,职务:主任。

支持起诉单位:济南市绿行齐鲁环保公益服务中心,住所地:略。

法定代表人:杨××,职务:执行理事。

被　　告:山东金岭化工股份有限公司,住所地:略。

法定代表人:赵××,职务:总经理。

案由:环境民事公益诉讼。

诉讼请求:

1. 判令被告停止超标排污对大气环境的侵害,消除所有不遵守环境保护法律法规行为对大气环境造成的危险。

2. 判令被告支付 2014 年 1 月 1 日起至被告停止侵害、消除所有不遵守环境保护法律法规行为对大气环境造成危险期间,向大气排放污染物所产生的大气环境治理费用,约人民币 1000 万元,具体数额以专家意见或鉴定意见为准。

3. 判令被告在省级以上媒体向全社会公开赔礼道歉。

4. 判令被告承担本案诉讼费用,包括案件受理费、鉴定检测费用、专家费、原告律师费等。

事实与理由:

被告山东金岭化工股份有限公司(以下简称金岭化工)是一家生产、销售一氯甲烷、二氯甲烷、三氯甲烷、苯胺、硝基苯、烧碱、液氯、高纯盐酸、环氧丙烷、二氯丙烷、工业氢等化学原料的大型企业,2014 年以来,金岭化工下属热电厂长期向大气超标排放污染物,并且存在环保设施未经验收投入生产、私自篡改监测数据等环境违法行为,多次受到环境保护行政主管部门的行政处罚。

2014 年 3 月到 2015 年 10 月间,东营市广饶县环境保护局先后因超标排放大气污染物、环保设施未经验收投入生产等环境违法行为对金岭化工进行了 13 次行政处罚,其中包括五次按日连续处罚,按日连续处罚金额达 1500 万元,金岭化工仅交纳 300 万元。

东营市环保局因金岭化工热电项目自动在线监测数据弄虚作假、不正常使用脱硫脱硝设施等环境违法行为对金岭化工进行了 3 次行政处罚。

山东省环保厅因金岭化工热电项目外排废气严重超标对金岭化工挂牌督办,责成东营市环境保护局立案查处,责成企业立即进行停产整改,限期建成脱硫脱硝设施。

2015 年 11 月 5 日,环境保护部(以下简称环保部)公布"2015 年 9 月人民群众和新闻媒体反映的环境案件处理情况",金岭化工名列其中,是山东唯一一家被环保部通报、督查的化工企业。

根据广饶县环境保护局官方发布的空气质量状况公告,金岭化工所在地广饶县大王镇的空气质量是广饶县下属几个乡镇空气质量最差地区。原告认为金岭化工长期持续超标排放氮氧化物、硫氧化物,对广饶县的空气质量变差负有不可推卸的责任。

综上所述,被告长期向大气超标排放污染物,作为国控重点污染源,环保设施未经验收即投入生产且不正常使用大气污染物处理设施,在线监测设备未验收、未移交第三方运营、存在数据弄虚作假行为,经环境保护主管部门多次行政处罚并未整改合格,是性质恶劣的环境违法行为,严重危及大气环境,损害了社会公共利益,违反了《中华人民共和国环境保护法》《中华人民共和国大气污染防治法》等多部法律法规,造成了严重的环境损害后果,应该承担环境侵权的法律责任。

原告北京市朝阳区自然之友环境研究所,是一家在北京市朝阳区民政局登记注册的社会组织,专门从事环境保护公益活动已 20 余年。为维护环境公共利益,依法制止被告违法排污的恶劣行为,消除污染大气环境的危险,并令其支付大气环境治理费用,具体数额以被告因侵害行为所获得的利益或专家意见为准。

依照《环境保护法》第五十八条等规定提起环境民事公益诉讼,请法院依法受理,查明事实,做出公正判决,支持原告的诉讼请求。

此致

山东省东营市中级人民法院

具状人:北京市朝阳区自然之友环境研究所

二〇一六年一月四日

证据目录(立案)

1. 第一组证据:

(1)北京市朝阳区自然之友环境研究所(以下简称自然之友)的《社会组织登记证书》复印件一份;

(2)自然之友《章程》一份;

(3)自然之友2010年至2014年连续五年的年度检查结论通知书一宗;

(4)自然之友法定代表人签字并加盖公章的无违法记录的声明。

以上证据来源于自然之友。

以上证据证明:自然之友作为专门从事环境保护公益活动的社会组织,符合《环境保护法》第58条及相关司法解释规定的诉讼主体资格。

2. 第二组证据

山东金岭化工股份有限公司企业信用公示信息打印件,来源:全国企业信息信用公示系统。

以上证据证明:山东金岭化工股份有限公司作为一家独立法人企业,符合《民事诉讼法》规定的被告主体资格。

3. 第三组证据

(1)广饶县环保局对山东金岭化工股份有限公司大气污染违法行为作出的行政处罚决定书13份(复印件),来源:东营市广饶县环保局;

(2)东营市环境保护局对山东金岭化工股份有限公司大气污染违法行为作出行政处罚决定书3份(打印件),来源:东营市环保局官方网站;

(3)《东营市环保局三起典型环境违法案件通报》一份(打印件),来源:东营市环保局官方网站;

(4)《山东省环保厅挂牌督办环境违法案件台账》一份(打印件),来源:山东省环境保护厅官方网站;

(5)《2015年山东省环保厅污染源监督性监测数据》一份(打印件),来源:山东省环保厅;

(6)《2015年9月份人民群众和新闻媒体反映的环境案件处理情况》一份(打印件),来源:环保部

以上证据证明:山东金岭化工股份有限公司的环保设施未经验收即投入使用,生产中不正常使用大气污染物处理设施,篡改在线监测设施数据,导致大气污染物长期严重超标排放。多级环保部门先后对山东金岭化工股份有限公司大气污染违法行为进行了多达16次的行政处罚,但山东金岭化工股份有限公司拒不整改,其超标排放大气污染物的违法行为性质极其恶劣,严重损害了大气环境,损害了社会公共利益。

4. 第四组证据

2014年6月~2014年10月、2014年12月~2015年11月(共计18份,打印件),广饶县每月的空气质量状况公告,来源:广饶县环保局官方网站。

以上证据证明:山东金岭化工股份有限公司所在地山东东营市广饶县大王镇近两年的环境空气质量状况。由于山东金岭化工股份有限公司等化工企业长期超标排放大气污染物,使大王镇空气质量在广饶地区处于最差水平,金岭化工对大王镇空气质量状况变差负有不可推卸的责任。

5. 第五组证据

(1)凤凰网山东新闻《山东点名曝光违法排污企业,金岭化工 SO_2 超标15倍》新闻报道(打印件);

(2)齐鲁网《山东金岭化工、东营市滨海热力环境污染违规建设被责令整改》新闻报道(打印件);

(3)中国经济网《金岭集团污染严重》新闻报道(打印件)。

以上证据来源:网络新闻搜索。

以上证据证明:山东金岭化工股份有限公司长期存在超标排放污染物的违法行为,给大气造成严重污染,已经对东营广饶地区人民生命、生活造成严重影响。

山东省东营市中级人民法院
民事调解书

(2016)鲁05民初11号

原　　　告:北京朝阳区自然之友环境研究所,住所地:略。

法定代表人:张××,副总干事。

委托代理人:刘×,上海××律师事务所律师。

支持起诉单位:中国政法大学环境资源法研究和服务中心,住所地:略。

负　责　人:王××,主任。

委托代理人:祝××,北京市××律师事务所律师。

支持起诉单位:济南市绿行齐鲁环保公益服务中心,住所地:略。

法定代表人:杨××,执行董事。

委托代理人:陈××,济南市绿行齐鲁环保公益服务中心工作人员。

被　　　告:山东金岭化工股份有限公司,住所地:略。

法定代表人:赵××,总经理。

委托代理人:赵××,个人信息略。

委托代理人:张××,个人信息略。

原告北京市朝阳区自然之友环境研究所与被告山东金岭化工股份有限公司环境污染责任纠纷一案,本案受理后,依法组成合议庭,进行了审理。

原告起诉称,自2014年以来,被告山东金岭化工股份有限公司长期向大气超标排放污染物,环保设施未经验收即投入生产且不正常使用大气污染处理设施,在线监测设备未验收、未移交第三方运营、存在数据弄虚作假行为,经环境保护主管部门多次行政处罚并未整改合格,是性质恶劣的环境违法行为,严重危及大气环境,损害了社会公共利益,违反了《中华人民共和国环境保护法》《中华人民共和国大气污染防治法》等多部法律法规,造成了严重的环境损害后果,应该承担环境侵权的法律责任。为维护环境公共利益,依法制止被告违法排污的恶劣行为,请求:1.判令被告停止超标排污对大气环境的侵害,消除所有不遵守环境保护法律法规行为对大气环境造成的危险。2.判令被告支付2014年1月1日起至被告停止侵害、消除所有不遵守环境保护法律法规行为对大气环境造成危险期间,向大气排放污染物所产生的大气环境治理费用,约人民币1000万元,具体数额以专家意见或鉴定结论为准。3.判令被告在省级以上媒体向全社会公开赔礼道歉。4.判令被告承担本案诉讼费用,包括案件受理费,鉴定检测费用、专家费、原告律师费等。

中国政法大学环境资源法研究和服务中心支持起诉意见称,被告山东金岭化工股份有限公司无视国家环境保护法的规定,长期、故意污染环境,给社会公共利益造成损害,希望法院支持原告诉讼请求,依法裁判。

济南市绿行齐鲁环保公益服务中心支持起诉意见称,被告存在长期向大气超标排放等违法行为,严重危及大气环境,损害公共利益,应承担环境侵权责任,被告应停止侵害,支付环境污染治理费用并公开道歉。

被告山东金岭化工股份有限公司辩称,一、被告已于2015年6月全部达标排放,检测设备也全部运行并通过了市环保局的验收。被告未及时纠正违法行为是因为承担了当地乡镇机关和居民的供暖,在供暖期无法停工,造成了设备改造的延期。二、请求在考虑企业承担能力的情况下适当地降低对大气污染费用的支付,同时考虑被告因公益造成延期改造,并非企业的有意行为,不再让被告单位公开道歉。

经审理查明,被告山东金岭化工股份有限公司下属热电厂自2014年以来持续向大气超标排放污染物,并存在环保设施未验收即投入生产、私自篡改监测数据等环境违法行为。2014年至2015年间,广饶县环境保护局因超标排放大气污染物、环保设施未经验收投入生产等违法行为对被告进行了13次行政处罚;东营市环保局对被告进行了3次行政处罚;山东省环保厅对被告挂牌督办,责成东营市环境保护局立案查处,责成被告停产整改、限期建成脱硫脱硝设施;2015年11月5日,国家环保部对被告通报、督查。

在审理过程中，经本院主持调解，原、被告双方达成如下调解协议：

一、被告山东金岭化工股份有限公司支付生态环境治理费 3 000 000 元，于调解协议生效后 10 日内支付于法院指定的环保基金账户。

二、原告北京市朝阳区自然之友环境研究所支出的律师代理费 95 000 元、交通费 30 000 元、专家咨询费 30 000 元，被告山东金岭化工股份有限公司于调解协议生效后 10 日内向原告支付。

三、案件受理费 81 800 元，减半收取 40 900 元，由被告山东金岭化工股份有限公司负担。

上述协议内容已经向社会公示且公示期间已经届满。

上述协议内容符合法律规定，本院予以确认。

本调解书经双方当事人签收后即具有法律效力。

审　判　长　王建民
审　判　员　杨秀梅
审　判　员　晋　军
二〇一六年五月七日
书　记　员　刘　杨

8. 镇江市环境科学学会诉陈×等环境污染责任纠纷案

2016 年 1 月 13 日，镇江市环境科学学会向镇江中院提交起诉材料，双方于 2016 年 4 月 21 日达成调解协议。

关于原告镇江市环境科学学会诉被告陈安、张弓路环境污染责任纠纷民事公益诉讼一案调解协议的公告

（2016）苏 11 民初字第 19 号

关于原告镇江市环境科学学会诉被告陈安、张弓路环境污染责任纠纷民事公益诉讼一案，经本院协调，相关当事人已经达成调解协议（调解协议见附件）。依据《最高

人民法院关于审理环境民事公益诉讼案件适用法律若干问题的解释》第二十五条之规定,现予公告,公告期为三十日。如对该调解协议有异议,请于三十日内书面向本院提出意见及相关依据,书面意见请寄镇江市中级人民法院行政庭,邮编 212001。特此公告

江苏省镇江市中级人民法院

二〇一六年四月二十一日

调解协议

原　　　　　告:镇江市环境科学学会。住所地:略。

法 定 代 表 人:孙××,理事长。

委 托 代 理 人:王××,系扬中市人民检察院检察员。

被　　　　　告:陈×,个人信息略。

被　　　　　告:张××,个人信息略。

支 持 起 诉 机 关:扬中市人民检察院。

检　　察　　长:司马兆二。

指派出庭检察员　张澄华。

扬中市环境保护局。

法 定 代 表 人:郑鲁军,该局局长。

委 托 代 理 人:左建华,该局法规科长。

原告诉两被告环境污染侵权纠纷公益诉讼一案,经镇江市中级人民法院审理和调解,两被告非法电解抛光作业导致环境污染,两被告愿意承担环境修复责任,与原告、扬中市人民检察院、扬中市环境保护局自愿达成如下调解协议:

1. 被告自愿支付环境修复资金 26 320 元,专款用于本案的环境治理工作。被告预付到扬中市人民检察院的 26 320 元,由扬中市人民检察院支付到镇江市中级人民法院。

2. 上述款项委托扬中市环境保护局依法进行环境修复。修复完成后,扬中市环境保护局应将环境修复的情况形成书面报告报镇江市中级人民法院。由镇江市中级人民法院复核环境修复情况后,公告修复结果。

3. 如有资金多余,多余部分专款用于扬中市环境公益事业。扬中市人民检察院和扬中市环境保护局积极推动扬中市环境民事公益诉讼资金财政专户的建立。该账户成立后,将在征求镇江市中级人民法院意见后,接受并妥善使用上述环境修复资金,并将资金使用情况向镇江市中级人民法院报告。

4. 上述协议签订即成立。经镇江市中级人民法院制作送达调解书后生效。

5. 上述协议一式六份，原告、两被告、扬中市人民检察院、扬中市环境保护局各执一份，交镇江市中级人民法院保存一份。

签名及日期(略)

案例来源：江苏省镇江市中级人民法院网，http://www.zjzy.gov.cn/col7/col67/articleinfo.php?infoid=12643，最后访问日期：2018 年 7 月 10 日。

9. 镇江市环境科学学会诉扬中市联合渔钩制造有限公司环境污染责任纠纷案

2016 年 1 月 13 日，镇江市环境科学学会向镇江中院提交起诉材料，2016 年 4 月 19 日，双方达成调解协议。

江苏省镇江市中级人民法院关于原告镇江市环境科学学会诉被告扬中市联合渔钩制造有限公司环境污染责任纠纷民事公益诉讼一案调解协议的公告

(2016)苏 11 民初 18 号

关于原告镇江市环境科学学会诉被告扬中市联合渔钩制造有限公司环境污染责任纠纷民事公益诉讼一案，经本院协调，相关当事人已经达成调解协议(调解协议见附件)。依据《最高人民法院关于审理环境民事公益诉讼案件适用法律若干问题的解释》第二十五条之规定，现予公告，公告期为三十日。如对该调解协议有异议，请于三十日内书面向本院提出意见及相关依据，书面意见请寄镇江市中级人民法院行政庭，邮编 212001。特此公告

江苏省镇江市中级人民法院

二〇一六年四月二十日

调解协议

原　　　　　告:镇江市环境科学学会,住所地:略。

法 定 代 表 人:孙××。

委 托 代 理 人:王××,系扬中市人民检察院检察员。

被　　　　　告:扬中市联合渔钩制造有限公司,住所地:略。

负　　责　　人:陈××,略。

支持起诉机关:扬中市人民检察院。

检　　察　　长:司马兆二。

指派出庭检察员:张澄华。

扬中市环境保护局。

法 定 代 表 人:郑鲁军,该局局长。

委 托 代 理 人:左建华,该局法规科长。

原告诉被告环境污染侵权纠纷公益诉讼一案,经镇江市中级人民法院审理和调解,被告非法电镀导致环境污染,由于被污染的场地已经过初步治理,且相关场地被他人挖掘成水沟,已难以对原受污染场地进行环境治理,被告愿意对其造成的环境污染承担责任,与原告及扬中市人民检察院、扬中市环境保护局达成如下调解协议:

1. 被告自愿支付环境修复资金2万元,专款用于扬中市环境污染治理工作。被告预付到扬中市人民检察院的27 900元,由扬中市人民检察院将其中的20 000元支付到镇江市中级人民法院,余款7900元已退还给被告。

2. 扬中市人民检察院和扬中市环境保护局积极推动扬中市环境民事公益诉讼资金财政专户的建立。该账户成立后,将在征求镇江市中级人民法院意见后,接受并妥善使用上述环境修复资金,并将资金使用情况向镇江市中级人民法院报告。

3. 上述协议签订及成立。经镇江市中级人民法院制作送达调解书后生效。

4. 上述协议一式五份,原告、被告、扬中市人民检察院、扬中市环境保护局各执一份,交镇江市中级人民法院保存一份。

签名及日期(略)

案例来源:江苏省镇江市中级人民法院网,http://www.zjzy.gov.cn/col7/col67/articleinfo.php?infoid=12620,最后访问日期:2018年7月10日。

10. 镇江市环境科学学会诉被告吴××等环境污染责任纠纷案

2016 年 4 月，镇江市环境科学学会向镇江中院提交起诉材料，于 2016 年 7 月 14 日调解结案。

江苏省镇江市中级人民法院关于原告镇江市环境科学学会诉被告吴××、吴××环境污染责任纠纷民事公益诉讼一案调解协议的公告

(2016)苏 11 民初 258 号

关于原告镇江市环境科学学会诉被告吴××、吴××环境污染责任纠纷民事公益诉讼一案，经本院协调，相关当事人已经达成调解协议(调解协议见附件)。依据《最高人民法院关于审理环境民事公益诉讼案件适用法律若干问题的解释》第二十五条之规定，现予公告，公告期为三十日。如对该调解协议有异议，请于三十日内书面向本院提出意见及相关依据，书面意见请寄镇江市中级人民法院行政庭，邮编 212001。

特此公告

江苏省镇江市中级人民法院

二〇一六年七月十五日

民事调解协议

公益诉讼原告：镇江市环境科学学会，住所地：略。

法定代表人：明××，该学会秘书长。

委托代理人：张×、朱×，镇江市生态环境公益保护协会会员。

公益诉讼被告：吴××，个人信息略。

委托代理人：吴××，个人信息略。

公益诉讼被告:吴××,个人信息略。

支持起诉机关:丹阳市人民检察院。

法定代表人:李军,检察长。

委托代理人:王飞,副检察长。

当地环境保护机关:丹阳市环境保护局。

法定代表人:曾金森,局长。

委托代理人:唐明祥,该局固废管理科科长。

原告的诉讼请求:

1. 依法判令两被告合法处置涉案2624.5kg含有煤油残渣的固液混合物,或者赔偿因其环境污染所需的危险废物处置费用24 800元。

2. 依法判令两被告承担涉案危废暂存费用18 000元(暂存费用计算至2016年6月12日,实际费用按实际暂存期限结算)及专家咨询费2000元,共计人民币20 000元。

3. 依法判令两被告以种植树木或提供公益劳动等替代性修复方式承担等值于5320元的环境修复责任,或者承担环境修复费用5320元。

关于原告诉两被告环境污染侵权纠纷一案,经镇江市中级人民法院协调,原告与被告自愿达成如下协议,丹阳市人民检察院、丹阳市环境保护局配合协议的执行。

1. 2013年至2014年12月期间,经吴××介绍,吴××从他人处获得含有煤油残渣的固液混合物并在司徒开发区非法处置。经丹阳市公安局清点称重和估算,已处置含有煤油残渣的固液混合物约2467.35kg,未处置的77桶含有煤油残渣的固液混合物净重2624.5kg。对于上述行为造成的污染,两被告自愿承担污染治理责任。

2. 两被告支付费用24 800元用于处置涉案2624.5kg含有煤油残渣的固液混合物(由有资质的危险废物处置单位处置)。

3. 两被告支付涉案危废暂存费用13 000元(暂存费用计算至2016年9月15日)及专家咨询费2000元,共计人民币15 000元。

4. 两被告支付环境修复费用5320元,用于以种植树木进行替代性修复(由丹阳市生态环境修复基地负责)。

5. 上述2、3、4项费用合计45 120元,两被告于本协议签订之日起一周内支付给原告,由原告负责分别支付给废物处置单位、保管单位和替代修复单位。

6. 案件受理费1053元,减半收取526.5元,由两被告承担。

7. 上述污染环境的治理,由丹阳市环境保护局和原告负责委托相关单位进行处理,两被告配合装车和相关手续办理。上述治理行为由丹阳市人民检察院予以监督。该案环境治理完毕后一个月内,由丹阳市环境保护局、原告出具报告提交给镇江市中级人民法院。上述环境治理完毕后,两被告就此污染案件不再承担其他民事责任。

8. 本协议签订之日成立,经镇江市中级人民法院送达调解书后生效。本协议一式六份，原告、两被告、丹阳市人民检察院、丹阳市环境保护局各持一份，镇江市中级人民法院保存一份。

签名及日期（略）

案例来源：江苏省镇江市中级人民法院网，http://www.zjzy.gov.cn/col7/col67/articleinfo.php?infoid=13198，最后访问日期：2018年7月10日。

11. 镇江市环境科学学会诉被告张××等生态破坏责任纠纷案

2016年4月，镇江市环境科学学会向镇江中院提交起诉材料，2016年12月30日，调解结案。

江苏省镇江市中级人民法院
关于原告镇江市环境科学学会诉被告张××、贝××
环境污染责任纠纷民事公益诉讼一案
调解协议的公告

（2016）苏11民初字395号

关于原告镇江市环境科学学会诉被告张××、贝××环境污染责任纠纷民事公益诉讼一案，经本院协调，相关当事人已经达成调解协议（调解协议见附件）。依据《最高人民法院关于审理环境民事公益诉讼案件适用法律若干问题的解释》第二十五条之规定，现予公告，公告期为三十日。如对该调解协议有异议，请于三十日内书面向本院提出意见及相关依据，书面意见请寄镇江市中级人民法院行政庭，邮编212001。

特此公告

江苏省镇江市中级人民法院

二〇一六年十二月三十日

调 解 协 议

原　　　　告:镇江市环境科学学会,住所地:略。

法定代表人:明××,镇江市环境科学学会秘书长。

诉讼代理人:时××,镇江市环境科学学会。

被　　　　告:张××,略。

委托代理人:王××,略。

被　　　　告:贝××,略。

行政主管机关:句容市国土资源局。

法定代表人:涂长坤,该局局长。

委托代理人:居伟,该局工作人员。

支持起诉单位:句容市人民检察院。

负　责　人:高鹏。

委托代理人:夏立红,检察员。

原告诉讼请求:

1. 请求人民法院判令被告张××、贝××对因非法采矿造成的矿产资源和生态环境的破坏进行治理或支付恢复原状费用人民币69 600元。

2. 请求人民法院判令被告张××、贝××支付本案诉讼费。

关于原告诉被告环境民事公益诉讼,案号为(2016)苏11民初395号。经镇江市中级人民法院调解,原告与被告自愿达成如下协议,行政主管机关句容市国土资源局自愿参与环境修护的执行和监督,支持起诉机关句容市人民检察院自愿参与环境修护的监督。

一、共同确认的事实:2015年6月至2016年5月,被告张××和被告贝××在未取得采矿许可证的情况下,在句容市宝华镇青龙山王冲宕口非法开采建筑石料用石灰岩14 924.3吨,销往句容市桥头二厂、句容市宝华镇何冲自然村东侧第一家石灰窑厂、句容市宝华镇中国水泥厂南大门桥旁石子厂等地,造成矿产资源破坏价值人民币25 3713.1元。同时,因上述盗采行为造成山上林木资源、生态环境遭到破坏,面积近7亩。

二、两被告自愿承担环境修复费用共计6.96万元(其中张××承担3万元,贝××承担39 600元,已经预交到句容市人民检察院)。上述款项由句容市人民检察院支付到镇江市中级人民法院。环境修复后,如有多余款项,专款用于句容市其他环境公益事业,本案诉讼费由两被告承担。

三、关于环境修复方案,由句容市国土资源局根据现场情况提出治理方案,并征求公众意见，由镇江市中级人民法院决定。

四、由句容市国土资源局负责该案环境修复的具体组织、监督。句容市人民检察院对上述环境修复工作进行法律监督。修复完成后一个月内，句容市国土资源局应将修复结果及费用开支情况形成书面报告报给镇江市中级人民法院。

五、本协议经各方当事人签字、盖章后成立。经镇江市中级人民法院送达调解书生效。上述协议一式七份，原告、两被告、句容市国土资源局、句容市人民检察院各执一份、镇江市中级人民法院各持两份。

签名及日期（略）

案例来源：江苏省镇江市中级人民法院网，http://www.zjzy.gov.cn/col7/col67/articleinfo.php?infoid=14211，最后访问日期：2018年7月10日。

12. 河南省企业社会责任促进中心诉洛阳市吉利区辉鹏养殖专业合作社等环境污染责任纠纷案

2016年9月19日，河南省企业社会责任促进中心向洛阳中院提交起诉材料，法院当天立案；同日，洛阳检察院向洛阳中院提交了支持起诉意见书，支持河南省企业社会责任促进中心提起诉讼；法院于2016年9月27日开庭审理，一审判决原告胜诉；被告不服提起上诉，河南高院于2016年12月9日驳回上诉，维持原审裁定。

河南省高级人民法院
民事裁定书

（2016）豫民辖终154号

上诉人（原审被告）：洛阳市吉利区辉鹏养殖专业合作社，住所地：略。

法定代表人：关××，该合作社经理。

委托诉讼代理人：苟××，河南×××律师事务所律师。

上诉人（原审被告）：关××，个人信息略。

委托诉讼代理人：席××，河南×××律师事务所律师。

上诉人（原审被告）：河南省国有孟州林场，住所地：略。

法 定 代 表 人:于××。

被上诉人(原审原告):河南省企业社会责任促进中心,住所地:略。

法 定 代 表 人:林×,该中心主任。

委托诉讼代理人:唐××,河南×××律师事务所律师。

委托诉讼代理人:张××,河南×××律师事务所实习律师。

上诉人洛阳市吉利区辉鹏养殖专业合作社(以下简称辉鹏合作社)、关××、河南省国有孟州林场(以下简称孟州林场)因与被上诉人河南省企业社会责任促进中心(以下简称社会责任促进中心)环境污染责任纠纷一案,不服河南省洛阳市中级人民法院(2016)豫03民初270号之一民事裁定,向本院提起上诉。

辉鹏合作社、关××上诉称,请求撤销洛阳市中级人民法院(2016)豫03民初270号之一民事裁定,将此案移交焦作市中级人民法院审理。事实和理由:1.吉利区的十三口水井是非法建筑,已被洛阳市中级人民法院行政判决书所确认,何来的水源地。2.上诉人1993年建场,吉利区自来水公司水井是1999年打建,2000年洛阳市中级人民法院确认其为违章建筑;孟州林场很大,养猪场在林场中间,若有损害结果也不可能殃及吉利区。3.法院认定存在潜在危险,这说明无危险事实存在,且原告应提交潜在危险的证据。4.上诉人在洛阳市环保局吉利分局上访时被依法确认为没有行政管辖权(管辖权在孟州市),既然吉利区环保局都认为自己没有行政管辖权,洛阳市中级人民法院哪来的管辖权。

孟州林场上诉称,请求撤销洛阳市中级人民法院(2016)豫03民初270号之一民事裁定,将此案移送至焦作市中级人民法院审理。事实和理由:1.上诉人的住所地、侵权行为地、侵权结果发生地均在河南省××林场大王庙林区吉祥路东段,而不是洛阳市××区。2.辉鹏合作社的注册地虽在洛阳市××区××南,但并不是其主要办事机构所在地,其主要办事机构所在地即生猪养殖场是租用上诉人的土地,故上诉人所在地是辉鹏合作社主要办事机构所在地,根据《民事诉讼法》第二十八条"因侵权行为提起的诉讼,由侵权行为地或者被告住所地人民法院管辖"和《民事诉讼法》解释第三条第一款"……法人或者其他组织的住所地是指法人或者其他组织的主要办事机构所在地"的规定,本案应由上诉人所在地焦作市中级人民法院管辖。3.关××不是本案适格被告。关××是辉鹏合作社法定代表人,并不是被诉污染行为的实施主体,被诉污染行为是辉鹏合作社实施的。

社会责任促进中心答辩称,洛阳市中级人民法院依法对本案享有管辖权。具体理由如下:1.本案中的非法排污行为对吉利区水源保护区造成了重大污染风险。洛阳市××区饮用水源地位于孟州林场,共有13口井,单井围墙内约25米范围内的土地已被吉利区自来水公司征用,属于吉利区管辖,系河南省人民政府依法划定的饮用水水源二级保护区。而且本案的畜禽养殖属于依法应当进行环境影响评价的项目,该项目既未报请环保部门评价，也未设计相应污染防治设施和措施，长期大肆排放污水，产生的废水渗入地下，严重威胁着水源保护区水质。2. 本案非法排污行为对吉利区造成大气污染。该养殖场在养殖过程中产生了大量臭气，养殖粪便露天堆放，无遮蔽、防渗措施，未采取无害化处理，引发当地人民群众不满和上访。3. 本案被告关××应对养殖场的污染环境行为承担侵权责任。被告关××的养殖场于1993年至2001年10月22日、2005年10月12日至2009年1月17日期间处于无照经营状态，其作为养殖场实际管理人，应作为本案被告并承担法律责任。4. 根据《最高人民法院关于审理环境民事公益诉讼案件适用法律若干问题的解释》第一条及第六条规定，环境民事公益诉讼具有预防性，只要具有重大污染风险即可起诉。环境民事公益诉讼中的侵权行为之损害结果包括两种：一种是已经发生的损害，另一种是造成重大污染风险状态，因此，重大污染风险状态本身就是一种具有环境法意义的损害结果，遭受重大污染风险损害的地域就是该损害结果地。本案排污行为对吉利区水源地造成的重大污染风险，表明吉利区是损害结果地。

本院经审查认为，根据《最高人民法院关于审理环境民事公益诉讼案件适用法律若干问题的解释》第一条"法律规定的机关和有关组织依据民事诉讼法第五十五条、环境保护法第五十八条等法律的规定，对已经损害社会公共利益或者具有损害社会公共利益重大风险的污染环境、破坏生态的行为提起诉讼，符合民事诉讼法第一百一十九条第二项、第三项、第四项规定的，人民法院应予受理"的规定，社会责任促进中心向人民法院提起的系环境民事公益诉讼，其认为三上诉人的侵权行为对吉利区水源地造成重大污染风险，而该侵权结果发生地位于洛阳市××区。因此，根据《中华人民共和国民事诉讼法》第二十八条"因侵权行为提起的诉讼，由侵权行为地或者被告住所地人民法院管辖"、《最高人民法院关于适用〈中华人民共和国民事诉讼法〉的解释》第二十四条"民事诉讼法第二十八条规定的侵权行为地，包括侵权行为实施地、侵权结果发生地"的规定，洛阳市中级人民法院依法对本案享有管辖权，上诉人的上诉理由不成立，予以驳回。

依照《中华人民共和国民事诉讼法》第一百五十四条、第一百七十条第一款第一项、第一百七十一条规定，裁定如下：

驳回上诉，维持原审裁定。

本裁定为终审裁定。

审　判　长　薛玉清
代理审判员　申希江
代理审判员　王××
二〇一六年十二月九日
书　记　员　张　婉

案例来源:中国裁判文书网,http://wenshu.court.gov.cn/content/content? DocID=8e36ad62-7381-4b26-af6a-bfb40194bc74&KeyWord=河南省企业社会责任促进中心,最后访问日期:2018 年 7 月 10 日。

13.北京市朝阳区自然之友环境研究所、中国生物多样性保护与绿色发展基金会诉江苏常隆化工有限公司等环境污染责任纠纷案

2016 年 5 月 3 日,北京市朝阳区自然之友环境研究所和中国生物多样性保护与绿色发展基金会向常州中院提交起诉材料,法院于 2016 年 5 月 16 日立案,于 2016 年 11 月 15 日召开庭前会议,于 2016 年 12 月 21 日开庭审理,于 2017 年 1 月 25 日一审判决两原告败诉;北京市朝阳区自然之友环境研究所于 2017 年 2 月 7 日提交上诉状;中国生物多样性保护与绿色发展基金会于 2017 年 2 月 17 日提交上诉状。2017 年 3 月 1 日,法院受理上诉申请。

民事起诉书

原　　　告:北京市朝阳区自然之友环境研究所。

登 记 证 号:略。

住　　　所:略。

法定代表人:张××,职务:副总干事。

原　　　告:中国生物多样性保护与绿色发展基金会。

登 记 证 号:略。

住　　　所:略。

法定代表人:胡××,职务:理事长。

支持起诉单位:中国政法大学环境资源法研究和服务中心(又名中国政法大学污染受害者法律帮助中心)。

地　　　址:略。

负　责　人:王××,职务:主任。

支持起诉单位:苏州工业园区绿色江南公众环境关注中心。

住　　　所:略。

法定代表人:方××,职务:主任。

被　　告　　一：江苏常隆化工有限公司。
住　　所　　地：略。
法定代表人：龙××。
被　　告　　二：常州市常宇化工有限公司。
住　　所　　地：略。
法定代表人：周××。
被　　告　　三：江苏华达化工集团有限公司（原常州市华达化工厂）。
住　　所　　地：略。
法定代表人：恽××。
案　　　　　由：环境污染责任纠纷。

诉讼请求：

1. 请求判令三被告消除其原厂址污染物对周围环境的影响，并承担生态环境修复费用；

2. 请求判令三被告对其造成的土壤、地下水污染等生态环境损害行为，在国家级、江苏省级和常州市级媒体上向公众赔礼道歉；

3. 请求判令被告承担原告因本诉讼支出的污染检测检验费、评估鉴定费用、律师费、差旅费、调查取证费、专家咨询费、案件受理费等。

事实和理由：

三被告原厂址位于江苏省常州市通江中路与辽河路交叉路口西北角，占地面积约26万平方米（下称“常隆地块”，面积以最终评估报告测量为准）。上述被告在生产经营过程中，严重污染了原厂址常隆地块后，搬离，但却均未对该污染场地进行妥善修复。

2015年9月，常州外国语学校搬入距离常隆地块仅一条马路之隔的新校址（常州市通江中路与辽河路交叉路口西南角）后，该校多名学生身体均出现环境异常反应，前后有数百名学生体检查出皮炎、湿疹、支气管炎、血液指标异常、白细胞减少等异常症状。此事件引发了全社会对于污染场地治理修复的关注，说明该污染场地对周围环境仍然有严重影响，其主要是污染地下水及周围土壤、大气环境，严重损害了社会公共利益，其行为违反了现行《中华人民共和国环境保护法》《固体废物污染环境防治法》等法律、法规、规章的规定，应承担环境侵权的法律责任。

根据现行《中华人民共和国环境保护法》第五十八条、《中华人民共和国民事诉讼法》第五十五条和《最高人民法院关于审理环境民事公益诉讼案件适用法律若干问题的解释》的相关规定，原告具有提起环境公益诉讼的法定资格，特起诉至贵院，请依法支持原告的诉讼请求，作出公正判决。

此致

江苏省常州市中级人民法院

原告:北京市朝阳区自然之友环境研究所
原告:中国生物多样性保护与绿色发展基金会
二〇一六年五月三日

附:
1. 本起诉书副本3份;
2. 证据材料一式4份。

证据清单

案号:(2016)苏04民初214号
提交人:北京市朝阳区自然之友环境研究所
　　　　中国生物多样性保护与绿色发展基金会

提交日期:2016年6月17日
第一组证据:主体资格方面的证据

编号(页码)	证据名称	证据来源	证明内容
证据一(1~3)	北京市朝阳区自然之友环境研究所社会团体法人登记证书	北京市朝阳区自然之友环境研究所	证明二原告是提起本案的适格主体
	中国生物多样性保护与绿色发展基金会社会团体法人登记证书	中国生物多样性保护与绿色发展基金会	
证据二(4~5)	中国政法大学文件[校字(98)第171号]《关于成立环境资源法研究和服务中心的通知》	中国政法大学	证明二单位可以作为本案的支持起诉单位
	苏州工业园区绿色江南公众环境关注中心民办非企业单位登记证书	苏州工业园区绿色江南公众环境关注中心	
证据三(6~9)	江苏常隆化工有限公司工商登记信息	全国企业信用信息公示系统	证明三被告的主体资格(其中江苏华达化工集团有限公司的前身为常州市华达化工厂)
	常州市常宇化工有限公司工商登记信息		
	江苏华达化工集团有限公司工商登记信息		
	江苏华达化工集团有限公司历史沿革信息	江苏华达化工集团有限公司官方网站	

第二组证据：事实方面的证据

编号（页码）	证据名称	证据来源	证明内容
证据四（10－50）	《常隆（华达、常宇）公司原厂址地块污染场地土壤修复调整工程验收技术方案》	常州高新区人民政府官网	证明常隆地块污染场地的位置与范围
	《建设项目环境影响报告表审批意见》［常新环管 2013（192）］	常州市新北区环境保护局	
证据五（51～1691）	《常隆（华达、常宇）公司原厂址地块场地环境调查技术报告（备案稿）》	常州市环保局	证明三被告具有污染土壤及地下水的行为，三被告的污染行为导致了环境的污染与损害
证据六（1692～1800）	《常隆（华达、常宇）公司原厂址地块污染场地土壤和地下水修复工程（报批稿）建设项目环境影响报告表》	常州市新北区环境保护局	证明三被告所造成的常隆地块地下水和土壤生态环境的损害情况
证据七（1801～1829）	《近 500 学生身体异常有的罹患淋巴癌、白血病学校污染物为何超标近 10 万倍?》	央视新闻（中央电视台新闻中心微信公众号）	证明三被告对常隆地块周边的环境已造成损害
证据八（1830～2098）	《常州外国语学校事件有关情况通报》	微常州（常州市人民政府新闻办公室官方微博）	证明常隆地块污染场地生态环境损害目前未得到有效修复
	《常隆（华达、常宇）公司原厂址地块污染场地土壤修复调整工程验收技术报告（备案稿）》	常州市环保局	

江苏省常州市中级人民法院
民事判决书

（2016）苏 04 民初 214 号

原　　　　告：北京市朝阳区自然之友环境研究所，住所地：略。

法 定 代 表 人：张××，副总干事。

委托诉讼代理人：王×××，该所法律与政策倡导部项目主任。

委托诉讼代理人：宋×，北京市××律师事务所律师。

原　　　　告：中国生物多样性保护与绿色发展基金会，住所地：略。

法 定 代 表 人：胡××，理事长。

委托诉讼代理人:曹××,该基金会法务部工作人员。

委托诉讼代理人:赵×,安徽××律师事务所律师。

支 持 起 诉 单 位:中国政法大学环境资源法研究和服务中心,住所地:略。

主 要 负 责 人:王××,主任。

委托诉讼代理人:祝××,北京市××律师事务所律师。

支 持 起 诉 单 位:苏州工业园区绿色江南公众环境关注中心,住所地:略。

法 定 代 表 人:方××,主任。

委托诉讼代理人:蒋××,江苏×××律师事务所律师。

被　　　　告:江苏常隆化工有限公司,住所地:略。

法 定 代 表 人:龙××,董事长。

委托诉讼代理人:蔡××,湖北××××律师事务所律师。

委托诉讼代理人:周××,江苏××律师事务所律师。

被　　　　告:常州市常宇化工有限公司,住所地:略。

法 定 代 表 人:周××,董事长。

委托诉讼代理人:周×,江苏×××律师事务所律师。

委托诉讼代理人:谢×,江苏×××律师事务所律师。

被　　　　告:江苏华达化工集团有限公司,住所地:略。

法 定 代 表 人:恽××,董事长。

委托诉讼代理人:成×,江苏×××律师事务所律师。

委托诉讼代理人:汪××,南京××律师事务所律师。

原告北京市朝阳区自然之友环境研究所(以下简称自然之友)、中国生物多样性保护与绿色发展基金会(以下简称绿发会)与被告江苏常隆化工有限公司(以下简称常隆公司)、常州市常宇化工有限公司(以下简称常宇公司)、江苏华达化工集团有限公司(以下简称华达公司)环境污染公益诉讼一案,本院于2016年5月16日立案后,依法适用普通程序,于2016年5月21日公告了案件受理情况。本院于2016年12月21日公开开庭进行了审理,原告自然之友的委托诉讼代理人宋×,原告绿发会的委托诉讼代理人赵×,被告常隆公司的委托诉讼代理人周××、蔡××,被告常宇公司的委托诉讼代理人周×、谢×,被告华达公司的委托诉讼代理人成×、汪××到庭参加诉讼。中国政法大学环境资源法研究和服务中心(以下简称法研中心)、苏州工业园区绿色江南公众环境关注中心(以下简称绿色江南)向本院提交书面意见,协助原告调查取证,支持提起公益诉讼,法研中心指派委托诉讼代理人祝××,绿色江南指派法定代表人方××、委托诉讼代理人蒋××参加庭审。本案现已审理终结。

自然之友、绿发会两原告向本院提出诉讼请求:1.请求判令三被告消除其污染物对原厂址及周边区域土壤、地下水等生态环境的影响,并承担相关生态环境修复费用

(具体数额以损害鉴定评估或生态环境修复方案确定的金额为准)。生态环境损害无法修复的,判令三被告实施货币赔偿,用于替代修复。2. 请求判令三被告对其造成的土壤、地下水污染等生态环境损害行为,在国家级、江苏省级和常州市级媒体上向公众赔礼道歉。3. 请求判令三被告承担原告因本诉讼支出的生态环境损害调查费用、污染检测检验费、损害鉴定评估费用、生态环境修复方案编制费用、律师费、差旅费、调查取证费、专家咨询费、案件受理费等。事实与理由:三被告原厂址位于江苏省常州市通江中路与辽河路交叉路口西北角,占地面积约 26 万平方米(以下简称"常隆地块")。三被告在生产经营及对危险废物管理过程中,严重污染了"常隆地块"及周边环境后搬离,但却未对其进行修复处理。2015 年 9 月,常州外国语学校搬入距离"常隆地块"仅一条马路之隔的新校址后,该校多名学生身体出现不适反应,前后有数百名学生体检查出皮炎、湿疹、支气管炎、血液指标异常、白细胞减少等异常症状,发生了媒体广泛报道的"常州外国语学校污染事件"。两原告通过调查了解到,"常隆地块"及其周围的土壤、地下水等生态环境损害目前仍未得到有效修复。两原告认为,三被告的行为违反了现行《中华人民共和国环境保护法》《中华人民共和国固体废物污染环境防治法》《中华人民共和国侵权责任法》等相关法律规定,应承担环境侵权的法律责任。审理中,两原告明确要求三被告承担环境修复费用为 3.7 亿元;自然之友明确要求三被告承担律师费、差旅费合计 413 675.6 元;绿发会明确要求三被告承担立案、递交材料所产生的费用及差旅费 8460 元,律师费 10 万元,合计 108 460 元。

法研中心支持起诉称,一、根据我国民事诉讼法、环境保护法、最高人民法院《关于审理环境民事公益诉讼案件适用法律若干问题的解释》等规定,两原告提起本案诉讼符合原告主体资格的法定条件。二、根据我国环境保护相关法律规定,企业事业单位和其他生产经营者应当防止、减少环境污染和生态破坏,对所造成的损害依法承担责任。三被告生产经营排放的污染物存在破坏环境、产生危险的事实,对社会公共利益造成损害。故为维护社会公共利益,两原告的诉讼请求应当得到司法支持。三、两原告系非营利社会组织,支持起诉单位建议法院缓收、减收或免收两原告的诉讼费用。四、希望三被告能够通过本案负起责任,加强对污染场地治理,采取有效措施减少环境影响,依法履行应尽的环境保护法律义务和责任。生态环境事关民生福祉,美丽中国需要司法保护。土壤、大气、地下水等自然因素是经济社会可持续发展的物质基础,关系人民群众身体健康,关系美丽中国建设,保护好各种自然因素构成的环境是推进生态文明建设和维护国家生态安全的重要内容。法研中心支持两原告提起本案环境民事公益诉讼,望法院依法审理,支持两原告的诉讼请求。

绿色江南支持起诉称,三被告都是化工企业,之前生产过程中污染了"常隆地块",却没有对该地块进行评估、治理、修复。该地块地下水和土壤受到污染,土壤有害物质亦挥发到空气中。该地块的污染未得到根本解决,周边地区和学校学生受到污染,即损害了公共利益。土壤和地下水是生物圈基本要素,污染问题无法通过自救予以解决,故该地块的污染危害具有持久性、广泛性。综上,两原告具备提起环境公益诉讼主体资格,绿色江南依据现行《中华人民共和国民事诉讼法》第十五条的规定,支持两原告对三被告提起本案诉讼。

常隆公司、常宇公司、华达公司共同辩称:一、两原告的起诉不符合环境公益诉讼的起诉条件,应予裁定驳回。(一)环境民事公益诉讼制度为保护环境公共利益而设置,法律规定起诉时原告应提交被告的行为已经损害公共利益或者具有损害社会公共利益重大风险的初步证明材料,但本案两原告的证据材料不能证明上述内容。1.本案不存在污染损害公共利益的情形,两原告除举证常州外国语学校受到影响的新闻报道外,没有其他证据证明受到污染的案涉地块损害了公共利益,且该新闻报道所反映的突发空气异味事件,经采取紧急修复措施后,损害已经消除,案涉地块的周边及地下水也并未检测出污染物质危害,因此案涉地块污染在两原告起诉前已不存在对公共利益的损害事实。2.案涉地块由建设用地转为绿化用地,已不再存在污染损害的重大风险,仅存的污染是针对案涉地块本身。如案涉地块的具体使用权人不能合法使用该地块,受到污染损害的为特定主体的财产权益而非公共利益。而两原告不是案涉污染土地的权利人,故无权提起本案的诉讼。(二)两原告的起诉不符合设立环境公益诉讼制度目的。当环境公共利益有权利人或相关主体在进行修复或者保护时,再提起公益诉讼已无必要。即使本案属于公益诉讼范畴,因案涉地块土地使用权被政府收回,环境修复义务按约定由案外人履行,且案外人已开展修复工程,对工程尚未完成的部分政府已作出行政命令由案外人继续修复。两原告追求的对污染土地进行生态修复的诉讼利益在已有案外人替代修复的情况下,其诉讼目的已经实现,故本案同样应当驳回两原告的起诉。二、三被告不是案涉地块土壤污染治理、修复的责任主体。根据国务院《土壤污染防治行动计划》、环保部《关于加强土壤污染防治工作的意见》、环保部等部门《关于保障工业企业场地再开发利用环境安全的通知》、常州市人民政府《常州市工业用地和经营性用地土壤环境保护管理办法(试行)》的相关规定,土地使用权依法转让的,受让人是环境治理、修复的责任主体,案涉地块已多次依法转让,故三被告不再是土壤治理、修复的责任主体。

常隆公司另辩称:常隆公司的企业性质是由原国有企业改制为民营企业,对历史形成的污染问题,根据"谁污染、谁治理"和"谁受益、谁补偿"的原则,土壤污染治理、修复的责任应由政府相关部门承担。常隆公司已经将土地交由政府收储,土地使用权已不再属于常隆公司,客观上已无法对案涉地块进行修复。行政机关确定案涉地块污染修复主体,实施修复工程具有行政合法性。综上,请求驳回两原告的起诉。

常宇公司另辩称:一、两原告将常宇公司列为被告不当。常宇公司自2002年起即停止了化工产品的生产,而2002年之前常宇公司的名称为"常州市常宇化工厂",企业性质为村办集体所有制企业，系樊家村集体所有，土壤污染为该期间及历史原因造成，因此应由该集体承担相应的责任，而非现在的有限责任公司。二、两原告提起本案诉讼已经超过诉讼时效。2015 年案涉地块修复过程中对常州外国语学校产生影响，但目前相关学生和学校并没有发生环境污染的后果。本案环境损害的事实发生在 2010 年以前，而 2010 年 3 月至 5 月间，政府已经委托鉴定机构对案涉地块的污染状况进行了评估，该信息属于政府公开信息，两原告应当在 2011 年就知道污染的事实，但未在三年内提起诉讼，显然已经超过诉讼时效。三、案涉地块已经由政府责令相关单位修复。常宇公司厂房所在地块的土地使用权已发生转移，根据相关规定，应由土地使用权的受让人承担相关责任。综上，请求驳回两原告诉讼请求。

华达公司另辩称：由华达公司承担环境修复责任不具有合理性。华达公司前身是乡办集体企业，直到 2005 年农村集体经济组织的股权才退出，退出时所交易资产价格中并不包含修复生产经营过程中场地污染的费用，现将该部分责任强加给华达公司明显缺乏合理性。

本院经审理查明：

一、三被告生产经营基本情况

常隆公司、常宇公司、华达公司原厂址地块（常隆地块）位于常州市新北区龙虎塘街道，主要包括江苏常隆化工有限公司常州农药厂、江苏华达化工集团有限公司华达化工厂、常州市常宇化工有限公司原厂址，总面积约为 26.2 公顷。该地块东侧为通江路，隔路为腾龙苑，南侧为辽河路及地铁（建设中），隔路为天合国际学校和常州外国语学校，西侧为村庄拆除后遗留空地，北侧为藻江河支流，隔河为村庄拆除后遗留空地。

常隆公司是由原常州农药厂、原常州有机化工厂改制组建而成的有限责任公司，其中原常州农药厂厂址系本案所涉地块，占地面积约为 18.7 公顷。常州农药厂成立于 1979 年 2 月，是一家专业生产农药原药及制剂、农药中间体、化工中间体等精细化工产品的国营化工企业，所生产的产品包括十八酰氯、双碳酰氯、2－氰基苯酚、间苯二甲酰氯、除草剂和杀虫剂可湿性粉剂、除草剂和杀虫剂乳油类等几十种。2000 年 4 月，常州农药厂改制为由国有资本、职工持股会和自然人为投资主体的有限责任公司，至 2014 年 5 月，国有资本转让给深圳诺普信农化股份有限公司后成为民营股份制企业。2006 年，常州农药厂启动搬迁工作，2009 年全面停产，至 2010 年 6 月完成搬迁。2010 年 8 月常州农药厂地块土地交付常州市新北国土储备中心。

常州市常宇化工有限公司原为武进县龙虎塘合成化工厂，由樊家行政村创办于 1989 年，占地面积约 4.6 公顷，企业性质为村办集体所有制。1995 年 1 月，企业完成股份合作制改革，同年 7 月企业更名为常州市常宇化工厂。2004 年起，公司在原厂址经营的纳税记录为零。2004 年 5 月，公司进行改制，由集体所有制企业变更为有限责任公司,公司名称为常州市常宇化工有限公司。常宇公司所生产的产品包括甲萘酚、甲萘胺、尼文酸等,生产使用的化工原料包括精萘、硫磺、硝酸、硫化钠等。2007 年,常宇公司启动搬迁工作,至 2008 年年底全厂停产开始搬迁。

江苏华达化工集团公司下属子公司华达化工厂厂址系本案所涉地块,占地面积约 3.2 公顷。华达化工厂成立于 1990 年 5 月,性质为乡镇集体经济,1997 年 12 月改制为股份合作制企业。2005 年 4 月,常州市华达化工厂变更为江苏华达化工有限公司,性质变更为有限责任公司,农村集体经济组织的股权退出。华达化工厂厂址内除华达化工厂外,历史上还设立过常州华大明化工有限公司、常州华捷化工有限公司和常州新兴华大明化工有限公司。其中,常州华大明化工有限公司成立于 1995 年,由常州市华达化工厂、日本大内新兴化学工业株式会社和日本国株式会社明城商会合资兴建;常州华捷化工有限公司成立于 2000 年,由常州市华达化工厂与捷克 NOROMO 国际贸易有限公司合资兴建;常州新兴华大明化工有限公司成立于 2002 年,由常州市华达化工厂、日本大内新兴化学工业株式会社和日本国株式会社明城商会合资兴建。华达化工厂及相关合资企业所生产的产品包括甲萘胺、工业级甲萘酚、橡胶防老剂、显像液中间体等,生产使用的化工原料包括精萘、硝酸、硫磺、硫酸、甲萘酚、苯胺、甲醇等。2009 年年底华达化工厂全部停产并完成搬迁。

二、案涉地块受污染情况

常隆、常宇、华达公司在生产经营期间对于案涉地块土壤及地下水造成了污染。2011 年 3 月至 5 月,常州市新北区政府拟对"常隆地块"进行商业住宅项目开发,委托原常州市环境保护研究所对案涉地块内土壤和地下水污染情况进行了调查。根据现场调查、实验室分析结果和场地水文地质特点分析显示,案涉地块土壤和地下水污染严重,环境风险不可接受,必须对污染场地实施修复。其中:

1. 常隆公司(常州农药厂厂区)

在常州农药厂厂区,初步估计受污染的土壤约 44 740 平方米,主要受挥发酚、钡、铜、铅、总石油烃、苯系物、氯苯、氯代苯、1,2-二氯乙烷、二氯甲烷、氯仿、四氯化碳等的污染。

该地块地下水污染严重,涉及区域包括整个地块,面积约 172 367 平方米,该厂地块地下水无机指标,包括高锰酸盐指数、硫酸盐、氯化物等大部分都超过中国地下水质量标准的Ⅲ类标准,主要受锑、砷、钡、铍、镉、铜、铅、镍、苯胺、氯代苯、苯系物、氯苯、总石油烃等的污染。

2. 常宇公司

在常宇公司厂区,初步估计受污染的土壤约 16 390 平方米,主要受挥发酚、铅、萘、总石油烃、氯苯、氯仿等的污染。

地下水污染区域约 24 732 平方米,该地块地下水无机指标,包括挥发酚、高锰酸盐指数、氯化物、硝酸盐等超过中国地下水质量标准的Ⅲ类标准，主要受铍、总石油烃、四氯化碳、氯代苯等的污染。

3. 华达公司

在华达公司厂区，初步估计受污染的土壤约9360平方米，主要受挥发酚、砷、铅、锌、萘、总石油烃、氯苯、氯仿等的污染。另外部分区域土壤中甲萘胺的浓度很高。

地下水污染区域约20 027平方米，主要受挥发酚、高锰酸盐指数、硫酸盐、亚硝酸盐、总石油烃、氯苯等的污染，另外地下水中甲萘胺的浓度很高。

三、关于案涉地块土壤、地下水受污染状况的调查情况

2011年，常州市新北区政府拟利用“常隆地块”进行商业住宅开发。为了解该地块的土壤、地下水受污染情况，2011年3月至5月，常州市新北区政府委托原常州市环境保护研究所对常隆地块内土壤和地下水的污染情况进行了调查，编制了《常隆（华达、常宇）公司原厂址地块场地环境调查技术报告》和《常隆（华达、常宇）公司原厂址地块场地健康风险评估报告》。

2013年，由于《污染场地风险评估技术导则》风险评估的参数、模型有变化，常州市环境科学研究院编制了《常隆（华达、常宇）公司原厂址地块健康风险评估修编报告》，重新估算土壤修复面积、修复土方量，提出了住宅类用地类型、工业及其他用地类型下的地下水修复面积及修复量。

2013年8月，根据调查及风险评估结果，常州市环境科学研究院编制了《常隆（华达、常宇）公司原厂址地块污染场地土壤和地下水修复技术方案》，方案中提出污染土壤采用“异位—资源化利用＋局部区域隔离”的修复方法，即将污染场地－6米以上的污染土壤挖出，利用现有的新型干法水泥回转窑生产装置，作为水泥厂原料资源化利用，－6米以下未达到修复目标的污染土壤采取隔离的措施；污染地下水修复采用“原位化学氧化”的修复方法，即将化学氧化剂通过注入井引入地下水含水层，通过药剂与地下水的充分接触，发生氧化反应，去除或降解地下水中的污染物，以此达到修复效果。

上述历次方案制定、调整均组织召开了中科院南京土壤研究所、南京环境科学研究所、东南大学、南京大学、中科院烟台海岸带研究所等单位专家参加的评审会并获得通过。

四、关于案涉地块土壤、地下水的修复情况

2014年3月，一期污染土壤修复工程正式实施。至2015年12月底，已完成一期修复区域95%污染土壤的异位资源化利用。后因修复过程中次生的空气异味对常州外国语学校师生等项目地块周边敏感人群产生影响，修复工程全面停止，剩余5%的污染土壤未修复，地下水修复工程亦未开展。2016年年初，“常隆地块”由商业开发转变用地性质为公共绿化用地。

常州外国语学校师生受污染场地影响事件发生后,国务院教育督导委员会派出专项督导组,环保部、江苏省政府联合成立环保调查组,国家卫计委和江苏省卫计委成立医疗卫生专家组,赴常州开展督导、调查和分析研究等工作。调查组认为常州外国语学校校园环境安全,但“常隆地块”修复工作的施工和监管存在问题,要求常州市政府抓紧制定并实施“常隆地块”污染防控和修复方案。

常州市政府开展应急措施,编制了《常隆(华达、常宇)公司原厂址地块污染场地应急处置方案》和《常隆(华达、常宇)公司原厂址地块污染场地技术方案调整报告》,将原污染土壤“异位-资源化+局部隔离”的修复方案,调整为整体覆土封盖的修复方案。2016年2月15日,案涉地块污染场地土壤修复调整工程完成,并通过验收。常州市政府要求常州市新北区政府具体负责实施“常隆地块”防控修复工作。

2016年5月,江苏圣泰环境科技股份有限公司编制了《常隆(华达、常宇)公司原厂址地块污染场地防控技术方案》(以下简称《防控技术方案》)。按照长期场地污染防控的总体思路,以最基本目标,即确保场地和周边敏感人群环境健康安全为前提条件,分三个阶段(2016~2020年、2021~2035年、2036年以后)细化目标和工作要求。

2016年8月,常州市环境监测中心编制了《常隆(华达、常宇)公司原厂址地块环境监控实施方案》(以下简称《监控实施方案》),该方案确定了“常隆地块”内及周边环境空气、地表水、地下水、土壤气的五年环境监控计划。2016年9月26日,常州市环境监测中心主持召开了《监控实施方案》专家评审会,由中国环境监测总站、南京市环境监测中心站、常州市环境科学研究院组成专家组,对该方案进行了咨询评议,专家一致认为该方案内容翔实,总体合理可行。目前根据方案内容已经逐步开展环境空气、地表水、地下水、土壤气监测。现已完成地表水常规指标、特征指标以及生物指标的监测;完成环境空气中挥发性有机物(55种),对环芳烃(16种)的24小时连续监测;完成“常隆地块”及周边地下水与土壤气的采样检测分析,分析因子包括常规指标、特征指标、生物指标等,首次检测结果显示各项指标正常。

在《防控技术方案》基础上,2016年8月至9月,常州黑牡丹建设投资有限公司委托常州春秋农业机械有限公司开展了“常隆地块”喷淋系统的布设,该系统通过保持土壤湿度可以阻碍土壤中气体挥发。

2016年9月,为了更好地实施《防控技术方案》,常州黑牡丹建设投资有限公司委托中科院南京土壤研究所编制《常隆(华达、常宇)地块环境污染防控工程实施方案》,并承担补充调查、场地覆土性能评估、风险评估及地下水污染模拟和编制后续场地环境污染防控实施技术方案等相关工作。

2016年10月,根据实施方案需求,中科院南京土壤研究所编制完成《常隆(华达、常宇)公司原厂址地块环境污染防控工程—场地补充调查方案》(以下简称《防控工程—场地补充调查方案》),确定土壤地下水以及水文地质补充调查的实施方案。2016

年10月16日，中科院南京土壤研究所组织召开了《防控工程—场地补充调查方案》的专家评审会，由中国环境科学研究院、北京市环境保护科学研究院、江苏省环境监测中心，中国地质大学、中科院烟台海岸带研究所的专家组成专家组，对该方案进行了咨询评议。专家一致认为该方案编制依据充分，设计合理，研究方法和技术路线可行，目标与考核指标明确，工作程序符合相关技术规范与要求，野外施工潜在环境风险分析详细，预防及处置措施得当，应急方案准备充分。

2016年11月，逐步开展加密调查、野外测试、取样及检测工作，因考虑调查勘探过程中可能产生的二次污染、气候条件、周边环境影响等因素，目前未大面积开展调查作业，正在试验准备阶段，计划利用学校节假期间完成场地调查工作。计划2017年9月完成场地补充调查野外作业及相关实验检测，完成场地调查报告、风险评估、地下水模型等技术报告编写。2017年10月出具防控工程实施方案，2017年年底开始实施工程措施，第一阶段选用对场地扰动较少的地下水抽提处理技术和工程措施。该技术通过设置在地下水污染区的抽水井，将污染地下水抽提到地面进行处理，可以有效降低污染物总量。

以上事实，由各方当事人提供的证据及本院调查的证据予以证实。

本案各方争议焦点为：一、本案诉讼标的是否具有公益性？二、两原告请求三被告消除危险或赔偿环境修复费用、赔礼道歉的诉讼请求是否能够成立？

针对争议焦点一，本院认为，本案诉讼标的具有公益性。原常州市环境保护研究所受常州市新北区政府委托于2011年所作的《常隆（华达、常宇）公司原厂址地块场地环境调查技术报告》和《常隆（华达、常宇）公司原厂址地块场地健康风险评估报告》显示，案涉地块土壤和地下水污染严重，环境风险不可接受，必须对污染场地实施修复。上述证据足以证明，长期化工生产经营对案涉地块的土壤、地下水造成了污染。由于土壤与地下水之间存在高度关联性，而地下水亦存在一定的流动性，因此，案涉地块化工生产排放的污染物并非仅仅损害了土地使用权人利益，而同时具有损害社会公共利益的风险，两原告的起诉具有公益性。

针对争议焦点二，本院认为，两原告关于请求三被告消除危险或赔偿环境修复费用、赔礼道歉的诉讼请求不能成立。一、案涉地块于2009年由常州市新北国土储备中心协议收储并实际交付。常州市政府及常州市新北区政府在本案诉讼开始前即对案涉污染地块实施应急处置，并正在组织开展相应的环境修复。常州市政府对相关环境空气、地表水、地下水、土壤气进行监测的结果表明，案涉地块土壤和地下水对外界环境的威胁已经得到初步控制。《环境保护部关于加强土壤污染防治工作的意见》（环发〔2008〕48号）第（八）项规定："造成污染的单位已经终止，或者由于历史等原因确实不能确定造成污染的单位或者个人的，被污染的土壤或者地下水，由有关人民政府依法负责修复和治理；该单位享有的土地使用权依法转让的，由土地使用权受让人负责修复和治理。有关当事人另有约定的,从其约定;但是不得免除当事人的污染防治责任”。常州市政府实施的环境应急处置与修复行为符合上述规定的要求,也符合国务院《土壤污染防治行动计划》的规定。在常州市政府正在实施环境修复的过程中,三被告并无可能取代政府实施环境修复行为。二、案涉地块因承载化工产品生产而产生的环境污染始于20世纪七八十年代,土壤污染现状历经长期发展过程。案涉地块上的生产企业亦历经国有、集体企业产权制度改革,股权转让,中外合资等复杂变迁。在此期间,有关环境污染侵权责任法律法规逐步完善,企业环境保护法律责任逐步严格,防治污染的技术手段逐步发展。案涉地块环境污染系数十年来化工生产积累叠加造成,但两原告未提交可以清晰界定三被告与改制前各个阶段生产企业各自应当承担的环境污染侵权责任范围、责任形式、责任份额以及责任金额的证据。

综上,在案涉地块环境污染损害修复工作已由常州市新北区政府依法组织开展,环境污染风险已得到有效控制,后续的环境污染监测、环境修复工作仍然正在实施的情况下,两原告提起本案公益诉讼维护社会环境公共利益的诉讼目的已在逐步实现。因此,对两原告提出的判令三被告消除危险或赔偿环境修复费用、赔礼道歉的诉讼请求,本院依法不予支持。两原告主张由三被告承担律师费、差旅费等相关费用,本院亦不予支持。依照《中华人民共和国民事诉讼法》第五十五条、第六十四条、第一百四十二条,最高人民法院《关于审理环境民事公益诉讼案件适用法律若干问题的解释》第一条的规定,判决如下:

驳回原告北京市朝阳区自然之友环境研究所、中国生物多样性保护与绿色发展基金会的诉讼请求。

案件受理费 1 891 800 元,由两原告自然之友、绿发会共同负担。

如不服本判决,可在判决书送达之日起 15 日内,向本院递交上诉状并按对方当事人的人数提交上诉状副本,上诉于江苏省高级人民法院,同时按《诉讼费用交纳办法》规定向该院预交上诉案件受理费(开户行:中国农业银行南京山西路支行,账号:10××75)。

审 判 长 黄 磊
审 判 员 王 莹
审 判 员 金晔茹
二○一七年一月二十五日
书 记 员 诸凌燕

附录法律条文(略)

民事上诉状

上　诉　人：北京市朝阳区自然之友环境研究所。

住　　　所：略。

法定代表人：张××，职务：所长。

支持起诉单位：中国政法大学环境资源法研究和服务中心（又名中国政法大学污染受害者法律帮助中心）。

地　　　址：略。

负　责　人：王××，职务：主任。

支持起诉单位：苏州工业园区绿色江南公众环境关注中心。

住　　　所：略。

法定代表人：方××，职务：主任。

被上诉人：江苏常隆化工有限公司。

住　所　地：略。

法定代表人：龙××，职务：董事长。

被上诉人：常州市常宇化工有限公司。

住　所　地：略。

法定代表人：周××，职务：董事长。

被上诉人：江苏华达化工集团有限公司（原常州市华达化工厂）。

住　所　地：略。

法定代表人：恽××，职务：董事长。

上诉人不服江苏省常州市中级人民法院（2016）苏04民初214号《民事判决书》（一审判决），现依法提出上诉。

上诉请求：

1. 请求撤销常州市中级人民法院（2016）苏04民初214号《民事判决书》；

2. 请求改判三被上诉人消除其原厂址污染物对原厂址及周边区域土壤、地下水等生态环境的影响，并承担相关生态环境修复费用；

3. 请求改判三被上诉人对其造成的土壤、地下水污染等生态环境损害行为，在国家级、江苏省级和常州市级媒体上向公众赔礼道歉；

4. 请求改判三被上诉人承担上诉人因本诉讼支出的一审、二审律师费、差旅费、案件受理费等实际支出。

事实和理由：

三被上诉人原厂址位于常隆地块。一审法院查明，三被上诉人在生产经营过程中,对常隆地块土壤及地下水造成了严重污染,一审法院还进一步查明,常隆地块的污染土壤尚未得到全部修复,地下水修复工程亦未开展。

根据现行《中华人民共和国环境保护法》(以下简称《环保法》)第六条第三款的规定,企业事业单位和其他生产经营者应当防止、减少环境污染和生态破坏,对所造成的损害依法承担责任。三被上诉人作为常隆地块土壤及地下水污染者,应当对造成常隆地块的土壤及地下水污染损害依法承担治理和修复责任。另根据《最高人民法院关于审理环境民事公益诉讼案件适用法律若干问题的解释》(2014年12月8日最高人民法院审判委员会第1631次会议通过,自2015年1月7日起施行)第十八条的规定,对污染环境、破坏生态,已经损害社会公共利益或者具有损害社会公共利益重大风险的行为,原告可以请求被告承担消除危险、恢复原状、赔礼道歉等民事责任。因此,在被上诉人的污染行为和损害后果明确,且常隆地块土壤、地下水修复尚未完成的情况下,上诉人在一审中的各项诉讼请求均具有法律依据,法院应当判决三被上诉人承担消除其原厂址污染物对原厂址及周边区域土壤、地下水等生态环境的影响,并承担相关生态环境修复费用等责任,而不是驳回上诉人的诉讼请求。

但是,一审法院却错误进行了事实认定,并且存在适用法律错误、程序不当和错误分配举证责任的问题。为此,上诉人特提起上诉,上诉理由如下:

一、一审判决援引《环境保护部关于加强土壤污染防治工作的意见》(环发〔2008〕48号)(以下简称《土壤防治工作意见》),适用法律错误。

(一)《土壤防治工作意见》已于2016年7月13日失效,且其作为行政机关发布的规范性文件,不应作为法院判决依据。

中华人民共和国环境保护部2016年7月13日发布第40号令,决定废止《关于加强土壤污染防治工作的意见》(2008年6月6日,环发〔2008〕48号)(第36项)。一审法院援引一个已经被废止的规范性文件作为判案依据和说理依据,严重错误。

此外,《土壤防治工作意见》仅仅是一份行政机关颁布的规范性文件,根据《最高人民法院关于裁判文书引用法律、法规等规范性法律文件的规定》(法释〔2009〕14号)的规定,行政机关颁布的规范性文件并不是法院民事裁判的依据。

(二)按照"谁污染,谁治理"的原则,三被上诉人应对常隆地块承担污染修复及治理责任。但一审法院刻意回避、曲解《土壤防治工作意见》的规定,为被上诉人脱责。

一审法院对《土壤防治工作意见》断章取义,刻意曲解《土壤防治工作意见》中要求污染企业承担土壤污染修复及治理责任的规定。《土壤防治工作意见》第(八)项明确规定:"对污染企业搬迁后的厂址和其他可能受到污染的土地进行开发利用的,环保部门应督促有关责任单位或个人开展污染土壤风险评估,明确修复和治理的责任主体和技术要求,监督污染场地土壤治理和修复,降低土地再利用特别是改为居住用地对人体健康影响的风险。""对遗留污染物造成的土壤及地下水污染等环境问题,由原生产经营单位负责治理并恢复土壤使用功能。”“按照‘谁污染、谁治理’的原则，被污染的土壤或者地下水，由造成污染的单位和个人负责修复和治理。”“造成污染的单位因改制（上诉人注：即本案的情形）或者合并、分立而发生变更的，其所承担的修复和治理责任，依法由变更后承继其债权、债务的单位承担。”

可以看出，一审法院有意回避在同一个规范性文件的同一个条文中，明确要求被上诉人承担责任的规定，为被上诉人脱责找理由。

（三）本案中不存在《土壤防治工作意见》第（八）项中所述的“造成污染的单位已经终止”的情形。

根据一审法院查明的事实，江苏常隆化工有限公司是由全民所有制企业整体改制为有限责任公司；常州市常宇化工有限公司、江苏华达化工集团有限公司则进行了股份合作制改革。

《最高人民法院关于审理与企业改制相关民事纠纷案件若干问题的规定》（2002年12月3日最高人民法院审判委员会第1259次会议通过，自2003年2月1日起施行）第五条规定，改制为有限责任公司的，原企业债务由改造后的新设公司承担；第八条、第九条、第十条规定，进行股份合作制改革的，原企业的债务由改造后的股份合作制企业承担。

三被上诉人因污染环境所产生的环境修复责任属于企业债务，根据前述司法解释规定，三被上诉人应承担的土壤修复责任等应由改制后的企业承担，而不应该出现三被上诉人因改制而“金蝉脱壳”的情形。

（四）本案中不存在《土壤防治工作意见》第（八）项中所述的“由于历史等原因确实不能确定造成污染的单位或者个人”的情形。

本案中，一审判决已经非常明确地认定了三被上诉人存在污染行为，造成污染的单位具体、明确。虽然一审法院认为被上诉人由于改制，存在不同的阶段，因此需要划分不同阶段企业具体的污染情况，但即便如此，也只是可能存在多个责任主体以及区分责任大小的问题，而非“不能确定”责任主体。

（五）本案中不存在《土壤防治工作意见》第（八）项中所述的“土地使用权依法转让”的情形。土地收储并非土地转让，常隆地块收储后，环境修复及治理责任主体并未发生转移，三被上诉人仍应继续承担土壤及地下水的修复责任。

一审法院混淆了“土地收储”和“土地使用权依法转让”（以下简称“土地转让”）这两种完全不同性质的法律行为和法律概念。

三被上诉人与常州市新北国土储备中心之间签订土地收储协议，因此二者之间是土地储备法律关系，并非国有土地使用权转让法律关系。

根据现行《土地储备管理办法》第二条的规定，土地储备，是指市、县人民政府国土资源管理部门为实现调控土地市场、促进土地资源合理利用目标，依法取得土地，进行前期开发、储存以备供应土地的行为。就法律关系主体而言，土地收储的当事方并非平等民事主体，而是一方为国有土地使用权人，另一方为代表国家行使土地所有权的国土资源管理部门，土地收储协议性质上属于行政合同。根据《中华人民共和国城镇国有土地使用权出让和转让暂行条例》(中华人民共和国国务院令第 55 号)第十九条第一款的规定，土地使用权转让是指土地使用者将土地使用权再转移的行为，包括出售、交换和赠与。因此，土地使用权转让的当事方为平等的民事主体，土地使用权转让合同为民事合同。

土地收储与土地转让是两种截然不同的法律行为，土地收储后，原土地使用权人因其污染行为所造成的损害所应承担的责任，不应也没有任何法律依据可以转移给政府。事实上，三被上诉人所签订的土地收储协议中，也未约定原土地的环境污染责任由收储方承担。因此，本案中土地收储后，三被上诉人对常隆地块的污染治理及修复责任并未免除，也不能转移给政府。

二、一审法院将“防控”和“修复”混为一谈，毫无根据地把政府作为修复责任主体，并错误地将政府采取“防控”认为上诉人的诉讼目的已经达到，认定事实错误。

(一)“防控”不等于“修复”。

根据一审法院提供的信息，即便是常州市新北区政府，其所进行的工作仅仅是“开展了常隆地块的污染场地防控”。防控不等于修复，并且防控技术方案的总体目的是“监测”，并非修复。

常州市人民政府新闻办公室于 2016 年 8 月 26 日发布《常州外国语学校事件调查结果通报》也认为“鉴于‘常隆地块’污染土壤和地下水尚未完全修复，调查组已要求常州市政府抓紧制定并实施‘常隆地块’污染防控和修复方案”。

(二)政府在本案中不是环境修复责任主体。

“谁污染，谁治理”是环境责任的基本原则，我国法律及相关规定并未规定地方政府可以代替污染主体成为治理和修复责任的义务方，常州市及新北区政府不能代替三被上诉人承担污染土壤和地下水的治理和修复责任。

退一步说，即使政府对常隆地块进行修复，履行的是政府的公共管理职能，不能改变“谁污染，谁治理”的基本原则，不能免除三被上诉人的修复责任。而且，政府的修复资金源于纳税人，由纳税人为三被上诉人的污染行为埋单，既无法律依据也不公平。一审法院的判决无异于“企业污染，百姓埋单”，势必造成严重的社会负面影响。

(三)政府在环境治理中已支出的费用以及未来按照防控方案可能支出的费用，应由三被上诉人承担。

政府进行环境治理，并非环境修复责任主体的变更，三被上诉人作为污染者，仍然是环境修复责任主体。政府已经支出的污染土壤和地下水应急处置和风险防控费用，以及未来需要支出的治理和修复费用，仍应由三被上诉人承担。

(四)本案中常隆地块尚未得到修复,被上诉人未承担环境修复责任,上诉人的诉讼目的远未实现。

本案中,上诉人的诉讼请求之一是要求三被上诉人消除其原厂址污染物对原厂址及周边区域土壤、地下水等生态环境的影响,并承担相关生态环境修复费用。目前,案涉地块尚未修复,严重污染的地下水也尚未采取任何修复和风险防控措施。三被上诉人作为责任主体并未承担责任,上诉人的诉讼目的远未实现。

三、一审法院错误地将本应由被上诉人承担的证明责任分配由上诉人承担。

如前所述,本案中由于三被上诉人的法律主体一直存续,本无须区分不同所有制阶段的具体污染情况。退一步说,即使如一审法院所述,需要清晰界定三被上诉人与改制前各阶段生产企业各自应当承担的环境污染侵权责任范围、责任份额,根据现行《侵权责任法》第六十六条的规定,应由污染者承担证明责任,证明各个阶段的污染具体是由哪一家主体造成的,从而减轻自身的责任;或根据《最高人民法院关于审理环境侵权责任纠纷案件适用法律若干问题的解释》(法释〔2015〕12 号)第四条的规定,"两个以上污染者污染环境,对污染者承担责任的大小,人民法院应当根据污染物的种类、排放量、危害性以及有无排污许可证、是否超过污染物排放标准、是否超过重点污染物排放总量控制指标等因素确定",由法院进行确定。

一审法院将举证责任分配给上诉人,完全没有法律依据,无异于让污染者轻而易举地逃避其本应承担的法律责任。

四、一审法院未行使释明权,判决"天价"诉讼费,程序不当。

(一)一审法院在审理中发现可能存在其他责任主体,并作为判决依据的情况下,未向上诉人释明是否变更或追加被告,程序不当。

一审法院驳回上诉人诉请的重要理由是上诉人没有提供三被上诉人和改制前各个不同阶段的生产企业各自应当承担的责任大小的相关证据。

尽管上诉人认为一审法院的前述观点本质上是错误的,但同时也认为,如果一审法院在审理过程中认为"案涉地块污染系数十年来化工生产积累叠加造成",三被上诉人和改制前的各个不同阶段的生产企业不是同一主体,共同实施了污染系争地块的侵权行为,属于造成环境污染的共同侵权人,认定本案是共同侵权案件,且当前仅起诉了部分共同侵权人,本案的被告应当不止三个被上诉人,则根据现行《民事诉讼法》第一百三十二条和《民事诉讼法解释》第七十三条规定:"必须共同进行诉讼的当事人没有参加诉讼的,人民法院应当……通知其参加。"并参照《最高人民法院关于审理人身损害赔偿案件适用法律若干问题的解释》(2003 年 12 月 4 日最高人民法院审判委员会第 1299 次会议通过,自 2004 年 5 月 1 日起施行)第五条规定,一审法院应当立即行使释明权,将相关风险提示给上诉人,由上诉人决定是否变更或追加被告,以最大限度地实现社会公益。

但一审法院并未依法行使该等释明权,在释明问题上存在程序上的违法,已足以影响判决的公正性和权威性,导致一审判决错误。

(二)一审判决的案件受理费畸高,不符合环境公益诉讼的特点,也不利于社会组织监督污染企业,与国家加强环境资源审判,推进生态文明建设的精神相违背。

由于三被上诉人严重的环境污染行为,且对污染后果置之不理,上诉人作为环境公益组织,依据法律规定,提起环境公益诉讼。根据《最高人民法院关于审理环境民事公益诉讼案件适用法律若干问题的解释》(2014 年 12 月 8 日最高人民法院审判委员会第 1631 次会议通过,自 2015 年 1 月 7 日起施行)第三十四条的规定,社会组织不能通过环境公益诉讼牟利。在上诉人胜诉后,法院判决由三被上诉人承担的环境修复费用,将全部用于环境修复,社会组织不会获得一分一毫的收益。一审法院错误适用普通民商事财产类案件的诉讼费用收取办法,无视环境公益诉讼的特点,无视上诉人依法保护环境的努力,对上诉人是非常不公平的。

上诉人作为非营利性的公益环保组织,财务状况本已十分艰难,完全符合减交、免交诉讼费的条件。特别是一审法院已经认定了三被上诉人存在污染行为,上诉人在本案诉讼中并无过错。因此,一审法院对案件受理费的认定非常不合理,必将对今后的环境公益诉讼造成极大的阻碍。由于一审法院的"天价诉讼费",也给社会舆论造成了不良影响。

为此,上诉人申请法院根据《最高人民法院关于审理环境民事公益诉讼案件适用法律若干问题的解释》(2014 年 12 月 8 日最高人民法院审判委员会第 1631 次会议通过,自 2015 年 1 月 7 日起施行)第三十三条第二款的规定,准许上诉人依法免交本案的案件受理费,或依法支持上诉人的上诉请求,判令三被上诉人承担案件受理费。

综上所述,本案一审判决事实认定错误,法律适用错误,错误分配举证责任,程序不当。一审判决将给污染者传递一个非常错误的信号,让污染企业误认为即便自身存在污染行为,政府也会用纳税人的钱财为其开脱,必将使目前已经困难重重的环境保护工作难上加难。上诉人恳请贵院依法查明事实、正确适用法律,对本案做出改判。

此致

江苏省高级人民法院

上诉人:北京市朝阳区自然之友环境研究所
二〇一七年二月七日

民事上诉状

上诉人(一审原告):中国生物多样性保护与绿色发展基金会。

一　审　共　同　原　告：北京市朝阳区自然之友环境研究所。

支　持　起　诉　单　位：中国政法大学环境资源法研究和服务中心（又称中国政法大学污染受害者法律帮助中心）。

支　持　起　诉　单　位：苏州工业园区绿色江南公众环境关注中心。

被上诉人（一审被告）：江苏常隆化工有限公司。

被上诉人（一审被告）：常州市常宇化工有限公司。

被上诉人（一审被告）：江苏华达化工集团有限公司（原常州市华达化工厂）。

上诉人因不服江苏省常州市中级人民法院所作（2016）苏04民初214号民事判决书，现依法提出上诉。

上诉请求：

一、撤销江苏省常州市中级人民法院所作（2016）苏04民初214号民事判决。

二、发回原审人民法院重审，或依法改判：1. 判决三被上诉人消除其污染行为对原厂址范围及周边区域的土壤、地下水等生态环境造成的影响及危害，如未履行上述义务则由三被上诉人承担相应生态环境治理修复费用。2. 判决三被上诉人对其污染土壤、地下水等破坏生态环境的行为，通过国家级、江苏省级和常州市级媒体向社会公众赔礼道歉。3. 判决三被上诉人承担上诉人支出的和必须支出的一审、二审差旅费、律师费、调查取证费用、案件受理费等必要的诉讼费用。

事实和理由：

一审法院审理查明，本案三被上诉人均系化工生产企业，原厂址位于江苏省常州市新北区龙虎塘街道（常隆地块）。在长期生产经营过程中，三被上诉人对原厂址范围及周边区域的土壤、地下水等生态环境造成了严重的污染影响。此后，三被上诉人于本案一审诉前均已搬迁。

2009年至2010年，案涉地块由常州市新北国土储备中心协议收储并实际交付。此后，常州政府部门于2011年开始对案涉地块组织开展环境修复工作。至2016年1月，常隆地块的污染土壤修复工程因故无法继续进行，污染地块尚未得到全部修复；另外，地下水修复工程亦未开展。此后，常州政府部门组织编制了污染场地防控技术方案、环境监控实施方案等。

基于以上事实，结合案件实际情况，上诉人认为本案一审判决在证据、事实认定方面均存在严重疏漏及错误，且适用法律错误，存在程序违法问题，具体理由阐述如下。

一、一审法院在事实认定方面存在错误

（一）“已对地块局部开展修复工作”并不等于“地块整体的污染危害已得到初步控制”。

根据一审认定（焦点二部分），据常州市政府对相关环境质量标准的监测结果表明，案涉地块土壤及地下水对外界环境的威胁已经初步得到控制。上诉人认为此项事实认定严重错误。

1. 首先,一审中并没有充分证据证明常州市政府对案涉地块及周边区域的空气、地表水、地下水、土壤气等环境质量指标进行过检测,且已全部达标。

2. 不可否认,至一审审理期间,常州政府部门已对案涉地块的局部(一期过程)开展初步修复工作,但这并不等于"地块整体污染危害已得到初步控制"。

根据一审判决认定,至 2015 年 12 月底,因修复过程中次生的空气异味对案涉地块周边敏感人群产生影响,故修复工程停止,一期修复工程剩余 5% 的污染土壤未修复,地下水修复工作"亦未开展"。此后,常州市政府开展应急措施,并将原污染土壤异位 - 资源化 + 局部隔离的修复方案,调整为"整体覆土封盖"的修复方案。

上诉人认为:案涉地块环境修复工程共分两期,涉及的污染的土壤面积 7 万余平方米,地下水面积高达"21.7 万平方米"。对此,若要认定污染危害已初步控制,在施工面积上,至少应是已大面积开展,而非"局部开展"。在施工程度上,均已开始深入修复(如土壤淋洗、地下水生物修复),而非仅为"土方清挖"。

据查,截至一审期间,案涉地块仅是一期区域的土方清挖完成了 95%,但需注意,取走后的污染土壤仅为物理空间的转移,其对外部环境的危害并未消除。

试问:在未对土壤的污染物质进行消解/隔离,同时,对污染地下水没有进行任何修复工作的情况下,上述污染物质对外界环境的威胁是如何自动消除的? 又是如何被得以控制的? 一审如此认定,无论依日常逻辑,还是科学角度均无法说通。

3. 故在如此情况下,仅能认定为"案涉地块的局部已开展了修复工作"。然而,一审法院在没有充足证据佐证的情况下即认定"案涉地块的土壤及地下水对外界环境的威胁已经初步得到控制",此项认定根本没有事实依据,存在明显错误,应依法予以纠正。

(二)一审认为本案存在《环境保护部关于加强土壤污染防治工作的意见》(以下简称《土壤防治工作意见》)第(八)项中所述的"造成污染的单位已经终止,或者由于历史等原因确实不能确定造成污染的单位或者个人的,被污染的土壤或者地下水,由有关人民政府依法负责修复和治理;该单位享有的土地使用权依法转让的,由土地使用权受让人负责修复和治理"的情形,一审法院对此事实认定错误。

1. 本案中并无"造成污染的单位已经终止"的情形

经一审查明,江苏常隆化工有限公司系由全民所有制企业整体改制为有限责任公司,另查,常州市常宇化工有限公司、江苏华达化工集团有限公司则进行了股份合作制改革。即三被上诉人均是合法延续至今,并无终止情形发生。然而,一审法院却认定本案存在"造成污染的单位已经终止"的情形,故,此项事实明显认定错误。

根据现行《民法通则》第四十四条规定:"企业法人分立、合并,它的权利和义务由变更后的法人享有和承担。"另据《最高人民法院关于审理与企业改制相关民事纠纷案件若干问题的规定》(2002 年 12 月 3 日最高人民法院审判委员会第 1259 次会议通过,自 2003 年 2 月 1 日起施行)第五条规定,改制为有限责任公司的,原企业债务由改造后的新设公司承担;第八条、第九条、第十条规定,进行股份合作制改革的,原企业的债务由改造后的股份合作制企业承担。

污染环境属于侵权行为,对之应承担的环境修复责任属于企业债务范围,故据前述规定,案涉地块的土壤修复责任亦应由改制后的企业,即三被上诉人承担。

2. 本案中不存在"由于历史等原因确实不能确定造成污染的单位或者个人"的情形

虽然三被上诉人历史上均存在过改制情况,但过程中并无终止情形,且延续至今,本案的责任主体可谓具体、明确。一审判决(第 10 页)亦非常具体、明确地认定了三被上诉人在生产经营期间对案涉地块土壤及地下水造成了污染。故,本案中根本不存在"由于历史等原因确实不能确定造成污染的单位或者个人"的情形。

3. 本案中不存在"土地使用权依法转让"的情形

经查,三被上诉人与常州市新北国土储备中心签订有土地收储协议,因此二者之间是土地储备法律关系,但此收储行为不能认定为国有土地使用权转让。

根据规定,土地收储与土地转让是完全不同的法律行为,一审法院错将"土地收储"认定为"土地使用权转让"行为,混淆了这两种完全不同的法律行为,此项亦属事实认定错误。

即使案涉土地被政府部门收储,原土地使用权人仍应对其污染环境的行为承担民事责任,不应因土地(本案亦为被侵害的客体)的权属已转至政府,环境修复责任亦即随之转移。事实上,三被上诉人所签订的土地收储协议中也未约定将原土地的环境污染责任转由收储方承担。故,案涉土地被收储后,三被上诉人对其污染土地后修复治理责任并未免除,无理由,亦无依据将该责任转移给政府承担。

(三)本案中,政府部门不是环境修复责任主体,一审所作"三被告并无可能取代政府实施环境修复行为"之认定是错误的。

我国现行的法律法规并未规定政府部门可以代替污染者成为环境修复的责任方,"谁污染,谁治理"是环境责任的基本原则,即使本案的政府部门对案涉地块进行了修复工作,但其仅是履行政府的公共管理职能而已,并非是完全代替了污染主体而成为环境修复的责任方。

依前述分析,本案中不存在《土壤防治工作意见》第(八)项所述相应情形,环境修复责任应由三被上诉人承担。现,三被上诉人均仍正常存续,故应主动(也有能力)共同承担,或与政府共同实施环境修复行为,不存在"无可能取代政府实施环境修复行为"的情形。故,一审所作该项认定是错误的。

(四)在案涉地块尚未得到修复的情况下,仅依据目前的修复工作量及所作防控方案,不能认定"维护社会环境公共利益的诉讼目的已在逐步实现",依据严重不足。

1.经查,案涉地块仅在局部开展了修复工作,对污染的地下水尚未采取任何修复和风险防控措施。对于后续大量且长期的修复工作,其质量的优劣及能否顺利开展仍受到包括资金等诸多因素的限制,能否完全修复尚存在较大不确定性。

另经查,2016年1月,常州市环境科学研究院根据需要编制了《常隆(华达、常宇)公司原厂址地块污染场地土壤修复方案调整报告》(以下简称《土壤修复方案调整报告》),调整后的修复方案是"覆土封盖"方案,故需长期控制污染物的暴露风险,同时,其验收工作亦是需要长期的、若干次的监测来验证。然而,土壤修复方案调整工程的验收监测仅在次月,即2月就完成采集分析检测,并随即于2月15日就通过了专家评审,同时,专家验收意见中亦未提及后续需要做长期监测。

另需注意的是,在2016年月常州市环境监测中心编制的《常隆(华达、常宇)公司原厂址地块环境监控实施方案》(以下简称《监控实施方案》)也确定有对常隆地块内及周边环境需开展"五年环境监控计划"。进一步说明该《土壤修复方案调整报告》之调整工程的验收工作存在严重瑕疵,不能保证该调整方案的充分科学性,其安全性及可行性均有待考察。故,即便实施此方案也难以确保后续环境修复工作的质量及修复效果。

2.环境公益诉讼的目的是维护环境公共利益,主要表现为,通过预防并制裁侵害环境公益的行为而使环境公益免予(不再继续)遭受损害,以及对已经造成的环境损害采取积极的补救措施。前者彰显环境公益诉讼的预防功能,后者体现为环境公益诉讼的救济功能。

上诉人一审诉求三被上诉人消除其原厂址污染物对原厂址及周边区域土壤、地下水等生态环境的影响,承担相关生态环境修复费用,以及向公众赔礼道歉。

本案中,常州政府部门对案涉地块已开展修复工作,但却未让曾经的污染者,本案三被上诉人承担任何民事责任,公益诉讼的制裁目的未得任何体现。

故,一审认定"维护社会环境公共利益的诉讼目的已在逐步实现"严重缺乏依据,应属事实认定错误。

二、一审法院在适用法律方面存在严重错误

(一)一审判决中援引《土壤防治工作意见》环发〔2008〕48号作为其说理依据。经查询,根据2016年7月13日公布施行环境保护部令第40号《关于废止部分环保部门规章和规范性文件的决定》,该文件已经被废止。

同时,一审法院还对该废止的规范性文件内容有选择性地进行错误适用,完全不顾基本的汉语语法常识,有意选择适用对被上诉人有利的条款。因此,一审判决断章取义式的引用已废止文件之举显属适用法律错误,应当依法予以纠正。

(二)一审法院错误地将本应由被上诉人承担的证明责任分配由上诉人承担。

首先,因三被上诉人的法律主体一直合法存续,故本案无需区分不同阶段的具体污染情况。退一步而言,即使需要界定三被上诉人与改制前各阶段生产企业应当承担的责任范围及份额，根据现行《侵权责任法》第六十六条的规定，亦应由污染者承担证明责任，以明确证明各个阶段的污染主体及其责任份额，从而减轻自身的责任。另，根据《最高人民法院关于审理环境侵权责任纠纷案件适用法律若干问题的解释》（法释〔2015〕12 号）第四条的规定："两个以上污染者污染环境，对污染者承担责任的大小，人民法院应当根据污染物的种类、排放量、危害性以及有无排污许可证、是否超过污染物排放标准、是否超过重点污染物排放总量控制指标等因素确定。"由法院进行确定。

此外，举证责任的分配强调公平、合理、可能性，本案原告系公益组织，对被告的历史沿革及污染情况显然没有被告自身更加了解，也不具备深入调查的可行性。故，一审法院将该举证责任分配给上诉人，且让上诉人承担其不利后果，是完全没有法律依据的，更是有悖法律基本的公平、合理原则。

（三）本案无须由当事人必须明确证明"各个主体"的污染责任。因为，根据现行《侵权责任法》第十二条规定，二人以上分别实施侵权行为造成同一损害，能够确定责任大小的，各自承担相应的责任；难以确定责任大小的，平均承担赔偿责任。

故，即便本案须由案涉地块上各阶段上的所有"主体"来承担责任，也无须举证出"各主体的参与度"。依前述规定平均担责即可。一审竟无视如此明确的法律规定，实属适用法律错误。

（四）仅因"政府已开始修复""土地权属已发生转移"等缘故即判污染者不承担侵权责任，于法无据，于理不通，应当予以纠正。

三、一审审理过程中遗漏了必须参加诉讼的当事人，程序严重违法

（一）首先，据一审查明，常州市相关政府机关对涉案地块组织实施了修复行为，被告方抗辩不担责任的理由也在于此。同时，被上诉人举证证明，土地已由政府收储，那么，政府就应当承担修复责任。既然被上诉人指控政府应当担责，那么，政府就应当有最起码的辩解权利和参与诉讼的权利。但是，一审判决并没有向双方当事人进行释明，也没有依法定程序向相关政府送达法律文书或意见，已剥夺了政府就将来可能承担责任的抗辩权和诉讼权利。

（二）一审法院驳回上诉人诉请的重要理由之一是上诉人没有提供三被上诉人和改制前各个不同阶段企业责任份额进行举证，导致无法裁判。暂不论一审法院此项认定是否正确，即便应增加其他侵权责任主体，根据现行《民事诉讼法》第一百三十二条和《民事诉讼法解释》第七十三条规定："必须共同进行诉讼的当事人没有参加诉讼的，人民法院应当……通知其参加诉讼。"为确保案件的公平合理性，法院应适时行使释明权，将相关风险提示给上诉人，由上诉人决定是否变更或追加被告，以保证最大限度地实现社会公益。

但，一审法院并未依法针对上述情形进行相应释明，不得不说存在程序上的违法，且已足以影响判决的公正性。

四、一审判决关于案件受理费的认定存在错误,其做法不符合环境公益诉讼的特点,与当前推进生态文明建设的精神相违背,严重失当,应予纠正

(一)在一审诉讼过程中,原告并没有书面或口头变更诉讼请求。所谓天价诉讼费是上诉人收到判决书后通过反推才得知是从政府防控方案当中的数字而来,一审法院据此认定如此高额的案件受理费,显属不当。

(二)即便依据前述情形,鉴于本案系环境公益诉讼,另考虑到公益组织的非营利性,以及诉讼目的的非营利性,法院亦应在审理过程中就案件受理费的计算及风险事宜向原告进行释明,但一审法院并无此举。

(三)上诉人系非营利性的环保公益组织,完全符合最高人民法院规定之关于减交、免交诉讼费的条件。但,一审法院却完全无视本案公益诉讼的特点,在计算本案的受理费时错误地适用了普通民商事财产类案件的收取标准,并判决让上诉人全额承担。环境公益诉讼制度的引入,旨在唤起与鼓励更多的社会公益组织参与保护环境公共利益,然,一审法院的如此判决无异于在为环境公益诉讼设"绊脚石",与当前推进生态文明建设的政策精神相完全相悖。此举于情、于理、于法均是站不住脚的,严重失当,应予纠正。

综上所述,一审判决在事实认定、法律适用、审理程序、举证责任分配方面均存在明显错误。鉴于此,上诉人特根据现行《民事诉讼法》等法律规定提起上诉,恳请贵院依法审理,判如所请,以维护法律尊严及环境正义。

此致

江苏省高级人民法院

上诉人:中国生物多样性保护与绿色发展基金会

二〇一七年二月十七日

(三)2016年受理,尚未作出裁判的案件

1.北京市朝阳区自然之友环境研究所诉中国石油天然气股份有限公司吉林石化分公司大气污染责任纠纷案

2016年8月5日,北京市朝阳区自然之友环境研究所向吉林中院提交起诉材料,法院于2016年9月6日立案,于2016年11月18日开庭审理。

环境民事公益起诉书

原　　　　告:北京市朝阳区自然之友环境研究所,住所地:略。

法定代表人:张××,职务:副总干事。

支持起诉单位:中国政法大学环境资源法研究和服务中心,住所地:略。

负　责　人:王××,职务:主任。

被　　　　告:中国石油天然气股份有限公司吉林石化分公司,住所地:略。

负　责　人:孙××,职务:总经理。

案　　　　由:大气污染责任纠纷

诉讼请求:

1. 判令被告停止超标排污对大气环境的侵害,消除所有不遵守环境保护法律法规行为对大气环境造成的危险;

2. 判令被告支付2015年1月1日起至被告消除所有不遵守环境保护法律法规行为对大气环境造成危险,并支付在稳定达标排放之前向大气排放的污染物所产生的大气环境治理费用,具体数额以专家意见或鉴定结论为准。该费用用于当地大气环境保护;

3. 判令被告在省级以上媒体向社会公众公开赔礼道歉;

4. 判令被告承担本案诉讼费用,包括案件受理费、鉴定检测费用、专家费、原告律师费等。

事实和理由:

中国石油天然气股份有限公司吉林石化分公司(以下简称吉林石化)系一家在吉林省吉林市注册成立的以石油化工、化工产品的生产、销售等业务为主业的股份有限公司分公司。吉林石化的工厂包括动力一厂,其主要承担吉林石化中部生产装置供电、供汽,以及制水等动力能源任务,是以供热为主、发电为辅的企业自备电厂。

2015年1月至原告提起本案诉讼期间,根据国控污染源在线监测数据及行政处罚决定书显示,吉林石化动力一厂长期向大气超标排放污染物,包括烟尘、二氧化硫,以及氮氧化物。2015年2月至2016年1月,吉林市环境保护局针对吉林石化的上述超标排放行为先后做出过十次行政处罚决定,其中包括八次按日连续处罚,全部罚款金额总计高达人民币651万元。截至本案起诉时(2016年7月29日),该厂7号烟道排口二氧化硫、氮氧化物、烟尘排放仍然处于超标状态。2016年5月17日,在环保部公布的《2016年第一季度主要污染物排放严重超标的国家重点监控企业名单》中,被告被列为严重超标排放废气的国家重点监控企业。

被告长期向大气超标排放污染物,多次受到行政处罚且未整改合规,危及大气环境,损害了社会公共利益,违反了《中华人民共和国环境保护法》《中华人民共和国大气污染防治法》等法律法规,被告应当及时采取有效措施防止污染和危害,及时改正违法排污行为,主动履行环境保护义务,落实遵守环境保护法律法规的主体责任,并应依法承担环境侵权的法律责任。

原告北京市朝阳区自然之友环境研究所,是一家在北京市朝阳区民政局登记注册的社会组织,专门从事环境保护公益活动已20余年。为维护环境公共利益,依法制止被告违法排污的恶劣行为,消除污染大气环境的危险,并使被告承担治理大气环境费用,依照《环境保护法》第五十八条等规定特提起环境民事公益诉讼,请法院依法受理,查明事实,做出公正判决,支持原告的诉讼请求。

此致

吉林省吉林市中级人民法院

具状人:北京市朝阳区自然之友环境研究所

二〇一六年八月二日

证据目录

就北京市朝阳区自然之友环境研究所诉被告中国石油天然气股份有限公司吉林石化分公司大气污染责任纠纷环境公益民事诉讼一案,现原告提交证据如下:

序号	证据名称	证据种类	证明事项
1	吉林市环境保护局行政处罚决定书(吉市环罚字〔2015〕2号)	书证	证明被告2015年1月9日动力一厂4号炉、5号炉、6号炉二氧化硫、氮氧化物超标排放,吉林市环保局针对其违法行为作出罚款3万元的行政处罚决定
2	吉林市环境保护局行政处罚决定书(吉市环罚字〔2015〕6号)	书证	证明被告2015年2月9日动力一厂3号炉、4号炉烟尘、二氧化硫、氮氧化物超标排放,其未按要求改正其持续超标的违法排放行为,自2015年1月15日起至2月9日,累计超标共计26天。2015年3月2日被吉林市环保局按日连续处罚78万元
3	吉林市环境保护局行政处罚决定书(吉市环罚字〔2015〕7号)	书证	证明被告2015年3月4日动力一厂4号炉和6号炉烟尘、二氧化硫、氮氧化物超标排放,其未按要求改正其持续超标的违法排放行为,自2015年2月10日起至3月4日,累计超标共计23天。2015年4月7日被吉林市环保局按日连续处罚69万元
4	吉林市环境保护局行政处罚决定书(吉市环罚字〔2015〕21号)	书证	证明被告2015年4月7日动力一厂4号炉和6号炉烟尘、二氧化硫、氮氧化物超标排放,其未按要求改正其持续超标的违法排放行为,自2015年3月5日起至4月7日,累计超标共计34天。2015年5月11日被吉林市环保局按日连续处罚102万元

续表

序号	证据名称	证据种类	证明事项
5	吉林市环境保护局行政处罚决定书(吉市环罚字〔2015〕26号)	书证	证明被告2015年5月5日动力一厂4号炉和6号炉烟尘、二氧化硫、氮氧化物超标排放,其未按要求改正其持续超标的违法排放行为,自2015年4月8日起至4月23日,累计超标共计16天。2015年5月26日被吉林市环保局按日连续处罚48万元
6	吉林市环境保护局行政处罚决定书(吉市环罚字〔2015〕37号)	书证	证明被告2015年8月6日动力一厂5号炉和6号炉二氧化硫、氮氧化物超标排放,8月26日吉林市环保局针对其违法行为作出罚款3万元的行政处罚决定
7	吉林市环境保护局行政处罚决定书(吉市环罚字〔2015〕38号)	书证	证明被告2015年9月7日动力一厂5号炉烟尘、二氧化硫、氮氧化物超标排放,6号炉二氧化硫、氮氧化物超标排放,其未按要求改正其持续超标的违法排放行为,自2015年8月4日起至8月25日,累计超标共计22天。2015年10月12日被吉林市环保局按日连续处罚66万元
8	吉林市环境保护局行政处罚决定书(吉市环罚字〔2015〕40号)	书证	证明被告2015年9月25日动力一厂4号炉烟尘、二氧化硫、氮氧化物超标排放,5号炉二氧化硫、氮氧化物超标排放,6号炉氮氧化物超标排放,其未按要求改正其持续超标的违法排放行为,自2015年8月26日起至9月24日,累计超标共计30天。2015年11月17日被吉林市环保局按日连续处罚90万元
9	吉林市环境保护局行政处罚决定书(吉市环罚字〔2015〕43号)	书证	证明被告2015年12月17日动力一厂4号炉氮氧化物超标排放,5号炉氮氧化物超标排放,其未按要求改正其持续超标的违法排放行为,自2015年9月25日起至10月29日,累计超标共计35天。2015年12月17日被吉林市环保局按日连续处罚105万元
10	吉林市环境保护局行政处罚决定书(吉市环罚字〔2015〕47号)	书证	证明被告2015年12月8日动力一厂4号炉氮氧化物超标排放,5号炉烟尘、二氧化硫、氮氧化物超标排放,6号炉烟尘、二氧化硫、氮氧化物超标排放,7号炉氮氧化物超标排放,其未按要求改正其持续超标的违法排放行为,自2015年10月30日起至11月27日,累计超标共计29天。2016年1月6日被吉林市环保局按日连续处罚87万元
11	2015年1季度1月吉林市国控企业污染源废气监测数据(2015年2月2日)	书证	证明2015年1月20日被告动力一厂2号炉氮氧化物超标排放

续表

序号	证据名称	证据种类	证明事项
12	2015 年 2 季度 4 月吉林市国控企业污染源废气监测数据(2015 年 4 月 29 日)	书证	证明 2015 年 4 月 7 日被告动力一厂 4 号炉、6 号炉烟尘、二氧化硫、氮氧化物超标排放
13	2015 年 3 季度 8 月吉林市国控企业污染源废气监测数据(2015 年 8 月 26 日)	书证	证明 2015 年 7 月 24 日被告动力一厂 5 号炉、6 号炉烟尘、二氧化硫、氮氧化物超标排放
14	2015 年 4 季度 11 月吉林市国控企业污染源废气监测数据(2015 年 11 月 30 日)	书证	证明 2015 年 10 月 29 日被告动力一厂 4 号炉、5 号炉氮氧化物超标排放
15	2016 年 1 季度 2 月吉林市国控企业污染源废气监测数据(2016 年 2 月 29 日)	书证	证明 2016 年 2 月 17 日被告动力一厂 4 号炉、5 号炉烟尘、二氧化硫、氮氧化物超标排放
16	2016 年 2 季度 4 月吉林市国控企业污染源废气监测数据(2016 年 4 月 29 日)	书证	证明 2016 年 4 月 18 日被告动力一厂 4 号炉烟尘超标排放
17	环境保护部公告(第 40 号)	书证	证明被告动力一厂被环保部列入 2016 年第一季度主要污染物排放严重超标的国家重点监控企业名单,应当依法尽快采取有效措施防止污染和危害,及时改正违法排污行为
18	2016 年第一季度主要污染物排放严重超标的国家重点监控企业名单	书证	
19	国控污染源在线监测数据(2015 年 4 月至 2016 年 4 月)	书证	证明被告动力一厂自 2015 年 4 月至 2016 年 4 月,持续向大气超标排放烟尘、二氧化硫、氮氧化物的事实
上述证据证明被告长期向大气超标排放污染物,造成环境严重污染,损害了社会公共利益的事实			

证据提交人:北京市朝阳区自然之友环境研究所

提交日期:二〇一六年八月三日

补充证据目录

就北京市朝阳区自然之友环境研究所诉被告中国石油天然气股份有限公司吉林石化分公司大气污染责任纠纷环境公益民事诉讼一案,现原告补充提交证据如下:

序号	证据名称	证据种类	证明事项
1	环境保护部公布东北地区大气污染物涉嫌超标企业名单	书证	证明被告动力一厂2016年10月重点污染源自动监控大气污染物排放数据异常、涉嫌超标
2	国控污染源在线监测数据(2016年4月至10月)	书证	证明被告动力一厂自2016年4月至2016年10月,持续向大气超标排放烟尘、二氧化硫、氮氧化物的事实
3	吉林市环境保护局行政处罚决定书(吉市环罚决字〔2016〕5号)	书证	证明被告动力一厂2016年2月24日4号炉烟尘平均浓度一项大气污染物排放浓度,5号炉烟尘平均浓度、二氧化硫平均浓度、氮氧化物平均浓度三项大气污染物排放浓度超过国家规定标准。2016年3月29日被吉林市环保局处罚23万元
4	吉林市环境保护局行政处罚决定书(吉市环罚决字〔2016〕10号)	书证	证明被告动力一厂2016年3月25日5号炉烟尘排放浓度、二氧化硫排放浓度,6号炉烟尘排放浓度、氮氧化物排放浓度,7号炉氮氧化物排放浓度超过国家规定排放标准。2016年5月4日被吉林市环保局按日连续处罚483万元
5	吉林市环境保护局行政处罚决定书(吉市环罚决字〔2016〕11号)	书证	证明被告动力一厂2016年4月21日4号炉烟尘排放浓度超过国家规定排放标准。2016年5月23日被吉林市环保局按日连续处罚713万元
6	吉林省2016年1季度严重超标废气国家重点监控核实反馈表	书证	证明被告动力一厂2015年度大气污染物排放严重超标,2016年度仍旧超标排放,正在采取整改措施
7	委托代理协议	书证	证明原告律师代理费的数额
8	北京市律师诉讼代理服务收费政府指导价标准	书证	证明原告律师代理费的收费标准

证据提交人:北京市朝阳区自然之友环境研究所

提交日期:二〇一六年十一月十八日

被告答辩状

答辩人:中国石油天然气股份有限公司吉林石化分公司,住所地:略。

负责人:孙××。

在接到本案诉状后,我单位了解到原告自然之友环境研究所自1994年成立以来,一直从事环保公益活动,对保护生态环境,推进社会可持续发展做出了很大努力。本案是原告为保护吉林市大气生态,改善居民生活环境提起的公益诉讼,吉林石化公司作为中央直属企业对原告的诉讼行为表示支持和理解,也愿意和原告共同维护吉林市生态环境,给江城人民一个健康、舒适的生活空间。但是在本案中,因原告不了解我单位实际情况,对我单位存在误解,现就本案原告的诉讼请求提出如下答辩意见。

一、原告起诉前我单位已经通过改造实现了达标排放

事实与理由:

1. 根据吉林市环保局2016 年5 月以来对我单位动力一厂二氧化硫、二氧化氮、烟尘排放的监测数据表明,我单位已经不存在超标排放侵害大气行为。(证据1)

原告在起诉状中提到2016 年7 月29 日我单位动力一厂存在超标排放行为,通过调取吉林市环保局当日24 小时监测数据表明,在当天0 时至1 时确实有单台锅炉二氧化硫瞬间超标现象。经查是因为个别批次煤炭质量有瑕疵,导致排放超标,瞬间即恢复达标,7 月29 日全天其他时段均未超标,日均值也未超标,不能据此认定我单位仍在实施超标排放行为。(证据2)

原告在起诉中提到我单位被国家环保部列为严重超标的重点监控单位,在国家环保部网站发布的2016 年第二季度主要污染物排放严重超标的国家重点监控企业名单中,我单位已经被剔除,不在重点监控之列,我单位排放行为已经达标。(证据3)

2. 在原告提起诉讼之前,我单位动力一厂已经实施了环保设施改造项目,并且通过降负荷、喷氨、烧精煤等措施实现达标排放,为此公司付出了巨大的成本,改造项目共计投资2.7 亿元,2016 年采购精煤多付出4600 万元成本,2016 年1 ~10 月共计使用氨水6331 吨,增加成本562 万元,锅炉降负荷运行,外供发电量减少5577 万度,损失经济效益1595 万元,外供蒸汽量减少15.78 万吨,损失经济效益2174 万元。(证据4)

2015 年10 月30 日中国石油天然气集团公司正式下达《关于吉林石化公司动力一厂动力锅炉环保达标项目可行性研究报告的批复》(石油计〔2015〕286 号)后,我单位举全公司之力推进锅炉环保达标项目。提出以拆除1 ~3 号锅炉、原址新建1 台220t/h 锅炉、6 号和7 号锅炉脱硫脱硝改造为主要内容的环保达标方案,项目计划于2016 年10 月底完成6 号和7 号锅炉脱硫脱硝除尘改造任务,实现达标运行。

2015 年年底,冒着冬季施工高风险,采取超常规方式昼夜施工,动力一厂开展1 ~3 号锅炉拆除和公用区域场地平整工作;2016 年5 月13 日,公司克服整齐平衡困难,安排6 号锅炉停车进行脱硫脱硝改造。2016 年10 月12 日,6 号锅炉脱硫脱硝除尘改造工作完毕,进入试生产阶段,停运7 号锅炉,进行脱硫脱硝改造,截至2016 年11 月13 日,已经完成7 号锅炉脱硫脱硝改造。

新建1 台220t/h 锅炉的项目目前正在施工中,预计2017 年7 月建成投入使用,届时4 号和5 号锅炉将停运,在原有达标基础上动力一厂排放指标将进一步降低。

除实施上述改造项目外,为最大限度减少烟气污染物排放,我单位还积极开展动力一厂4 号和5 号锅炉运行攻关,于2015 年年底成立了由公司领导亲自挂帅,机关处

室、动力一厂、吉林设计院及其他生产单位相关人员共同组成的公关组，加强内部协同配合，加强与兄弟公司的外部联系，从技术层面、操作层面、管理层面寻求破解难题措施，主要开展了以下5方面工作。

一是燃料结构公关。投烧渣油作为辅助燃料，严格控制煤炭入厂质量，全部采用硫含量在0.2%以下的低硫煤，并提高石灰石掺烧比例，从而降低二氧化硫排放量。

二是蒸气平衡攻关。优化中部生产区域蒸汽平衡，减少蒸气使用和损失量，增引部分国电蒸汽（高峰时增加100t/h），大幅减少发电量（由每小时发电3.6万度降到1.4万度），锅炉负荷率由86%降到58%。使锅炉二次燃烧室温度下降了200℃，从而降低氮氧化物生成量。

三是运行方式攻关。反复摸索烧煤、烧渣煤、油煤混烧三种方式，对油枪更换6种不同规格的雾化片进行试验；投资近200万元，对4号和5号锅炉增设临时喷氨设施（相当于SNCR），摸索不同负荷、不同氨枪下的锅炉参数变化。经过近4个月的艰苦试验，终于确定了最佳的运行方式，即锅炉低粉量运行，两个油枪助燃，投入2~3支氨枪，调整风量，减少氮氧化物生成。

四是加强运行管理。在6号锅炉停炉改造工厂无备用锅炉的情况下，公司强化公用工程运行管理，固化锅炉运行负荷和操作参数，严格考核，重奖重罚，全力保证锅炉实现长周期稳定运行。将锅炉烟气排放指标作为生产运行管控的重要参数列入生产调度日报，将责任分解落实到每一名值班员，严密监控环保指数，做好预判，及时调整，并在工厂和车间调度会上通报、讲评、考核。

五是加强外部监督。为确保锅炉烟气监测数据真实准确，吉林石化加强与吉林市环保局监测站和中国石油天然气集团公司在线监测中心的协同配合，对动力一厂开展了多次突袭式核查。2016年4月17日解除按日计罚以来，吉林市环保局监测站分别5月28日、7月1日、8月31日、9月27日、10月14日、11月12日以现场抽查方式对动力一厂排放数据进行检测，全部数据均合格，中国石油天然气集团公司分别6月7日、8日、10月25日对动力一厂排放数据进行抽查监测，全部数据均合格。

通过采取以上攻关措施，动力一厂4号和5号锅炉烟气中二氧化硫和氮氧化物浓度显著降低。4号锅炉二氧化硫日均浓度降到8~38mg/m^3，氮氧化物降到98~140mg/m^3，锅炉烟气实现了连续、稳定、达标排放。

综上所述，我单位动力一厂在原告起诉前，已经通过实施项目改造和采取减排措施，实现了达标排放。

二、原告请求人民法院判令我单位“支付2015年1月1日起至消除所有不遵守环境保护环境保护法律法规行为对大气环境造成危险并稳定达标排放之期间向大气排放的污染物所产生的大气环境治理费用”缺乏事实和法律依据。

事实与理由：《侵权责任法》第六十五条规定，引污染环境造成损害的，污染者应当承担侵权责任。污染者承担责任的前提是行为确实带来实际损害,无论是涉及个体的私益诉讼,还是涉及公共利益的公益诉讼都应该以实际损害的产生为事实依据索赔,以实际功能的丧失为依据请求恢复原状。在本案中,我单位调取了2014~2016年各个月吉林市空气二氧化硫、氮氧化物、烟尘的监测数据,数据来源是吉林市环保局监测站北江子站,我单位生产装置均位于吉林市江北地区,该数据有参考价值。通过数据分析可知,2016年吉林市江北地区七个月二氧化硫、氮氧化物、烟尘月均值,排放指数无明显增加,说明空气质量未因为我单位动力一厂超标排放下降。综上所述,我单位动力一厂质量虽然在2015年有过超标排放行为,但未对吉林市大气环境造成损伤。(证据5)

三、请法院酌情原告考虑关于判令我单位"在省级以上媒体向社会公开赔礼道歉"的诉讼请求。

事实与理由:我单位前身是吉林化学工业公司(以下简称吉化),是国家"一五"期间兴建的以染料、化肥、电石"三大化"为标志的中国第一个大型化学工业基地,新中国的第一桶染料、第一代化肥、第一代炉电石,两弹一星工程的"201"和"741"产品也都是吉化生产的,在新中国成立之初,吉化为社会经济发展,国家繁荣稳定做出了不可磨灭的贡献,吉化从诞生的第一天起就是一个具有社会责任感和使命感的企业。

改革开放以来,吉林石化也积极履行国有企业社会责任,秉承"喝着上游水,想着下游人"的环保理念,超前开展"三废"治理,早在1980年就建立了当时亚洲最大的工业污水处理厂,对公司工业废水进行专业处理,同时还承担了吉林市30余万人口生活污水的处理任务。2014年,投资4亿元实施了污水深度处理升级改造,提前3年达到国家规定的排放标准,为中国石油集团公司和吉林地区COD总量减排做出了突出贡献。为减少污染物排放,吉化虽然持续多年严重亏损,近年来仍投入25亿元,实施了105个环保治理项目。其中,在烟气方面,2012年完成了动力二厂动力锅炉的脱硫脱硝除尘改造,2014年投资16亿元,完成了柴油质量升级改造,2014年年底柴油全部达到Ⅳ标准;2016年投资3.5亿元完成了汽油国Ⅴ升级,炼油厂三套催化装置烟气脱硫、脱硝改造等项目,极大地降低了烟气污染物排放浓度,改善了周边环境空气质量。2006年年初,为提高生产装置在发生事故或不正常生产状态下,对可能造成的水体、大气等污染的防控应对能力,对污染实施有效防控,首次提出"三级防控"理念、投资近4亿元率先建成"一级为主、二三级联合、互为补充"的三级污染防控体系。2012年吉林石化安全环保节能处还被国家人社部、发改委、环保部、财政部联合评为全国减排先进集体。

进入"十三五",吉林石化将进一步加大减排工作力度,特别是针对动力一厂、二厂两个排放大户,准备实施超低排放改造项目,预计2018年完成,届时氮氧化物、二氧化硫、烟尘排放量将减少60%左右,三项排放指标将低于$50mg/m^3$、$35mg/m^3$、$10mg/m^3$。

本案中吉林石化动力一厂超标排放有其客观原因，受到吉林市环保局行政处罚后没有关停装置，继续生产也不是出于经济利益考虑，而是出于社会公众利益考虑。

1. 动力一厂1980年建厂，共有7台锅炉，其中1号锅炉为燃油锅炉，2～7号锅炉为燃煤锅炉，因建成投产时间相对较早，均为配套设计、建设烟气脱硫脱硝设施，且受场地及空间限制，无法直接实施后部脱硫脱硝改造，环保升级改造难度极大。2011年动力一厂提出对老旧锅炉进行改造和重建，但作为国有企业，特别是亏损企业，投资几个亿的改造工程，需要漫长的审批过程，从提出项目申报、论证、可研，到报送中油总部审批，组织招标公示、开标定标、签订采购合同、施工合同等环节，共需4年时间，到具体实施改造已经是2016年（证据6）。正因如此，动力一厂未能在2015年1月1日前达到国家排放标准，受到吉林市环保局的行政处罚，未能及时达标确实是中国石油企业内部原因所致，但希望法院和原告能够看到吉林石化为实现达标所做出的努力，超标排放也是客观原因造成，主观上企业并不是一味追求经济利益，而实际上在2016年以前，吉林石化一直处于严重亏损状态，在这种情况下，我们依然动用上亿元资金组织实施环保改造，体现出企业的社会责任。

2. 在2015年超标排放期间，动力一厂无法停产也不能降低生产负荷。动力一厂承担吉林石化中东部60套炼化装置的蒸汽和电力供应，一旦停产，吉林石化汽油、柴油、航空煤油、聚乙烯等重要化工产品生产将中断。吉林石化的千万吨级炼油装置，全国等同规模的仅有25套，一旦停产将造成部分省市汽柴油供应中断，对社会稳定将造成极大影响。吉林石化聚乙烯、ABS、丙烯腈、异丙橡胶、丁苯橡胶、甲基丙烯酸甲酯等产品停产会对下游产业造成很大冲击，不利于国家经济稳定发展。

另外，吉林石化动力一厂除了担负本单位下属企业生产动力以外，还为周边几十家民营企业、事业单位供电、供气。以2016年为例，共有59家周边企事业单位需要动力一厂提供蒸汽和电力，一旦停产，上述企事业单位如独自建设锅炉将成为更大的污染源，对吉林市大气环境造成更大的伤害（证据7）。

基于以上事实，可以证明吉林石化绝对不是只要经济利益不要社会效益、没有社会责任感的企业，法院和原告应该理解我们的难处，对之前的超标排放行为给予谅解。同时我们也将在今后的生产经营活动中严守环境保护法律法规的要求，加强生产和运营管理，努力实现超低排放。

此致

吉林市中级人民法院

答辩人：中国石油天然气股份有限公司吉林石化分公司

二〇一六年十一月十八日

证据目录

序号	证据目录	证明问题
证据1	动力一厂2016年5月以来排放数据(吉林市环保局监测数据)	动力一厂2016年5月以来已排放达标
证据2	动力一厂2016年7月29日全天监测数据(吉林市环保局监测数据)	动力一厂2016年7月29日排放日均值达标
证据3	2016年第二季度主要污染物排放扬中超标的国家重点监控企业名单	动力一厂已经被从名单中剔除,不属于重点监控单位
证据4	动力一厂环保改造项目合同,吉林石化2016年煤炭买卖合同	吉林石化动力一厂为实现环保达标采取多项措施
证据5	吉林市大气环境监测数据(2014年和2016年各个月,吉林市环保局监测数据)	2016年数据显示吉林市大气环境符合国家二级标准,未受到明显损害,与2014年数据对比也未有明显质量降低
证据6	动力一厂实施环保设施改造项目可研报告、上报请示、批复	动力一厂环保设施改造项目在收到行政处罚前就已着手实施,超标排放非恶意
证据7	动力一厂2016年蒸气、电力外供合同清单及部分合同文本	动力一厂超标排放期间为了社会公众效益不能停产

2. 北京市朝阳区自然之友环境研究所诉连云港碱业有限公司大气污染责任纠纷案

2016年8月11日,北京市朝阳区自然之友环境研究所向连云港中院提交起诉材料,法院于2016年8月22日立案,于2017年8月23日开庭审理。

环境民事公益起诉书

原　　　告:北京市朝阳区自然之友环境研究所,住所地:略。
法定代表人:张××,职务:副总干事。
支持起诉单位:中国政法大学环境资源法研究和服务中心,住所地:略。
负　责　人:王××,职务:主任。
被　　　告:连云港碱业有限公司,住所地:略。
法定代表人:李××。
案　　　由:大气污染责任纠纷
诉讼请求:

1. 判令被告停止超标排放污染物对大气环境的损害，消除所有不遵守环境保护法律法规行为对大气环境造成的危险；

2. 判令被告支付2015年1月1日起至被告消除所有不遵守环境保护法律法规行为对大气环境造成的危险并支付稳定达标排放（"环保合规整改"）之前向大气排放的污染物所产生的大气环境治理费用。环保合规整改的绩效需经第三方审核机构确认。大气环境治理费用的具体数额以专家意见或鉴定结论为准，用于当地大气环境保护公益事业；

3. 判令被告在省级以上媒体向社会公众公开赔礼道歉；

4. 判令被告支付原告因本案发生的差旅费、专家费、律师费、调查取证费等必要的诉讼支出；

5. 本案诉讼费用全部由被告承担。

事实和理由：

被告连云港碱业有限公司于2016年2月18日成立，其前身为中国石化集团南京化学工业有限公司连云港碱厂（以下简称连云港碱厂），该厂是1989年建成投产的"七五"国家重点投资项目，是中国三大纯碱生产企业之一，现在是轻质纯碱、重质纯碱、食用碱、小苏打、氯化钙等系列产品的领军企业。

自2014年12月至今，该厂锅炉烟气废气排口的氮氧化物在线监测数据长期持续超标；连云港市环保局2015年第一季度、2015年第二季度国控污染源监督性监测数据中，该厂烟气排口氮氧化物排放超标。连云港碱厂多次因大气污染物排放超标，受到连云港市环境保护局的行政处罚。据了解，该公司目前正在进行环保设施的改造，但其作为国家重点控制的废气排放污染源，截至2016年7月底，氮氧化物排放的在线监测数据仍未达标。

被告持续向大气超标排放污染物的违法行为性质恶劣，危及大气环境，已经损害了社会公共利益，违反了《中华人民共和国环境保护法》《中华人民共和国大气污染防治法》等法律法规，依法应承担环境侵权的法律责任。

原告北京市朝阳区自然之友环境研究所，是一家在北京市朝阳区民政局登记注册的社会组织，专门从事环境保护公益活动已20余年。为维护环境公共利益，依法制止被告违法排污的恶劣行为，消除污染大气环境的危险，并使被告承担治理大气环境治理费用，原告依照《环境保护法》第五十八条等规定提起环境民事公益诉讼，请法院依法受理，查明事实，做出公正判决，支持原告的诉讼请求。

此致

连云港市中级人民法院

具状人：北京市朝阳区自然之友环境研究所

二〇一六年八月十一日

证据目录(立案使用)

第一组证据

序号	证据名称	证明事项
1	连云港市环境保护局行政处罚(连环行罚字〔2015〕21号)	证明被告因超标排放大气污染物2015年7月30日受到连云港市环保局的行政处罚
2	连云港市环境保护局行政处罚(连环行罚字〔2015〕24号)	证明被告2015年9月14日因超标排放大气污染物受到连云港市环保局的行政处罚
3	连云港市环境保护局责令改正违法行为决定书(连环责改字〔2015〕42号)	证明被告2015年8月3日排放的氮氧化物浓度超过《火电厂大气污染物排放标准》(GB 13223—2011)规定的排放限值要求。连云港市环保局责令被告立即停止向大气排放污染物超过国家规定排放标准的环境违法行为
4	连云港市环境保护局行政处罚(连环行罚字〔2016〕13号)	证明被告2016年5月26日排放的氮氧化物浓度超过《火电厂大气污染物排放标准》(GB 13223—2011)规定的排放限值要求。连云港市环保局责令被告立即停止向大气排放污染物超过国家规定排放标准的环境违法行为
5	连云港市环境保护局行政处罚(连环责改〔2016〕16号)	证明被告2016年6月24日排放的氮氧化物浓度超过《火电厂大气污染物排放标准》(GB 13223—2011)规定的排放限值要求。连云港市环保局责令被告立即停止向大气排放污染物超过国家规定排放标准的环境违法行为
6	连云港市环境保护局行政处罚(连环行罚字〔2016〕17号)	证明被告因超标排放大气污染物2016年7月20日受到连云港市环保局的行政处罚
7	连云港市环境保护局行政处罚(连环责改〔2016〕13号)	证明被告2016年5月26日氮氧化物排放超标
8	连云港市国控重点污染源监督监测及比对监测报告(2015年第1季度)	证明被告2015年3月13日1~2号锅炉1号脱硫塔后、3~4号锅炉2号脱硫塔后氮氧化物排放超标
9	连云港市国控重点污染源监督监测及比对监测报告(2015年第2季度)	证明被告2015年6月15日1~2号锅炉1号脱硫塔后、3~4号锅炉2号脱硫塔后氮氧化物排放超标
10	连云港市国控重点污染源监督监测及比对监测报告(2015年第3季度)	证明被告2015年9月15日1~2号锅炉1号脱硫塔后、3~4号锅炉2号脱硫塔后氮氧化物排放超标
11	连云港市国控重点污染源监督监测及比对监测报告(2015年第4季度)	证明2015年第四季度,被告治理设施改造,不具备监测条件

续表

序号	证据名称	证明事项
12	连云港市国控重点污染源监督监测及比对监测报告(2016 年第 1 季度)	证明 2016 年第一季度,被告治理设施改造,不具备监测条件
13	连云港市国控污染源(气)自动监测数据日报表(2016 年 7 月 1 日至 7 月 29 日)及公示网页	证明被告 2016 年 7 月 1 日至 29 日连续 29 天氮氧化物排放超标
14	国控企业废气自行监测数据(2014 年 12 月至 2016 年 4 月)	证明被告 2014 年 12 月至 2016 年 4 月,废气排放长期、持续超标
上述证据证明被告长期向大气超标排放污染物,造成环境严重污染,损害了社会公共利益的事实		

第二组证据

序号	证据名称	证明事项
1	《中国经济周刊》2016 年第 21 期文章:“华电等多家央企下属公司主要污染物排放超标”	证明中国石化集团南京化学工业有限公司连云港碱厂已经划归地方管理,更名为连云港碱业有限公司
2	中新网 2016 年 5 月 22 日报道“中国石化南化公司:连云港碱厂已划归地方管理”	
3	连云港碱业有限公司网站首页	
上述证据证明被告连云港碱业有限公司与中国石化集团南京化学工业有限公司连云港碱厂之间的承继关系		

证据提交人:北京市朝阳区自然之友环境研究所

提交日期:二〇一六年八月十一日

追加被告申请书

申　请　人:北京市朝阳区自然之友环境研究所,住所地:略。

法定代表人:张××,职务:副总干事。

被 申 请 人:中国石化集团南京化学工业有限公司连云港碱厂,住所地:略。

法定代表人:刘××。

被 申 请 人:中国石化集团南京化学工业有限公司,住所地:略。

法定代表人:王××。

申请事项:

请求依法追加被申请人为本案被告参加诉讼。

事实与理由:

申请人诉连云港碱业有限公司环境民事公益诉讼一案,由于连云港碱业有限公司前身为中国石化集团南京化学工业有限公司连云港碱厂,2016年更名为“连云港碱业有限公司”,但至今“中国石化集团南京化学工业有限公司连云港碱厂”仍未注销,因此,申请追加“中国石化集团南京化学工业有限公司连云港碱厂”及其总公司“中国石化集团南京化学工业有限公司”为本案共同被告,请予准许。

此致

江苏省连云港市中级人民法院

申请人:北京市朝阳区自然之友环境研究所

二〇一六年十月二十一日

3. 北京市朝阳区自然之友环境研究所诉现代汽车(中国)投资有限公司大气污染责任纠纷案

2016年5月11日,北京市朝阳区自然之友环境研究所向北京四院提交起诉材料,法院于2016年6月2日立案,于2016年9月12日双方进行证据交换,于2017年8月10日开庭审理。

环境民事公益起诉书

原　　告:北京市朝阳区自然之友环境研究所,住所地:略。

法定代表人:张××,职务:副总干事。

被　　告:现代汽车(中国)投资有限公司,住所地:略。

法定代表人:崔××,职务:总经理。

案　　由:环境污染责任纠纷

诉讼请求:

1. 判令被告在其进口中国的全新胜达3.0车型达到《轻型汽车(点燃式)污染物排放限值及测量方法(北京V阶段)》(DB11/946－2013)规定的排放标准前,停止在北京市场销售;

2. 判令被告立即召回违法车辆并进行维修,使之符合上述DB11/946－2013标准;

3. 判令被告承担自销售不符合上述标准的胜达3.0车型之日起至符合标准时止

这段期间，所造成大气污染的生态环境修复费用（具体数额以专家意见或鉴定结论为准）；

4. 判令被告在《法制日报》《中国环境报》等国家级媒体及北京本地媒体上公开道歉；

5. 由被告承担本案鉴定费或专家咨询费以及原告律师费等合理支出。

事实与理由：

2013年9月，北京市环境保护局对被告自韩国进口的全新胜达3.0车型进行了车辆环保一致性抽检。抽检的3辆车VIN型号分别为KMHST81D3DU191438、KMHST81D2DU141596、KMHST81D×DU144228。后经2013年12月和2014年1月两次复检，于2014年1月20日对检测结果进行了确认。最终认定被告自2013年3月1日至2014年1月20日进口中国并在北京销售全新胜达3.0车辆的排气污染数值中颗粒物一项数值排放超过《轻型汽车（点燃式）污染物排放限值及测量方法（北京Ⅴ阶段）》（DB11/946－2013）的限值。

原告北京市朝阳区自然之友环境研究所，是一家在北京市朝阳区民政局登记注册的社会组织，专门从事环境保护公益活动已20余年，为维护环境公共利益提起公益诉讼，要求被告消除大气环境污染风险，并支付大气环境治理费用，具体数额以专家意见为准。

被告的行为违反了《中华人民共和国大气污染防治法》等相关规定，原告依据《中华人民共和国民事诉讼法》《中华人民共和国环境保护法》和相关司法解释提起本案诉讼，要求被告承担停止侵害、恢复原状等民事责任，从而维护环境公共利益，请法院依法受理，查明事实，作出公正判决，支持原告的诉讼请求。

此致

北京市第四中级人民法院

具状人：北京市朝阳区自然之友环境研究所

二〇一六年五月十一日

证据目录（立案使用）

第一组证据

序号	证据名称	材料内容
1－1	北京市朝阳区自然之友环境研究所登记证书	登记机关为北京市朝阳区民政局
1－2	北京市朝阳区自然之友环境研究所组织机构代码证	机构类型为民办非企业单位

续表

序号	证据名称	材料内容
1-3	北京市朝阳区自然之友环境研究所章程	自然之友的宗旨是“倡导生态文明、开展环境研究,促进可持续发展”
1-4	朝阳区民政局民办非企业单位年度检查结论通知书(2010~2016)	自然之友近五年年检合格
1-5	无违法记录的声明	自然之友自成立以来无违法记录
1-6	法定代表人身份证明书	法定代表人身份证明
第一组证据的证明事项:证明北京市朝阳区自然之友环境研究所具有环境公益诉讼原告资格		

第二组证据

序号	证据名称	材料内容
2-1	行政处罚决定书(京环保车罚字〔2014〕13号)	北京市环境保护局对现代汽车(中国)投资有限公司自韩国进口的胜达3.0车型进行了新车环保一致性检查,对汽车排气污染物超标进行了行政处罚
2-2	《检测报告》北京市机动车排放管理中心	检测报告显示受检车辆排气污染物数值中颗粒物数值排放超过《轻型汽车(点燃式)污染物排放限值及测量方法(北京V阶段)》(DB11/946-2013)的限值,检测数据及检测结论
第二组证据的证明事项:证明被告存在污染环境行为,损害了社会公共利益		

证据提交人:北京市朝阳区自然之友环境研究所

提交日期:二〇一六年五月十一日

被告证据清单

案号:(2016)京04民初73号

序号	证据名称	证明事项	证据形式
1	北京市环境保护局关于印发《2012年度第十六批符合环保排放标准车型目录》的通知	被告所生产的涉案车型位于北京市环保局《2012年度第十六批符合环保排放标准车型目录》中,属于符合京V标准车型	复印件
2	2012年9月29日《检验报告》	经国家汽车质量监督检验中心(襄阳)检验,被告所生产的涉案车型样品排气污染物产生一致性检查结果符合京V标准	复印件
3	2013年9月16日《检测报告》	1.抽检VIN号分别为:VIN:KMHST81D×DU144228、KMHST81D2DU141569、KMHST81D3DU191438的全新胜达3.0车辆经检验颗粒物超标;2.上述3辆全新胜达3.0汽车的平均颗粒物排风值为0.0015g/km	复印件

续表

序号	证据名称	证明事项	证据形式
4	2014年2月21日《检测报告》	1. 复检之后的3辆全新胜达3.0汽车的颗粒物排放达标； 2. 被告对全新胜达3.0汽车所采取的改善措施有效	复印件
5	专项审计报告(申请保密处理)	审计报告认定被告在2013年2月1日至2014年1月20日在北京地区共销售全新胜达3.0车型共计747台	复印件
6	《行政处罚决定书》(京环保〔2013〕13号)	1. 接受被告方的答辩意见,没收违法所得的起算时间为2013年3月1日； 2. 行政处罚的实际车辆数量为720台	复印件
7	维修改善车辆统计表(申请保密处理)	1. 被告对行政处罚所涉及的车辆通过经销商进行了维修,并对行驶里程进行了汇总； 2. 最终的总里程为:6 228 061千米	复印件
8	内蒙古盐碱干湖盆地治理项目投资费用统计表	被告自2008年至2018年对蒙古盐碱干湖盆地治理项目投资费用总计3892万元,其中已支付资金人民币3253万元	复印件
9	《治理沙尘源北京大学志愿者行动合作协议》	被告自2009年至今多次组织志愿者到查干诺尔基地播种抗盐碱性植物,开展沙障保护等相关荒漠化防治活动	复印件
10	《委托服务合同》	被告委托意可彼思(北京)环境科技开发有限公司开展对内蒙古查尔干诺尔地区进行沙尘源分析活动	复印件
11	《公关服务合同》《合作协议》	1. 被告委托上海季恒品牌管理有限公司负责内蒙古治沙活动北京地区5所校园的路演宣传项目策划以及现场管理； 2. 被告与呼和浩特市红十字会、内蒙古沙产业草原产业协会共同进行公益纪录片《沙变》摄制,其中被告负责提供摄制费用50万元	复印件
12	盐碱干湖盆治理项目效果图及媒体报道	通过被告等多方治理,查干诺尔湖项目取得显著治理成果,重新焕发绿色生机	复印件
13	中国荒漠化防治——查干诺尔项目杂志	详细记载了被告投资的查干诺尔干湖盆治理项目的情况及对北京大气颗粒物污染防治的效果	复印件

证据提交人:现代汽车(中国)投资有限公司

提交日期:二〇一六年九月十二日

4. 北京市朝阳区自然之友环境研究所诉中电投山西铝业有限公司环境污染责任纠纷案

2016年8月17日,北京市朝阳区自然之友环境研究所向忻州中院提交起诉材料,法院于2016年8月22日立案。

民事起诉状

原告名称:北京市朝阳区自然之友环境研究所。

法定代表人:张××职务:副总干事。

支持起诉单位:中国政法大学环境资源法研究和服务中心(又称中国政法大学污染受害者法律帮助中心)。

负责人:王××职务:主任。

被告名称:中电投山西铝业有限公司。

法定代表人:任××职务:总经理。

案由:环境污染责任纠纷

诉讼请求:

1. 请求贵院依法判令被告对上封村赤泥库按照国家环境保护规定在一年内封场并进行覆土和绿化,消除对周边环境的危险;

2. 请求贵院依法判令被告支付原告因诉讼支出的检验检测费、律师费、差旅费、调查取证费、专家咨询费、诉讼费等费用。

事实与理由:

上封村赤泥库为被告中电投山西铝业有限公司(原山西鲁能晋北铝业有限责任公司)年产100万吨氧化铝项目配套赤泥库,位于原平市中阳乡上封村和练家岗之间的山前坡地,距离被告厂区3千米,总占地面积120万平方米,分为三个子库区,总库容1300万立方米。

被告年产100万吨氧化铝项目,2005年1月经原国家环境保护局以环审〔2005〕85号文予以批复,2006年6月投入试生产,但配套建设的环境保护设施一直未经验收合格,直至2010年12月20日国家环保部针对此违反"三同时"制度规定的违法行为,作出环法〔2010〕95号《行政处罚决定书》,责令被告停止生产,罚款十万元,但责令停止生产的决定缓期到2011年5月1日执行。环保部于2011年5月以环验〔2011〕11号文对该项目第一阶段(80万吨拜耳法氧化铝生产线及配套工程)进行了竣工验收,验收内容含上封村赤泥库。

根据2014年12月26日，忻州市环保局（忻环法〔2014〕031号）《行政处罚决定书》的内容，可以知悉，上封村赤泥库已于2013年9月全部停止使用，但一直未封场闭库，刮风存在粉尘污染。根据相关研究赤泥的主要污染物是碱、氟化物、钠和铝等，由于赤泥中含有大量的强碱性化学物质，甚至原土pH高达12以上，因此，堆存量不断增大的赤泥造成越来越严重的环境污染，极高的pH决定了赤泥对生态环境的不良影响。

上封村赤泥库周围存在乡村、耕地、全国重点文物保护单位惠济寺、滹沱河等诸多生态环境因素，根据上述被告赤泥库情况，如此大库容的赤泥堆放，在2013年9月全部停止使用后，直到现在都没有进行封场闭库，刮风导致赤泥粉尘的污染。根据国家相关法律规定，固体废物贮存设施停止使用后，应当按照国家有关环境保护规定进行封场，防止造成环境污染和生态破坏，而赤泥含有多种污染物质尤其是强碱性，给周围生态环境因素带来了重大风险，损害社会公共利益。

原告北京市朝阳区自然之友环境研究所是一家在北京市朝阳区民政局登记注册的社会组织，专门从事环境保护公益活动已20余年且无违法记录。为了维护社会公共利益，消除被告上封村赤泥库对周边生态环境存在的重大环境危险，制止损害社会公共利益重大风险的出现，原告依据《中华人民共和国民事诉讼法》第五十五条、《中华人民共和国环境保护法》第五十八条、《中华人民共和国固体废物污染环境防治法》第三十六条、《防治尾矿污染环境管理规定》以及《最高人民法院关于审理环境民事公益诉讼案件适用法律若干问题的解释》等相关的规定，向贵院依法提起环境民事公益诉讼，请求贵院依法裁判支持原告的诉讼请求！

此致

山西省忻州市中级人民法院

原告：北京市朝阳区自然之友环境研究所

二〇一六年八月十七日

原告证据目录

编号	证据名称	证明内容
1	被告中电投山西铝业有限公司工商企业信息公示网页	证明被告工商登记基本信息等登记内容
2	2016年3月22日，山西省环境保护厅关于申请公开《中电投山西铝业有限公司上封村赤泥库等项目相关政府环境信息》的复函	证明上封村赤泥库为被告年产100万吨氧化铝项目配套的赤泥库，及被告该项目的环评审批和竣工验收情况

续表

编号	证据名称	证明内容
3	2010年12月20日,环保部(环法〔2010〕95号)《行政处罚决定书》	证明被告年产100万吨氧化铝项目于2006年6月投入试生产,配套建设的环境保护设施至处罚日都未经验收合格,违反了《中华人民共和国环境保护法》第二十六条和《建设项目环境保护管理条例》第二十三条关于"三同时"制度的规定,环保部决定责令被告年产100万吨氧化铝项目停止生产,罚款十万元。将"责令停止生产"的决定缓期至2011年5月1日执行
4	2014年11月26日,忻州市环保局(忻环法〔2014〕031号)行政处罚决定书	证明被告存在的环境违法行为:1. 扩建100万吨氧化铝项目从2010年11月投入试生产至今未进行建设项目竣工环境保护验收。2. 上封村赤泥库于2013年9月全部停止使用,至今未封场闭库,刮风存在粉尘污染,违反了《建设项目环境保护管理条例》第二十三条和《中华人民共和国固体废物污染环境防治法》第三十六条的规定,忻州市环保局决定责令停止违法行为,处以二十四万元罚款
5	中电投山西铝业有限公司上封村赤泥库基本概况、危害因素警示告知、紧急撤离路线、安全生产责任公示牌照片	证明被告上封村赤泥库基本概况、危害因素等公示内容。证明存在碱烧伤危险因素
6	上封村赤泥库及周边生态环境因素地图照片	证明被告上封村赤泥库周边存在的乡村、耕地、全国重点文物保护单位惠济寺、滹沱河等诸多生态环境因素的状况,证明赤泥库的污染具有对社会公共利益存在损害的重大风险,对周边生态环境构成危险
7	全国重点文物保护单位慧济寺公示牌照片及2015年11月30日国家文物局(物保函〔2015〕3684号)《关于原平惠济寺修缮工程立项的批复》	证明被告上封村赤泥库附近存在国家重点文物保护单位,及国家重点文物的修缮工程批复内容情况,证明赤泥库具有损害社会公共利益的重大风险,对周边环境因素存在重大的污染危险
8	赤泥的主要污染物介绍	证明赤泥的主要污染物是碱、氟化物、钠和铝等,由于赤泥中含有大量的强碱性化学物质,甚至原土pH高达12以上
9	原告与律师所签订《委托代理合同》及2016年5月4日北京市发展和改革委员会、北京市司法局文件《北京市律师诉讼代理服务收费政府指导价标准》	证明原告与律师事务所就本案签订委托代理合同,并依照北京市律师诉讼代理服务收费政府指导价标准约定律师代理费
10	原告办理案件差旅费用清单及票据	证明原告为本案支出的差旅成本

证据提交人:(原告)北京市朝阳区自然之友环境研究所

提交日期:二〇一六年八月十七日

5. 北京市朝阳区自然之友环境研究所诉云南金鼎锌业有限公司环境污染责任纠纷案

2016 年 12 月 19 日，北京市朝阳区自然之友环境研究所向怒江中院提交起诉材料，法院于 2016 年 12 月 26 日立案，于 2017 年 3 月 7 日法庭谈话，于 2017 年 6 月庭前会议、证据交换。

环境民事公益起诉书

原　　　告：北京市朝阳区自然之友环境研究所，住所地：略。

法定代表人：张××，职务：副总干事。

支持起诉单位：中国政法大学环境资源法研究和服务中心，住所地：略。

负　责　人：王××，职务：主任。

被　　　告：云南金鼎锌业有限公司，住所地：略。

法定代表人：田××。

案　　　由：环境污染责任纠纷

诉讼请求：

1. 判令被告承担本案环境损害鉴定评估费用（最终费用以鉴定评估报告确定的数额为准），且先行支付环境损害鉴定评估费用 200 万元，用于原被告共同委托或法院依法指定的鉴定评估机构开展本案的环境损害鉴定评估工作（依据《民事诉讼法》第一百五十三条规定，请求对该事项先行判决）；

2. 判令被告按照环境损害鉴定评估确定的恢复方案和期限恢复环境原状；若被告拒绝或未按照恢复方案和期限进行恢复，则由被告承担恢复费用。恢复费用付至环保公益基金账户，在原告和法院的共同监管下用于恢复被告所损害的生态环境；

3. 判令被告支付沘江生态环境受到损害至恢复原状期间服务功能的损失，具体费用以环境损害鉴定评估报告确定的数额为准；

4. 判令被告支付自 2012 年 9 月起至被告消除所有不遵守环境保护法律法规行为对大气环境造成危险并稳定达标排放之期间向大气排放的污染物所产生的大气环境治理费用，具体费用以环境损害鉴定评估报告确定的数额为准。该费用用于当地大气环境保护；

5. 判令被告停止 3000t/d 硫化矿选矿工程项目、二冶炼厂 100kt/a 电锌浸出渣锌回

收项目的生产活动;

6. 判令被告依法承担本案诉讼费用,承担原告为诉讼支付的调查取证费、差旅费、专家费、律师费等合理成本。

事实和理由:

云南金鼎锌业有限公司(以下简称被告)位于云南省怒江傈僳族自治州兰坪白族普米族自治县金顶镇,其为亚洲最大的排名世界前列的铅锌矿。集采矿、选矿、冶炼、制酸为一体,根据被告发布的不完全环境信息显示:其下设三个采矿厂、四个选矿厂、两个冶炼厂和一个硫酸厂。主要污染物为冶炼、硫酸生产过程中产生的废气,燃煤锅炉燃烧过程中产生的废气,选矿生产过程中产生的废水。共计11个废气排放口、1个废水排放口。还建有3个尾矿库、1个冶炼渣库。

根据环保部门公开的政府信息,被告曾有多项违法记录。2009年,云南省环境保护厅针对该公司私自设置废水排污口、污水直排沘江、水污染物超标排放的行为,决定处以罚款60万元。云南省环境保护厅还公布:2011年第三季度,被告一、二、三选厂总镉排放超标;2012年第四季度,被告硫酸厂硫酸雾排放超标;2013年第二季度,被告硫酸厂硫酸雾排放超标;2014年第一季度,被告废水排放中pH超标。

2015年6月22日,云南省环境监察总队通过现场调查发现被告存在以下环境问题:一是二冶炼厂锅炉烟气氮氧化物排放超标的问题。二冶炼厂锅炉烟气在线监测数据显示,2015年3月、4月、5月排放浓度月平均值均超过排放标准。二是3000t/d硫化矿选矿工程项目试生产已超过1年。现场检查发现,该工程于2014年12月16日试生产到期后,未向环境保护行政主管部门申请竣工验收,试生产到期后仍继续生产,2015年9月,云南省环保厅针对被告环境违法行为作出行政处罚决定,责令其停产并处罚款5万元。三是二冶炼厂100kt/a电锌浸出渣锌回收项目至今未取得环境保护竣工验收批复。该项目试生产到期后提交了竣工环境保护验收的申请,至今环保设施未建设完成,云南省环境保护厅未予验收。

2015年4月,环保组织"绿色和平"来到兰坪金顶镇,采集多个耕地土壤、河水样本及家居灰尘样本,送往获得资质认证的第三方独立实验室进行检测。检测结果显示:被告二冶炼厂区南北五公里范围土地上,普遍存在严重的镉和铅污染。全部土壤样本的镉金属含量,都超出国家土壤环境质量标准(GB 15618—1995)Ⅲ类土壤指标。超标最高的样本中,镉含量142mg/kg,是国家Ⅲ类土壤标准的142倍,铅含量4240mg/kg,是Ⅲ类土壤标准的8倍。超出Ⅲ类土壤标准意味着:土壤质量已不能保障植物正常生长,不适宜作为农业生产用地。在二冶炼厂厂区沘江上游的样本中,多项重金属含量都符合标准;而厂区下游的水样样本,检出了高浓度的镉、铅、砷、锌,均超出国家地表水标准(GB 3838—2002)的Ⅴ类水指标,其中铅浓度是Ⅴ类水标准的15.7倍,镉是Ⅴ类水标准的3.6倍。该检测报告结合其他公开信息,可以证明:被告的生产活动在水环境中造成了重金属污染，是国家和云南省重点治理的沘江污染的主要源头。通过调查检测发现，二冶炼厂附近区域麦杆甸村和香柏村家居降尘含有极高浓度的铅。

根据2015年第4季度和2016年第1季度云南省国控重点污染源监测情况显示，被告冶炼一厂2015年12月1日二氧化硫超标排放；2016年1月5日被告选矿一厂、二厂、三厂和四厂处理站排口铅、镉污染物排放超标。

以上各项事实表明，被告生产活动中产生的含铅、镉、锌等重金属的烟尘、粉尘、废气、废水、废渣，夹杂矿区重金属物质的矿洞涌水、地表径流，通过不同方式大量外排周边环境，其重金属成分持久蓄积于土壤、水域、农产品和人体之中，造成了令人触目惊心的环境污染。

鉴于本案案情较为复杂，污染范围和污染程度在短期内难以全部查清，且开展环境损害鉴定评估费用高昂，原告无力垫付承担；应当判令由被告先行支付承担，用于环境损害鉴定评估工作的顺利开展，避免因恢复方案无法确定而造成案件久拖不决。原告请求贵院按照《民事诉讼法》第一百五十三条的规定，在查明被告污染行为所致环境损害基本事实的前提下，就诉讼请求第一项依法作出先行判决，判令被告先行承担环境损害鉴定评估费用，以便推进本案的诉讼进程。

为了维护社会公共利益，建设生态文明，以法律手段促进污染治理，为了减少排污危害，修复生态环境，保障人民群众的身心健康，原告依照《环境保护法》《侵权责任法》等法律规定以及相关司法解释，对被告提起环境民事公益诉讼，请人民法院受理本案，依法查明事实，作出公正裁判，让污染企业全面承担应有的侵权责任，让"七彩云南"守住环境底线、永葆美丽容颜。

此致

云南省怒江傈僳族自治州中级人民法院

原告：北京市朝阳区自然之友环境研究所

二〇一六年十二月十九日

原告证据目录

就原告北京市朝阳区自然之友环境研究所诉被告云南金鼎锌业有限公司环境污染责任纠纷环境公益民事诉讼一案，现原告提交补充证据如下：

序号	证据名称	证据种类	证明事项
1	(1)云南省环境监察总队关于云南金鼎锌业有限公司环境违法问题的调查报告(云环监发〔2009〕9号) (2)云南省环境监察总队现场记录(2009年1月7日) (3)云南省环境监察询问笔录(2009年1月7日) (4)云南省环境监测中心站监测报告(云环监字〔2009〕—005号)	书证	证明2009年1月7日,云南省环境监察总队会同怒江傈僳族自治州、大理白族自治州环保局共同对被告开展了联合现场监察,发现被告存在以下环境违法行为:(1)被告在危废渣库渗滤液输送管道、硫酸车间中和池、硫酸厂外私设废水排污口。经云南省环境监测中心监测显示,危废渣库渗滤液输送管道排口内废水镉浓度超标887倍,锌超标1725倍。硫酸车间中和池、硫酸厂外排污口废水镉超标19倍,锌超标30倍。(2)被告尾矿库按照环评要求只能接纳一、二选厂尾矿,但被告实际接纳四个选厂尾矿,且未对增容部分进行防渗处理,未同步建设污水处理站和地下水监测井,擅自投入运营。(3)被告热供车间热废水未经循环冷却直接排入沘江河。(4)被告未落实云环准许〔2006〕182号文件要求,麦杆甸村、香柏村处于硫酸装置卫生防护距离内600米农户搬迁未落实,也未提供具体的搬迁方案。(5)被告厂区生活废水未经处理,直接排入沘江河。(6)被告冶炼渣库溢洪沟废水直接流入沘江河,镉和锌浓度严重超标
2	云南省环境保护厅行政处罚决定书(云环罚字〔2009〕2号)	书证	证明2009年3月云南省环保厅针对被告私自设置废水排污口,水污染物超标排放的环境违法行为作出行政处罚决定,责令被告限期拆除私设的排污口,限期治理并处罚款五十万元
3	(1)云南省环境保护厅行政处罚决定书(云环罚字〔2012〕61号) (2)关于申请《云南省环境保护厅行政处罚决定书》(云环罚字〔2012〕61号)信息公开情况的说明	书证	证明被告所属四川宏泰鑫发矿山工程有限公司于2011年1月22日至12月15日,未执行危险废物转移联单制度,将阳极泥、铅渣危险废物擅自外售的违法事实,云南省环保局对其作出行政处罚决定(云环罚字〔2012〕61号),罚款360万元
4	关于查处云南金鼎锌业有限公司有关环境问题的函(环监转〔2015〕81号)	书证	证明2015年6月环保部环境监察局发函要求云南省环保厅就被告的环境违法行为进行调查,并于2015年7月20日前就调查处理情况进行汇报
5	环境违法案件转办回执(环监转〔2015〕81号)	书证	证明云南省环保厅在2009年5月、2010年4月、5月、2011年3月、2012年11月曾针对被告的环境违法行为进行查办
6	委托代理协议	书证	证明原告律师代理费的数额
7	北京市律师诉讼代理服务收费政府指导价标准	书证	证明原告律师代理费的收费标准

证据提交人:北京市朝阳区自然之友环境研究所

提交日期:二〇一七年一月二十日

6. 中国生物多样性保护与绿色发展基金会诉河北大光明实业集团嘉晶玻璃有限公司大气污染责任纠纷案

2016 年 1 月 4 日，中国生物多样性保护与绿色发展基金会向邢台中院提交起诉材料。

民事起诉状

原　　　告：中国生物多样性保护与绿色发展基金会，住所地：略。

法定代表人：胡××，职务：理事长。

被　　　告：河北大光明实业集团嘉晶玻璃有限公司，住所地：略。

法定代表人：元××。

诉讼请求：

1. 判令被告立即停止超标排放污染物的行为；

2. 判令被告就其超标排放污染物的行为在覆盖全国的媒体上向公众赔礼道歉；

3. 判令被告赔偿因为其违法行为而造成的环境污染损害，具体赔偿数额以环境损害评估结果为准；同时根据被告的违法行为造成的环境污染损害程度判令被告承担相应的惩罚性赔偿金，具体数额根据环境损害评估结果确定；

4. 判令被告采取直接措施或者采取替代措施修复被污染损害的环境；

5. 判令被告承担原告为本次诉讼而支出的评估费、鉴定费、专家论证费用、差旅费、调查费、案件受理费和必须支出的律师费等一切必要的费用。

事实和理由：

被告系在河北省沙河县注册成立的企业，于 1998 年成立，经营范围包括超厚、超白、低辐射镀膜玻璃、建材玻璃的生产、加工销售等。被告在生产过程中产生、排放大量有害气体，因此该企业根据国家有关法律法规的规定，安装了大气污染物处理设施。

2015 年 5 月至 12 月，当地环保部门多次发现被告闲置污染物处理设施，导致超标排放。为此，环保部门也多次采取行政执法措施，要求被告达标排放。但是被告置若罔闻，直至 2015 年 11 月 28 日，仍然采取夜间停止环保设施运行的手段，向空气中偷排大量污染物，严重污染了大气环境。

众所周知，近年来，中国华北、华东等广大地区雾霾日趋严重，对人民群众的健康造成极大威胁，包括河北省在内的京津冀地区又是雾霾天气的重灾区。在这种情况下,被告置环保部门屡次处罚于不顾,依然大肆进行污染物超标排放,其行为不但严重违反了国家有关法律法规,也严重侵害了社会公共利益。

被告的上述行为违反了2016年1月1日生效的《中华人民共和国大气污染防治法》第二十条第二款的禁止性规定,应当依照《中华人民共和国大气污染防治法》第七条和第一百二十五条之规定,承担环境侵权责任。

原告作为适格的环境公益诉讼主体,根据《中华人民共和国侵权责任法》第六十五条、《中华人民共和国环境保护法》第五十八条、《中华人民共和国民事诉讼法》第五十五条和最高人民法院相关司法解释之规定,向贵院提起诉讼,请贵院依法支持原告的诉讼请求。

此致

邢台市中级人民法院

原告:中国生物多样性保护与绿色发展基金会

二〇一六年一月四日

7. 中国生物多样性保护与绿色发展基金会诉中国铝业股份有限公司等侵权责任纠纷案

2016年1月7日,中国生物多样性保护与绿色发展基金会向贵阳中院提交起诉材料,法院于2016年1月18日立案。

民事起诉书

原　　　告:中国生物多样性保护与绿色发展基金会,住所地:略。

法定代表人:胡××,职务:理事长。

被　　　告:中国铝业股份有限公司(以下简称中国铝业),住所地:略。

法定代表人:葛××。

被　　　告:中国铝业股份有限公司贵州分公司(以下简称中铝贵州分公司),住所地:略。

负　责　人:冷××,职务:总经理。

诉讼请求:

1. 依法判令被告立即完全按照"环评报告"以及"环评报告批复"中规定的开展采

矿活动前提条件要求，对受其采矿影响的居民实施搬迁安置，在该搬迁安置工作完成之前，依法判令被告停止一切采矿活动；

2. 依法判令被告对已经受到采矿影响致使其房屋开裂、房屋地基开裂，或者因为道路塌陷等地质灾害而无法在原地继续生活的所有居民实施搬迁，异地安置，以消除对当地居民和可能居住其中的其他人的生命财产安全威胁；

3. 修复因为其采矿行为而造成的道路、农田等处的塌陷地段，以确保当地居民和可能来此短期居留、旅游、路人的生命安全；

4. 依法判令被告对采矿活动中产生的固废严格按照国家标准堆放管理，防止因雨水冲刷等原因而对周边环境造成损害；

5. 依法判令被告承担原告因为此案而支出或者必须支出的案件受理费、律师费、调查费、鉴定评估费、专家费、差旅费等一切费用。

事实与理由：

中铝贵州分公司的麦坝矿区龙滩坝矿段（以下简称该矿段）于2007年7月开始建设，清镇市站街镇荣和村的两个自然村中寨和龙滩坝坐落于该矿段之上及周边地区。2008年以来，中寨村和龙滩坝村的绝大部分居民房屋出现不同程度的开裂、地基塌陷，乡村道路、农田中出现多处塌陷、开裂，多处水田变成了旱地、造成了人畜饮水困难。贵州的春夏季节多雨，这些塌陷、开裂极易在雨季诱发塌方、滑坡等灾害，不但直接影响了房屋所有人的生命财产安全，同时那些少数房屋没有开裂、地基没有塌陷的当地居民也因为道路塌陷、比邻而居等而使其生命财产安全同样受到威胁。这种遍及全村及周边的人为地质灾害严重影响了当地居民的正常生活，同时也给游客和路人的生命财产安全造成了极大威胁，是对社会公共利益的一种现实威胁。

中铝贵州分公司在开展麦坝矿区的采矿活动之前，没有满足贵州省环境科学研究设计院2007年5月出具的《中国铝业股份有限公司贵州分公司第二铝矿麦坝矿区坑内开采工程（50万t/a）环境影响报告书》，以及贵州省环境保护局黔环函〔2007〕250号《关于对中国铝业股份有限公司贵州分公司第二铝矿麦坝矿区坑内开采工程（50万t/a）环境影响报告书的批复》中提出的采矿活动前提条件，没有完成"对距离龙滩坝工业场地500米范围内的中寨及中寨小学及卫生防护距离内的居民进行搬迁"，致使荣和村中寨1、2、3组村民房屋开裂变形逐渐加剧，中寨全村及周边地面塌陷地质灾害规模及范围逐年扩大。中铝贵州分公司也没有兑现其在2007年采矿之前做出的"承诺"，导致当地居民与被告纠纷不断，严重影响了当地社会安定。

被告在采矿活动中出现的矿渣等固体废物堆放地，没有建设防护隔离设施，雨季时节从废矿渣上流下来的水四下流淌，也对周边环境构成了威胁。

贵州省地质工程勘察院于2011年12月出具的《清镇市站街镇中寨村1、2、3组村民房屋开裂、地面塌陷与中铝贵州分公司麦坝矿区龙滩坝矿段采矿活动关系技术鉴定报告》和2014年6月出具的《清镇市站街镇荣和村中寨1、2、3组村民房屋受损及地质灾害与贵州省清镇铝土矿麦坝矿区采矿工程活动关系技术鉴定报告》均认定,调查区内地面塌陷地质灾害系该矿段采矿活动造成的。中寨和龙滩坝两个自然村及其周边地区的地址塌陷是由于被告采矿活动引起的已经确定无疑。

被告在该矿段的采矿活动对当地自然生态环境和人文生态环境均造成了很大破坏,特别是道路塌陷、农田塌陷、房屋及房屋地基开裂等都对当地居民的生产生活造成了极大影响,对当地居民以及游客和路人的生命财产安全都构成了极大威胁,已经损害了社会公共利益,同时也对社会公共利益构成了持续的现实威胁。

根据《中华人民共和国环境保护法》第五十八条、《中华人民共和国民事诉讼法》第五十五条和最高人民法院关于环境民事公益诉讼的司法解释规定,原告具有法定资格提起环境公益诉讼,特向贵院提起诉请,请依法支持原告的诉讼请求。

此致

贵州省贵阳市中级人民法院

具状人:中国生物多样性保护与绿色发展基金会

二〇一六年一月七日

原告证据目录

编号	证据名称	证据来源	证据内容
1	《中国铝业股份有限公司贵州分公司第二铝矿麦坝矿区坑内开采工程(50 万 t/a)环境影响报告书》	贵州省环境科学研究设计院提供	工程对环境影响
2	贵州省环境保护局黔环函〔2007〕250 号《关于对中国铝业股份有限公司贵州分公司第二铝矿麦坝矿区坑内开采工程(50 万 t/a)环境影响报告书的批复》	贵州省环境保护局提供	矿区工程对环境影响
3	中国铝业股份有限公司贵州分公司 2007 年"承诺书"	—	—
4	《清镇市站街镇中寨村 1、2、3 组村民房屋开裂、地面塌陷与中铝贵州分公司麦坝矿区龙滩坝矿段采矿活动关系技术鉴定报告》	贵州省地质工程勘察院提供	房屋开裂、地面塌陷与中铝贵州分公司的关系
5	《清镇市站街镇荣和村中寨 1、2、3 组村民房屋受损及地质灾害与贵州省清镇铝土矿麦坝矿区采矿工程活动关系技术鉴定报告》	贵州省地质工程勘察院提供	房屋受损及地质灾害与麦坝矿区采矿工程活动的关系
6	部分房屋开裂、地基、道路、农田塌陷照片	实地拍摄	房屋开裂、地基、道路、农田塌陷实际情况

证据提交人:中国生物多样性保护与绿色发展基金会

提交日期:二〇一六年一月七日

增加诉讼请求申请书

申　请　人：中国生物多样性保护与绿色发展基金会，住所地：略。

法定代表人：胡××，职务：理事长。

被 申 请 人：中国铝业股份有限公司，住所地：略。

法定代表人：葛××。

被 申 请 人：中国铝业股份有限公司贵州分公司，住所地：略。

负　责　人：冷××，总经理。

请求事项：

判令被告赔偿生态环境受到损害至将生态环境修复到损害发生之前的状态期间生态服务功能的损失（具体损失数额以鉴定评估结果为准）。

事实及理由：

申请人诉被申请人侵权责任纠纷一案已经贵院受理。由于被申请人在麦坝矿区龙滩坝矿段的采矿行为，造成道路、农田塌陷及房屋地基开裂，对当地自然生态环境和人文环境造成极大破坏，损害了社会公共利益。根据《最高人民法院关于审理环境民事公益诉讼适用法律若干问题的解释》的规定，被申请人除应当承担恢复原状的责任以外，对于生态环境受到损害至恢复原状期间服务功能的损失，也应当予以赔偿。为使遭受损害的社会公共利益获得完全救济，申请人特向贵院提出增加以上诉讼请求，请求贵院予以支持。

此致

贵州省清镇市人民法院

申请人：中国生物多样性保护与绿色发展基金会

二〇一七年一月十九日

8. 中国生物多样性保护与绿色发展基金会诉山东金诚重油化工有限公司等环境污染责任纠纷案

2016 年 1 月 21 日，中国生物多样性保护与绿色发展基金会向济南中院起诉，法院于 2016 年 2 月 16 日要求补充材料；法院于 2016 年 3 月 14 日立案，原告于 2016 年 3 月 17 日向山东环保厅、济南检察院、济南环保局发函请求支持起诉，2016 年 4 月 7 日，原告收到济南环保局回函;2016年4月19日,原告组织座谈并收到济南检察院回函;2016年4月20日,原告提出财产保全申请;2016年7月28日,法院做笔录中止审理。以上信息通过公开渠道获得,此外未能收集到更多材料。

9. 中国生物多样性保护与绿色发展基金会诉秦皇岛方圆包装玻璃有限公司大气污染责任纠纷案

2016年3月15日,中国生物多样性保护与绿色发展基金会向秦皇岛中院提交起诉材料,法院于2016年3月21日立案;原告于2016年7月11日接到电话被告整改完毕并验收合格,2016年7月22日,原告组织座谈并查看现场整改措施;2016年8月9日,双方谈话讨论调解事宜。

民事起诉状

原　　告:中国生物多样性保护与绿色发展基金会,住所地:略。

法定代表人:胡××,职务:理事长。

被　　告:秦皇岛方圆包装玻璃有限公司,住所地:略。

法定代表人:山村××,职务:董事长。

诉讼请求:

一、请求依法判令被告立即停止非法排放大气污染物的违法行为;

二、请求依法判令被告采取措施或者采取替代修复的措施修复被污染损害的大气环境;

三、请求依法判令被告赔偿因为其非法排放大气污染物而对环境造成的损害(具体赔偿数额以评估结果为准);

四、请求依法判令被告对其非法排污加重了大气污染的违法行为在国家级媒体上向民众赔礼道歉;

五、请求依法判令被告承担原告因为此案而支出的案件受理费、鉴定费、评估费、差旅费和必须支付的律师费等一切诉讼必要费用。

事实与理由:

被告系一家主要从事生产加工各种玻璃包装瓶的企业,拥有玻璃窑炉四座。经原告调查获悉,被告于2015年12月23日因熔窑出口排放大气污染物(5号、6号窑出口二氧化硫排放浓度平均值为473mg/Nm^3、氮氧化物排放浓度平均值为5504mg/Nm^3;7

号、8 号窑出口二氧化硫排放浓度平均值为 481mg/Nm^3、氮氧化物排放浓度平均值为 3665mg/Nm^3)超过《工业炉窑大气污染物排放标准》(DB13/1640－2012)(二氧化硫排放浓度为 400mg/Nm^3、氮氧化物排放浓度为 400mg/Nm^3)排放标准,被秦皇岛市海港区环境保护局罚款 9 万元(见海环罚字〔2015〕11 号海港区环境保护局行政处罚决定书)。同时被告因未依法取得排污许可证排放大气污染物被罚款 20 万元(见海环罚字〔2015〕12 号海港区环境保护局行政处罚决定书)。

原告进一步调查了解到,早在 2015 年 3 月被告就因其炉窑未安装除尘脱硝设施污染大气,环保部门责令改正而拒不改正,被按日连续处罚达 200 多万元。

原告认为,被告再三向大气超标排放二氧化硫、氮氧化物等污染物,且多次被处罚后,仍拒不改正,性质恶劣,后果严重。众所周知,近年来,中国华北、华东等广大地区雾霾状况日趋严重,对人民群众的健康造成极大威胁,包括河北省在内的京津冀地区又是雾霾天气的重灾区。被告无视环保部门的屡次处罚,依然大肆进行污染物超标排放,是雾霾灾害的罪魁祸首之一。其行为违反了《中华人民共和国环境保护法》第四十二条的规定、2000 年 9 月 1 日实施的《中华人民共和国大气污染防治法》第十三条、第三十六条的规定(也与 2016 年 1 月 1 日正式实施的新修订的《中华人民共和国大气污染防治法》第七条等规定相悖)以及《中华人民共和国侵权责任法》第六十五条的相关规定,严重侵害了社会公共利益,被告必须为其漠视社会公共利益、损害大气环境的行为付出代价、承担责任。

原告作为符合《中华人民共和国环境保护法》及《最高人民法院关于审理环境民事公益诉讼案件适用法律若干问题的解释》关于环境公益诉讼起诉资格规定的社会组织,为维护公共利益、保护环境,现向贵院提起诉讼,望贵院依法审理判决,支持原告的请求。

此致

河北省秦皇岛市中级人民法院

原告:中国生物多样性保护与绿色发展基金会

二〇一六年三月十四日

原告证据目录

序号	名称	证明目的
一	社会组织登记证书	证明原告具有提起环境民事公益诉讼的主体资格
二	社会组织章程	
三	年检报告书	
四	无违法记录声明	

续表

序号	名称	证明目的
五	被告的工商登记信息	被告的主体资格
六	海港区环境保护局行政处罚决定书(海环罚字〔2015〕11号)	证明被告由于排放大气污染物超标于2015年12月23日被环保部门罚款9万元
七	海港区环境保护局行政处罚决定书(海环罚字〔2015〕12号)	证明被告由于未取得排污许可证排放大气污染物于2015年12月23日被环保部门罚款20万元
八	河北广播网、燕赵都市网打印网页	证明被告由于未安装除尘脱硝设施污染大气,环保部门责令改正而拒不改正,于2015年3月被按日连续处罚达200多万元

10. 中国生物多样性保护与绿色发展基金会诉河南新郑市薛店镇花庄村委会等侵权责任纠纷案

2016年4月28日,中国生物多样性保护与绿色发展基金会向郑州中院提交起诉材料,法院于2016年5月5日立案,于2016年12月8日召开庭前会议,于2016年12月9日开庭审理。

起 诉 状

原　　　告:中国生物多样性保护与绿色发展基金会,住所地:略。
法定代表人:胡××,职务:理事长。
被　　　告:新郑市薛店镇花庄村民委员会,住所地:略。
法定代表人:张××,职务:村主任。
被　　　告:新郑市薛店镇人民政府,住所地:略。
法定代表人:安××,职务:镇长。
被　　　告:新郑市教育体育局,住所地:略。
法定代表人:朱××,职务:局长。
被　　　告:新郑市林业局,住所地:略。
法定代表人:戴××,职务:局长。
被　　　告:新郑市旅游和文物局,住所地:略。
法定代表人:赵××,职务:局长。
案　　　由:环境侵权纠纷(公益诉讼)

诉讼请求：

一、被告立即停止继续实施毁坏古树、损害环境的行为；

二、被告恢复被毁林地的林木、植被，或者承担被毁林地林木、植被恢复费，具体数额以专业机构的评估结论为准；

三、被告共同赔偿因新郑市薛店镇花庄村大量林木（古枣树）被非法砍伐，而造成的人文及自然环境损失，具体赔偿数额以专业机构的评估结论为准；

四、被告保留古枣树移栽地（移入地）现场，在该址建立古枣树展示园，将被非法采伐、移栽致死的全部古枣树树干（包括仍遗留在移入地的和被追回的）及其制品，陈列在园内，作为今后对生态环境保护的宣传、教育、警示基地；展示园的维护和管理费用由被告承担；

五、判令被告追回原薛店镇花庄村古枣树林地的、因被非法采伐和所谓移栽而致死亡的古枣树（树干）及其制品；

六、被告对薛店镇花庄村大量文物级古枣树林木遭非法砍伐，毁坏古树名木、文物的行为，破坏生态、损害环境事件，在国家级媒体向公众赔礼道歉；

七、被告共同承担原告为本次诉讼而支出的差旅费、调查费、案件受理费和必须支出的律师费等一切必要的费用。

事实与理由：

新郑市薛店镇花庄村民委员会及新郑市薛店镇人民政府与采伐施工队等人，在新郑市薛店镇花庄村（一组、二组）古枣树林地非法采伐大量古枣树。行为人未依法办理和取得采伐手续，选择夜晚偷伐，且被采伐的古枣树数量极大（有关部门认定是1870棵，实际超过1870棵）。偷伐行为被村民发现，在村民当场阻止、随即报案、媒体介入、向有关部门举报的情况下，行为人为掩盖其非法行为，规避法律制裁，将采伐的古枣树以“移植”名义移入新郑市薛店镇王张村中华古枣树园，进行所谓的“移栽”。由于行为人采伐时不是以移植为目的，采用破坏性、毁灭性的方式挖掘古枣树，之后“移植”“移栽”时不按照树木尤其是大型树及古枣树的科学移植操作技术规程进行正常规范的操作，被“移栽”古枣树大面积死亡。

新郑市教育体育局，在未依法办理法定手续的情况下，非法占用薛店镇花庄村古枣树林地，在古枣树林地上违法进行工程建设，致使古枣树及古枣树林地被毁。

据报道，新郑是红枣的故乡，种枣历史最早可追溯到8000多年前的裴李岗文化时期，红枣起源于明朝，至今已有600年栽种历史，枣文化源远流长。当地大面积的、生长几百年的古枣树林，使新郑及周边已经形成了稳定的古枣树人文和自然生态环境。

新郑市人民政府于2010年9月已确定“对位于新郑市薛店镇花庄村1023亩古枣树实施文物级保护”，在该保护区内，一百年以上的古枣树17 660株。本案中被毁的古枣树及古枣树林，属于新郑市人民政府确定的文物保护范围，被实施文物级保护。

新郑市林业局、新郑市旅游和文物局、新郑市红枣科学研究院,作为法定及新郑市人民政府确定的保护花庄村古枣树的责任主体,未依法履行职责,对花庄村大量文物级古枣树林木被非法采伐致死,导致环境被损害、生态环境的破坏,负有直接责任。

一百年以上的古枣树,属于依法应受保护的古树名木和文物保护范围,依法应予以专门和特别保护;森林和林木受法律保护,采伐必须办理采伐许可证,这次大面积的采伐和“移植”,没有依法办理法定手续,行为违法;行为人大量非法采伐和毁坏古树林木,其行为存在侵权,破坏了当地几百年以来已经形成的生态环境,是对生态环境的破坏,对自然环境的损害,已严重损害了社会公共利益,行为人及有关责任人应当承担相应的法律责任。

薛店镇花庄村古枣树林地大量林木和文物,遭非法砍伐、被毁,其行为明显恶意,环境损害赔偿应是惩罚性的。

综上,针对被告破坏生态的行为,造成自然环境受到损害的结果,为维护社会公共利益,原告作为适格的法律主体,现依据中华人民共和国《环境保护法》第二条和第五十八条、《文物保护法》《森林法》《民事诉讼法》第五十五条、《最高人民法院关于适用〈中华人民共和国民事诉讼法〉的解释》和《最高人民法院关于审理环境民事公益诉讼案件适用法律若干问题的解释》等法律的规定,特提起环境公益诉讼。

望受诉人民法院依法审理,公正裁决,准如所请。

此致

河南省郑州市中级人民法院

起诉人:中国生物多样性保护与绿色发展基金会

二〇一六年四月二十七日

附:本诉状副本 5 份

附(是本起诉状的组成部分):

一、就本法律文书中涉及的“移植”“移栽”和附件中的证据材料特别备注说明。共计:1 份 1 页

二、初步证据目录及其证据材料。共计:51 份 22 页

就本法律文书中涉及的“移植”“移栽”和附件中的证据材料特别说明

就本法律文书中涉及的“移植”“移栽”和附件中的证据材料作如下特别说明:

1. 行为人花庄村村委会和薛店镇镇政府等人及当地有关部门谎称是“移植”“移栽”古枣树,实际上是非法采伐、毁坏古枣树,行为人是非法大量采伐(古树)林木、破坏文物(文物级古枣树),本文书中所涉及的所谓“移植”“移栽”一词,均是引用花庄村村委会和薛店镇镇政府等人及当地有关部门自称和谎称的所谓“移植”“移栽”。

2. 附件中反映的古枣树被非法采伐现场及“移植”“移栽”移入地现场照片等内容，仅是现场实际情况的其中一部分，不是本案全部事实。

起诉人：中国生物多样性保护与绿色发展基金会
二〇一六年四月二十七日

11. 中国生物多样性保护与绿色发展基金会诉北京市朝阳区刘诗昆万象新天幼儿园和北京百尚家和商贸有限公司环境污染责任纠纷案

2016 年 6 月 21 日，中国生物多样性保护与绿色发展基金会向北京四院提交起诉材料，法院于 2016 年 7 月 21 日立案，原被告于 2017 年 3 月达成调解协议。

起　诉　状

原　　　告：中国生物多样性保护与绿色发展基金会，住所地：略。

法定代表人：胡××，职务：理事长。

被　告　一：北京市朝阳区刘诗昆万象新天幼儿园（以下简称万象幼儿园），住所地：略。

负　责　人：宋××。

被　告　二：北京百尚家和商贸有限公司（以下简称百尚公司），住所地：略。

法定代表人：张××。

诉讼请求：

1. 请求判令被告立即拆除北京市朝阳区刘诗昆万象新天幼儿园内的塑胶跑道；

2. 请求判令被告采取修复或替代性修复措施；对塑胶跑道污染的土壤、大气环境进行修复；

3. 请求判令被告赔偿土壤和大气环境开始被损害至恢复正常生态功能期间的服务功能损失，具体损失数额以评估为准；

4. 请求判令被告在北京市级和国家级媒体上因其故意污染环境向公众道歉；

5. 请求判令被告承担原告因此案支出的差旅费、调查费用、案件受理费和必须支出的律师代理费等一切必要的费用。

事实与理由:

近期,原告收到很多家长和媒体举报,万象幼儿园塑胶跑道散发的刺激性味道致使很多孩子集中出现身体不适,要求我们行使法律赋予的提起环境公益诉讼的权利,维护社会公共利益。接到举报后我们立即启动应急调查程序,向幼儿家长和其他有关人员了解情况,收集与万象幼儿园的塑胶跑道有关的资料,收集了大量幼儿集中生病的病历,派专人前往万象幼儿园进行调查。

经调查确认:2016 年 3 月 22 日,两被告签订了《体育场地营造合同书》,双方约定由百尚公司负责万象幼儿园的塑胶工程(塑胶跑道),工期为 2016 年 3 月 26 日至 2016 年 4 月 1 日。现万象幼儿园的塑胶跑道已完工并于 4 月投入使用;该塑胶跑道建成使用后,向外散发很大的刺激性味道,致使很多在该幼儿园的孩子集中出现身体异常状况,表现为流鼻血、眼睛不适、发烧、皮肤过敏等症状,学生家长已经带孩子诊断就医。

根据调查结果,原告随即向万象幼儿园发出正式公函,并两次前往该幼儿园当面交涉,要求万象幼儿园为了保证众多幼儿的身体健康,立即采取措施,拆除有刺激性气味的塑胶跑道,清除塑胶跑道对大气环境和土壤的污染,消除由于塑胶跑道污染环境而给幼儿身体健康带来的威胁。2016 年 6 月 20 日,原告在万象幼儿园与该幼儿园负责人沟通情况时,该负责人明确表示不会根据原告的要求立即拆除塑胶跑道。

这种带有刺激性气味的塑胶跑道直接污染大气环境,进而对长期多次接触或者靠近这种跑道的人的健康产生有害影响,特别是对抵抗力较差的幼儿健康影响更大,在幼儿园和中小学应该严格限制铺设直至禁止铺设,已经铺设并且已经产生危害后果的应该立即拆除。这种塑胶跑道不但直接污染大气环境,同时也会污染其覆盖下的及周边的土壤。对大气环境和土壤的污染都会直接危害人们的身体健康,是对社会共利益的侵害。

本案涉及的塑胶跑道首先直接危害的是幼儿的身体健康,在家长和原告多次向被告一反映情况后,万象幼儿园仍然以各种理由拒绝拆除塑胶跑道,主观恶意更大,应该承担环境侵权的全部法律责任。百尚公司作为采购方和施工方对塑胶跑道的主体材料和附属材料理应具有专业知识,对这些材料会给环境造成的影响应该具有专业判断,应该对塑胶跑道污染环境的后果承担法律责任。

根据《民事诉讼法》第五十五条、《环境保护法》第五十八条和《侵权责任法》、最高人民法院关于环境民事公益诉讼司法解释等的相关规定,原告作为从事环境公益活动的社会组织,有权对污染环境、破坏生态、危害社会公共利益的行为提起诉讼。请贵院依法支持原告的诉讼请求。

此致

北京市第四中级人民法院

具状人:中国生物多样性保护与绿色发展基金会

二〇一六年六月二十一日

附:本诉状副本 2 份(略)

证据目录 3 份(略)

基本证据 3 份(略)

中国生物多样性保护与绿色发展基金会诉被告北京市朝阳区刘诗昆万象新天幼儿园公益诉讼环境污染责任纠纷一案法院调解公告

本院于 2016 年 7 月 21 日立案受理(2016)京 04 民初 93 号原告中国生物多样性保护与绿色发展基金会诉被告北京市朝阳区刘诗昆万象新天幼儿园公益诉讼环境污染责任纠纷一案。诉讼过程中,原告中国生物多样性保护与绿色发展基金会与被告北京市朝阳区刘诗昆万象新天幼儿园在调解过程中推动集团公司其他幼儿园拆除塑胶跑道(操场),并已实际执行,双方对该事实均认可,当事人达成调解协议。具体内容为:一、被告北京市朝阳区刘诗昆万象新天幼儿园拆除在该园内铺设的塑胶跑道(操场),并铺上草坪(已执行);二、被告北京市朝阳区刘诗昆万象新天幼儿园以保护生态环境为目的向中华社会救助基金会捐助 10 万元(已执行);依照《最高人民法院关于适用〈中华人民共和国民事诉讼法〉的解释》第二百八十九条的规定,现予以公告。公告期间为 30 日。

北京市第四中级人民法院

二〇一七年三月二日

12. 中国生物多样性保护与绿色发展基金会诉凯比(北京)制动系统有限公司等土壤污染责任纠纷案

2016 年 7 月 5 日,中国生物多样性保护与绿色发展基金会向北京四中院提交起诉材料;法院于 2016 年 7 月 11 日立案。

民事起诉状

原　　　告:中国生物多样性保护与绿色发展基金会,住所地:略。

法定代表人:胡××,职务:理事长。

被　告　一:凯比(北京)制动系统有限公司,住所地:略。

法定代表人:李××,董事长。

被　告　二:北京金隅红树林环保技术有限责任公司,住所地:略。

法定代表人:郑××,董事长。

案　　　由:土壤污染责任纠纷(环境民事公益诉讼)

诉讼请求:

1. 判令两被告清除北京市密云县西田各庄镇大辛庄村西牤牛河东岸被污染土地上的超标重金属,消除被污染土地周边土壤地表和河流、水库及地下水被污染风险,使土地恢复到被污染前的土地功能或承担上述费用,包括制定、实施修复方案的费用和监测、监管等费用;

2. 判令两被告赔偿生态环境受到损害至恢复原状期间服务功能的损失(具体损失数额经鉴定机构评估后确定);

3. 令两被告因污染环境、破坏生态行为,在国家级媒体上向社会公开道歉;

4. 判令两被告承担原告支出的差旅、调查费用以及案件受理费和律师代理费等一切必要的费用。

事实和理由:

2009 年年初至 2011 年 9 月,在密云县西田各庄镇大辛庄村村西 60 多亩基本农田发生企业违法倾倒危险废物,造成地上树木死亡和土壤污染事件。经查证,被告一是产生及倾倒危险废物的主要责任人,被告二是受托负责清运及处置倾倒危险废物的经营单位。2013 年 4 月 3 日,在密云县环境保护局组织下,两被告将倾倒在土地上的危险废物清除。

2013 年 4 月,检测机构对该土地土壤及固体废物进行检测,结果显示:一、土壤和废弃物存在大量的重金属元素,以锑、铜含量最高,其次分别是铬、砷、锶、铅。二、铜含量:以农地进行评估,土壤 5 个样点的铜超标倍数分别为 300 倍、349 倍、101 倍、27.7 倍、24.9 倍;以林地进行评估,铜超标倍数分别为 75 倍、87.3 倍、25.3 倍、6.9 倍、6.2 倍。三、锑含量:土壤中锑的最大允许含量为 3.5mg/kg 或 5mg/kg(我国土壤锑的背景含量大约为 0.38~2.98mg/kg)。以最大允许含量 5mg/kg 进行比较,五个监测点的土壤锑含量分别超标 844 倍、2100 倍、320 倍、344 倍、20.4 倍。检测结果证明,土壤遭受了倾倒废弃物的严重污染,丧失了作为基本农田的基本功能,不能用于农作物种植。

无论该地块作为基本农田还是林地使用，该地块中的铜都严重超出国家标准。我国虽无锑含量土壤标准，但锑对人体及生物具有毒性及致癌性已被科学证明，土壤锑污染，往往是从其他介质转递来的污染物的聚集地，锑通过土壤进入食物链对人造成危害。锑以溶液形态存在时，容易被植物所吸收，但不是植物所必需的，通过与必要的代谢物竞争，对植物产生毒性。当一些成熟的植物叶片中，锑的浓度到 150mg/kg 时，会对植物产生毒害作用。倾倒的危险废物使土壤板结、肥力降低、土壤被毒化，还可以通过雨水淋溶，危险废物中有毒重金属从土壤传入地下水或地表水，造成水质的污染和恶化。

事件发生后，利害关系人及环保志愿者组织多次以各种方式督促两被告清除污重金属污染、消除地下水被污染风险未果。2016 年 5 月 12 日，原告到受污染土地查看并进行现场检测，铜、锑等重金属含量仍超出三类土壤标准。显然，该地块土壤自净能力无法消纳重金属污染，更为严重的是该地块内的锑、铜、铬、砷、铅、锶等重金属存在通过径流和风蚀带来周边土壤地表污染和河流、水库的污染，通过雨水渗透的地下水污染、通过食物链和通过人体和动物的接触带来的人体健康效应等破坏生态的重大风险。

土地是地表某一地段包括地质、地貌、气候、水文、土壤、植被等多种自然要素在内的自然综合体。土地是人类赖以生存的不可再生的资源，土地资源是属于全体居民所享有的资源，有害、有毒物质进入土壤，积累到一定程度，超过土壤本身的自净能力，导致土壤性状和质量变化，构成对农作物和人体的影响和危害，直接损害了社会公共利益。

事实上，被告一作为以粉末混合料、钢背、树脂粉末涂料和金属配件为原料，生产汽车盘式刹车片、后鼓刹车片的汽车制动系统专业公司，明知生产过程中产生的废边角料和废活性炭均属于危险废物，危险废物贮存、转移，必须符合《危险废物贮存污染控制标准》（GB 18597—2001）以及《危险废物转移联单管理办法》（1999 年 10 月 1 日施行）中的有关规定，废边角料和废活性炭应由具有处理该类废物资质的单位回收处理。被告二是受托处置危险废物的专业公司，更清楚知晓运输、贮存、处置等国家相关规定。但两被告却违法任意倾倒、运输、处置危险废物，是发生在密云县西田各庄镇大辛庄村土地上倾倒危险废物造成环境污染事件的直接责任者，依法应承担侵权责任。

综上所述，由于被告一非法倾倒危险废物的行为，更由于被告二未依法运输、贮存、处置危险废物，致使密云县西田各庄镇大辛庄村西农地土壤被污染，并存在土壤污染扩散、地下水被污染的重大风险，严重损害了社会公共利益，必须承担相应的法律责任。原告作为适格的法律主体，根据《中华人民共和国环境保护法》《中华人民共和国侵权责任法》《最高人民法院关于审理环境侵权责任纠纷案件适用法律若干问题的解释》《最高人民法院关于审理环境民事公益诉讼案件适用法律若干问题的解释》等的相关规定，提起环境民事公益诉讼，请贵院依法支持原告的诉讼请求。

此致

北京市第四中级人民法院

具状人:中国生物多样性保护与绿色发展基金会

二〇一六年七月四日

13. 中国生物多样性保护与绿色发展基金会诉陕西延长石油(集团)有限责任公司管道运输第五分公司等环境污染责任纠纷案

2016年6月1日,中国生物多样性保护与绿色发展基金会向西安铁路运输中院提交起诉材料;法院于2016年7月15日立案。未能收集到本案其他案件材料,仅有原告发布的新闻一则:

陕西第一起环境公益诉讼:中国绿发会诉陕西延长石油(集团)获立案

中国绿发会诉陕西延长石油(集团)有限责任公司管道运输第五分公司、陕西延长石油(集团)有限责任公司环境污染侵权纠纷一案,于2016年6月1日向西安铁路运输中级法院提交起诉材料,2016年7月15日,中国绿发会接到西安铁路运输中级法院立案庭电话通知,该案立案手续已全部办理完毕,案件已经正式受理,立案通知书等相关手续已按中国绿发会在送达地址确认书上确认的地址邮寄出来。

14. 中国生物多样性保护与绿色发展基金会、重庆两江志愿服务发展中心诉国网能源哈密煤电有限公司生态破坏责任纠纷案

2016年6月14日,中国生物多样性保护与绿色发展基金会向哈密中院提交起诉材料,法院于2016年8月22日立案。

起　诉　状

原　　告:中国生物多样性保护与绿色发展基金会。

住　所　地：略。

法定代表人：胡××，职务：理事长。

原　　　告：重庆两江志愿服务发展中心。

法定代表人：向×，职务：主任。

被　　　告：国网能源哈密煤电有限公司。

法定代表人：苗××。

案　　　由：破坏生态责任纠纷（环境民事公益诉讼）

诉讼请求：

一、停止对哈密市南湖乡及周边地区生态环境破坏的侵权行为；

二、消除对哈密市南湖乡及周边地区的生态环境具有重大风险的危险情形；

三、修复哈密市南湖乡及周边地区的生态环境，使其恢复到大南湖二号露天煤矿项目开工建设之前的状态；

四、赔偿哈密市南湖乡及周边地区环境受到损害至恢复生态环境原状期间，该区域生态系统服务功能的损失（期间损失赔偿数额以鉴定评估结果为准）；

五、对大南湖二号露天煤矿项目造成的污染环境、破坏生态、损害社会公共利益的行为，在国家级媒体上向公众赔礼道歉；

六、承担原告为本次诉讼支出的差旅费、调查费、案件受理费和必须支出的律师费等一切必要的费用。

事实与理由：

国网能源哈密煤电有限公司（以下简称国网哈密公司）在未依法办理法定审批手续的情况下，自2013年9月在新疆维吾尔自治区哈密市南湖乡违法开工建设大南湖二号露天煤矿项目并开采煤矿。截至2015年3月露天采区现场表层已剥离1400万方，剥离深度30米左右，开采面长度约1000米，宽度约500米，已开采出工程煤约30万吨。

针对国网哈密公司环境违法行为，哈密地区环保局于2015年3月5日和2015年5月5日分别向国网哈密公司下达《责令改正违法行为决定书》和《行政处罚决定书》（哈地环罚字〔2015〕11号）进行处罚；2015年10月10日环境保护部向国网哈密公司作出《不予批准国网能源哈密煤电有限公司大南湖二号露天煤矿环境影响报告书的通知》。有关部门已认定，国网哈密公司大南湖二号露天煤矿项目开工建设及开采煤炭的行为属于环境违法。

大南湖二号露天煤矿项目，地处戈壁荒漠风蚀敏感生态功能区，生态环境极其脆弱，水资源严重匮乏，国网哈密公司进行该项目开工建设及露天开采，使开采境界内的地表结皮、砾幕层全部遭到破坏，加剧了土壤侵蚀和沙化，也使煤层及以上地层水层结构遭到破坏；同时，国网哈密公司在该开采区未配套建设选煤厂，露天开采对周边地区的大气造成污染。

因国网哈密公司该环境违法行为的重大过错,不仅造成环境污染、生态破坏、社会公共利益损害;且具有更大的污染环境、破坏生态、损害社会公共利益重大风险的情形,被告的环境违法行为必然对当地生态造成重大破坏。被告应为其行为导致环境污染、生态破坏、社会公共利益损害的后果及存在造成更大的破坏生态、损害社会公共利益重大风险的危险承担责任。

国网哈密公司的环境违法行为及其造成的损害环境和具有的破坏生态重大风险,其过错明显、存在恶意、性质恶劣,赔偿应是惩罚性的。

综上,针对国网哈密公司污染环境、破坏生态行为,造成环境受到损害的结果,并且具有造成更大的破坏生态、损害社会公共利益重大风险的危险,为维护社会公共利益,原告作为提起环境民事公益诉讼的适格主体,依据中华人民共和国《环境保护法》《民事诉讼法》《侵权责任法》《最高人民法院关于适用〈中华人民共和国民事诉讼法〉的解释》和《最高人民法院关于审理环境民事公益诉讼案件适用法律若干问题的解释》等有关的规定,特提起环境民事公益诉讼。

望受诉人民法院依法审理,公正裁决,准如所请。

此致

哈密地区中级人民法院

起诉人:中国生物多样性保护与绿色发展基金会

起诉人:重庆两江志愿服务发展中心

二〇一六年六月十六日

15. 中国生物多样性保护与绿色发展基金会诉合浦县白沙镇大海塘采石场生态破坏责任纠纷案

2016年12月1日,中国生物多样性保护与绿色发展基金会向北海中院提交起诉材料,法院于2016年12月8日立案,于2017年2月15日开庭审理。

民事诉状

原　　告:中国生物多样性保护与绿色发展基金会。

法定代表人:胡××,职务:董事长。

被　　告:合浦县白沙镇大海棠采石场。

法定代表人:罗××,职务:石场负责人。

案　　由:破坏生态责任纠纷(环境民事公益诉讼)

诉讼请求:

1. 判令被告停止对大海塘石场及周边地区生态环境破坏的侵权行为;

2. 判令被告对有合法开采依据已开采部分的土地及周边环境按照有关法律法规和批准文件的要求进行修复,未开采部分停止开采;

3. 判令被告对无合法开采依据已开采部分的土地及周边环境恢复原状;

4. 判令被告赔偿大海塘石场及周边地区环境受到破坏至生态环境恢复原状期间该区域内生态系统服务功能的损失(损失计算以鉴定评估报告为准);

5. 判令被告对其污染环境、破坏生态、损害社会公共利益的行为在国家级媒体上向公众赔礼道歉;

6. 判令被告承担原告为本次诉讼支出的差旅费、调查费、案件受理费、律师费等必要费用。

事实与理由:

被告系2013年7月3日成立的个人独资企业,负责人为罗××,经营范围为石灰石开采、生产及销售。被告生产过程中因爆破、加工和运输给石场及周边地区造成了严重的噪声、粉尘污染、道路毁损、民房安全、海岸植被破坏,同时也严重影响了周边农业、养殖业的生产活动。

更为严重的是被告存在批少采多的违法滥采行为和偷采违法行为。按照被告项目环评批复的记载,项目开采面积为34 000平方米(已取得土地使用许可即允许开采的面积应该更小),但被告实际开采的面积已约达60 000平方米。针对被告批少采多的越界开采行为,合浦县国土局曾于2014年2月25日向其发出停止开采行为的通知,但其置该通知于不顾继续偷采,2014年8月15日,合浦县国土局又向其发出责令停止违法行为通知书。尽管如此,被告的偷采行为仍持续到了2014年12月25日。2015年12月25日,合浦县国土局向被告发出了第三道停止开采禁令,告知其采矿许可证有效期已经届满,在未依法办理展期手续前的一切开采活动均属违法行为,将按非法采矿处理。

据了解,截至目前被告并未申请和取得采矿许可证展期及批准。

基于上述事实,原告认为,针对被告批少采多的违法滥采行为,因该行为已给石场、石场周边地区及海岸线的生态环境造成了严重破坏,被告应对其违法行为承担恢复原状的民事侵权责任;针对被告在批准范围内的开采行为,因其采矿许可证期限已于2014年11月25日到期且未展期,其应依照法律法规的有关规定和相关批准文件的要求履行修复治理责任。

原告作为提起环境民事公益诉讼的适格主体,为了维护社会公共利益,特依据中华人民共和国现行《环境保护法》《海洋环境保护法》《侵权责任法》《民事诉讼法》《最高人民法院关于适用〈中华人民共和国民事诉讼法〉的解释》和《最高人民法院关于审理环境民事公益诉讼案件适用法律若干问题的解释》等的有关规定提起本次诉讼,请求人民法院判如所请。

此致

北海市中级人民法院

具状人:中国生物多样性与绿色发展基金会

二〇一六年十二月一日

16. 中国生物多样性保护与绿色发展基金会诉合浦县公馆镇红砂港石场生态破坏责任纠纷案

2016年12月1日,中国生物多样性保护与绿色发展基金会向北海中院提交起诉材料,法院于2016年12月8日立案,于2017年2月15日开庭审理。

民事诉状

原　　　告:中国生物多样性保护与绿色发展基金会。

法定代表人:胡××,职务:董事长。

被　　　告:合浦县公馆镇红砂港石场。

法定代表人:徐××,职务:石场负责人。

案　　　由:破坏生态责任纠纷(环境民事公益诉讼)

诉讼请求:

1. 判令被告停止对红砂港石场及周边地区生态环境破坏的侵权行为;

2. 判令被告对有合法开采依据已开采部分的土地及周边环境按照有关法律法规和批准文件的要求进行修复,未开采部分停止开采;

3. 判令被告对无合法开采依据已开采部分的土地及周边环境恢复原状;

4. 判令被告赔偿红砂港石场及周边地区环境受到破坏至生态环境恢复原状期间该区域内生态系统服务功能的损失(损失计算以鉴定评估报告为准);

5. 判令被告对其污染环境、破坏生态、损害社会公共利益的行为在国家级媒体上向公众赔礼道歉；

6. 判令被告承担原告为本次诉讼支出的差旅费、调查费、案件受理费、律师费等必要费用。

事实与理由：

被告系2014年1月10日成立的个人独资企业，负责人为徐××，经营范围为水泥用石灰岩露天开采、销售。被告在登记成立之前已实际开采多年，其环保、开采许可等手续系登记成立后补办。被告生产过程中因爆破、加工和运输给石场及周边地区造成了严重的噪声、粉尘污染、道路毁损、民房安全、海岸植被破坏，矿坑面大坑深，存在严重安全隐患，严重影响了周边农业、渔产养殖业的生产活动。

更为严重的是被告存在批少采多的违法滥采行为。按照被告项目环评批复的记载，项目占地面积为309 480平方米，已取得土地使用许可即允许开采的面积仅为8.13亩，约5400余平方米，但被告实际开采的面积远远大于上述用地范围，已达约上千亩，66万余平方米。

据了解，被告的开采许可证已于2015年12月23日到期，且被告并未申请和取得展期。

基于上述事实，原告认为，针对被告批少采多的违法滥采行为，因该行为已给石场、石场周边地区及海岸线的生态环境造成了严重破坏，被告应对其违法行为承担恢复原状的民事侵权责任；针对被告在批准范围内的开采行为，因其采矿许可证期限已于2015年12月23日到期且未展期，其应依照法律法规的有关规定和相关批准文件的要求履行修复治理责任。

原告作为提起环境民事公益诉讼的适格主体，为了维护社会公共利益，特依据中华人民共和国《环境保护法》《海洋环境保护法》《侵权责任法》《民事诉讼法》《最高人民法院关于适用〈中华人民共和国民事诉讼法〉的解释》和《最高人民法院关于审理环境民事公益诉讼案件适用法律若干问题的解释》等的有关规定提起本次诉讼，请求人民法院判如所请。

此致

北海市中级人民法院

具状人：中国生物多样性与绿色发展基金会

二〇一六年十二月一日

17. 中国生物多样性保护与绿色发展基金会诉合浦县白沙镇独山泰盛石场生态破坏责任纠纷案

2016 年 12 月 1 日,中国生物多样性保护与绿色发展基金会向北海中院提交起诉材料,法院于 2016 年 12 月 8 日立案,于 2017 年 2 月 15 日开庭审理。

民 事 诉 状

原　　　告:中国生物多样性保护与绿色发展基金会。

法定代表人:胡××,职务:董事长。

被　　　告:合浦县白沙镇独山泰盛石场。

法定代表人:吴××,职务:执行事务合伙人。

案　　　由:破坏生态责任纠纷(环境公益民事诉讼)

诉讼请求:

1. 判令被告停止对合浦县白沙镇独山泰盛石场占地范围及周边地区的生态环境破坏侵权行为;

2. 判令被告修复合浦县白沙镇独山泰盛石场占地范围及周边地区的生态环境,使其恢复到被告开采矿石之前的状态;

3. 判令被告赔偿上述区域内生态环境破坏至修复期间生态系统服务功能的损失(赔偿数额以鉴定评估报告为准);

4. 判令被告就其破坏生态环境,损害社会公共利益的行为在国家级媒体上向社会公众赔礼道歉;

5. 判令被告承担原告为本次公益诉讼支出的差旅费、调查费、案件受理费、律师费等必要费用。

事实与理由:

被告系 2013 年 11 月 28 日登记注册的普通合伙型企业,执行事务合伙人为吴××。被告矿区和开采区所使用土地系从合浦县白沙镇独山村村民罗××处非法受让取得,转让人罗××因非法转让土地使用权行为于 2016 年 5 月 16 日被合浦县人民法院以非法转让土地使用权罪判处有期徒刑三年,缓刑四年。

另据调查,被告实际开采的区域与其向合浦县国土资源局报批开采的区域严重不一致。被告在向合浦县国土资源局申请采矿许可证时所附土地使用证为(2012)合国土(临)用字第038号,该证记载的用地单位为合浦县公馆浪坡安顺石场,使用地点为合浦县公馆镇浪坡亚婆暮村。被告实际开采的区域则位于合浦县白沙镇独山村,二者相去甚远。据此,不仅说明被告的开采行为系违法开采,也不排除被告具有利用虚假材料骗取国土资源部门采矿许可证的违法行为。

2014年2月18日,合浦县国土资源局接群众信访和举报后,经过调查,在认定被告未按规定办理安全许可证、工商营业执照及矿山用地手续就已开工建设并爆破作业的基础上,作出了责令停止相关采矿活动的处罚通知。

被告在有关部门责令停止开采之前和责令停止开采之后的偷采行为已实际开采面积达10余亩,矿坑深达10~15米,开采量约6万余立方米18万吨。被告开采、加工和运输过程中炮声隆隆、尘土飞扬、道路毁损给周边村民生产、生活及村民养殖业造成了严重影响和损失,被告违法开采后留下的巨大矿坑,海水倒灌,侵蚀农地、林地,造成生态环境严重破坏。此外,被告为处理矿渣和扩大矿区面积填埋了约20亩滩涂红树林,该行为已严重破坏了海洋生态环境并涉嫌犯罪。据了解,此案已由有关部门立案侦查处理。

原告认为,被告在未取得合法手续的情况下违法开工建设和开采矿石并对生态环境造成了严重破坏,依据《环境保护法》《海洋环境保护法》《侵权责任法》等的相关规定被告应对其侵害行为承担相应的法律责任。

基于上述事实和理由,原告作为适格的环保公益组织,特依据《环境保护法》《民事诉讼法》《侵权责任法》《最高人民法院关于适用〈中华人民共和国民事诉讼法〉的解释》和《最高人民法院关于审理环境民事公益诉讼案件适用法律若干问题的解释》等的有关规定,提起环境公益民事诉讼,请求人民法院判如所请。

此致

北海市中级人民法院

具状人:中国生物多样性保护与绿色发展基金会

二〇一六年十二月一日

18. 中国生物多样性保护与绿色发展基金会诉扬州邗江腾达化工厂等环境污染责任纠纷案

2016年6月12日,盐城检察院向盐城中院提起民事公益诉讼;2016年7月26日,法院同意中国生物多样性保护与绿色发展基金会加入诉讼申请,2016年8月1日,盐城检察院申请撤诉,盐城法院于 2016 年 9 月 6 日裁定同意盐城检察院撤诉申请;后盐城检察院作为支持起诉单位参加诉讼。

参加诉讼通知书

(2016)苏 09 民初 117 号

中国生物多样性保护与绿色发展基金会:

本院受理盐城市人民检察院以公益诉讼人的身份,对扬州邗江腾达化工厂、东台市奥凯化工物资贸易有限公司、江苏宝众宝达药业有限公司、江苏美乐肥料有限公司、张百峰等 7 名被告损害社会公共利益的污染环境的行为,提起环境民事公益诉讼一案,因你单位在公告之日起三十日内申请参加诉讼,依照《最高人民法院关于审理环境民事公益诉讼案件适用法律若干问题的解释》第十条第二款的规定,经审查你单位的申请符合法定条件,现通知你单位为本案的共同原告参加诉讼。

二〇一六年七月二十六日

江苏省盐城市中级人民法院
民事裁定书

(2016)苏 09 民初 117 号

公益诉讼人:江苏省盐城市人民检察院,住所地:略。

原　　　告:中国生物多样性保护与绿色发展基金会,住所地:略。

法定代表人:胡 × ×,该会理事长。

被　　　告:扬州市邗江腾达化工厂,住所地:略。

法定代表人:梁 × ×,该厂总经理。

委托代理人:孙 × ×,焦 × ×,江苏 × ×律师事务所律师。

被　　　告:东台市奥凯化工物资贸易有限公司,住所地:略。

法定代表人:庄 × ×,该公司执行董事长兼经理。

委托代理人:施 × ×,江苏 × ×律师事务所律师。

被　　　告:江苏宝众宝达药业有限公司,住所地:略。

法定代表人:陈 ×,该公司董事长。

委托代理人:钱 × ×,倪 × ×,江苏 × ×律师事务所律师。

被　　　告:泰兴市康鹏专用化学品有限公司,住所地:略。

法定代表人:彭××,该公司总经理。

委托代理人:张××,上海市××律师事务所律师。

被　　　告:江苏大华化学工业有限公司,住所地:略。

法定代表人:郑××,该公司总经理。

委托代理人:李××,江苏××律师事务所律师。

被　　　告:江苏美乐肥料有限公司,住所地:略。

法定代表人:朱××,该公司负责人。

被　　　告:张××,个人信息略。

本院在审理公益诉讼人盐城市人民检察院、原告中国生物多样性保护与绿色发展基金会与被告扬州市邗江腾达化工厂、东台市奥凯化工物资贸易有限公司、江苏宝众宝达药业有限公司、泰兴市康鹏专用化学品有限公司、江苏大华化学工业有限公司、江苏美乐肥料有限公司、张××环境污染侵权赔偿纠纷公益诉讼一案中,公益诉讼人盐城市人民检察院于2016年8月1日以本案已有适格主体提起公益诉讼为由,向本院申请撤回起诉。

本院认为,公益诉讼人盐城市人民检察院在法庭辩论终结前提出的申请,不违反相关法律和司法解释的规定,同时,经本院依法审查,准许中国生物多样性保护与绿色发展基金会作为原告参加本案诉讼,本案将继续依法进行审理,不存在损害国家利益、社会公共利益和他人合法权益的情形。因此,公益诉讼人盐城市人民检察院的撤诉申请符合法律规定,应予准许。

依照《中华人民共和国民事诉讼法》第一百四十五条第一款,《人民法院审理人民检察院提起公益诉讼案件试点工作实施办法》第九条、第二十二条规定,裁定如下:

准许公益诉讼人盐城市人民检察院撤回起诉。

案件受理费460 319元,公益诉讼人盐城市人民检察院免交。

审　判　长　虞忠和
代理审判员　周　和
代理审判员　张金星
人民陪审员　蔡照胜
人民陪审员　汤亚高
二〇一六年九月六日
书　记　员　陈本浩
书　记　员　栾雪薇

19. 中国生物多样性保护与绿色发展基金会诉深圳市速美环保有限公司等大气污染责任纠纷案

2016 年 10 月 25 日,中国生物多样性保护与绿色发展基金会向杭州中院提交起诉材料,法院于 2016 年 11 月 8 日立案。

起 诉 状

原　　　告:中国生物多样性保护与绿色发展基金会。

法定代表人:胡××。

地　　　址:略。

被　告　一:深圳市速美环保有限公司。

法定代表人:吴××。

地　　　址:略。

被　告　二:浙江淘宝网络有限公司。

法定代表人:陆××。

地　　　址:略。

案　　　由:大气污染责任纠纷

诉讼请求:

1. 请求判令两被告在全国性媒体上向社会公众赔礼道歉;

2. 请求判令被告一停止生产三元催化器火莲花金属软载体汽车尾气超标治理净化器、年检包过通用改装小三元催化器金属软载体汽车尾气超标治理净化器、年检包过柴油车三元催化器汽车尾气净化器 DPF 颗粒捕集器等非法产品;

3. 请求判令被告二对被告一停止提供第三方交易平台服务;

4. 请求判令两被告以连带责任方式承担生态环境修复费用 151 765 000 元(具体数额以评估鉴定报告为准,暂按上述数额主张);

5. 请求判令两被告以连带责任方式承担本案诉讼费、原告工作人员的交通住宿费用 100 000 元(以一审法庭调查结束前实际发生数额为准,目前暂按 100 000 元主张)、律师费 3 259 300 元及检测评估鉴定费用(以一审法庭调查结束前实际发生数额为准,目前暂按 1 500 000 元主张)。

事实与理由:

一、基本事实

被告一在淘宝网(www.taobao.com)开办网上商铺销售使得机动车尾气年检得以蒙混过关的所谓“年检神器”系列产品,具体包括:三元催化器火莲花金属软载体汽车尾气超标治理净化器、年检包过通用改装小三元催化器金属软载体汽车尾气超标治理净化器、年检包过柴油车三元催化器汽车尾气净化器DPF颗粒捕集器等产品。

上述产品在被告一商铺产品宣传页面上公然声称:“更换三元催化器成本高,金属软载体辅助或替代三元催化器治理尾气,可重复使用3次左右,单次过检成本低至15元,超高性价比。”“安装在三元催化器前面,热车5分钟即可上线检测,省时省力。”“欢迎各大汽修厂、年检代办机构、检测站加盟合作,量大价优。”“金属软载体工作原理与三元催化器原理一样,适用于汽油车,简单易用,有效公里数在50公里左右,”“检测站、修理厂、年检代办机构合作单位超过1000家。”“本品专门用于柴油车过年检的DPF催化器,修理厂或年检代办机构可将本品装在柴油车排气管上,过完年检再拆下用于下一辆车,反复使用。”

根据被告一在淘宝商铺上的数据显示,三元催化器火莲花金属软载体汽车尾气超标治理净化器已售出26 158件,年检包过通用改装小三元催化器金属软载体汽车尾气超标治理净化器已售出3980件,年检包过柴油车三元催化器汽车尾气净化器DPF颗粒捕集器已售出215件。仅上述三种产品即已售出30 353件。

由此可见,被告一是在以弄虚作假的方式帮助尾气不合格的车辆规避汽车尾气年度检测,使得原本尾气超标的车辆得以蒙混过关继续上路,其行为存在着严重的违法性,对我国大气污染防控工作造成了极为严重的影响。在当前我国雾霾形势严峻的大环境下,被告一的上述违法行为对广大人民群众的身体健康及社会公共利益造成了极为严重的损害和持续的环境风险。

被告二作为网络交易平台经营者,未能按照有关法律法规的规定建立或执行有效的检查监控制度,导致被告一通过被告二所设立的第三方交易平台将大量非法产品销入市场,致使广大人民群众的身体健康及社会公共利益造成严重损害。

二、法律依据

(一)被告一应当承担法律责任的依据

我国现行《大气污染防治法》第55条第3款规定:“禁止机动车所有人以临时更换机动车污染控制装置等弄虚作假的方式通过机动车排放检验。禁止机动车维修单位提供该类维修服务。禁止破坏机动车车载排放诊断系统。”

我国现行《大气污染防治法》第125条规定:“排放大气污染物造成损害的,应当依法承担侵权责任。”

在本案中,被告一通过研发、生产、销售违法的临时性机动车污染控制装置,并且在有关网页上以低成本为诱饵招徕客户,以广泛散布临时更换污染控制装置的手法等方式,教唆意志薄弱的机动车所有人以弄虚作假方式应付机动车尾气年检。根据我国现行《侵权责任法》第 9 条第 1 款之规定:“教唆、帮助他人实施侵权行为的,应当与行为人承担连带责任。”

至于连带责任的债务人之间以何种方式对外承担责任,我国现行《民法通则》第 87 条有明确规定:“债权人或者债务人一方人数为二人以上的,依照法律的规定或者当事人的约定,享有连带权利的每个债权人,都有权要求债务人履行义务;负有连带义务的每个债务人,都负有清偿全部债务的义务,履行了义务的人,有权要求其他负有连带义务的人偿付他应当承担的份额。”

可见,以弄虚作假方式规避年检的具体行为人虽是机动车车主,但被告一基于其教唆行为,仍应对全部行为所造成的法律后果承担连带责任。

(二)被告二应当承担法律责任的依据

明确被告二的法律责任,首先必须明确其作为网络交易平台经营者具有何种法律义务。

我国现行《互联网信息服务管理办法》第 13 条规定:“互联网信息服务提供者应当向上网用户提供良好的服务,并保证所提供的信息内容合法。”

我国现行《网络交易管理办法》第 26 条规定:“第三方交易平台经营者应当对通过平台销售商品或者提供服务的经营者及其发布的商品和服务信息建立检查监控制度,发现有违反工商行政管理法律、法规、规章的行为的,应当向平台经营者所在地工商行政管理部门报告,并及时采取措施制止,必要时可以停止对其提供第三方交易平台服务。”

我国现行《国家工商总局网络交易平台经营者履行社会责任指引》第 17 条第 1 款规定:“网络交易平台经营者应建立信息检查和不良信息处理制度,对于发现有违反法律法规和规章的行为,应向有关部门报告,并及时采取措施制止,必要时可以停止对其提供网络交易平台服务。同时,网络交易平台经营者还应积极配合监管部门依法查处相关违法违规行为。”

通过以上法规、规章可见,网络交易平台经营者应当建立有效的检查监控制度,负有确保网上交易合法的法定义务。然而,被告一在被告二所运营的淘宝网上长期公然叫卖违法产品,仅就本诉状第一部分所列三种产品的销量就达到 30 000 件以上。

更加令人惊愕的是,在被告二运营的淘宝网上销售同类产品的商铺高达数百家之多,如果把数百家经营者的总销量予以累积计算,那一定会是个惊人的天文数字。

显而易见,被告二作为网络交易平台经营者负有相应法定义务,但其长期怠于履行其职责。进言之,被告二的怠于履行职责其实质正是以不作为方式帮助被告一实现其非法销售行为。换句话说,如果没有被告二的帮助行为,那么被告一的非法产品就难以流入市场,就不会对社会公共利益造成实质损害。

我国现行《侵权责任法》第 9 条第 1 款规定:“教唆、帮助他人实施侵权行为的,应当与行为人承担连带责任。”上述法律精神在《最高人民法院关于审理食品药品纠纷案件适用法律若干问题的规定》(2013 年 12 月 9 日由最高人民法院审判委员会第 1599 次会议通过,自 2014 年 3 月 15 日起施行)第 9 条第 3 款中对网络交易平台提供者的责任认定中亦可得到印证:“网络交易平台提供者知道或者应当知道食品、药品的生产者、销售者利用其平台侵害消费者合法权益,未采取必要措施,给消费者造成损害,消费者要求其与生产者、消费者承担连带责任的,人民法院应予支持。”

上述司法解释虽直接指向食品、药品领域,但其背后的司法政策走向与法律精神却是与《侵权责任法》中帮助侵权人的连带责任一脉相承的。可见,被告二与被告一之间依法应当承担连带责任。

(三)本案由原告以公益诉讼方式起诉的依据

我国现行《民事诉讼法》第 55 条规定:“对污染环境、侵害众多消费者合法权益等损害社会公共利益的行为,法律规定的机关和有关组织可以向人民法院提起诉讼。”我国现行《环境保护法》第 58 条对此进一步明确:“对污染环境、破坏生态,损害社会公共利益的行为,符合下列条件的社会组织可以向人民法院提起诉讼:

(一)依法在设区的市级以上人民政府民政部门登记;

(二)专门从事环境保护公益活动连续五年以上且无违法记录。

符合前款规定的社会组织向人民法院提起诉讼,人民法院应当依法受理。”

《最高人民法院关于审理环境民事公益诉讼案件适用法律若干问题的解释》(2014 年 12 月 8 日最高人民法院审判委员会第 1631 次会议通过,自 2015 年 1 月 7 日起施行)第 18 条规定:“对污染环境、破坏生态,已经损害社会公共利益或者具有损害社会公共利益重大风险的行为,原告可以请求被告承担停止侵害、排除妨碍、消除危险、恢复原状、赔偿损失、赔礼道歉等民事责任。”

中国生物多样性保护与绿色发展基金会系民政部注册的基金会法人,其宗旨为广泛动员全社会关心和支持生物多样性保护和绿色发展事业,保护国家战略资源,促进生态文明建设和人与自然和谐,构建人类美好家园。最高人民法院在(2016)最高法民再 51 号民事裁定书中认定:“绿发会章程符合联合国《生物多样性公约》和环境保护法保护生物多样性的要求,‘促进生态文明建设’‘人与自然和谐’‘构建人类美好家园’等内容契合绿色发展理念,亦与环境保护密切相关,属于维护环境公共利益的范畴,故应认定绿发会的宗旨与业务范围包含维护环境公共利益,符合环境公益诉讼原告主体资格。”上述裁定被刊入《最高人民法院公报》2016 年第 9 期,业已具有指导案例的法律效力。

综上所述,中国生物多样性保护与绿色发展基金会具有独立的民事权利能力和民事行为能力,是中国境内维护环境公共利益的合法民事主体。如今面对两被告的违法行为所造成的广大人民群众健康权益和环境权益受损、我国大气污染防控重点之一的机动车污染防控工作受到严重冲击的情形下,我们有责任、有义务向你院提起环境公益诉讼。

此致

浙江省杭州市中级人民法院

具状人:中国生物多样性保护与绿色发展基金会

二〇一六年十月二十五日

附件一:生态环境修复费用计算方法说明

附件二:律师费计算方法说明

原告提供的证据目录和说明

证据一

证据名称:公证书(第 14282 号)

证据来源:北京市东方公证处

证据内容:被告在淘宝网上商铺的宣传介绍

证明对象:

1. 被告产品小钢炮的销售对象为尾气超标车辆;

2. 被告产品并非正常环保产品,仅为方便超标车辆通过年检使用,最多仅可重复使用 30 次左右;

3. 被告产品投机取巧,目的仅为蒙混通过尾气年检,因此价格低廉,被告特别强调此点,并以此为卖点教唆、招徕顾客;

4. 被告用"即装即过"为卖点教唆、招徕顾客;

5. 被告产品软载体仅为尾气超标车辆通过年检使用,产品有效性最多 40 公里;

6. 被告产品颗粒捕集器仅为应付年检使用,其自己亦承认"过完年检再拆下用于下一辆车";

7. 被告产品中软载体销量为 26 158 件,小钢炮销量为 3980 件,颗粒捕集器销量为 215 件;

8. 被告名称为深圳市速美环保有限公司,公司官网为 www. sumll. com。

证据二

证据名称:公证书(第 14283 号)

证据来源:北京市东方公证处

证据内容:被告公司官网信息及工信部域名备案信息

证明对象:1. 被告官网为 www. sumll. com;

2. 被告公司电话为(略),与其淘宝商铺上的宣传一致;

3. 被告公司官网经工信部域名查询系统验证,该网站确系深圳市速美环保有限公司所开办。

20. 中国生物多样性保护与绿色发展基金会诉周××等侵权责任纠纷案

2016年5月18日,中国生物多样性保护与绿色发展基金会向淮安中院提交起诉材料,法院于2016年5月25日立案,于2016年10月28日开庭审理。

起 诉 状

原　　　告:中国生物多样性保护与绿色发展基金会,住所地:略。

法定代表人:胡××,职务:理事长。

被　告　一:周××,男,汉族。

被　告　二:淮安市清河区住房和城乡建设局,住所地:略。

法定代表人:崔××,职务:局长。

被　告　三:淮安市清河区文化广电新闻出版局,住所地:略。

法定代表人:刘××,职务:局长。

被　告　四:淮安市清河区人民政府,住所地:略。

法定代表人:张××,职务:区长。

诉讼请求:

1. 判令被告二、被告四停止对义顺巷民居、泗阳公馆两处不可移动文物的破坏行为;

2. 判令被告一、被告二中的直接侵权行为人修复"义顺巷民居"被毁坏部分,恢复文物原状或承担修复"义顺巷民居"被毁坏部分,恢复文物原状的费用;

3. 判令被告二、被告三对义顺巷民居、泗阳公馆两处不可移动文物实施原址保护;对已拆除的西长西街清代民居采取遗址保护措施;

4. 判令四被告因毁坏和保护不可移动文物不力事件,在国家级媒体上向全国人民公开道歉;

5. 判令四被告承担原告支出的差旅、调查费用以及案件受理费和律师代理费等一切必要的费用。

事实和理由:

周恩来童年读书处旧址,是周恩来童年在清江浦读书、生活时的旧居,位于江苏省淮安市清河区漕运西路174号,是江苏省文物保护单位之一。周恩来童年读书处旧址周边原有八处不可移动文物,这八处文物均已列入第三次全国文物普查不可移动文物名单[淮文物(2009)18号]。

2016年2月,媒体报道周恩来童年读书处旧址周边地块原有的八处不可移动文物只剩义顺巷民居和泗阳公馆两处,其中义顺巷民居被清河区房屋征收办拆除周边其他被征收的建筑时毁坏。原告得知信息后马上开始查证毁坏文物的有关情况,并派人赴周恩来童年读书处旧址周边地块现场调查。

经调查得知,周恩来童年读书处周边的五处不可移动文物(人民剧场,千霞旧书屋,三元巷古民居、程家巷民居、周氏祠堂)早已被拆除;西长西街清代民居于2016年年初被拆除;义顺巷民居西厢房屋顶及围墙被毁坏;泗阳公馆受到轻微损坏;现场一片瓦砾狼藉。根据河房征告字〔2015〕005号征收公告,此次征收是为了建设"总理童年读书处周边特色街区一期"项目,征收人是清河区人民政府,征收部门为清河区住房和城乡建设局,征收实施单位为清河区房屋征收办公室,并且成立了总理童年读书处周边地块房屋征收指挥部。征收范围为:漕运西路以北,人民路以西(不含河北西路边115号1幢楼及非住宅)。义顺巷民居、泗阳公馆和西长西街清代民居三处不可移动文物在征收范围之内。

淮安市文物局在2016年1月5日向"总理童年读书处周边地块房屋征收指挥部"发出告知书,要求房屋征收指挥部保护义顺巷民居、周恩来童年读书处旧址、泗阳公馆、西长西街清代民居、时公馆等文物保护单位和文物点,不可损毁、不可擅自拆除。截至目前,原告未发现被告三和被告四对2016年年初被拆除的西长西街清代民居、被破坏的义顺巷民居采取调查处理措施。

文物是不可再生的文化资源,毁坏文物就是毁坏我们传统文明之根脉。文化资源是属于全体居民所享有的资源,毁坏文物使文化资源灭失,直接损害了社会公共利益。

被告一是不可移动文物"义顺巷民居"房屋所有权人,有保护不可移动文物的义务。被告二、被告四是征收部门和征收人,对征收实施单位在房屋征收过程负有监督管理的法定职责,并且,被告二实施了毁损"义顺巷民居"、拆除"西长西街清代民居"的行为。被告四是周恩来童年读书处旧址周边地块所在地的区级人民政府,负有保护文物的法定职责,被告三是淮安市清河区人民政府的文物管理部门,对淮安市清河区所辖范围内的文物负有监督管理的法定职责。被告三、被告四不履行法定职责,造成了周恩来童年读书处旧址周边地块不可移动文物被损毁的严重后果,为此应当承担相应的法律责任。

根据我国现行《中华人民共和国环境保护法》第二条的规定,人文遗迹是环境不可分割的组成部分。本案中被拆毁的不可移动文物是人文遗迹之一种。据此，不可移动文物的保护同样适用现行《中华人民共和国环境保护法》的有关规定。与周边环境具有不可分割关系的不可移动文物是生态系统的组成部分，是生态系统非生物因子。破坏不可移动文物就是破坏生态环境。

综上所述，由于被告二的破坏文物行为，更由于被告三、被告四不履行保护文物的法定职责，致使周恩来童年读书处周边地块不可移动文物被毁坏，破坏了当地几百年以来已经形成的生态环境，严重损害了社会公共利益，必须承担相应的法律责任。原告作为适格的法律主体，根据现行《中华人民共和国环境保护法》第二条、第五十八条，《中华人民共和国文物保护法》第八条、第九条、第十三条、第十五条、第二十条、第二十二条、第二十六条，《江苏省文物保护条例》第十三条、第十四条之规定，提起环境民事公益诉讼，请贵院依法支持原告的诉讼请求。

此致

江苏省淮安市中级人民法院

附：本诉状副本肆份

具状人：中国生物多样性保护与绿色发展基金会

二〇一六年五月十八日

21. 中国生物多样性保护与绿色发展基金会诉大连建安房屋拆迁有限公司等侵权责任纠纷案

2016年11月8日，中国生物多样性保护与绿色发展基金会向大连中院提交起诉材料；法院于2016年11月14日立案。

民事起诉状

原　　　告：中国生物多样性保护与绿色发展基金会，住所地：略。

法定代表人：胡××，职务：理事长。

被　告　一：大连建安房屋拆迁有限公司，住所地：略。

法定代表人：潘×，职务：执行董事。

被　告　二：大连茂盛房屋拆迁有限公司，住所地：略。

法定代表人:隋××,职务:执行董事。

被　告　三:大连市西岗区文化体育局,住所地:略。

法定代表人:不详。

被　告　四:大连市西岗区人民政府,住所地:略。

法定代表人:单×,职务:区长。

案　　　由:侵权责任纠纷(环境民事公益诉讼)

诉讼请求:

1. 判令被告一大连建安房屋拆迁有限公司、被告二大连茂盛房屋拆迁有限公司立即停止对不可移动文物西岗区东关街历史街区的损毁行为;

2. 判令被告一大连建安房屋拆迁有限公司、被告二大连茂盛房屋拆迁有限公司修复不可移动文物西岗区东关街历史街区被毁坏部分恢复文物原状,或承担修复不可移动文物西岗区东关街历史街区被毁坏部分恢复文物原状的费用;

3. 判令被告三大连市西岗区文化体育局、被告四大连市西岗区人民政府对不可移动文物西岗区东关街历史街区实施原址保护;

4. 判令四被告因毁坏和不力保护不可移动文物事件,在国家级媒体上向全国人民公开道歉;

5. 判令四被告承担原告支出的差旅、调查费用以及案件受理费和律师代理费等一切必要的费用。

事实和理由:

大连市西岗区东关街历史街区(以下简称东关街)位于大连市核心地段,建于20世纪初"中华民国"时期的"近现代重要史迹及代表性建筑",是当年华商的聚集地,2009年7月29日列入大连市第一批不可移动文物保护名录(编号为210203－0009),范围为北起鞍山路,南至宏济街,东起英华街、东关街,西至日新街。

2016年10月10日,被告四大连市西岗区人民政府(以下简称被告四)以"因公共利益需要,对危旧房集中、基础设施落后地段进行旧城区改建"为由,发布《2016年大连市西岗区东关街旧城改造房屋征收决定公告及补偿方案》,对包括东关街范围在内的街区房屋进行征收。2016年8月31日,大连市西岗区城区改造办公室发布《大连市西岗区东关街旧城区改造房屋征收实施单位及拆除服务采购项目中标公告》,公布被告一大连建安房屋拆迁有限公司(以下简称被告一)、被告二大连茂盛房屋拆迁有限公司(以下简称被告二)是具体实施房屋征收及拆除工作的中标单位。

被告一、被告二在实施搬迁、拆除工作中,造成东关街部分不可移动文物损毁。

东关街是目前我国现存的最大最真实的一片"闯关东"遗迹,是大连移民城市的象征,是中国近代城市发展的重要节点和见证。人文遗迹蕴含着中华民族特有的精神价值、思维方式、想象力,体现着中华民族的生命力和创造力,是各民族智慧的结晶,也是全人类文明的瑰宝。

不可移动文物是物质文化遗产，是人文遗迹。根据《国务院关于加强文化遗产保护的通知》（国发〔2005〕42 号）第 1 条和现行《环境保护法》第 2 条的规定："人文遗迹是是环境不可分割的重要组成部分。属于《环境保护法》《文物保护法》《最高人民法院关于环境民事公益诉讼案件适用法律若干问题的解释》等相关规定的调整范围。

另外，根据现行《城乡规划法》第 31 条的规定："旧城区的改建，应当保护历史文化遗产和传统风貌，合理确定拆迁和建设规模，有计划地对危房集中、基础设施落后等地段进行改建。历史文化名城、名镇、名村的保护以及受保护建筑物的维护和使用，应当遵守有关法律、行政法规和国务院的规定。"现行《文物保护法》第 8 条规定："地方各级人民政府负责本行政区域内的文物保护工作。县级以上地方人民政府承担文物保护工作的部门对本行政区域内的文物保护实施监督管理。县级以上人民政府有关行政部门在各自的职责范围内，负责有关文物保护工作。"第 9 条规定："各级人民政府应当重视文物保护，正确处理经济建设、社会发展与文物保护的关系，确保文物安全。基本建设、旅游发展必须遵守文物保护工作的方针，其活动不得对文物造成损害。……"第 20 条规定："建设工程选址，应当尽可能避开不可移动文物。……无法实施原址保护，必须迁移异地保护或者拆除的，应当报省、自治区、直辖市人民政府批准。……"《国务院关于加快棚户区改造工作的意见》（国发〔2013〕25 号）规定："禁止将因城市道路拓展、历史街区保护、文物修缮等带来的房屋拆迁改造项目纳入城市棚户区改造范围。"《国务院关于进一步加强文物工作的指导意见》（国发〔2016〕17 号）规定："不可移动文物不得擅自迁移、拆除，因建设工程确需迁移、拆除的，应当严格按照文物保护法律法规的规定办理相关手续。"上述规定要求被告三、被告四在征收过程中涉及文物的，依法应当符合《文物保护法》和相关规定，应当将文物的保护方案纳入可行性研究报告并进行论证，并根据原址保护和异地保护或拆除的程序来选择不同的设计方案和要点。

文物是不可再生的文化资源。毁坏文物就是毁坏我们传统文明之根脉。文化资源是属于全体居民所享有的资源，毁坏文物使文化资源灭失，直接损害了社会公共利益。拆除不可移动文物是破坏生态环境的行为，损害的是社会公共利益。

被告一、被告二实施了拆除东关街房屋的行为，造成部分不可移动文物被损毁，是毁损不可移动文物的直接侵权人。被告三是文物管理部门，对西岗区所辖范围内的文物负有监督管理的法定职责，在征收、拆除过程中没有采取任何措施，因不履行或怠于履行职责，造成了西岗区东关街不可移动文物被损毁的严重后果，为此应当承担相应的法律责任。被告四是东关街不可移动文物的所有权人，有保护不可移动文物的义务，却无视法律、法规的规定，漠视不可移动文物保护工作，在《2016 年大连市西岗区东关街旧城改造房屋征收决定公告及补偿方案》中将不可移动文物东关街列入征收范围，但就文物进行原址保护还是异地保护或拆除只字未提，更未按上述规定确定保护措施或报省级人民政府批准。

综上所述,由于被告一、被告二实施了损毁不可移动文物的破坏行为,更由于西岗区文体局不履行或怠于履行保护文物的法定职责,以及作为不可移动文物所有权人的被告四没有履行应有的保护义务,致使东关街部分不可移动文物被毁坏,破坏了当地百年以来已经形成的生态环境,严重损害了社会公共利益,必须承担相应的法律责任。

为传承和弘扬中华优秀传统文化的历史根脉,培育和践行社会主义核心价值观,为保护环境,维护生态平衡,保留历史风貌,作为以生物多样性保护与绿色发展为宗旨的社会组织,原告根据《中华人民共和国民事诉讼法》第55条、《中华人民共和国环境保护法》第58条、《最高人民法院关于审理环境民事公益诉讼案件适用法律若干问题的解释》和相关法律法规之规定,特提起环境民事公益诉讼,请贵院依法支持原告的诉讼请求。

此致

大连市中级人民法院

附:本诉状副本肆份

具状人:中国生物多样性保护与绿色发展基金会

二〇一六年十一月八日

22. 中华环境保护基金会诉长岛联凯风电发展有限公司生态破坏环境责任纠纷案

通过公开渠道,无法获取该案资料,仅有2016年6月的山东高院的简讯一则:

"烟台中院受理的中华环境保护基金会诉长岛联凯风电发展有限公司生态损害责任案,目前已经立案,正在审理过程中。"

23. 中华环保联合会诉甘肃陇星锑业有限责任公司水污染责任纠纷案

2016年1月26日,中华环保联合会向陇南中院提交起诉材料。陇南检察院在对事故进行调查取证的同时，积极同中华环保联合会联系，向陇南中院发出支持起诉书，支持中华环保联合会提起环境公益诉讼。

起　诉　状

原　　　告：中华环保联合会。

法定代表人：谢××。

地　　　址：略。

被　　　告：甘肃陇星锑业有限责任公司。

法定代表人：武××。

地　　　址：略。

案　　　由：水污染责任纠纷

诉讼请求：

1. 请求判令被告支付环保应急主管部门基于消除危险而采取应急措施时所支出的费用（具体数额以届时环保应急主管部门申报数据为准）；

2. 请求判令被告承担因本次事故所造成的太石河、西汉水流域生态环境修复费用（具体数额以权威机构评估鉴定报告为准）；

3. 请求判令被告承担上述生态环境受到损害至恢复原状期间的服务功能损失费用（具体数额以权威机构评估鉴定报告为准）；

4. 请求判令被告在甘肃、陕西及四川三省各选择一家媒体（媒体名单需报法院审核同意）刊登声明向受到本次污染影响的社会各界赔礼道歉；

5. 请求判令被告承担本案诉讼费、原告工作人员的交通住宿费用6万元（以一审法庭调查结束前实际发生数额为准，目前暂按6万元主张）、律师费10万元（以一审法庭调查结束前实际发生数额为准，目前暂按10万元主张）、专家证人费10万元（以一审法庭调查结束前实际发生数额为准，目前暂按10万元主张）及检测评估鉴定费用（以一审法庭调查结束前实际发生数额为准，目前暂按50万元主张）。

事实与理由：

一、损害事实

2015年11月23日，被告选矿厂发生尾矿泄漏事故，尾矿库溢流井水下约6米处的拱圈盖板破裂，导致溢流井周围3000立方米以上尾矿砂浆溢出，流入太石河及西汉水水系。

锑是一种银白色有光泽的金属元素，毒性很强。根据《中华人民共和国国家标准污水综合排放标准》（GB 8978—1996），锑属于第一类污染物，也就是说，锑元素可以在环境或动植物体内蓄积，对人体健康产生长远不良影响。

事故发生以后,有关部门紧急启动环境污染突发事件应急预案,组织当地 3 万多人参与抢险工作,短期内修筑拦水坝 100 多个,沉淀池 200 多个,在太石河沿河三县投放絮凝剂 40 余吨,投放石灰 400 余吨。即便如此,截至 11 月 26 日 17 时,甘陕省界 10 公里处污染物锑监测浓度仍高达 0.673 毫克/升,超标 120 余倍。

显而易见,被告事故所造成的环境污染对太石河、西汉水水系的自然生态环境、周边人民群众的健康与财产安全以及社会公共利益造成了严重的损害和持续的环境风险。

二、法律依据

我国现行《中华人民共和国环境保护法》第六条第一款规定:"一切单位和个人都有保护环境的义务。"现行《民事诉讼法》第五十五条规定:"对污染环境、侵害众多消费者合法权益等损害社会公共利益的行为,法律规定的机关和有关组织可以向人民法院提起诉讼。"现行《环境保护法》第五十八条规定:"对污染环境、破坏生态,损害社会公共利益的行为,符合下列条件的社会组织可以向人民法院提起诉讼:

(一)依法在设区的市级以上人民政府民政部门登记;

(二)专门从事环境保护公益活动连续五年以上且无违法记录。

符合前款规定的社会组织向人民法院提起诉讼,人民法院应当依法受理。"

《最高人民法院关于审理环境民事公益诉讼案件适用法律若干问题的解释》(2014 年 12 月 8 日最高人民法院审判委员会第 1631 次会议通过,自 2015 年 1 月 7 日起施行)第十八条规定:"对污染环境、破坏生态,已经损害社会公共利益或者具有损害社会公共利益重大风险的行为,原告可以请求被告承担停止侵害、排除妨碍、消除危险、恢复原状、赔偿损失、赔礼道歉等民事责任。"

三、中华环保联合会的原告地位

中华环保联合会是经中华人民共和国国务院批准,民政部注册,环境保护部主管的社团法人,是由一批热心环保事业的人士、企业、事业单位自愿结成的、非营利性的、全国性的社团组织。中华环保联合会紧密围绕维护公众和社会环境权益,充分体现"大中华、大环境、大联合"的组织优势,力求发挥政府与社会之间的桥梁和纽带作用,以促进中国环境事业发展,推动全人类环境事业的进步为己任。

《中华环保联合会章程》第 6 条明确规定其主要任务之一为组织和协调各方面的社会资源,共同参与环境事业,加强社会监督,维护公众环境权益,协助和监督政府实现国家环境保护目标,促进中国环境事业发展。

中华环保联合会作为民政部注册的社团法人,具有独立的民事权利和行为能力,是中国境内维护环境权益的合法民事主体,面临不特定主体环境权益受损的严重情形,在国家自然资源受到侵犯之际,我们有责任、有义务向贵院提起环境公益诉讼。

此致

甘肃省陇南市中级人民法院

具状人：中华环保联合会

二〇一六年一月二十六日

24. 中华环境保护基金会诉中国石油天然气股份有限公司大连石化分公司等大气污染责任纠纷案

大连中院于2016年6月21日立案，于2016年6月23日公告。

辽宁省大连市中级人民法院公告

辽宁省大连市中级人民法院于2016年6月21日立案受理了原告中华环境保护基金会起诉被告中国石油天然气股份有限公司大连石化分公司（以下简称大连石化公司）、中国石油天然气股份有限公司（以下简称中石油公司）大气污染责任纠纷公益诉讼一案。

原告诉称：原告是1993年4月成立的环境保护部主管、民政部注册的中国第一家专门从事环境保护事业的5A级公募基金会。2016年6月12日原告获悉被告大连石化公司近期因为锅炉超标排放被大连市环境监察支队行政处罚。经原告核实被告大连石化公司的动力厂多个燃煤锅炉自2014年11月以来存在十余次超标排放行为受到行政处罚的情况，被告大连石化公司被处罚后仍拒不改正，环保意识淡薄；被告大连石化公司是被告中石油公司在大连设立的分公司。故诉讼请求判令被告大连石化公司停止排污侵害、消除对大气环境的危险；判令被告大连石化公司和被告中石油公司连带赔偿因污染产生的治理费用（以环境损害评估意见为准）；判令被告公开赔礼道歉；并由被告承担诉讼费、律师费及相关合理支出。

依据法律规定，有权提起环境民事公益诉讼的有关机关和社会组织可以在本公告发布之日起30日内向本院申请参加诉讼，经本院审查符合法定条件的，将作为共同原告参加诉讼，逾期申请的，不予准许。

特此公告

辽宁省大连市中级人民法院

二〇一六年六月二十三日

25. 中华环保联合会诉延川县永坪石油货运车队等环境污染责任纠纷案

2016 年 9 月 22 日,中华环保联合会向汉中中院提交起诉材料并获受理。

起诉状

原　　　告:中华环保联合会。

法定代表人:张××。

地　　　址:略。

第一被告:延川县永坪石油货运车队。

法定代表人:樊××。

地　　　址:略。

第二被告:高××,略。

第三被告:中国平安财产保险股份有限公司延安中心支公司。

负　责　人:林×。

地　　　址:略。

诉讼请求:

1. 请求判令第一被告赔偿因消除危险产生的费用 4 554 974.3 元(具体数额以届时环保应急主管部门申报数据为准);

2. 请求判令第一被告对因本次事故所造成的潜沙河、嘉陵江流域生态环境恢复原状;

3. 请求判令第一被告承担本案诉讼费,以及专家证人费、交通住宿费、鉴定评估费、律师费(以一审法庭调查结束前实际发生数额为准);

4. 请求判令第二被告对上述损失承担连带赔偿责任;

5. 请求判令第三被告中国平安财产保险股份有限公司延安中心支公司在保险责任范围内承担赔偿责任。

事实与理由:

一、原告主体资格

原告中华环保联合会是经中华人民共和国国务院批准,民政部注册,环境保护部主管的社团法人,是由一批热心环保事业的人士、企业、事业单位自愿结成的、非营利性的、全国性的社团组织。其主要职责之一为组织和协调各方面的社会资源，共同参与环境事业，加强社会监督，维护公众环境权益，协助和监督政府实现国家环境保护目标，促进中国环境事业发展。在面临不特定主体环境权益受损的严重情形，在国家自然资源受到侵犯之际，原告有责任、有义务提起环境公益诉讼。

二、损害事实

2015 年 3 月 22 日 20 时许，第二被告高××驾驶的延川县永坪石油货运车队所有的车号为陕 J35326（陕 J0637 挂）油罐车在 108 国道由陕西省开往四川省广元方向时，在陕西省汉中市宁强县汉源街道办事处何家坟村侧翻导致罐体受损，约 20 吨柴油外泄，部分沿山坡流入潜溪河并影响到嘉陵江水质。

事故发生以后，四川省广元市和朝天区政府先后启动应急预案，及时组织有关部门开展应急处置工作，设置围堰拦截受污染水体并配合人工打捞浮油、物理吸附含油水体等措施削减污染物，累计投入 2000 余人次，共收集废油水 30 余吨。陕西省汉中市组织了武警消防官兵等 2000 人的应急处置队伍，分五道围堰和源头河段六大污染处置区，每个区域由一名县级领导和技术人员现场督促指导，实施分段处置作业。投放草袋、吸油枕、吸油垫、吸油毡、吸油草等大量物资对水体漂浮油污进行收集吸附，尽力消除污染影响。通过相关政府职能部门开展的大量工作，截至 3 月 26 日 14 时，陕西省汉中市环境监测站监测结果显示，事故点下游 200 米、700 米、事故点与四川交界处石油类浓度为 0.14 毫克/升、0.11 毫克/升、0.08 毫克/升，超过《地表水环境质量标准》（GB 3838—2002）表 1 中Ⅱ类石油类标准限值 1.8 倍、1.2 倍、0.6 倍。为此，相关部门先后因消除危险、恢复原状产生费用 4 554 974.3 元人民币。

经宁强县公安局交通管理大队现场勘验、调查，于 2016 年 4 月 1 日作出宁公交认字〔2016〕第 100 号《道路交通事故认定书》，认定第二被告高××的行为违反了现行《中华人民共和国道路交通安全法》第四十二条第二款之规定，应承担本起道路交通事故的全部责任。

另查，肇事车辆在第三被告中国平安财产保险股份有限公司延安中心支公司投保了道路危险货物承运人责任保险。

原告根据上述事实认为第二被告高××的肇事行为对潜沙河、嘉陵江水系的自然生态环境造成了污染，损害了社会公共利益，造成了财产损害。第一被告延川县永坪石油货运车队作为肇事车辆所有人依法应当对因消除危险产生的费用承担赔偿责任；第二被告高××在驾驶车辆过程中因操作不当存在过错，应依法承担连带赔偿责任；第三被告中国平安财产保险股份有限公司延安中心支公司系交通事故车辆保险人，应依法承担相应的责任。

综上，被告的行为，违反了现行《环境保护法》等环境保护法律法规的相关规定，污染了潜沙河、嘉陵江水系的自然生态环境，给社会公共利益及财产造成了损害。因此，原告特向贵院起诉,请求贵院依法公正审理,支持原告的诉讼请求。

此致

陕西省汉中市中级人民法院

具状人:中华环保联合会

二〇一六年九月二十二日

26. 中华环保联合会诉李××等环境污染责任纠纷案

2016 年 9 月 27 日,中华环保联合会向苏州中院提交起诉材料,该案已被受理。

民事起诉状

原告:中华环保联合会,法定代表人张××,住所地:略。

被告:李××,男,住所地:略。

被告:付××,男,住所地:略。

被告:徐××,男,住所地:略。

诉讼请求:

1. 请求判令被告李××承担生态环境修复费用 725 760(柒拾贰万伍仟柒佰陆拾)元,被告付××、徐××对其中 432 180(肆拾叁万贰仟壹佰捌拾)元承担连带责任,均支付至昆山市环保公益金专用账户(户名:昆山市环境保护公益联合会,账号:55××××80,开户行:××银行××支行);

2. 请求判令被告承担本案律师费 30 000(叁万)元;

3. 请求判令被告承担本案诉讼费用。

事实及理由:

2014 年 1 月至 4 月,李××、付××、徐××合伙在昆山市张浦镇林庄村巍塔村原鞋帮厂内从事非法电镀。2014 年 5 月至 8 月,徐××、付××退出合伙,由李××一人继续从事非法电镀。该电镀加工点未经环保审批,无工商营业执照,无电镀废水处理设施,将含有重金属铬的废水未经处理直接排放于外环境,最终流入红菱塘河。昆山市环境监察站出具的水质监测报告显示,该电镀加工点北侧河道南岸(靠近电镀车间)水样总铬含量为 8.9mg/L,超过《电镀污染物排放标准》(GB 21900—2008)规定限值的 17.8 倍。三被告的行为已经严重污染环境,且废水被排入中心河道,其所造成的污染已无法通过修复工程完全恢复至原来的生态环境。

2014 年 1 月至 4 月，三被告从事电镀加工点排放废水 686 吨；2014 年 5 月至 8 月，被告付××、徐××退出合伙，由李××继续从事非法电镀，排放废水 466 吨（2014 年 1 月至 8 月排放废水合计 1152 吨）。经昆山市价格认定中心认定，被告排放废水的治理成本为 140 元/吨。依据环境保护部《环境损害鉴定评估推荐方法（第Ⅱ版）》第 A.2.3 条与《突发环境事件应急处置阶段环境损害评估推荐方法》附 F 之规定，以及昆山市环保局关于该电镀加工点附近水域属于Ⅳ类地表水标准之说明，应当以虚拟治理成本的 4.5 倍作为环境损害数额。故被告李××应当承担生态环境修复费用 725 760 元，被告付××、徐××对其中 432 180 元承担连带责任。

我国现行《中华人民共和国侵权责任法》第六十五条规定："因污染环境造成损害的，污染者应当承担侵权责任。"三被告的行为给生态环境造成了严重污染，极大地侵害了社会公共利益。原告作为专门从事环境保护公益活动的组织，特向贵院提起诉讼，请求判如所请。

此致

苏州市中级人民法院

原告：中华环保联合会

二〇一六年九月二十七日

27. 中华环境保护基金会诉北京张裕爱斐堡国际酒庄有限公司大气污染责任纠纷案

公开渠道无法获取案件其他资料，仅有 2016 年 5 月 28 日《人民法院报》第 8 版简讯一则（法院立案公告）：

"2016 年 5 月 25 日，北京市第四中级人民法院受理了原告中华环保基金会诉被告北京张裕爱斐堡国际酒庄有限公司环境污染责任纠纷公益诉讼（大气污染责任纠纷）案。原告请求法院判令：一、被告立即停止超标排污对大气环境的侵害，消除所有不遵守环境保护法规规定行为对大气环境造成的危险，并赔偿自 2014 年 4 月 22 日至被告停止侵害，消除所有不遵守环境保护法规规定行为对大气环境造成的危害期间向大气排放污染物所产生的大气环境治理费；二、在北京市级以上公开媒体向社会公开赔礼道歉；三、承担本案相关诉讼费用。"

28. 中华环保联合会诉内蒙古大雁矿业集团有限责任公司大气污染责任纠纷案

2016 年 12 月 20 日,中华环保联合会向呼伦贝尔中院提交起诉材料,该案已被法院受理。

民事起诉状

原　　告:中华环保联合会。
负 责 人:张××。
地　　址:略。
被　　告:内蒙古大雁矿业集团有限责任公司。
法定代表人:刘×。
地　　址:略。
案　　由:大气污染责任纠纷(环境民事公益诉讼)

诉讼请求:

1. 请求判令被告立即停止侵害,切实采取大气污染防治措施,确保达标排放;

2. 请求判令被告承担生态环境修复费用 15 901 440 元(实际数额以评估鉴定报告为准,目前暂按上述数额主张);

3. 请求判令被告在省级以上媒体向社会公众赔礼道歉;

4. 判令被告承担原告因本案诉讼和执行而发生的合理费用,包括差旅费、调查取证费、专家证人费用、评估鉴定费、律师费等费用;

5. 本案诉讼费用由被告承担。

事实与理由:

一、基本事实

内蒙古大雁矿业集团有限责任公司热电总厂下辖雁北、雁中及雁南三个热电联产分厂,三个分厂各建有三台供热锅炉。其中雁南分厂长期以来超标排放废气,严重污染了当地及周边地区的大气环境。

根据环保部国控重点污染源自动监控平台 2015 年统计数据显示,雁南电厂一号排放口烟尘排放最高值达到 18 026.89 mg/m^3(超标 225 倍),二氧化硫排放最高值达到 2169.28 mg/m^3(超标 5.4 倍),氮氧化物排放最高值达到 864.47 mg/m^3(超标 2.2

倍)。雁南电厂二号排放口烟尘排放最高值达到 14 110.60 mg/m^3(超标 176 倍),二氧化硫排放最高值达到 2066.25 mg/m^3(超标 5.2 倍),氮氧化物排放最高值达到 727.65 mg/m^3(超标 1.8 倍)。雁南电厂三号排放口烟尘排放最高值达到 27 646.97 mg/m^3(超标 346 倍),二氧化硫排放最高值达到 3282.95 mg/m^3(超标 8.2 倍),氮氧化物排放最高值达到 1273.56 mg/m^3(超标 3.2 倍)。

根据环保部国控重点污染源自动监控平台 2016 年统计数据显示,雁南电厂一号排放口烟尘排放最高值达到 11 645.00mg/m^3(超标 146 倍),二氧化硫排放最高值达到 1301.74mg/m^3(超标 3.3 倍),氮氧化物排放最高值达到 1067.47 mg/m^3(超标 2.7 倍)。雁南电厂二号排放口烟尘排放最高值达到 28 427.72mg/m^3(超标 355 倍),二氧化硫排放最高值达到 2933.14mg/m^3(超标 7.3 倍),氮氧化物排放最高值达到 847.70mg/m^3(超标 2.1 倍)。雁南电厂三号排放口烟尘排放最高值达到 11 373.97mg/m^3(超标 142 倍),二氧化硫排放最高值达到 10 979.04mg/m^3(超标 27.4 倍),氮氧化物排放最高值达到 2447.76 mg/m^3(超标 6.1 倍)。

据初步统计,在新环保法实施后的近两年时间里,被告超标排放的天数高达 82%,严重影响了周边地区的大气质量。

烟尘包括燃料的灰分、煤颗粒、油滴以及高温裂解产物等,是多种有毒物质的混合体。二氧化硫在大气中会氧化成为硫酸盐气溶胶,是环境酸化的重要前驱物。二氧化硫与大气中的烟尘有协同作用,可使呼吸道疾病发病率增高。氮氧化物与空气中的水结合最终会转化成硝酸和硝酸盐,硝酸是酸雨的成因之一,与其他污染物在一定条件下能产生光化学烟雾污染。可见,长期、高倍率的超标排放对环境容量的损害极大,对相关地区不特定人群的身体健康也造成了极大的风险,对我国的大气污染防控工作冲击极大,具有非常严重的危害性。

二、法律依据

我国现行《民事诉讼法》第 55 条规定:"对污染环境、侵害众多消费者合法权益等损害社会公共利益的行为,法律规定的机关和有关组织可以向人民法院提起诉讼。"现行《环境保护法》第 58 条对此进一步明确规定:"对污染环境、破坏生态,损害社会公共利益的行为,符合下列条件的社会组织可以向人民法院提起诉讼:

(一)依法在设区的市级以上人民政府民政部门登记;

(二)专门从事环境保护公益活动连续五年以上且无违法记录。

符合前款规定的社会组织向人民法院提起诉讼,人民法院应当依法受理。"

《最高人民法院关于审理环境民事公益诉讼案件适用法律若干问题的解释》(2014 年 12 月 8 日由最高人民法院审判委员会第 1631 次会议通过,自 2015 年 1 月 7 日起施行)第 18 条规定:"对污染环境、破坏生态,已经损害社会公共利益或者具有损害社会公共利益重大风险的行为,原告可以请求被告承担停止侵害、排除妨碍、消除危险、恢复原状、赔偿损失、赔礼道歉等民事责任。”

中华环保联合会是经中华人民共和国国务院批准,民政部注册,环境保护部主管的社团法人,是由一批热心环保事业的人士、企业、事业单位自愿结成的、非营利性的、全国性的社团组织。中华环保联合会紧密围绕维护公众和社会环境权益,充分体现“大中华、大环境、大联合”的组织优势,力求发挥政府与社会之间的桥梁和纽带作用,以促进中国环境事业发展,推动全人类环境事业的进步为己任。

《中华环保联合会章程》第 6 条明确规定其主要任务之一为组织和协调各方面的社会资源,共同参与环境事业,加强社会监督,维护公众环境权益,协助和监督政府实现国家环境保护目标,促进中国环境事业发展。

综上所述,中华环保联合会作为民政部注册的社团法人,具有独立的民事权利和行为能力,是中国境内维护环境权益的合法民事主体,面临不特定主体环境权益受损的严重情形,在国家大气污染防控工作受到极大冲击之际,我们有责任、有义务向贵院提起环境公益诉讼。

此致

呼伦贝尔市中级人民法院

具状人:中华环保联合会

二〇一六年十二月二十日

29. 中华环保联合会诉贵州黔桂天能焦化有限责任公司大气污染责任纠纷案

2016 年 12 月 20 日,中华环保联合会向六盘水中院提交起诉材料,该案已被法院受理。

民事起诉状

原　　告:中华环保联合会。

住 所 地:略。

负 责 人:张 × ×,职务:秘书长。

被　　告:贵州黔桂天能焦化有限责任公司。

住 所 地:略。

法定代表人：高××，职务：董事长。

案　　由：大气污染责任纠纷（环境民事公益诉讼）

诉讼请求：

1. 请求人民法院判令被告在污染物排放达标前停止生产；

2. 请求人民法院判令被告立即采取有效措施使污染物的排放符合限值标准，从而有效降低雾霾产生的主要污染因子，消除大气污染对人体健康损害的危险；

3. 请求人民法院判令被告承担大气环境修复费用 61 364 239 元（具体数额以专家意见或鉴定结论为准）；

4. 请求人民法院判令被告在贵州省级媒体上公开道歉；

5. 由被告承担鉴定费、专家咨询费、办案差旅费、律师费等维权合理支出；

6. 由被告承担本案诉讼费用。

事实与理由：

一、基本事实

被告贵州黔桂天能焦化有限责任公司在生产经营中长期向大气排放烟尘、二氧化硫、氮氧化物等大气污染物，是国家重点监控企业。然而被告却没有采取有效措施将大气污染物的排放限定在排放标准限值以内。从 2016 年中华人民共和国环境保护部对外公布的数据看，被告 2016 年第一、第二季度均出现在主要污染物排放严重超标的国家重点监控企业名单中，主要污染物超标排放极其严重。根据环保部国控重点污染源自动监控平台的统计数据，被告在 2015 年至 2016 年 12 月生产经营时排放的二氧化硫、氮氧化物均存在严重超标的情形。据初步统计，在新环保法实施后的近两年时间里，被告超标排放的天数高达 97%，严重影响了周边地区的大气质量。

烟尘包括燃料的灰分、煤颗粒、油滴以及高温裂解产物等，是多种有毒物质的混合体。二氧化硫在大气中会氧化成为硫酸盐气溶胶，是环境酸化的重要前驱物，二氧化硫与大气中的烟尘还有协同作用。氮氧化物与空气中的水或其他污染物结合会转化成硫酸盐等盐类，甚至在一定条件下能产生光化学烟雾污染。上述污染物是雾霾产生的重要污染源之一，可引发人体呼吸道疾病等多种疾病。可见，长期、高倍率的超标排放对环境容量的损害极大，对相关地区不特定人群的身体健康也造成了极大的风险，对我国的大气污染防控工作冲击极大，具有非常严重的危害性。

二、法律依据

我国现行《民事诉讼法》第 55 条规定："对污染环境、侵害众多消费者合法权益等损害社会公共利益的行为，法律规定的机关和有关组织可以向人民法院提起诉讼。"现行《环境保护法》第 58 条对此进一步明确规定："对污染环境、破坏生态，损害社会公共利益的行为，符合下列条件的社会组织可以向人民法院提起诉讼：

（一）依法在设区的市级以上人民政府民政部门登记；

(二)专门从事环境保护公益活动连续五年以上且无违法记录。

符合前款规定的社会组织向人民法院提起诉讼,人民法院应当依法受理。”

《最高人民法院关于审理环境民事公益诉讼案件适用法律若干问题的解释》(2014 年 12 月 8 日由最高人民法院审判委员会第 1631 次会议通过,自 2015 年 1 月 7 日起施行)第 18 条规定:“对污染环境、破坏生态,已经损害社会公共利益或者具有损害社会公共利益重大风险的行为,原告可以请求被告承担停止侵害、排除妨碍、消除危险、恢复原状、赔偿损失、赔礼道歉等民事责任。”

中华环保联合会是经中华人民共和国国务院批准,民政部注册,环境保护部主管的社团法人,是由一批热心环保事业的人士、企业、事业单位自愿结成的、非营利性的、全国性的社团组织。中华环保联合会紧密围绕维护公众和社会环境权益,充分体现“大中华、大环境、大联合”的组织优势,力求发挥政府与社会之间的桥梁和纽带作用,以促进中国环境事业发展,推动全人类环境事业的进步为己任。

《中华环保联合会章程》第 6 条明确规定其主要任务之一为组织和协调各方面的社会资源,共同参与环境事业,加强社会监督,维护公众环境权益,协助和监督政府实现国家环境保护目标,促进中国环境事业发展。

综上所述,中华环保联合会作为民政部注册的社团法人,具有独立的民事权利和行为能力,是中国境内维护环境权益的合法民事主体,面临不特定主体环境权益受损的严重情形,在国家大气污染防控工作受到极大冲击之际,我们有责任、有义务向贵院提起环境公益诉讼。

此致

贵州省六盘水市中级人民法院

具状人:中华环保联合会

二〇一六年十二月二十日

30. 中华环保联合会诉山西安泰集团股份有限公司大气污染责任纠纷案

2016 年 12 月 20 日,中华环保联合会向晋中中院提交起诉材料,后被受理。

民事起诉状

原　　告：中华环保联合会。

住 所 地：略。

法定代表人：张××，职务：秘书长。

被　　告：山西安泰集团股份有限公司。

住 所 地：略。

法定代表人：杨××，职务：董事长。

案　　由：大气污染责任纠纷（环境民事公益诉讼）

诉讼请求：

1. 请求人民法院判令被告在污染物排放达标前停止生产；

2. 请求人民法院判令被告立即采取有效措施使污染物的排放符合限值标准，从而有效降低雾霾产生的主要污染因子，消除大气污染对人体健康损害的危险；

3. 请求人民法院判令被告承担大气环境修复费用 2 098 553 元（具体数额以专家意见或鉴定结论为准）；

4. 请求人民法院判令被告在山西省级媒体上公开道歉；

5. 由被告承担鉴定费、专家咨询费、办案差旅费、律师费等维权合理支出；

6. 由被告承担本案诉讼费用。

事实与理由：

一、基本事实

被告山西安泰集团股份有限公司的焦化厂在生产经营中长期向大气排放，烟尘、二氧化硫、氮氧化物等大气污染物，是国家重点监控企业。然而被告却没有积极采取有效措施将大气污染物的排放控制在排放标准限值以内。从 2016 年中华人民共和国环境保护部对外公布的数据来看，被告 2016 年第一、第二季度均出现在主要污染物排放严重超标的国家重点监控企业名单中，主要污染物超标排放极其严重。根据环保部国控重点污染源自动监控平台的统计数据，被告在 2015 年 6 月至 2016 年 10 月生产经营时排放的二氧化硫、氮氧化物等污染物存在严重超标的情形。据初步统计，在新环保法实施后的近两年时间里，被告超标排放的天数高达 93%，严重影响了周边地区的大气质量。

烟尘包括燃料的灰分、煤颗粒、油滴以及高温裂解产物等，是多种有毒物质的混合体。二氧化硫在大气中会氧化成为硫酸盐气溶胶，是环境酸化的重要前驱物，二氧化硫与大气中的烟尘还有协同作用。氮氧化物与空气中的水或其他污染物结合会转化成硫酸盐等盐类，甚至在一定条件下能产生光化学烟雾污染。上述污染物是雾霾产生的重要污染源之一,可引发人体呼吸道疾病等多种疾病。可见,长期、高倍率的超标排放对环境容量的损害极大,对相关地区不特定人群的身体健康也造成了极大的风险,对我国的大气污染防控工作冲击极大,具有非常严重的危害性。

二、法律依据

我国《民事诉讼法》第55条规定:“对污染环境、侵害众多消费者合法权益等损害社会公共利益的行为,法律规定的机关和有关组织可以向人民法院提起诉讼。”现行《环境保护法》第58条对此进一步明确规定:“对污染环境、破坏生态,损害社会公共利益的行为,符合下列条件的社会组织可以向人民法院提起诉讼:

(一)依法在设区的市级以上人民政府民政部门登记;

(二)专门从事环境保护公益活动连续五年以上且无违法记录。

符合前款规定的社会组织向人民法院提起诉讼,人民法院应当依法受理。”

《最高人民法院关于审理环境民事公益诉讼案件适用法律若干问题的解释》(2014年12月8日由最高人民法院审判委员会第1631次会议通过,自2015年1月7日起施行)第18条规定:“对污染环境、破坏生态,已经损害社会公共利益或者具有损害社会公共利益重大风险的行为,原告可以请求被告承担停止侵害、排除妨碍、消除危险、恢复原状、赔偿损失、赔礼道歉等民事责任。”

中华环保联合会是经中华人民共和国国务院批准,民政部注册,环境保护部主管的社团法人,是由一批热心环保事业的人士、企业、事业单位自愿结成的、非营利性的、全国性的社团组织。中华环保联合会紧密围绕维护公众和社会环境权益,充分体现“大中华、大环境、大联合”的组织优势,力求发挥政府与社会之间的桥梁和纽带作用,以促进中国环境事业发展,推动全人类环境事业的进步为己任。

《中华环保联合会章程》第6条明确规定其主要任务之一为组织和协调各方面的社会资源,共同参与环境事业,加强社会监督,维护公众环境权益,协助和监督政府实现国家环境保护目标,促进中国环境事业发展。

综上所述,中华环保联合会作为民政部注册的社团法人,具有独立的民事权利和行为能力,是中国境内维护环境权益的合法民事主体,面临不特定主体环境权益受损的严重情形,在国家大气污染防控工作受到极大冲击之际,我们有责任、有义务向贵院提起环境公益诉讼。

此致

山西省晋中市中级人民法院

具状人:中华环保联合会

二〇一六年十二月二十日

31. 安徽省环保联合会诉浙江乌镇镇人民政府等环境污染责任纠纷案

未能收集到该案材料，据媒体报道，该案于2016年10月14日提交起诉材料，法院于2016年11月1日开庭审理，这是淮南检察机关支持公益组织提起的首起环境公益诉讼案件。

32. 长沙绿色潇湘环保科普中心诉长沙县江背镇乌川湖村赤霞走马峡采石场等生态破坏责任纠纷案

2016年12月4日，长沙绿色潇湘环保科普中心向长沙中院提交起诉材料，法院于2016年12月9日立案并进行了公示。

环境民事公益起诉书

原　　告：长沙绿色潇湘环保科普中心。

住 所 地：略。

法定代表人：刘×，职务：理事兼首席顾问。

被　　告：陈××，个人信息略。

被　　告：吴××，个人信息略。

被　　告：长沙县江背镇乌川湖村赤霞走马峡采石场。

住 所 地：略。

法定代表人：陈××。

案　　由：生态破坏责任纠纷

诉讼请求：

1. 判令被告陈××、长沙县江背镇乌川湖村赤霞走马峡采石场依法承担原地恢复其破坏的44.09亩林地植被、被告吴××依法承担原地恢复其破坏的15.46亩林地植被的民事责任，如在三个月内未能恢复或无法恢复，则赔偿生态环境修复费用（暂定50

万元,具体数额以评估鉴定为准),该款用于本案的生态环境恢复或当地的生态环境保护公益事业;

2. 判令被告陈××、长沙县江背镇乌川湖村赤霞走马峡采石场赔偿其破坏的44.09亩林地、被告吴××破坏的15.46亩林地生态环境受到损害至恢复原状期间的服务功能损失费用(暂定60万元,具体数额以评估鉴定为准),该款用于本案的生态环境恢复或当地的生态环境保护公益事业;

3. 判决三被告承担本案诉讼和执行发生的合理费用,包括原告律师费和工作人员差旅费、调查取证费等实际支出(暂定65 000元,以实际支出为准);

4. 判决三被告承担诉讼费、评估或鉴定费、申请执行费等实际支出。

事实与理由:

2008年至2014年8月,被告陈××在长沙县江背镇乌川湖村石塘组与他人合伙经营赤霞走马峡采石场(其间,2012年6月18日经长沙县工商局核准办理了长沙县江背镇乌川湖村赤霞走马峡采石场个体工商户营业执照,登记经营者为陈××)。该采石场进行露天开采片石,需要占用林地,2010年10月27日经长沙县林业局批准临时占用林地面积为0.32公顷(合4.8亩),有效期两年。为扩大生产规模,被告陈××安排员工在进行矿石开采作业中,超出以上批准的临时占用林地许可面积,非法占用农用地23.83亩,改变了被占用土地用途,并造成林地毁坏。

2014年9~10月,原合伙散伙,被告陈××与吴××(占60%股权)等人重新合伙继续经营(其间,2014年10月30日,长沙县江背镇乌川湖村赤霞走马峡采石场变更为个人独资企业,登记投资人为被告陈××)。自重新合伙至2016年3月,在未办理任何林地征占手续的情形下,长沙县江背镇乌川湖村赤霞走马峡采石场安排员工扩大占用林地面积进行修路,取土等非林业生产活动,又非法占用农用地15.46亩,造成林地原有植被严重损毁。

经浏阳市林业调查规划设计院鉴定,长沙县江背镇乌川湖村赤霞走马峡采石场在第一阶段(2008年至2014年合伙经营期间)施工过程中占用林地28.63亩(其中4.8亩在2010年办理了临时占用林地手续,有效期两年),第二阶段(2014年重新合伙后至2016年)施工过程中占用林地15.46亩,占用林地共计44.09亩,上述林地均于2011年被规划为市级生态公益林。

本案中,2008年至2014年合伙经营期间,陈××作为合伙事务负责人,负责主管全面工作。2014年重新合伙后至2016年以个人独资企业的名义进行经营,吴××主管全面工作。原告认为,被告的行为已严重破坏生态环境,损害了社会公共利益,被告应当承担相应的民事责任,恢复原状并赔偿损失。故根据现行《中华人民共和国环境保护法》第五十八条以及现行《中华人民共和国侵权责任法》等规定,特向贵院提起诉讼。二支持单位根据现行《中华人民共和国民事诉讼法》第十五条,支持原告起诉。请求依法支持原告的诉讼请求。

此致

长沙市中级人民法院

起诉人:长沙绿色潇湘环保科普中心

二〇一六年十二月四日

支持单位根据现行《中华人民共和国民事诉讼法》第十五条支持原告起诉:

支持起诉单位:长沙市人民检察院。

地址:略。

法定代表人:陈××,职务:检察长。

支持起诉单位:北京市朝阳区自然之友环境研究所。

地址:略。

法定代表人:张××,职务:副总干事。

证据目录

(提交长沙市中级人民法院立案)

分组	序号	证据名称	证明对象和内容
第一组	1	原告登记证书	证明原告于2011年9月8日在长沙市民政局登记注册
	2	组织机构代码证	
	3	法定代表人身份证明	原告法定代表人为刘×
	4	民办非企业单位年度检查结论通知书(2012年至2015年)	证明原告2012年至2015年年度检查合格
	5	长沙绿色潇湘环保科普中心章程	证明原告是专门从事环境保护公益活动的社会组织
	6	无违法记录声明	证明原告自成立以来无违法记录
	7	原告年报(2011年至2015年)	证明原告最近5年每年都开展环境保护公益活动
	该组证据证明原告符合现行《环境保护法》的规定,具有提起环境公益诉讼的主体资格		

续表

分组	序号	证据名称	证明对象和内容
第二组	8	陈××公民身份信息	证明被告陈××身份
	9	吴××公民身份信息	证明被告吴××身份
	10	长沙县江背镇乌川湖村赤霞走马峡采石场工商登记信息	证明被告采石场主体身份
	11	长沙县人民法院刑事判决书(2016)湘0121刑初386号	证明被告非法占用林地并毁坏林地植被面积44.09亩
	12	长沙县人民检察院不起诉决定书(长县检公诉刑不诉〔2016〕30号)	证明被告非法占用林地并毁坏林地植被
	13	长沙县江背镇乌川湖村赤霞走马峡采石场生态破坏照片	证明该采石场及周边生态破坏事实
	该组证据证明被告非法占用林地并毁坏林地植44.09亩,严重破坏了当地生态环境		

33. 河南省环保联合会诉山东省聊城东染化工有限公司环境污染责任纠纷案

2016年12月1日,法院公告受理该案件。濮阳检察院决定以支持起诉的方式对该公司因非法倾倒化工工业废料造成环境污染提起公益诉讼,因本地没有符合法律规定的公益组织,经河南检察院协调,确定由河南省环保联合会作为公益诉讼原告,由濮阳检察院作为支持起诉方,向濮阳中院提起环境公益诉讼。其他资料未收集到。

关于受理河南省环保联合会诉聊城东染化工有限公司环境污染责任纠纷公益诉讼案件的公告

我院受理了河南省环保联合会诉聊城东染化工有限公司环境污染责任纠纷公益诉讼案件。原告河南省环保联合会诉称,被告聊城东染化工有限公司擅自将其生产的废硫酸15车共计1000余吨,交给没有资质的陈某玲、陈某秀、李某根等人进行非法处置并非法倾倒在南乐县近德固乡东吉七村西南角的潴龙河、南乐县千口镇柴庄村北的河沟、清丰县韩村乡李少窝村西地的河沟、南乐县近德固乡东吉七村西南角的潴龙河与南林高速涵洞交汇处的河沟、南乐县张果屯镇丁庄加油站向东300米王城公路路南的王落沟、南乐县城关镇南街村9号台区南侧的河沟、南乐县杨村乡樊庄村东地三里沟内7处河沟内。该废酸属于《国家危险废物名录》(2016年3月30日环境保护部部务会议修订通过,自2016年8月1日起施行)中"HW34废酸类"危险废物,直接造成周边群众的麦田和林木枯死,也对地表水和土壤环境造成了严重损害,故请求本院判令聊城东染化工有限公司:1.将非法倾倒危险废物对地表水、土壤环境造成的损害恢复原状,或承担治理费用1491.78万元;2.在濮阳市级媒体上公开赔礼道歉;3.承担已经发生的鉴定评估费20万元、应急处置费用0.83万元;4.承担原告因本案支出的律师费、调查费等实际费用共计25万元;5.承担本案的诉讼费用。

依照现行《中华人民共和国民事诉讼法》第五十五条的规定:"对污染环境、侵害众多消费者合法权益等损害社会公共利益的行为,法律规定的机关和有关组织可以向人民法院提起诉讼。"为保障其他具有诉讼主体资格的机关和有关组织的诉权,现将本案受理情况进行公告,公告期为三十日。

特此公告

河南省濮阳市中级人民法院

二〇一六年十二月一日

34.北京市朝阳区自然之友环境研究所、中华环保联合会诉中国石油天然气股份有限公司等环境污染责任纠纷案

2016年11月25日,北京市朝阳区自然之友环境研究所向北京四中院起诉,法院于2016年11月25日立案。后中华环保联合会申请加入成为共同原告。

民事起诉状

原　　告:北京市朝阳区自然之友环境研究所(本诉状中以下简称自然之友)。

法定代表人:张××,职务:副总干事。

住 所 地:略。

被　　告:中国石油天然气股份有限公司(本诉状中以下简称中国石油)。

法定代表人:周××,职务:董事长。

工商登记地址:略。

住　所　地:略。

被　　　告:中国石油天然气股份有限公司吉林油田分公司(本诉状中以下简称吉林油田分公司)。

法定代表人:张××,职务:经理。

住　所　地:略。

案　　　由:环境污染责任纠纷(环境民事公益诉讼)

诉讼请求:

一、判令被告立即消除危险,将吉林省松原市乌兰图嘎林场图嘎林区大德营子村西南约两公里的渗坑(近北纬44°33′57″,东经124°17′00″)及周边未清除的危险废物、松原采气厂采油四队4井组周边的危险废物(含埋入地下的油泥、非法放置的油土)、位于大德营子村西南约两公里的渗坑(近北纬44°33′35″,东经124°16′39″)及周边危险废物依法进行彻底处置、对含油泥浆依法处置,消除前述危险废物及含油泥浆对土壤及地下水等生态环境的危险;

二、判令被告立即恢复原状,即将因被告利用渗坑偷排污水受影响范围的土壤及地下水恢复原状,将埋入地下的油泥、含油泥浆、非法放置的油土所影响的土壤及地下水恢复原状;

三、判令被告赔偿期间损失,即赔偿土壤生态环境受到损害至恢复原状期间服务功能损失费(以鉴定、评估结果为准);

四、判令被告赔礼道歉,在国家级媒体上发布十日以上的赔礼道歉公告;

五、判令被告承担原告因本案诉讼和执行而发生的合理费用,包括差旅费、调查取证费、专家证人费用、评估鉴定费、律师费等费用(以实际发生金额为准);

六、本案诉讼费用由被告承担。

事实和理由:

经原告自然之友的工作人员及相关人员一起到吉林省松原市乌兰图嘎林场图嘎林区大德营子村西南进行调查,发现被告吉林油田分公司存在诸多违法问题:大量油泥、含油泥浆直接埋入地下;近北纬44°33′57″,东经124°17′00″的渗坑未进行依法处理,土壤中有大量油泥;近北纬44°33′35″,东经124°16′39″的渗坑,地下水有明显的刺激性气味,地下水的挥发酚类严重超标;地面裸露着约5000平方米的含油泥土等。

松原采气厂系被告吉林油田分公司的内设机构。被告吉林油田分公司是中国石油在松原市设立的分公司。原告自然之友认为:被告中国石油作为中国油气行业占主导地位的最大的油气生产和销售商,中国销售收入最大的公司之一,理应严格遵守国际国内的法律法规,尤其对国家有关油气开采过程设施建设、使用过程中产污环节非常清楚,对油泥、油土等《国家危险废物名录》(2016年3月30日环境保护部部务会议修订通过，自 2016 年 8 月 1 日起施行）中的“HW08 废矿物油及含废矿物油”危险废物以及含油泥浆的处置有完整的管理制度。然而，从原告了解的情况来看，被告中国石油未对吉林油田分公司存在着前述环境违法问题进行有效监管，未督促将油泥、油土等危险废物及含油泥浆按规定处理处置，未对因偷排生产废水而污染的土壤及地下水进行彻底有效修复的问题进行查处，被告前述违法行为已对周边土壤及地下水具有重大风险及污染。

原告自然之友是依法成立的非营利性民间环保组织，按照现行《民事诉讼法》第五十五条、《环境保护法》第五十八规定，原告自然之友是提起环境公益诉讼的适格主体。

被告的行为，已经严重违反了现行《环境保护法》《固体废物污染环境防治法》《侵权责任法》《最高人民法院关于审理环境民事公益诉讼案件适用法律若干问题的解释》等有关法律、司法解释的规定，为保护社会公共利益，特向贵院起诉，请求贵院依法公正审理。

此致

北京第四中级人民法院

原告：北京市朝阳区自然之友环境研究所

二〇一六年十一月二十五日

保全证据申请书

申　请　人：北京市朝阳区自然之友环境研究所。

法定代表人：张××，职务：副总干事。

住　所　地：略。

被 申 请 人：中国石油天然气股份有限公司。

法定代表人：周××，职务：董事长。

工商登记地址：略。

住　所　地：略。

被 申 请 人：中国石油天然气股份有限公司吉林油田分公司。

法定代表人：张××，职务：经理。

住　所　地：略。

请求事项：

请求对本案的证据进行保全。

事实和理由：

申请人诉两被申请人环境污染责任纠纷（环境民事公益诉讼）案件，贵院已于

2016 年11 月 25 日受理,案号为(2016)京04 民初 122 号。因被申请人涉嫌将申请人起诉状所涉及的危险废物等运到不明地点等,使证据可能灭失或以后难以取得。根据现行《民事诉讼法》第八十一条的规定,现特向贵院申请保全证据。

请予准许为盼!

此致

北京市第四中级人民法院

申请人:北京市朝阳区自然之友环境研究所

法定代表人:张 × ×

二〇一六年十二月七日

证据目录

序号	证据名称	证据形式	证据来源	证明对象及内容
1	现场照片	书证	原告	证明被告偷埋、非法存放危险废物的事实
2	检测报告	书证	原告	原告委托有资质的单位对被告偷埋、非法存放危险废物的土样进行检测,证明被告对土壤、地下水污染存在危险的事实
3	照片	书证	原告	证明原告到现场查看的事实
4	检测报告	书证	原告	原告委托有资质的单位对被告曾经修复过的地下水进行检测,证明被告未对偷排废水的渗坑周边土壤及地下水进行彻底修复的事实

提交人:北京市朝阳区自然之友环境研究所　　提交时间:二〇一六年十一月二十五日

35. 北京市朝阳区自然之友环境研究所、中国生物多样性保护与绿色发展基金会诉常州黑牡丹建设投资有限公司等环境污染责任纠纷案

2016 年 11 月 25 日,北京市朝阳区自然之友环境研究所向常州中院提交起诉材料,法院于 2016 年 12 月 9 日立案。

民事起诉状

原　　告　　一:北京市朝阳区自然之友环境研究所。

住　　　　所：略。

法定代表人：张××，职务：副总干事。

原　　告　　二：中国生物多样性保护与绿色发展基金会。

住　　　　所：略。

法定代表人：胡××，职务：理事长。

支持起诉单位一：中国政法大学环境资源法研究和服务中心（又名中国政法大学污染受害者法律帮助中心）。

地　　　　址：略。

负　　责　　人：王××，职务：主任。

支持起诉单位二：苏州工业园区绿色江南公众环境关注中心。

住　　　　所：略。

法定代表人：方××，职务：主任。

支持起诉单位三：南京市建邺区绿石环境教育服务中心。

住　　　　所：略。

法定代表人：李××。

被　　告　　一：常州黑牡丹建设投资有限公司。

住　所　地：略。

法定代表人：张××。

被　　告　　二：江苏天马万象建设集团有限公司。

住　所　地：略。

法定代表人：马××。

案　　　　由：环境污染责任纠纷

诉讼请求：

1. 判令二被告对在"常隆地块"修复过程中已违规倾倒的"常隆地块"工程土方以及防护不当造成的环境污染承担生态环境损害修复或赔偿责任，修复费用以损害鉴定评估或生态修复方案确定的金额为准，生态环境损害无法修复的，实施货币赔偿，用于替代修复；

2. 判令二被告在国家级、江苏省级和常州市级媒体上向公众赔礼道歉，费用由二被告承担；

3. 判令二被告承担原告因本诉讼支出的生态环境损害调查费用、污染检测检验费用、损害鉴定评估费用、生态环境修复方案编制费用、律师费、差旅费、调查取证费、专家咨询费、案件受理费等。

事实和理由：

江苏常隆化工有限公司（以下简称常隆）、常州市常宇化工有限公司（以下简称常宇)、江苏华达化工集团有限公司(原常州市华达化工厂)(以下简称华达)厂址位于江苏省常州市通江中路与辽河路交叉路口西北角,占地面积约 26.2 公顷(下称“常隆地块”,面积以最终损害鉴定评估报告测量为准)(见证据四)。

2013 年初,常州市新北国土储备中心作为招标人发布了针对常隆地块污染场地土壤及地下水修复中试工程分四个标段发布了招标公告(见证据五)。

2013 年 11 月、2015 年 4 月及 2015 年 7 月,被告一作为招标人分别针对该项目土壤治理及地下水处理工程进行招标(见证据六);被告二作为中标单位,负责该项目土壤治理工程中的土石方工程及其他(见证据七)。

2013 年 9 月 6 日,常州市新北区环境保护局对被告一报批的《常隆(华达、常宇)公司原厂址地块污染场地土壤和地下水修复工程环境影响报告表(附大气、地下水专项分析)》,作出了文号为常新环管 2013(192)的《建设项目环境影响报告表审批意见》[以下简称《环(192)号环评批复》],要求被告一在对常隆地块进行修复的过程中做好有组织大气排放及无组织大气排放的污染防治工作,落实大气污染防治与固体废物防治的要求(见证据八)。

2013 年 9 月 12 日,常州市环保局对《常隆(华达、常宇)公司原厂址地块污染场地土壤和地下水修复技术方案(备案稿)》作出了《关于受理常隆(华达、常宇)公司原厂址地块污染场地土壤和地下水修复技术方案备案的通知》(常环然〔2013〕30 号),要求被告一根据修复技术方案要求,开展污染土壤及地下水修复工作(见证据九)。

根据《常隆(华达、常宇)公司原厂址地块污染场地土壤和地下水修复工程(报批稿)建设项目环境影响报告表(附大气、地下水专项分析)》、2013《环(192)号环评批复》以及《常隆(华达、常宇)公司原厂址地块污染场地土壤和地下水修复技术方案(备案稿)》的要求,土壤修复过程中的分选场地与堆场要置于相对密闭的钢结构大棚中,其中有组织废气中各项污染物排放须符合《大气污染物综合排放标准》(GB 16297—1996)表 2 中二级标准,无组织废气厂界浓度须符合相应的周界外无组织排放浓度限值。修复过程中产生的污染土方需收集后送至水泥厂综合利用,禁止随意离场处置。

2014 年 3 月,常隆地块污染场地土壤修复工程正式实施。根据 2016 年 1 月的《常隆(华达、常宇)公司原厂址地块污染场地土壤修复技术方案调整报告(备案稿)》显示,土壤修复过程中产生了空气异味,出现了大气污染行为(见证据十一)。

2015 年 9 月,常州外国语学校搬入距离常隆地块仅一条马路之隔的新校址(常州市通江中路与辽河路交叉路口西南角)后,该校多名学生身体出现不适反应,前后有数百名学生体检查出皮炎、湿疹、支气管炎、血液指标异常、白细胞减少等异常症状,发生了媒体广泛报道的“常州外国语学校污染事件”(见证据十二)。

2015 年 12 月 25 日,新北区环保局下达了对修复工程的《限期整改通知书》,要求被告一全面停止施工(见证据十三)。

2016年8月26日，常州市人民政府新闻办公室发布的《常州外国语学校事件调查结果通报》指出，被告一存在“未落实建设密闭大棚及配套废气收集设备等环评要求”的行为（见证据十）。

另外，2015年年初，S122省道沿线的绿化带及路边的农田中发现有来自于由二被告负责进行土壤修复的常隆地块的工程土方。2015年3月5日，新北区环境保护局作出的《关于S122省道工地倾倒工程土方的复函》指出，“被倾倒在S122省道工地的工程土方，来自‘三江口地铁土壤修复工地’，该地块修复工程建设单位为常州黑牡丹建设投资有限公司（见证据十四）。”

2016年4月21日、23日、26日、27日，南京市建邺区绿石环境教育服务中心（“南京绿石”）在春江镇S122省道沿线采集了土样（见证据十五），并送江苏康达检测技术股份有限公司进行土壤检测（见证据十六）。检测报告显示，南京绿石在S122省道采集的土样存在二氯苯、氯苯、萘、二甲苯、苯酚等与常隆污染地块特征污染物相同的污染物成分（见证据十七）。

原告认为，二被告在对常隆地块开展修复过程中未按照修复技术方案及法律法规的要求落实防护措施，导致污染土壤中有机废气的散发，对常隆地块周边区域的大气环境造成了污染，产生了损害后果（见证据十八）；二被告具有违规倾倒“常隆地块”工程土方的行为，该行为对被倾倒地的环境造成了损害。二被告污染环境、破坏生态的行为已严重损害了社会公共利益，违反了现行《中华人民共和国环境保护法》《中华人民共和国固体废物污染环境防治法》等法律、法规、规章的规定，应承担相应的法律责任。根据现行《中华人民共和国环境保护法》第五十八条、《中华人民共和国民事诉讼法》第五十五条和《最高人民法院关于审理环境民事公益诉讼案件适用法律若干问题的解释》的相关规定，二原告具有提起环境公益诉讼的法定资格，特起诉至贵院，请依法支持原告的诉讼请求，作出公正判决。

此致

江苏省常州市中级人民法院

原告一：北京市朝阳区自然之友环境研究所

原告二：中国生物多样性保护与绿色发展基金会

二〇一六年十一月二十五日

证据材料清单

提 交 人：北京市朝阳区自然之友环境研究所

中国生物多样性保护与绿色发展基金会

提交日期：2016年11月4日

第一组证据:原告、支持起诉单位及被告主体资格证据

<table>
<tr><th>编号</th><th>证据名称</th><th>证据来源</th><th>证明内容</th></tr>
<tr><td rowspan="2">证据一</td><td>北京市朝阳区自然之友环境研究所民办非企业单位登记证书</td><td>北京市朝阳区自然之友环境研究所</td><td rowspan="2">证明二原告是提起本案诉讼的适格主体</td></tr>
<tr><td>中国生物多样性保护与绿色发展基金会基金会法人登记证书</td><td>中国生物多样性保护与绿色发展基金会</td></tr>
<tr><td rowspan="3">证据二</td><td>中国政法大学文件[校字(98)第 171 号]《关于成立环境资源法研究和服务中心的通知》</td><td>中国政法大学</td><td rowspan="3">证明三单位可以作为本案的支持起诉单位</td></tr>
<tr><td>苏州工业园区绿色江南公众环境关注中心民办非企业单位登记证书</td><td>苏州工业园区绿色江南公众环境关注中心</td></tr>
<tr><td>南京市建邺区绿石环境教育服务中心民办非企业单位登记证书</td><td>南京市建邺区绿石环境教育服务中心</td></tr>
<tr><td rowspan="2">证据三</td><td>常州黑牡丹建设投资有限公司工商登记信息</td><td rowspan="2">全国企业信用信息公示系统</td><td rowspan="2">证明二被告的主体资格</td></tr>
<tr><td>江苏天马万象建设集团有限公司工商登记信息</td></tr>
</table>

第二组证据:证明被告一、被告二是三江口地块土壤及地下水修复工程主体的证据

<table>
<tr><th>编号</th><th>证据名称</th><th>证据来源</th><th>证明内容</th></tr>
<tr><td rowspan="2">证据四</td><td>《常隆(华达、常宇)公司原厂址地块污染场地土壤修复调整工程验收技术报告(备案稿)》</td><td>向常州市环境保护局申请信息公开取得</td><td rowspan="2">证明三江口地块的范围包含了常隆地块污染场地的位置与范围</td></tr>
<tr><td>《三江口地块土方开挖及桩基工程建设项目环境影响报告表》</td><td>道客巴巴网</td></tr>
<tr><td>证据五</td><td>招标人为常州市新北国土储备中心的《常州市常隆地块污染场地土壤及地下水修复中试工程一标段、二标段、三标段、四标段招标公告》</td><td>中国招标网
与
中国采招网</td><td>证明被告一是常隆地块土壤及地下水修复工程的主体</td></tr>
<tr><td rowspan="2">证据六</td><td>招标人为被告一的《三江口地块土壤和地下水修复工程项目中的土壤治理工程招标公告》</td><td>常州市建设工程交易网</td><td rowspan="2">证明被告一是常隆地块土壤及地下水修复工程的主体</td></tr>
<tr><td>招标人为被告一的《三江口地块土壤和地下水修复工程项目中的地下水处理项目一期招标公告(两次)》</td><td>常州市建设工程交易网</td></tr>
<tr><td>证据七</td><td>被告二中标《三江口地块土壤修复工程的中标公示》</td><td>常州市建设工程交易网</td><td>证明被告二同为常隆地块土壤修复工程的主体</td></tr>
</table>

第三组证据：证明被告一在土壤及地下水修复工程中应按照技术方案要求做好大气污染防治工作的证据

编号	证据名称	证据来源	证明内容
证据八	《常隆（华达、常宇）公司原厂址地块污染场地土壤和地下水修复工程（报批稿）建设项目环境影响报告表（附大气、地下水专项分析）》及《建设项目环境影响报告表审批意见》[常新环管2013（192）]	向常州市新北区环境保护局申请信息公开取得	新北区环保局在土壤及地下水修复工程的环评审批意见中要求被告一要做好有组织大气排放及无组织大气排放污染防治工作
证据九	《常隆（华达、常宇）公司原厂址地块污染场地土壤和地下水修复技术方案（备案稿）》及《关于受理常隆（华达、常宇）公司原厂址地块污染场地土壤和地下水修复技术方案备案的通知》（常环然〔2013〕30号）	向常州市环保局申请信息公开取得	常州市环保局要求被告一根据修复技术方案开展修复工作

第四组证据：修复过程中产生了大气污染行为及损害后果的证据

编号	证据名称	证据来源	证明内容
证据十	《常州外国语学校事件调查结果通报》	常州市人民政府新闻办公室官方微博	被告一存在"未落实建设密闭大棚及配套废气收集设备等环评要求"的行为
证据十一	《常隆（华达、常宇）公司原厂址地块污染场地土壤修复技术方案调整报告（备案稿）》	向常州市环境保护局申请信息公开取得	2015年12月中旬以来在土壤修复过程中已产生异味，出现了大气污染行为
证据十二	《告家长书》	常州市新北区人民政府官网	被告在修复过程中散发了异味，造成了大气污染损害后果
	《常州外国语学校污染：氯苯超标近十万倍，先后有641人送医》	央视新闻（中央电视台新闻中心微信公众号）	
	《常州外国语学校周边环境污染问题调查》	中国法院网	
	《常州外国语学校打开了一个潘多拉盒子》	新华网	
证据十三	《责令限期整改通知书》	向常州市新北区环保局申请信息公开取得	被告一有大气污染行为，并被要求停止施工

第五组证据:违规倾倒“常隆地块”工程土方而造成污染的证据

编号	证据名称	证据来源	证明内容
证据十四	《关于 S122 省道工地倾倒工程土方的复函》	向常州市新北区环保局申请信息公开取得	被倾倒在 S122 省道的土方来自三江口地块
证据十五	土壤样品现场采集时的照片(共 7 份),录像(共 2 份)及取样记录	南京市建邺区绿石环境教育服务中心	南京绿石在 S122 省道采集土样
证据十六	土壤样品取回后拍摄的照片(共 11 份)	南京市建邺区绿石环境教育服务中心	送检的土样即为在 S122 省道采集的土样
证据十七	《检测报告》(KDW160542)	南京市建邺区绿石环境教育服务中心	在 S122 省道采集的土样检测出多个有毒污染物:二氯苯、氯苯、萘、二甲苯、苯酚等,与常隆污染地块特征污染物相同
证据十八	《常州“毒土”倾倒农田后牲畜死亡区环保局介入调查》	网易新闻网	造成了牲畜死亡的损害后果

减交、缓交诉讼费申请书

申　请　人:北京市朝阳区自然之友环境研究所(简称:自然之友)。

住　　　所:略。

法定代表人:张××,职务:所长。

申　请　人:中国生物多样性保护与绿色发展基金会。

住　　　所:略。

法定代表人:胡××,职务:理事长

请 求 事 项:减交、缓交诉讼费。

事实和理由:

申请人与被告常州黑牡丹建设投资有限公司、江苏天马万象建设集团有限公司环境公益民事诉讼一案,因申请人是专门从事环境保护的非营利性公益机构,也不能从本案诉讼中得到经济利益,且业务经费来源紧张,无力交纳诉讼费用。因此,申请人根据现行《中华人民共和国民事诉讼法》第一百一十八条、《诉讼费用交纳办法》第四十四条、《最高人民法院关于审理环境民事公益诉讼案件适用法律若干问题的解释》第三十三条的规定,向贵院申请减交、缓交诉讼费用,该案诉讼费用可在判决生效后,从被告财产中执行。

此致

江苏省常州市中级人民法院

申请人:北京市朝阳区自然之友环境研究所

中国生物多样性保护与绿色发展基金会

二〇一七年一月八日

江苏省常州市中级人民法院通知书

北京市朝阳区自然之友环境研究所、中国生物多样性保护与绿色发展基金会:

你单位与常州黑牡丹建设投资有限公司、江苏天马万象建设集团有限公司环境民事公益诉讼一案,已向本院提出缓交诉讼费的申请。现将有关事项通知如下:

因公益诉讼的特殊性,根据国务院《诉讼费交纳办法》第四十四条、第四十七条第(四)项,最高人民法院《关于审理环境民事公益诉讼案件适用法律若干问题的解释》第三十三条第一款的规定,本院准予你单位缓交起诉案件受理费10 000元,缓交期限自立案之日起至本案判决生效之日止。

二〇一七年一月十三日

36. 中华环境保护基金会、中国生物多样性保护与绿色发展基金会诉重庆长安汽车股份有限公司大气污染责任纠纷案

中国生物多样性保护与绿色发展基金会于2016年3月2日向北京四中院提交起诉材料。在此前,中华环保基金会针对此案件提起的诉讼已经在该院立案。2016年6月23日,中国生物多样性保护与绿色发展基金会提起的诉讼获受理。

环境民事公益诉讼起诉状

原　　告:中国生物多样性保护与绿色发展基金会。

法定代表人:胡××,职务:理事长。

委托代理人:王××、樊××,北京市××律师事务所律师。

被　　告:重庆长安汽车股份有限公司。

住 所 地:略。

法定代表人:徐××,职务:董事长。

诉讼请求:

请人民法院依法判令被告:

1. 停止侵害:SC7186A5 车型和 SC6469B5 车型在未达到《轻型汽车污染物排放限值及测量方法(中国第五阶段)》(GB 18352.5—2013)规定的排放标准前,停止生产,停止在北京市场及国内其他市场的销售;

2. 消除危险:立即采取适当措施,使得已经在国内销售的不符合《轻型汽车污染物排放限值及测量方法(中国第五阶段)》(GB 18352.5—2013)标准的 SC7186A5 车型和 SC6469B5 车型的所有车辆符合国家规定的污染物排放标准;

3. 赔偿损失:赔偿因为被告生产和销售的不符合国家排放标准的汽车而对大气环境造成的损失,并依法承担惩罚性赔偿金,用于北京市及全国大气污染环境治理(损失数额及惩罚性赔偿金数额以评估结果为准);

4. 恢复大气环境:采取措施,或者采取替代性措施修复因被告生产的不合环保标准的汽车而对大气环境造成的损害;

5. 赔礼道歉:因破坏生态环境(空气污染),在北京市媒体和全国性媒体公开向北京市民及全国人民赔礼道歉;

6. 承担原告为此案而支出或者必须支出的律师费、鉴定费、评估费、差旅费以及为诉讼支出的其他所有费用。

事实与理由:

2016 年 1 月 6 日,北京市环境保护局调查核实:被告重庆长安汽车股份有限公司于 2013 年 3 月 1 日至 2015 年 11 月 26 日销售给北京地区 4S 店 SC7186A5 车型 663 辆和 SC6469B5 车型 4013 辆,其中在北京市场已经售出 SC7186A5 车型 274 辆和 SC6469B5 车型 1912 辆。

经抽查检测,SC7186A5 轿车排放的 NMHC 的检测结果为 0.088g/km 和 0.082 g/km;SC6469B5 多用途乘用车排放的 NMHC 的检测结果为 0.083g/km,且该车型三辆抽检样车的 OBD 系统均不具备实际监测频率(IUPR)功能。SC7186A5 车型和 SC6469B5 车型均超过《轻型汽车污染物排放限值及测量方法(中国第五阶段)》(GB 18352.5—2013)规定的限值,认定该车型不符合上述标准要求。

北京市环境保护局认定上述行为违反了《北京市大气污染防治条例》(2014 年 1 月 22 日北京市第十四届人民代表大会第二次会议通过)第六十五条第三款的规定,向被告重庆长安汽车股份有限公司下达京环保车罚字(2015)13 号行政处罚决定书,责令停止违法行为,没收违法所得一千二百六十万五千元(12 605 000 元),并处罚款三百七十八万元(3 780 000 元)。

现行《中华人民共和国大气污染防治法》第五十一条规定,机动车船、非道路移动机械不得超过标准排放大气污染物。禁止生产、进口或者销售大气污染物排放超过标准的机动车船、非道路移动机械。

被告在明知产品排放不达标的情况下，仍向市场销售，违反了法律明文规定。在大气污染严重、雾霾肆虐的当下，被告必须为其漠视公共利益、侵害环境的行为付出代价、承担责任。

原告作为符合现行《中华人民共和国环境保护法》及《最高人民法院关于审理环境民事公益诉讼案件适用法律若干问题的解释》相关规定的社会组织，为维护公共利益、保护环境，现提起诉讼。

现依据现行《中华人民共和国环境保护法》《中华人民共和国大气污染防治法》《中华人民共和国侵权责任法》及相关法律规定，特向贵院提出以上诉讼请求，请依法予以支持。

此致

北京市第四中级人民法院

原告：中国生物多样性保护与绿色发展基金会

二〇一六年三月二日

37. 中国生物多样性保护与绿色发展基金会诉马鞍山市玉江机械化工有限公司环境污染责任纠纷案

2016 年 6 月 30 日，中国生物多样性保护与绿色发展基金会向马鞍山中院提交起诉材料，法院于 2016 年 7 月 21 日立案，于 2016 年 8 月 13 日中止审理。

环境民事公益诉状

原　　告：中国生物多样性保护与绿色发展基金会。

住 所 地：略。

法定代表人：胡××，职务：理事长。

被　　告：马鞍山市玉江机械化工有限公司。

住 所 地：略。

法定代表人：张××，职务：总经理。

诉讼请求：

一、依法判令被告停止对马鞍山市雨山区向山街道被告所在地及周边地区的生态

环境破坏的侵权行为;

二、依法判令被告消除对马鞍山市雨山区向山街道被告所在地及周边地区的生态环境具有重大风险的危险情形;

三、依法判令被告修复马鞍山市雨山区向山街道被告所在地及周边地区的生态环境,使其恢复到被告项目开工建设之前的状态;

四、依法判令被告赔偿马鞍山市雨山区向山街道被告所在地及周边地区生态环境受到损害至恢复生态环境原状期间,该区域生态系统服务功能的损失(期间损失赔偿数额以鉴定评估结果为准);

五、依法判令被告对被告造成的污染环境、破坏生态、损害社会公共利益的行为,在国家级媒体上向公众赔礼道歉;

六、依法判令被告承担原告为本次诉讼支出的差旅费、调查费、案件受理费、评估费等诉讼费用和必须支出的律师费等一切必要的费用。

事实与理由:

2016年6月5日,环保部会同安徽省环保厅在马鞍山市现场检查发现,被告马鞍山市玉江机械化工有限公司(以下简称玉江公司)将高浓度酸性废液违法排放至厂区废弃不用的原地下取水井。经马鞍山市环保局监测,该废液各项指标严重超标,具有高挥发性、高腐蚀性。6月6日,环保部通报被告玉江公司在未经环保审批的情况下,擅自建设2-氨基-4-乙酰氨基苯甲醚生产线且投入生产,并违法排放生产过程中的高浓度酸性母液。6月7日,马鞍山市雨花区环保局依法向被告下发了《责令停止生产通知书》,责令其停止环境违法行为。

另查,被告玉江公司多年以来不断实施环境污染违法行为。其经常采取规避监管的方式擅自组织开工生产,偷排大量没有经过任何处理的废液、废气等,严重污染了当地及周边地区的生态环境,造成环境污染、社会公共利益损害;同时,被告的行为严重损害了其所在地洋河—慈湖河—长江生态功能区的生态环境功能,对当地生态造成重大破坏。虽经媒体曝光,但其屡犯不改。

综上,被告玉江公司污染环境、破坏生态的环境违法行为后果严重、性质恶劣,赔偿应是惩罚性的。原告作为全国性环境保护社会公益组织,为了维护社会公共利益和环境正义,特依据现行《环境保护法》第五十八条、《民事诉讼法》第五十五条之规定,具状起诉,望受诉人民法院依法审理,公正裁决,判如所请。

此致

马鞍山市中级人民法院

具状人:中国生物多样性保护与绿色发展基金会

二〇一六年六月三十日

环境公益诉讼证据目录

编号	证据名称	证据来源	原件/复印	证明对象	证明内容
1	基金会法人登记证书	原告持有	复印件	主体资格	原告具备主体资格
2	组织机构代码证	原告持有	复印件	主体资格	原告具备主体资格
3	法定代表人证明	原告持有	复印件	主体资格	原告具备主体资格
4	法定代表人身份证	原告持有	复印件	主体资格	原告具备主体资格
5	中国绿发会章程	原告持有	复印件	主体资格	原告具备主体资格
6	年度检查报告	原告持有	复印件	主体资格	原告具备主体资格
7	无违法证明声明	原告持有	复印件	主体资格	原告具备主体资格
8	被告登记信息	原告调取	复印件	主体资格	被告身份
9	媒体报道	媒体网站	复印件	客观事实	污染环境事实和后果
10	马鞍山市环保局批复	原告持有	复印件	客观事实	被告存在违法生产和排污事实
11	马鞍山市环保局监察意见	原告调取	复印件	客观事实	被告存在违法生产事实
12	雨花区安监局6·28事故调查报告	原告调取	复印件	客观事实	6·28环境安全事故
13	诉讼费减缓申请书	原告制作	复印件	程序事实	申请诉讼费减缓事实

38. 北京市朝阳区自然之友环境研究所诉华润新能源投资有限公司生态破坏责任纠纷案

2016年11月25日,北京市朝阳区自然之友环境研究所向黔南中院提交起诉材料,法院于2017年1月3日立案。

环境民事公益起诉书

原　　　　告:北京市朝阳区自然之友环境研究所。

住　所　地:(略)。

法定代表人:张××,职务:副总干事。

支持起诉单位:中国政法大学环境资源法研究和服务中心。

地　　　　址:(略)。

负　　责　　人:王××,职务:主任。

被　　　　　告:华润新能源投资有限公司。

住　　所　　地:(略)。

法定代表人:张××,职务:董事长。

案　　　　　由:生态破坏责任纠纷

诉讼请求:

1.判令被告立即停止对剑河县鹅掌楸自然保护区及周边生态环境造成破坏的施工行为,消除对生态环境的危险;

2.判令被告在6个月内对其施工所破坏的剑河县鹅掌楸自然保护区及周边生态环境进行修复,若逾期未修复则承担修复费用;

3.判令被告赔偿生态环境受到损害至恢复原状期间的生态服务功能损失,具体数额以鉴定评估结论为准;该赔偿金用于剑河县鹅掌楸自然保护区的管理和保护工作;

4.判令被告承担本案诉讼费用,包括案件受理费、鉴定检测费用、专家费、原告律师费等。

事实和理由:

贵州省黔东南苗族侗族自治州剑河县鹅掌楸自然保护区,于1989年由剑河县人民政府正式批准建立,位于南哨乡老寨村,与黎平县德化乡毗邻,后保护区范围进行了扩大调整,目前辖区范围84公顷(合1260亩),功能区划分为:核心区750亩,缓冲510亩。海拔最高点为尖尖坡顶16 265米,海拔最低点1056米。保护区内分布着鹅掌楸、常绿阔叶林、竹林、灌丛、草丛等植被类型,区内森林覆盖率高达93.7%。

2015~2016年,被告在剑河县老山界风电场项目建设过程中,未经批准非法占用林地,在山脊上修建公路,对自然保护区内的国家二级保护植物鹅掌楸及其生境造成破坏。据相关部门调查,被告挖倒、毁坏林木,造成鹅掌楸死亡13株、压坏9株、伤17株、被泥土沙石掩埋185株,均为自然林,另有85株人工栽培鹅掌楸被损坏;经林业工作人员现场勘验,该风力发电场占用林地43亩,其中公益林25亩,商品林18亩。

原告认为,被告非法占用林地、破坏自然保护区植被的行为不仅直接导致了国家重点保护植物的破坏和死亡,而且造成了生态服务功能的损失,严重影响了自然保护区的生物多样性。

原告北京市朝阳区自然之友环境研究所,是一家在北京市朝阳区民政局登记注册的社会组织,专门从事环境保护公益活动已20余年。为了维护社会公共利益,依法保护生态环境,现我单位依照现行《环境保护法》第五十八条和相关法律、司法解释的规定,对被告破坏生态的侵权行为提起公益诉讼,请法院依法受理本案、查明事实,作出公正判决,支持我方诉讼请求。

此致

贵州省黔南布依族苗族自治州中级人民法院

北京市朝阳区自然之友环境研究所

二〇一六年十一月二十五日

证据目录

原告北京市朝阳区自然之友环境研究所诉被告华润新能源投资有限公司破坏生态环境公益民事诉讼一案，现由原告提交证据如下：

序号	证据名称	证据种类	证明事项	页码
第一组证据，证明剑河县鹅掌楸自然保护区的基本情况				
1	剑河县环境保护局政府信息依申请公开告知书（2016第2号）	书证	证明剑河县鹅掌楸自然保护区于1988年9月12日经剑河县人民政府批准设立，初始面积0.5平方公里。目前面积为1245亩，合0.83平方公里，地理位置在东108°40′16″～108°41′27″，北纬26°29′44″～26°30′30.8″	
2	剑河县鹅掌楸自然保护区范围图	书证	证明剑河县鹅掌楸自然保护区的范围及四至	
3	国家重点保护野生植物名录（第一批）（国务院1999年8月4日批准）	书证	证明鹅掌楸为国家重点保护野生植物	
第二组证据，证明被告建设风电项目的施工破坏了剑河县鹅掌楸自然保护区内及附近的国家重点保护植物鹅掌楸及其生境，造成了生态破坏				
4	照片一组（20张） 拍摄日期：2016年4月10日～4月11日	书证	证明被告建设风电项目的施工行为造成了严重植被破坏以及自然保护区生态破坏	
5	风电项目施工修路破坏地点与剑河县鹅掌楸自然保护区的位置关系示意图（2张）	书证	证明被告建设风电项目的施工行为造成了保护区范围内的植被破坏，包括砸伤、覆压了鹅掌楸植株	
6	中国网的报道“剑河县检察院：破坏自然保护区，涉案人员被刑拘”	书证	证明被告未经批准非法占用林地，破坏国家重点保护植物	
7	《剑河县老山界风电场项目环境影响报告表》	书证	证明风电场施工需修建道路，该道路与一期天堂界风电场场内道路连接。道路长35.1公里，路基宽6米	

证据提交人：北京市朝阳区自然之友环境研究所

提交日期：二〇一六年十一月二十五日

39. 合肥市人民检察院、中国生物多样性保护与绿色发展基金会诉合肥伟茂铝业有限公司环境污染责任纠纷案

合肥市中院于2016年11月24日发出受理公告,2016年11月25日,中国生物多样性保护与绿色发展基金会申请作为共同原告。

关于“合肥市人民检察院诉合肥伟茂铝业有限公司环境污染公益诉讼案件”参加诉讼申请书

申　请　人:中国生物多样性保护与绿色发展基金会。

法定代表人:胡××职务:理事长。

邮　　　编:100089。

申请事项:申请作为“合肥市人民检察院诉合肥伟茂铝业有限公司环境污染公益诉讼案件”的共同原告参加诉讼。请求依法判决被告承担生态修复费用和环境损害至恢复原状期间的环境服务功能损失费合计1 029 600元;判决被告承担因本案诉讼和执行所发生的合理费用,包括诉讼代理费、差旅费、调查取证费、评估鉴定费、聘请专家费等费用100 000元。

事实与理由:原告是在我国境内依法设立登记的,以保护生态环境为目的的公益性社会组织。申请人一直关注安徽省境内的环境污染问题的改善,并为此开展了一系列活动,努力为安徽的生态文明建设作出贡献。2016年11月24日,贵院发布《关于受理安徽省合肥市人民检察院诉合肥伟茂铝业有限公司环境污染公益诉讼案件的公告》。申请人认为,合肥伟茂铝业有限公司的排放行为污染了生态环境,应当承担生态修复费用和环境损害至恢复原状期间的环境服务功能损失费以及因本案诉讼和执行所发生的合理费用,包括律师费、差旅费、调查取证费、评估鉴定费、聘请专家费等费用。申请人作为以生态环境保护为己任的公益性社会组织,有责任、有义务为生态环境代言。为此,特根据《中华人民共和国民事诉讼法》第五十五条、《最高人民法院关于审理环境民事公益诉讼案件适用法律若干问题的解释》第十条的规定,申请作为“合肥市人民检察院诉合肥伟茂铝业有限公司环境污染公益诉讼案件”的共同原告参加诉讼,请依法支持申请人的全部申请事项。

此致

合肥市中级人民法院

申请人:中国生物多样性保护与绿色发展基金会

二〇一六年十一月二十五日

40. 重庆两江志愿服务发展中心诉广东世纪青山镍业等三家企业环境污染责任纠纷案

2016年12月16日,重庆两江志愿服务发展中心向茂名中院提交起诉材料,法院于2016年12月28日立案。

环境公益民事起诉书

原　　　告:重庆两江志愿服务发展中心。

法定代表人:向×,该中心主任。

被　　　告:广东世纪青山镍业有限公司。

法定代表人:JosephCueSy,该公司董事长。

被　　　告:广东广青金属科技有限公司。

法定代表人:何××,该公司总经理。

被　　　告:阳江翌川金属科技有限公司。

法定代表人:季×,该公司董事长。

诉讼请求:

一、依法判令三被告立即停止对阳江高新技术产业区临港工业园区及临海岸区域的红树林分布区及海滩滩涂地堆填、倾倒工业固体废物的侵权行为;

二、依法判令三被告立即清除非法倾倒地的污染物,消除危险;

三、依法判令三被告修复非法倾倒地及周边地区红树林的生态环境,使其恢复到损害发生之前的状态和功能;

四、依法判令三被告赔偿非法倾倒地及周边地区生态环境受到的损害至恢复生态环境原状期间该区域生态系统服务功能的损失(赔偿数额以鉴定评估结果为准);

五、依法判令三被告赔偿因堆填、倾倒造成红树林毁损的全部损失(具体数额以鉴定评估结果为准);

六、依法判令三被告分别对由于其的行为而造成的污染环境、破坏生态、损害社会公共利益的行为,在国家级的媒体上向社会公开赔礼道歉;

七、依法判令三被告承担原告因诉讼支出的差旅费、调查费、鉴定费等费用;

八、依法判令由三被告承担本案的诉讼费及评估费。

事实与理由:

广东省阳江市阳江港是国家一类对外开放口岸。阳江高新技术产业开发区临港工业园区位于海陵湾中部东岸,与国家海洋公园、国家级红树林湿地公园的海陵岛隔海相望,属近岸海域二类环境功能区。临港工业园东、南、西侧三面临海,东、南部沿岸为滩涂与湿地,西部为渔业养殖基地。在滩涂和湿地中分布有大量的红树林。红树林是亚热带和热带近海潮间带的一类特殊常绿林,它不仅具有促淤沉积、净化水质等生态功能,为许多动物提供重要的食物和栖息地,更具有防潮防浪、固岸护岸的功能,对近海地区的生产生活具有重要的意义。

被告广东世纪青山镍业有限公司(以下简称世纪青山)、被告广东广青金属科技有限公司(以下简称广青科技)、被告阳江翌川金属科技有限公司(以下简称阳江翌川)均为生产镍合金的企业。在未依法通过环境影响评价文件审批之时,被告世纪青山即于2013年11月擅自开工建设、被告广青科技于2010年9月擅自开工建设、被告阳江翌川于2015年3月擅自开工建设并分别投入生产。生产过程中,在未做任何防护措施的情况下将大量的工业固体废物堆填、倾倒在厂区周边及临海岸线边的滩涂、湿地及红树林分布区内。工业固体废渣中含有镍、铬、铅、砷、锌、镉等重金属,导致大量的红树林被覆压、污染而死亡。仅三鸭涌入海口西侧的红树林即被毁损达上百亩。而无防护的工业固体废渣,在海潮的侵蚀和冲刷下,又造成大面积的海岸滩涂、湿地及近海海域被严重污染,且对该涉案地区埋下长期、持久的重大污染风险。

被告世纪青山的建设项目为填海造陆工程,本身即对海域的自然属性和海岸线自然形状产生改变,而超面积地大肆开挖建设又对具有固岸护岸生态功能的红树林造成不可逆的毁损。被告世纪青山、被告广青科技、被告阳江翌川将工业固体废渣无防护地大肆填埋和倾倒则造成沿岸滩涂湿地上的红树林及近海潮间带的其他物种不可逆的毁损,导致整个地区的生态整体性功能遭到损害,必然造成生态环境上的极度恶化。针对三被告的环境违法行为,广东省环保厅及阳江高新技术产业开发区管理委员会均分别对三被告下达了《行政处罚决定书》。行政执法部门均认定,三被告的项目未通过环评即开工建设及堆填矿渣的行为属于环境违法,对当地的生态环境造成重大的污染和破坏。

三被告均具有"违批先建、违法堆填、倾倒"的环境违法行为,对本案所涉的环境生态均实施了加害行为,具有共同侵权结果的同一性。三被告在明知项目未通过环评不得开工建设且未做任何防护的填埋倾倒会造成生态环境破坏的情况下,仍一意孤行、肆意实施,主观上存在明显的恶意过错,性质恶劣。其结果不仅造成环境污染、生态破坏,导致珍贵树种红树林毁损、社会公共利益受到损害,且使该地区具有潜在的更大的、持久性的污染环境、破坏生态现象的危险存在。因此,赔偿应是具有惩罚性的。三被告应共同连带为其所造成的环境污染、生态破坏、社会公共利益损害的后果及存在的更大的破坏生态、损害社会公共利益重大风险的危险承担责任。

综上,针对三被告共同的污染环境、破坏生态的行为已造成的上百亩红树林遭到损毁及生态环境受到损害的结果,且仍具有潜在的、持久的破坏生态、损害社会公共利益重大风险的危险,原告作为一个专门从事环境保护的社会组织,具有提起环境民事公益诉讼的主体资格,在维护环境公益利益上责无旁贷、义不容辞。为此,为维护社会公共利益、保护珍贵物种及生态环境,依据我国《环境保护法》《固体废物污染环境防治法》《民事诉讼法》《侵权责任法》《最高人民法院关于适用〈中华人民共和国民事诉讼法〉的解释》和《最高人民法院关于审理环境民事公益诉讼案件适用法律若干问题的解释》等有关规定,特提起环境民事公益诉讼。

望受诉人民法院依法审理,公正裁决,准如所请。

此致

茂名市中级人民法院

起诉人:重庆两江志愿服务发展中心

二〇一六年十二月十六日

41. 北京市朝阳区自然之友环境研究所诉怒江州环境保护局环境保护行政许可案

2016 年 12 月 19 日,北京市朝阳区自然之友环境研究所向泸水法院提交起诉材料,法院于 2017 年 1 月 3 日立案,后驳回原告起诉。

起 诉 书

原　　告:北京市朝阳区自然之友环境研究所。

法定代表人:张 × ×,职务:副总干事。

被　　告:怒江州环境保护局。

住 所 地:略。

案　　由:环境保护行政许可

诉讼请求:

1. 依法判决撤销《怒江州环境保护局关于福贡县 15 000 吨高氯酸钾建设项目环境影响报告书的批复》(怒环行审〔2015〕11 号);

2. 判令本案诉讼费用由被告全部承担。

事实和理由:

福贡县群晟电盐科技有限公司投资建设的 15 000 吨高氯酸钾建设项目(以下简称该项目)于 2014 年 7 月在未取得环评审批的情况下擅自开工建设,2015 年 5 月 8 日仓促通过被告作出的环评审批。原告经仔细查阅该项目的环评报告及环评批复,认为该项目存在重大环境风险,违反多项国家法律法规,属于严重违法项目。

环境保护部 2012 年发布的《关于进一步加强环境影响评价管理防范环境风险的通知》(环保部环发〔2012〕77 号)明确"石化化工建设项目原则上应进入依法合规设立、环保设施齐全的产业园区,并符合园区发展规划及规划环评要求"。

2014 年 12 月报批的《福贡县产业园区总体规划环境影响报告书》中明确提出"取消福贡县工业园区的化工辐射区"。报告中指出"化工辐射区主要是高氯酸钾电解基地,环境风险很大,且该片区与《关于加强国家重点生态功能区环境保护和管理的意见》《云南省主体功能区规划》《福贡县城镇总体规划》中的相关内容不协调,规划布局不合理。其中《福贡县城镇总体规划》中县城工业用地主要发展民族工业品加工、农副产品加工及大理石加工,规划中的化工辐射区工业用地规划内容与《福贡县城镇总体规划》中的工业用地内容不符,并且根据区域环境管理和循环经济发展要求,以及清洁生产的评价结果,规划中涉及的高氯酸钾产业,由于生产工艺的不确定性,高氯酸钾在生产过程中可能会涉及重金属污染问题,因此化工辐射区产业结构环境不合理"。

原告认为,产业园区内专为该项目量身打造的化工辐射区因不符合云南省及当地的发展规划被取消,被告作出的环评批复违反了环保部文件规定的要求。

被告怒江州环保局明知该项目所在区域环境敏感,其处于《云南省主体功能区规划》中的国家级重点生态功能限制发展区,且该项目选址存在重大环境风险的情况下,在违法作出行政处罚决定的第四天又对该项目的环评报告作出批复的行为明显不当。原告认为被告作出的行政处罚决定以及环评批复违反法律规定,应当依法予以撤销。

原告北京市朝阳区自然之友环境研究所,是多年从事环境保护公益活动的社会组织。为了维护社会公共利益,建设生态文明,原告对怒江州环保局提起环境行政公益诉讼,请人民法院受理本案,依法查明事实,作出公正裁判。

此致

怒江傈僳族自治州泸水县人民法院

北京市朝阳区自然之友环境研究所
二〇一六年十二月十九日

附：
1. 本诉状副本2份
2. 证据目录一式3份

证据目录

就原告北京市朝阳区自然之友环境研究所诉被告怒江州环境保护局环境保护行政许可诉讼一案，现原告提交证据如下：

序号	证据名称	证据种类	证明事项
1	(1)《福贡县产业园区总体规划环境影响报告书审查小组审查意见》 (2)《怒江州环境保护局关于福贡县产业园区总体规划环境影响报告书的审查意见》(怒环函〔2014〕57号) (3)《福贡县产业园区总体规划环境影响报告书》	书证	证明：(1)福贡县群晟电盐科技有限公司投资建设的15 000吨高氯酸钾建设项目(涉案项目)在未经环评审批的情况下于2014年就已开工建设的事实；(2)福贡县产业园区规划环评取消了专为涉案项目量身打造的化工辐射区，因其与《关于加强国家重点生态功能环境保护和管理的意见》《云南省主体功能区规划》的要求相违背
2	《行政处罚决定书》(怒环罚告字〔2015〕1号)	书证	证明：(1)涉案项目于2014年7月在未取得环评审批的情况下擅自开工建设，系违法项目；(2)被告作出行政处罚决定的时间为2015年5月4日；(3)被告作出的责令涉案项目限期补办环评手续的行政处罚决定违反了《环境保护法》和《环政法函〔2016〕6号》相关法律规定
3	《怒江州环境保护局关于福贡县15 000吨高氯酸钾建设项目环境影响报告书的批复》(怒环行审〔2015〕11号)	书证	证明：(1)被告于2015年5月8日作出环评批复；(2)被告作出的环评批复实为涉案项目补办环评手续，系违法审批，违反了《环境保护法》《环政法函〔2016〕6号》相关法律规定

证据提交人：北京市朝阳区自然之友环境研究所
提交日期：二〇一六年十二月十九日

42. 北京市朝阳区自然之友环境研究所诉怒江州环境保护局环境保护行政处罚案

2016 年 12 月 19 日,北京市朝阳区自然之友环境研究所向泸水法院提交起诉材料,法院于 2017 年 1 月 3 日立案,后驳回原告起诉。

起 诉 书

原　　告:北京市朝阳区自然之友环境研究所。

住 所 地:略。

法定代表人:张 × ×,职务:副总干事。

被　　告:怒江州环境保护局。

住 所 地:略。

案　　由:环境保护行政处罚

诉讼请求:

1. 依法判决撤销《行政处罚决定书》(怒环罚告字〔2015〕1 号);

2. 判令本案诉讼费用全部由被告承担。

事实和理由:

福贡县群晟电盐科技有限公司投资建设的 15 000 吨高氯酸钾建设项目(以下简称该项目)于 2014 年 7 月在未取得环评审批的情况下擅自开工建设,2015 年 5 月 8 日仓促通过被告作出的环评审批。原告经仔细查阅该项目的环评报告及环评批复,认为该项目存在重大环境风险,违反多项国家法律法规,属于严重违法项目。

该项目在未取得环评审批许可的情况下,于 2014 年 7 月擅自开工建设,完成了主厂房和储罐以及一二级电解设备及配套的反应釜建设。其中一期 7500 吨的生产线已经全部安装完毕,并于 2015 年 3 月开机进行了调试,二期 7500 吨生产流水线正在安装中。2015 年 5 月 4 日,被告怒江州环境保护局对该项目下达行政处罚决定书(怒环罚告字〔2015〕1 号),责令被告立即停止一切建设活动,缴纳 5 万元罚款,并限时要求于 2015 年 5 月 30 日完成环评审批手续。

原告认为,依据新《环境保护法》第六十一条"建设单位未依法提交建设项目环评文件或者环境影响评价文件未经批准,擅自开工建设的,由负有环境保护监督管理职责的部门责令停止建设,处以罚款,并可以责令恢复原状"的规定,被告作出的责令限期补办环评手续的行政处罚明显违反法律规定。

根据环政法函〔2016〕6号规定，环保部再次明确：根据新法优于旧法的规则，对未批先建项目，应当适用新《环境保护法》规定的处罚措施，不再适用《环境影响评价法》第三十一条有关“限期补办手续”的规定。

原告北京市朝阳区自然之友环境研究所，是多年从事环境保护公益活动的社会组织。为了维护社会公共利益，建设生态文明，原告对怒江州环保局提起环境行政公益诉讼，请人民法院受理本案，依法查明事实，作出公正裁判。

此致

怒江傈僳族自治州泸水县人民法院

北京市朝阳区自然之友环境研究所

法定代表人：张××

二〇一六年十二月十九日

附：

1. 本诉状副本2份

2. 证据目录一式3份

证据目录

就原告北京市朝阳区自然之友环境研究所诉被告怒江州环境保护局环境保护行政处罚诉讼一案，现原告提交证据如下：

序号	证据名称	证据种类	证明事项
1	《行政处罚决定书》（怒环罚告字〔2015〕1号）	书证	证明：(1)涉案项目于2014年7月在未取得环评审批的情况下擅自开工建设，系违法项目；(2)被告作出行政处罚决定的时间为2015年5月4日；(3)被告作出的责令涉案项目限期补办环评手续的行政处罚决定违反了《环境保护法》和《环政法函〔2016〕6号》相关法律规定

证据提交人：北京市朝阳区自然之友环境研究所

提交日期：二〇一六年十二月十九日

43. 福建绿家园环境友好中心诉福州创世纪农业综合开发有限公司生态破坏责任纠纷案

2016年8月14日,福建绿家园环境友好中心向福州中院提交起诉材料,原被告于2017年5月31日达成调解协议。

民事起诉状

原　　告:福建省绿家园环境友好中心,地址:略,邮编:350003。

法定代表人:林××,职务:主任。

支持起诉单位:福州市人民检察院,地址:略,邮编:350011。

法定代表人:叶××,职务:检察长。

支持起诉单位:中国政法大学环境资源法研究和服务中心(又称中国政法大学污染受害者法律帮助中心),地址:略,邮编:100088。

负　责　人:王××,职务:主任。

被　　告:福州创世纪农业综合开发有限公司,住址:略。

法定代表人:林×,职务:执行董事兼总经理。

诉讼请求:

一、判决被告于2017年3月12日前按照《造林技术规程》(GB/T 15776)并结合当地林业行政部门执行的造林技术标准和要求异地恢复71.8亩林地,对林木按照《森林抚育规程》(GB/T 15781)并结合当地林业行政部门执行的森林抚育技术标准和要求抚育管护三年(管护时间从71.8亩林地验收合格之日起计算);

二、被告不能在第一项指定的期限内异地恢复71.8亩林地,应于期限届满之日起十日内赔偿生态环境修复费用暂定100万元(支付到法院指定账户),该款用于本案的生态环境修复;

三、判决被告赔偿生态环境受到损害至恢复原状期间服务功能损失暂定150万元(支付到法院指定账户),该款用于本案的生态环境修复或公共生态环境修复;

四、判决被告赔偿原告因本案诉讼实际支出的环境损害评估鉴定费、专家咨询费、律师服务费、工作人员和律师差旅费等;

五、判决被告承担本案诉讼费用。

事实和理由:

原告是在福建省民政厅登记注册的民办非企业单位，宗旨是遵守国家的宪法、法律、法规和国家政策，遵守社会道德风尚，普及公民环境保护意识，保护生态环境与生态平衡，倡导绿色消费，促进社会、环境、生态、经济和谐的可持续发展。业务范围是保护生态环境、传播环境文化、开展学术技术交流。原告专门从事环境保护公益活动连续五年以上且无违法记录。对污染环境、破坏生态，损害社会公共利益的行为有权提起公益诉讼。

2009 年 9 月至 2012 年 7 月间，被告在未经林业主管部门审批的情况下，擅自在连江县丹阳镇坑口村田螺岗、高坑林地非法勾挖平整土地，并修建办公楼及养猪场棚等建筑物。经福建鼎力司法鉴定中心鉴定：连江县丹阳镇坑口村宝山下长垅山养猪场即被告占用并造成 71.8 亩林地被严重毁坏，无法恢复。被占用林地种类为经济林果园和一般用材林。以上事实有福建鼎力司法鉴定中心林业物证司法鉴定意见书（闽鼎〔2014〕林鉴字第 40 号）、连江县人民法院刑事判决书［（2014）连刑初字第 349 号］等证据证实。

根据《全国森林经营规划（2016－2050 年）》，一般用材林和部分经济林，兼顾生态保护调节、生态文化服务或生态系统支持功能。上述功能属于生态服务功能。根据原告宗旨和业务范围，原告有维护森林生态服务功能不受损害的责任和义务。

本案中，被告未经批准改变林地用途兴建养猪场，造成 71.8 亩林地无法原地恢复，破坏了森林生态服务功能，造成生态服务价值损失。原告故根据《森林法》第一条、《环境保护法》第五十八条等规定，特向你院起诉。二支持单位根据《民事诉讼法》第十五条，支持原告起诉。请法院支持原告诉讼请求。

此致

福建省福州中级人民法院

原告：福建省绿家园环境友好中心

支持起诉单位：福州市人民检察院

支持起诉单位：中国政法大学环境资源法研究和服务中心

二〇一六年八月十四日

证据材料目录

一、原告公益诉讼主体资格的事实

名称: 1. 福建省绿家园环境友好中心登记证书副本; 2. 福建省绿家园环境友好中心组织机构代码证; 3. 福建省绿家园环境友好中心法定代表人身份证明; 4. 福建省绿家园环境友好中心法定代表人公民身份证; 5. 福建省绿家园环境友好中心章程; 6. 2011 年度民办非企业单位年度检查报告书; 7. 2012 年度民办非企业单位年度检查报告书; 8. 2013 年度民办非企业单位年度检查报告书; 9. 2014 年度民办非企业单位年度检查报告书; 10. 2015 年度民办非企业单位年度检查报告书; 11. 福建省绿家园环境友好中心无违法记录的声明。 页数:67 页。 种类:书证。 来源:福建省民政厅、福建省质量技术监督局、原告、福州市公安局鼓楼分局。
证明/说明对象: 原告系在福建省民政厅登记注册的民办非企业单位,宗旨是遵守国家的宪法、法律、法规和国家政策,遵守社会道德风尚,普及公民环境保护意识,保护生态环境与生态平衡,倡导绿色消费,促进社会、环境、生态、经济和谐的可持续发展。业务范围是保护生态环境、传播环境文化、开展学术技术交流。原告专门从事环境保护公益活动连续五年以上且无违法记录。

二、被告主体资格的事实(略)

三、被告损害森林生态服务功能的事实

名称: 1. 2014 年 2 月 8 日林业物证司法鉴定意见书(闽鼎〔2014〕林鉴字第 40 号); 2. 2013 年 9 月 25 日现场勘查笔录及照片; 3. 2013 年 10 月 15 日连江县林业局丹阳镇林业站关于创世纪农业公司在坑口村破坏林地的情况说明; 4. 2012 年 4 月 6 日连江县林业局丹阳镇林业站伐区验收单; 5. 2012 年 3 月 23 日连江县林业局林木采伐许可证[闽连集体采字(2012)25 号]; 6. 2012 年 3 月 23 日丹阳镇林业站停止林木采伐通知书; 7. 2014 年 1 月 10 日连江县丹阳镇坑口村民委员会证明; 8. 2012 年 3 月 31 日丹阳镇林业站告知书; 9. 2012 年 3 月 26 日丹阳镇林业站林木采伐伐中实地查看报告单; 10. 2015 年 4 月 7 日连江县人民法院刑事判决书(2014)连刑初字第 349 号; 11.《全国森林经营规划(2016 - 2050 年)》摘要。 页数:35 页; 种类:书证; 来源:连江县人民检察院。

续表

证明/说明对象： 1.2009 年 9 月至 2012 年 7 月间，被告在未经林业主管部门审批的情况下，擅自在连江县丹阳镇坑口村田螺岗、高坑林地，非法勾挖平整土地，并修建办公楼及养猪场棚等建筑物。经福建鼎力司法鉴定中心鉴定：连江县丹阳镇坑口村宝山下长垅山养猪场即被告占用并造成 71.8 亩林地被严重毁坏，无法恢复。被占用林地种类为经济林果园和一般用材林。 2.一般用材林和部分经济林，兼顾生态保护调节、生态文化服务或生态系统支持功能。

综 合 意 见

根据林业物证司法鉴定意见书（闽鼎〔2014〕林鉴字第 40 号），本案被占用林地种类为经济林果园和一般用材林。根据《全国森林经营规划（2016－2050 年）》，一般用材林和部分经济林，兼顾生态保护调节、生态文化服务或生态系统支持功能。上述功能属于森林生态服务功能。因此被告应当将被毁 71.8 亩林地生态环境恢复原状和赔偿森林生态服务功能损失。

原告：福建省绿家园环境友好中心

二〇一六年八月十四日

44. 中国生物多样性保护与绿色发展基金会诉山西天脊潞安化工有限公司大气污染责任纠纷案

2016 年 7 月 5 日，中国生物多样性保护与绿色发展基金会向长治中院提交起诉材料，法院于 2016 年 7 月 18 日立案。

民事起诉状

原　　告：中国生物多样性保护与绿色发展基金会，住所地：略，邮政编码：100089。

法定代表人：胡××，职务：理事长。

被　　告：山西天脊潞安化工有限公司，住所地：略。

法定代表人：路××，董事长。

案　　由：大气污染责任纠纷（环境民事公益诉讼）

诉讼请求:

1. 判令被告立即停止非法排放污染物;

2. 判令被告建设符合环保要求的脱硫脱硝设施,使其污染物排放达到标准;

3. 判令被告赔偿生态环境受到损害至污染物排放符合标准期间服务功能的损失(具体损失数额经鉴定机构评估后确定);

4. 判令被告因污染环境、破坏生态行为,在国家级媒体上向社会公开道歉;

5. 判令被告承担原告支出的差旅费、调查费用以及案件受理费和律师代理费等一切必要的费用。

事实和理由:

2009年5月,被告30万吨焦炉气制甲醇项目开始投产。2014年12月,被告在焦炉煤气制甲醇装置基础上利用园区内剩余焦炉气为原料,经过深度净化、转化、催化合成硬蜡、软蜡、重油、轻油等高端化学品,同时联产合成氨的焦炉煤气高效利用化学品项目(一期)(以下简称该项目)投入生产。2014年12月8日,潞城市环境保护局对该项目试生产进行批复,要求被告三个月内完成竣工环境保护验收工作。2015年12月11日,潞城市环境保护局对该项目烟气超标违法排污行为进行处罚,责令被告在2016年4月30日前完成脱硫脱硝环保设施建设,但被告对此置之不理,以试生产为由违法排污。更为甚者,在2016年1月和3月,华北环境保护督查中心两次对被告环境问题进行核实督办情况下,该项目仍未通过竣工环保验收并继续进行违法生产;烟气脱硫脱硝设施未建成,烟尘、二氧化硫及氮氧化物均超标排放。

大气环境和人类生存密切相关,大气环境的每一个因素几乎都可影响到人类。大气资源是属于全体居民所享有的资源,有害、有毒物质进入大气,导致大气质量变化,构成对生物的影响和危害,严重危害人类健康,直接损害了社会公共利益。

被告虽已投资开始建设烟气脱硫脱硝设施,但尚处于建设阶段。在大气污染防治设施未达到要求的情况下,被告即进行试生产,长期违法向大气排放烟气、二氧化硫及氮氧化物等污染物,其行为破坏了生态平衡,造成了严重的大气污染。

事实上,被告是由煤化工和环保能源开发等大型企业投资设立的专门从事新型煤化工生产的公司,而且在生产过程中多次受到环保主管部门的处罚和督办,其对国家环保和大气污染防治等方面的法律法规是知晓的,却仍然违法向大气排放污染物。其无视国家法律法规,长期违法持续超标排放污染物的行为,是造成环境污染的直接责任者,依法应承担环境侵权责任。

综上所述,由于被告违法向大气排放污染物的行为,在受到处罚的情况下,仍肆意向大气排放污染物,污染了大气环境,损害了社会公共利益,必须承担相应的法律责任。原告作为适格的法律主体,根据《中华人民共和国民事诉讼法》《中华人民共和国环境保护法》《中华人民共和国侵权责任法》《中华人民共和国大气污染防治法》《最高人民法院关于审理环境民事公益诉讼案件适用法律若干问题的解释》《最高人民法院关于审理环境侵权责任纠纷案件适用法律若干问题的解释》《山西省环境保护条例》等相关规定，提起环境民事公益诉讼，请贵院依法支持原告的诉讼请求。

此致

山西省长治市中级人民法院

具状人：中国生物多样性保护与绿色发展基金会

二〇一六年七月五日

45. 重庆两江志愿服务发展中心诉安徽淮化集团有限公司大气污染责任纠纷案

2016年4月26日，重庆两江志愿服务发展中心向淮南中院提交起诉材料，该案目前仍在审理过程中。

起　诉　书

原　　　告：重庆两江志愿服务发展中心。

法定代表人：向×，中心主任。

委托代理人：许××，中心法务人员。

被　　　告：安徽淮化集团有限公司。

地　　　址：略。

法定代表人：杨××，公司董事长。

诉讼请求：

1. 请求判令被告立即停止向大气环境超标排放污染物。在其污染防治设施未经环境保护行政机关组织验收合格前不得进行生产运营；

2. 请求判令被告赔偿因拒不改正超标排放所造成的损失4 000 000元（暂定）；

3. 请求判令被告赔偿设施治理和运行成本费16 750 000元（暂定）；

4. 上述第二、三项诉讼请求中的赔偿金应作为环境污染治理的专项基金，留存于当地的环境污染治理专项公益基金账户或由法院、行政主管机关、原告共同指定的第三方机构设立的专项基金账户，由三方共同监督使用；

5. 请求判令被告通过省级以上的媒体向社会公开赔礼道歉；

6.请求判令被告赔偿本案因诉讼所支出的合理的调查、诉讼费用(以实际发生的为准);

7.由被告承担本案的诉讼费。

事实与理由:

原告是在重庆市民政局登记注册的、以保护环境为目的的公益性非营利社会组织。原告致力于工业污染防治,通过污染调查,从源头控制和末端治理两个路径,达到削减污染之目标。

被告安徽淮化集团有限公司位于安徽省淮南市田家庵区泉山,是一家以氮肥、化肥、化工产品及进出口业务、化工新材料、新产品及机电产品的研发、生产、销售为主的工业企业。

2014年3月间,原告在对安徽省的工业污染调查中发现被告公司的三条大烟筒持续分别外排黑色、黄色和白色的浓烟,对环境造成了严重的污染。原告随即向安徽省环保厅进行了举报。经查:在2013年间,被告即被安徽省环保厅、安徽省监察厅列为联合实施挂牌督办企业。2014年4月14日,因10号炉烟尘超标9.36倍、11号炉烟尘超标1.5倍、12号炉烟尘超标5.21倍而被淮南市环保局给予行政罚款80 000元的处罚。2014年11月11日,又因9号炉烟尘超标6.3倍被淮南市环保局再次给予罚款80 000元的行政处罚。

2015年3月,原告在回访中多次发现,被告被处罚后仍拒不改正,对外大肆超标排放污染物。经在线监测数据显示,其所排放的污染物烟尘、氮氧化物、二氧化硫均严重超标。仅在2015年第一季度,其12号炉排放的烟尘超标竟达8.8倍。而2015年的第二个季度内,烟尘、二氧化硫、氮氧化物无一不超标,最低也在1.7倍以上。

二氧化硫一直是一种强制性约束、严控的污染物,而氮氧化物也成为国家《十二五规划》中继二氧化硫之后的实行总量控制的严控污染物,两者都属具有很强毒素的污染物。烟尘不仅造成空气质量下降,而且能高度富集镍、铬、锌等金属元素,对人类健康能造成急性和多种的严重危害。

被告作为一个大型的化工企业,地处淮南市城郊区内人群较为密集的地区,长期对大气环境超标排放具有极强污染、危险物的二氧化硫、氮氧化物及烟尘污染物。在多次受到督查及约谈措施及行政处罚后,仍不进行整治且持续超标排放,对当地的生态环境造成了极为严重的侵害,对周围居民的生命健康和周边的环境状况造成了极大的危害,严重损害了社会公共利益。

原告作为维护公众和社会环境权益的社会组织,自2010年年初成立后即按章程所确定的业务范围组织开展环境保护工作,五年来无任何违法违纪的行为,具有提起环境公益诉讼的主体资格。在维护环境公益利益上责无旁贷、义不容辞。因此,依据《中华人民共和国民事诉讼法》第五十五条、《中华人民共和国环境保护法》第五十八条之规定，特向人民法院提起公益民事诉讼，请求人民法院依法支持原告的诉讼请求，以维护生态环境正义！

此致

安徽省淮南市中级人民法院

具状人：重庆两江志愿服务发展中心

二〇一六年四月二十六日

46. 江苏省环保联合会、江苏省政府诉德司达（南京）染料有限公司环境污染责任纠纷案

本案是社会组织与省级政府共同提起环境公益诉讼第一案，江苏省环保联合会于2016年11月29日提交起诉材料。

民事起诉状

原　　告：江苏省环保联合会。

法定代表人：王××职务：秘书长。

被　　告：德司达（南京）染料有限公司。

法定代表人：李××职务：董事长。

诉讼请求：

1. 请求判令被告赔偿环境修复费用人民币2428.29万元；

2. 请求判令被告承担原告律师费用人民币17万元；

3. 请求判令被告承担本案全部诉讼费用。

事实与理由：

2013年9月至2014年5月，被告德司达（南京）染料有限公司（以下简称德司达公司）在明知王××无废酸处置资质的情况下，多次将公司生产过程中产生的废酸以每吨处置费580元的价格交给王××处置。王××明知丁××无废酸处置资质，仍将废酸以每吨处置费150元的价格交给丁××处置。丁××安排孙×、钱×、张××、王×云等人将其中2698.1吨倾倒至泰东河、新通扬运河水域，严重污染环境。

2016年10月8日，扬州市中级人民法院作出（2016）苏10刑终185号《刑事裁定书》，维持一审判决，认定被告德司达公司系主犯，犯污染环境罪，判处罚金人民币2000

万元。上述刑事案件中,人民法院采纳江苏科技咨询中心(2014)认字第04号污染环境损害评估技术报告结论,认定被告外委处置废酸属于危险废物,废酸液排放数量2698.1吨,环境污染修复费用为2428.29万元。

原告成立于2009年,系江苏省环境保护厅主管的主要从事环境保护宣传教育、社会监督、环境维权、环保培训、国际合作等各类环保公益活动的社会组织,具备合法的环境公益诉讼主体资格。

原告认为,被告德司达公司负有防范其副产废酸污染环境的义务。《中华人民共和国水污染防治法》第二十九条规定,禁止向水体排放油类、酸类、碱液或者剧毒废液。被告德司达公司作为废酸的产生厂家,应当预见到废酸的无序流转存在极大的环境风险,其处置行为必须尽到谨慎注意义务并采取一切必要的、可行的措施防止其最终被倾倒,但本案被告德司达公司在明知废酸极有可能被非法倾倒情况下,却对此持放任态度。其委托并不具备能力和资质的个人处置废酸,应视为是一种在防范污染物对环境污染损害上的不作为,该不作为与环境污染损害结果之间存在法律上的因果关系。可以说,被告德司达公司委托王××处置废酸的行为是违法倾倒得以实施的必要条件,也是造成如泰东河、新通扬运河水域环境污染的直接原因,应当依据《中华人民共和国侵权责任法》第六十五条规定,对污染环境造成的损害承担侵权责任。此外,根据《最高人民法院关于审理环境民事公益诉讼案件适用法律若干问题的解释》第二十二条的规定,应由被告德司达公司承担本案合理的律师费用。

《最高人民法院关于民事诉讼证据的若干规定》第九条规定,已为人民法院发生法律效力的裁判所确认的事实无须举证证明,上述事实已被(2016)苏10刑终185号生效《刑事裁定书》认定,现原告根据《环境保护法》第五十八条之规定诉至贵院,请贵院依法判令如诉。

此致

南京市中级人民法院

具状人:江苏省环保联合会

二〇一六年十一月二十九日

二、检察机关提起的公益诉讼[①]

（一）试点期间检察机关提起民事公益诉讼案件情况

编号	公益诉讼人	被告	一审法院	起诉时间	备注
1	江苏常州检察院	许建×、许玉×	常州中院	2015年12月22日	全国首例检察机关提起的民事公益诉讼案 2015年度检察机关十大法律监督案例 检察机关提起公益诉讼试点工作典型案例 最高检第八批指导性案例（检例第28号） 辖区内没有适格主体起诉
2	江苏徐州检察院	徐州市鸿顺造纸有限公司	徐州中院	2015年12月22日	全国首例判决的检察机关提起的民事公益诉讼案 检察机关提起公益诉讼试点工作典型案例 最高院2017年3月7日发布的环境公益诉讼典型案例 全国首例检察机关提起且进入二审程序的民事公益诉讼案 辖区内三家适格主体在收到督促起诉意见书后回复：不具备开展公益诉讼的能力
3	广东肇庆检察院	麦×钟、麦×标	肇庆中院	2016年1月18日	广东首例检察机关提起的公益诉讼案 全国首例调解结案的检察机关提起的公益诉讼案
4	吉林白山检察院	吉林白山市江源区卫生和计划生育局与江源区中医院	白山中院	2016年3月1日	全国首例检察机关提起的行政附带民事公益诉讼案 最高检第八批指导性案例（检例第29号） 最高院2017年3月7日发布的环境公益诉讼典型案例

① 本部分（一）和（二）是山东大学刘加良副教授根据《检察日报》《人民法院报》《中国环境报》《新快报》以及最高检网上发布厅在2015年12月至2017年2月报道的案例信息整理而成。

续表

编号	公益诉讼人	被告	一审法院	起诉时间	备注
5	广东广州检察院	张××、邝××	广州中院	2016年2月29日	广州首例检察机关提起的民事公益诉讼案 辖区内没有适格主体起诉
6	江苏泰州检察院	南通丰越化工有限公司、南通恒铭化工有限公司	泰州中院	2016年2月29日	无
7	广东汕头检察院	郭××、黄××、陈××与郑×、姚××	潮州中院	2016年4月7日	无
8	云南普洱检察院	云南景谷矿冶股份有限公司	普洱中院	2016年4月8日	无
9	江苏盐城检察院	张××和扬州腾达化工厂、泰兴市康鹏专用化学品有限公司等六家企业	盐城中院	2016年6月13日	辖区内没有适格主体起诉
10	湖北检察院汉江分院	湖北省利川市五洲牧业有限责任公司	汉江中院	2016年6月16日	湖北首例检察机关提起的民事公益诉讼案 恩施检察院发现线索,恩施州辖区内没有适格主体 湖北检察院指定汉江分院起诉
11	山东临沂检察院	曲××、刘××、张××、唐××	临沂中院	2016年6月27日	山东首例检察机关提起的民事公益诉讼案 辖区内没有适格主体起诉
12	福建三明检察院	苏××、陈××、於××、张××、黄××、林××等	三明中院	2016年6月27日	福建首例检察机关提起的民事公益诉讼案(预防型民事公益诉讼)
13	贵州铜仁检察院	贵州玉屏湘盛化工有限公司	遵义中院	2016年9月20日	贵州首例检察机关提起的民事公益诉讼案 铜仁市范围内没有适格主体

续表

编号	公益诉讼人	被告	一审法院	起诉时间	备注
14	湖北检察院汉江分院	湖北省仙桃市毛嘴山红废旧回收门市部	汉江中院	2016年9月22日	仙桃检察院发现线索 辖区内没有适格主体起诉
15	山东聊城检察院	杨××、邵××、河南省濮阳市盛源石油化工有限公司	聊城中院	2016年10月9日	聊城市范围内没有适格主体
16	江苏无锡检察院	江阴华美热电有限公司、陆佰×、任××、徐××、周××、颜××、王××、陆伟×、汤××	无锡中院	2016年11月3日	无
17	江苏苏州检察院	苏州市旭东科技发展有限公司、浙江友联化学工业有限公司、苏州秋泽化工贸易有限公司、徐文×、徐兴×、周××	苏州中院	2016年11月8日	辖区内没有适格主体
18	云南临沧检察院	临翔区埃灯珠宝店（个体）	临沧中院	2016年11月14日	全国首批检察机关提起的消费民事公益诉讼案
19	云南临沧检察院	临翔区瓦翔珠宝店	临沧中院	2016年11月14日	全国首批检察机关提起的消费民事公益诉讼案
20	云南临沧检察院	临翔区何氏百货店	临沧中院	2016年11月14日	全国首批检察机关提起的消费民事公益诉讼案
21	云南临沧检察院	沧源县咪咪小卖铺	临沧中院	2016年11月14日	全国首批检察机关提起的消费民事公益诉讼案

续表

编号	公益诉讼人	被告	一审法院	起诉时间	备注
22	安徽合肥检察院	合肥伟茂铝业有限公司	合肥中院	2016 年 11 月 21 日	安徽首例检察机关提起的民事公益诉讼案
23	广东韶关检察院	郑××、邓××	清远中院	2016 年 11 月 21 日	无
24	贵州贵阳检察院	贵州观茂生态农业有限公司	贵阳中院	2016 年 11 月 23 日	适格主体贵阳公众环境教育中心回复不起诉
25	湖北十堰检察院	周××	十堰中院	2016 年 12 月 5 日	全国首例检察机关提起的食品安全领域的民事公益诉讼案 适格主体湖北省消费者委员会未书面回复也未起诉
26	广东清远检察院	广东天弼陶瓷有限公司、熊××、植××、周××、肖××、黄×	清远中院	2016 年 12 月 24 日	无
27	山东潍坊检察院	袁×天、郭××、宋××、黄××、袁×波	潍坊中院	2016 年 12 月	经调查,辖区内没有适格主体
28	山东烟台检察院	王××、马××	烟台中院	2016 年 12 月	经调查,辖区内没有适格主体
29	山东临沂检察院	郭××、刘××	临沂中院	2016 年 12 月	经调查,辖区内没有适格主体
30	广东深圳检察院	熊××、蓝×、吴××、冯××、欧××、廖××、王××、陈××	深圳中院	2016 年 12 月 15 日	督促起诉的公告(发布于《深圳特区报》2016 年 11 月 11 日 B3 版)期满后未有适格主体起诉
31	吉林长春检察院	姜××	长春中院	2016 年 12 月 6 日	适格主体吉林省消费者协会回复不起诉
32	贵州贵阳检察院	开阳浩洋环保科技开发有限公司	贵阳中院	2016 年 12 月 23 日	适格主体贵阳公众环境教育中心回复不起诉

续表

编号	公益诉讼人	被告	一审法院	起诉时间	备注
33	福建龙岩检察院	福建省迈奇新型建材有限公司	龙岩中院	2016年12月26日	福建首例大气污染民事公益诉讼案
34	山东临沂检察院	杜××、沈××、徐××、万××、曹××	临沂中院	2016年12月23日	辖区内没有适格主体
35	北京检察院第四分院	北京天龙鑫桥铝业有限公司	北京四中院	2016年12月27日	适格主体未起诉
36	北京检察院第四分院	凌××	北京四中院	2016年12月27日	适格主体未起诉
37	湖北荆州江陵检察院	钟祥市丰登化工厂	江陵法院	2016年12月27日	荆门检察院发现线索 荆门市和荆州市辖区内没有适格主体 依湖北高院的指定管辖确定起诉主体
38	山东聊城检察院	山东蓝星清洗防腐公司	济南中院	2016年12月30日	济南市人民检察院发现线索 辖区内没有适格主体
39	山东聊城检察院	陈××		2016年12月30日	淄博检察院发现线索 辖区内没有适格主体
40	山东聊城检察院	芦××	淄博中院	2016年12月30日	淄博检察院发现线索 辖区内没有适格主体
41	山东聊城检察院	路××	淄博中院	2016年12月30日	淄博检察院发现线索 辖区内没有适格主体
42	山东聊城检察院	许玉×、刘××、许桂×	淄博中院	2016年12月30日	淄博检察院发现线索 辖区内没有适格主体

(二)检察机关提起行政公益诉讼案件统计

序号	公益诉讼人(原告)	被告	一审法院	所涉领域	起诉理由	备注	案例发布时间
1	山东青岛即墨检察院	即墨市国土资源局	即墨法院	国有土地使用权出让领域	被告违法行使职权	山东检察机关提起的第一例行政公益诉讼案	2015 年 10 月 10 日
2	山东庆云检察院	庆云县环保部门	庆云法院	生态环境和资源保护领域	被告违法行使职权	全国首例行政公益诉讼,2016 年 6 月 20 日,判决检察机关一审胜诉	2015 年 12 月 21 日
3	贵州锦屏检察院	锦屏县环境保护局	福泉法院	生态环境和资源保护领域	被告不依法履行职责	最高检发布的案例	2015 年 12 月 22 日
4	福建清流检察院	清流县环境保护局	清流法院	生态环境和资源保护领域	被告不依法履行职责	最高检发布的案例,案件于 2016 年 3 月 1 日公开宣判,检察机关胜诉	2015 年 12 月 22 日
5	安徽蚌埠淮上检察院	蚌埠市国土资源局	淮上法院	生态环境和资源保护领域	被告不依法履行职责	安徽省检察机关提起的首例公益诉讼案件,也是全国首例针对市级行政机关提起的资源保护型行政公益诉讼案件	2016 年 1 月 20 日
6	贵州六盘水六枝检察院	贵州省安顺市镇宁县丁旗镇人民政府	清镇法院	生态环境和资源保护领域	被告违法行使职权	检察机关一审胜诉	2016 年 1 月 21 日

续表

序号	公益诉讼人（原告）	被告	一审法院	所涉领域	起诉理由	备注	案例发布时间
7	湖北十堰郧阳检察院	郧阳区林业局	郧阳法院	生态环境和资源保护领域	被告不依法履行职责	系该省首例检察机关提起并判决的行政公益诉讼案，检察机关一审胜诉	2016年2月29日
8	吉林白山检察院	白山市江源区中医院	白山中院	生态环境和资源保护领域	被告不依法履行职责	全国首例行政附带民事公益诉讼案件，2016年7月15日，一审判决检察机关胜诉	2016年8月2日
9	江苏苏州吴江检察院	吴江区国土资源局	吴江法院	生态环境和资源保护领域	被告不依法履行职责	无	2016年4月8日
10	陕西凤翔检察院	宝鸡市环境保护局凤翔分局	凤翔法院	生态环境和资源保护领域	被告不依法履行职责	陕西省检察机关提起的首例公益诉讼案件	2016年5月11日
11	甘肃酒泉肃州检察院	肃州区财政局	甘肃酒泉玉门法院	国有资产保护领域	被告不依法履行职责	甘肃省检察机关提起的首例行政公益诉讼案件，也是检察机关提起的全国首例国有资产保护行政公益诉讼案件	2016年6月2日
12	广东深圳宝安检察院	广东江门台山市国土资源局	江门江海法院	国有土地使用权出让领域	被告违法行使职权	无	2016年6月30日

续表

序号	公益诉讼人(原告)	被告	一审法院	所涉领域	起诉理由	备注	案例发布时间
13	福建南平光泽检察院	光泽县农业机械管理总站	南平建阳法院	国有资产保护领域	被告不依法履行职责	福建省检察机关提起的第二例行政公益诉讼案件。2016 年 10 月 10 日,判决检察机关一审胜诉	2016 年 7 月 1 日
14	陕西府谷检察院	府谷县国土资源局	府谷法院	国有土地使用权出让领域	被告不依法履行职责	全省首例国有土地使用权出让领域行政公益诉讼	2016 年 7 月 4 日
15	陕西留坝检察院	留坝县国土资源局	留坝法院	生态环境和资源保护领域	被告不依法履行职责	陕西省检察机关提起的第二起公益诉讼案件	2016 年 7 月 5 日
16	内蒙古包头稀土高新技术开发区检察院	包头稀土高新技术开发区国土资源局	包头昆都仑法院	国有土地使用权出让领域	被告不依法履行职责	无	2016 年 7 月 8 日
17	内蒙古正蓝旗检察院	内蒙古自治区正蓝旗生态保护局	正蓝旗法院	生态环境和资源保护领域	被告不依法履行职责	2016 年 12 月 9 日,判决检察机关一审胜诉	2016 年 7 月 10 日
18	内蒙古锡林郭勒盟苏尼特左旗检察院	内蒙古自治区锡林郭勒盟苏尼特左旗生态保护局	苏尼特左旗法院	生态环境和资源保护领域	被告不依法履行职责	首例保护荒漠草原的行政公益诉讼案,2016 年 10 月 25 日,判决检察机关一审胜诉	2016 年 7 月 11 日
19	安徽阜阳阜南检察院	阜南县住房和城乡建设局(城乡管理行政执法局)	阜南法院	生态环境和资源保护领域	被告违法行使职权	2016 年 10 月 20 日,判决检察机关一审胜诉	2016 年 7 月 30 日

续表

序号	公益诉讼人（原告）	被告	一审法院	所涉领域	起诉理由	备注	案例发布时间
20	甘肃陇南宕昌检察院	宕昌县水务局	西和法院	国有资产保护领域	被告不依法履行职责	陇南市检察机关被确定为全省检察机关提起公益诉讼试点地区以来，陇南市检察机关提起的首例行政公益诉讼案件	2016年8月12日
21	甘肃兰州永登检察院	永登县农林局	兰州铁路运输法院	生态环境和资源保护领域	被告不依法履行职责	无	2016年8月13日
22	甘肃白银景泰检察院	景泰县财政局	兰州铁路运输法院	国有资产保护领域	被告不依法履行职责	无	2016年8月14日
23	甘肃陇南宕昌检察院	宕昌县水务局	西和法院	国有资产保护领域	被告不依法履行职责	2016年12月2日，判决检察机关一审胜诉，是甘肃省首例作出判决的行政公益诉讼案	2016年12月22日
24	山东莱西检察院	莱西市水利局	莱西法院	生态环境和资源保护领域	被告不依法履行职责	无	2016年8月24日
25	湖北咸宁通城检察院	通城县国土资源局	通城法院	生态环境和资源保护领域	被告不依法履行职责	无	2016年9月5日
26	湖北大冶检察院	大冶市国土资源局	大冶法院	生态环境和资源保护领域	被告不依法履行职责	无	2016年9月12日
27	吉林延吉检察院	延吉市环境保护局	延吉法院	生态环境和资源保护领域	被告不依法履行职责	无	2016年9月18日
28	吉林通化辉南检察院	辉南县林业局	辉南法院	生态环境和资源保护领域	被告不依法履行职责	无	2016年9月18日
29	吉林敦化检察院	敦化市国土资源局	敦化法院	生态环境和资源保护领域	被告不依法履行职责	无	2016年10月8日
30	陕西三原检察院	三原县大程镇人民政府	三原法院	生态环境和资源保护领域	被告不依法履行职责	无	2016年10月14日

续表

序号	公益诉讼人（原告）	被告	一审法院	所涉领域	起诉理由	备注	案例发布时间
31	安徽六安金寨检察院	金寨县商务和粮食局、金寨县财政局	金寨法院	国有资产保护领域	被告不依法履行职责	无	2016 年 10 月 15 日
32	广东清远清新检察院	清新区浸潭镇人民政府	清新法院	生态环境和资源保护领域	被告违法行使职权	无	2016 年 10 月 26 日
33	贵州铜仁碧江检察院	铜仁市国土资源局	播州法院	生态环境和资源保护领域，国有土地使用权出让领域	被告违法行使职权，怠于履行职权	无	2016 年 10 月 26 日
34	陕西西安周至检察院	周至县国土资源局	西安铁路运输法院	生态环境和资源保护领域	被告不依法履行职责	无	2016 年 10 月 31 日
35	陕西安康铁路运输检察院	汉阴县国土资源局	安康铁路运输法院	生态环境和资源保护领域	被告不依法履行职责	无	2016 年 10 月 31 日
36	吉林珲春检察院	珲春市国土资源局	珲春法院	生态环境和资源保护领域	被告不依法履行职责	无	2016 年 11 月 1 日
37	吉林白城洮北检察院	洮北区林业局	洮北法院	生态环境和资源保护领域	被告不依法履行职责	无	2016 年 11 月 1 日
38	吉林洮南检察院	洮南市畜牧业管理局	洮南法院	生态环境和资源保护领域	被告不依法履行职责	无	2016 年 11 月 3 日
39	吉林通榆检察院	通榆县农业和畜牧业局	通榆法院	生态环境和资源保护领域	被告不依法履行职责	无	2016 年 11 月 3 日
40	吉林和龙检察院	和龙市林业局	和龙法院	生态环境和资源保护领域	被告不依法履行职责	无	2016 年 11 月 4 日
41	吉林舒兰检察院	舒兰市平安镇政府	舒兰法院	生态环境和资源保护领域	被告不依法履行职责	无	2016 年 11 月 10 日
42	吉林白河林区检察院	延边朝鲜族自治州林业管理局	白河林区法院	生态环境和资源保护领域	被告不依法履行职责	无	2016 年 11 月 11 日

续表

序号	公益诉讼人（原告）	被告	一审法院	所涉领域	起诉理由	备注	案例发布时间
43	云南镇沅检察院	云南省镇沅彝族哈尼族拉祜族自治县国土资源局	云南景谷法院	国有资产保护领域	被告不依法履行职责	无	2016年11月12日
44	云南墨江检察院	云南省墨江哈尼族自治县国土资源局	思茅法院	国有土地使用权出让领域	被告不依法履行职责	无	2016年11月12日
45	吉林梨树检察院	梨树县林业局	梨树法院	生态环境和资源保护领域	被告不依法履行职责	无	2016年11月13日
46	贵州贵阳云岩检察院	贵阳市国土资源局云岩区分局	清镇法院	生态环境和资源保护领域	被告不依法履行职责	无	2016年11月16日
47	甘肃天水张家川检察院	张家川县水务局	麦积法院	生态环境和资源保护领域	被告不依法履行职责	无	2016年11月17日
48	福建福清检察院	福清市国土资源局	福清法院	国有土地使用权出让领域	被告不依法履行职责	2016年12月29日，判决检察机关一审胜诉	2016年11月17日
49	广东清远佛冈检察院	佛冈县国土资源局	清新法院	生态环境和资源保护领域	被告不依法履行职责	无	2016年11月17日
50	云南个旧检察院	个旧市国土资源局	个旧法院	国有资产保护领域	被告不依法履行职责	无	2016年11月23日
51	云南临沧临翔检察院	临沧市临翔区水务局	临翔法院	生态环境和资源保护领域	被告不依法履行职责	无	2016年11月24日
52	广东广州黄埔检察院	广州市开发区建设和环境保护局	广州铁路运输第一法院	生态环境和资源保护领域	被告不依法履行职责	无	2016年11月24日
53	广东广州南沙检察院	南沙区黄阁镇政府	广州铁路运输第一法院	国有资产保护领域	被告不依法履行职责	无	2016年11月24日

续表

序号	公益诉讼人(原告)	被告	一审法院	所涉领域	起诉理由	备注	案例发布时间
54	广东广州增城检察院	增城区林业和园林局	广州铁路运输第一法院	生态环境和资源保护领域	被告不依法履行职责	无	2016年11月24日
55	甘肃会宁检察院	会宁县国土局	兰州铁路运输法院	生态环境和资源保护领域	被告不依法履行职责	无	2016年11月25日
56	甘肃庆城检察院	庆城县环境保护局	庆阳林区法院	生态环境和资源保护领域	被告不依法履行职责	无	2016年11月25日
57	山东费县检察院	费县房地产管理局	费县法院	国有资产保护领域	被告不依法履行职责	无	2016年11月28日
58	山东海阳检察院	海阳市水利局	海阳法院	生态环境和资源保护领域	被告不依法履行职责	无	2016年11月28日
59	湖北崇阳检察院	崇阳县财政局	崇阳法院	国有资产保护领域	被告不依法履行职责	无	2016年11月29日
60	山东即墨检察院	即墨市国土资源局	即墨法院	国有土地使用权出让领域	被告不依法履行职责	无	2016年11月29日
61	云南弥渡检察院	弥渡县国土资源局	弥渡法院	国有资产保护领域	被告不依法履行职责	无	2016年11月30日
62	山东昌乐检察院	昌乐县国土资源局	昌乐法院	生态环境和资源保护领域	被告不依法履行职责	无	2016年12月1日
63	贵州岑巩检察院	岑巩县国土资源局	三穗法院	国有土地使用权出让领域	被告不依法履行职责	无	2016年12月2日
64	陕西咸阳秦都检察院	咸阳市城市管理综合行政执法局	秦都法院	生态环境和资源保护领域	被告不依法履行职责	无	2016年12月3日
65	甘肃兰州七里河检察院	七里河区环境保护局	兰州铁路运输法院	生态环境和资源保护领域	被告不依法履行职责	无	2016年12月3日

续表

序号	公益诉讼人（原告）	被告	一审法院	所涉领域	起诉理由	备注	案例发布时间
66	陕西咸阳旬邑检察院	旬邑县国土资源局	旬邑法院	生态环境和资源保护领域	被告不依法履行职责	无	2016年12月4日
67	广东深圳检察院	宝安区西乡街道办事处	深圳中院	国有资产保护领域	被告不依法履行职责	无	2016年12月4日
68	广东韶关翁源检察院	翁源县国土资源局	翁源法院	生态环境和资源保护领域	被告不依法履行职责	无	2016年12月5日
69	广东乐昌检察院	乐昌环保局	乐昌法院	生态环境和资源保护领域	被告不依法履行职责	无	2016年12月5日
70	广东南澳检察院	南澳环保局	南澳法院	生态环境和资源保护领域	被告不依法履行职责	无	2016年12月6日
71	广东深圳盐田检察院	深圳市龙华新区城市管理局	盐田法院	生态环境和资源保护领域	被告不依法履行职责	无	2016年12月6日
72	福建南平建阳检察院	南平市建阳区水利局	延平法院	生态环境和资源保护领域	被告不依法履行职责	无	2016年12月7日
73	广东汕头濠江检察院	濠江区农林水务局	澄海法院	生态环境和资源保护领域	被告不依法履行职责	无	2016年12月7日
74	贵州毕节七星关检察院	毕节市七星关区环保局	仁怀法院	生态环境和资源保护领域	被告不依法履行职责	无	2016年12月8日
75	贵州黔西检察院	黔西县国土资源局	仁怀法院	国有资产保护领域	被告不依法履行职责	无	2016年12月8日
76	吉林梅河口检察院	梅河口市环保局	梅河口法院	生态环境和资源保护领域	被告不依法履行职责	无	2016年12月15日
77	吉林集安检察院	集安市林业局	集安法院	生态环境和资源保护领域	被告不依法履行职责	无	2016年12月15日
78	贵州赫章检察院	赫章县林业局	仁怀法院	生态环境和资源保护领域	被告不依法履行职责	无	2016年12月15日
79	贵州金沙检察院	贵州省毕节市七星关区大银镇人民政府	仁怀法院	生态环境和资源保护领域	被告不依法履行职责	无	2016年12月15日

续表

序号	公益诉讼人（原告）	被告	一审法院	所涉领域	起诉理由	备注	案例发布时间
80	湖北浠水检察院	浠水县林业局	浠水法院	生态环境和资源保护领域	被告不依法履行职责	无	2016年12月16日
81	湖北武汉新洲检察院	新洲区国土资源和规划局	新洲法院	生态环境和资源保护领域	被告不依法履行职责	无	2016年12月16日
82	甘肃清水检察院	清水县国土资源局	麦积法院	生态环境和资源保护领域	被告不依法履行职责	无	2016年12月17日
83	甘肃武山检察院	武山县滩歌镇人民政府	秦州法院	生态环境和资源保护领域	被告不依法履行职责	2016年12月30日,判决检察机关一审胜诉	2016年12月17日
84	贵州榕江检察院	榕江县林业局	福泉法院	生态环境和资源保护领域	被告不依法履行职责	无	2016年12月17日
85	贵州贵阳白云检察院	白云区艳山红镇人民政府	清镇法院	生态环境和资源保护领域	被告不依法履行职责	无	2016年12月17日
86	湖北公安检察院	公安环保局	公安法院	生态环境和资源保护领域	被告不依法履行职责	无	2016年12月21日
87	甘肃环县检察院	环县水务局	庆阳林区法院	生态环境和资源保护领域	被告不依法履行职责	无	2016年12月21日
88	福建南安检察院	南安环保局	南安法院	生态环境和资源保护领域	被告不依法履行职责	无	2016年12月23日
89	湖北武汉洪山检察院	洪山区城乡统筹发展局	洪山法院	生态环境和资源保护领域	被告不依法履行职责	无	2016年12月23日
90	广东连州检察院	连州市林业局	连州法院	生态环境和资源保护领域	被告不依法履行职责	无	2016年12月24日
91	甘肃嘉峪关城区检察院	嘉峪关市人民防空办公室	嘉峪关城区法院	国有资产保护领域	被告不依法履行职责	无	2016年12月25日
92	广东汕头澄海检察院	澄海区水务局	濠江法院	生态环境和资源保护领域	被告不依法履行职责	无	2016年12月25日
93	广东汕头金平检察院	金平区水务局	龙湖法院	生态环境和资源保护领域	被告不依法履行职责	无	2016年12月25日
94	广东汕头潮南检察院	潮南区国土资源局	潮阳法院	生态环境和资源保护领域	被告不依法履行职责	无	2016年12月25日

续表

序号	公益诉讼人（原告）	被告	一审法院	所涉领域	起诉理由	备注	案例发布时间
95	北京昌平检察院	北京市规划和国土资源管理委员会	昌平法院	生态环境和资源保护领域	被告不依法履行职责	无	2016年12月29日
96	甘肃宁县检察院	宁县住房和城乡建设局	庆阳林区法院	生态环境和资源保护领域	被告不依法履行职责	无	2016年12月29日
97	福建建瓯检察院	建瓯市农业机械管理总站	延平法院	国有资产保护领域	被告不依法履行职责	无	2016年12月29日
98	福建长乐检察院	长乐市农业机械管理站	长乐法院	国有资产保护领域	被告不依法履行职责	无	2016年12月29日
99	福建建宁检察院	建宁县人民防空办公室	建宁法院	国有资产保护领域	被告不依法履行职责	无	2016年12月30日
100	广东阳山检察院	阳山县国土资源局	清新法院	生态环境和资源保护领域	被告不依法履行职责	无	2016年12月30日
101	贵州晴隆检察院	晴隆环保局	普安法院	生态环境和资源保护领域	被告不依法履行职责	无	2017年1月12日
102	贵州清镇检察院	清镇市流长苗族乡政府	清镇法院	生态环境和资源保护领域	被告不依法履行职责	无	2017年1月12日
103	贵州盘县检察院	盘县城乡规划和城市管理局	水城法院	国有资产保护领域	被告不依法履行职责	无	2017年1月12日
104	贵州德江检察院	贵州省德江县国土资源局	思南法院	国有资产保护领域	被告不依法履行职责	无	2017年1月13日
105	贵州剑河检察院	贵州省剑河县国土资源局	缺	国有资产保护领域	被告不依法履行职责	无	2017年1月13日
106	贵州麻江检察院	贵州省麻江县国土资源局	缺	国有资产保护领域	被告不依法履行职责	无	2017年1月13日
107	江苏南京江宁检察院	江宁区环境保护局	南京铁路运输法院	生态环境和资源保护领域	被告不依法履行职责	无	2017年1月13日

续表

序号	公益诉讼人(原告)	被告	一审法院	所涉领域	起诉理由	备注	案例发布时间
108	贵州石阡检察院	石阡县国土资源局	播州法院	生态环境和资源保护领域	被告不依法履行职责	无	2017年1月13日
109	贵州镇远检察院	镇远县水务局	福泉法院	生态环境和资源保护领域	被告不依法履行职责	无	2017年1月14日
110	吉林德惠检察院	德惠市社会保险事业管理局	德惠法院	国有资产保护领域	被告不依法履行职责	无	2017年1月15日
111	江苏兴化检察院	兴化市环境保护局	海陵法院	生态环境和资源保护领域	被告不依法履行职责	无	2017年1月15日
112	江苏睢宁检察院	江苏省睢宁县人民防空办公室	睢宁法院	国有资产保护领域	被告不依法履行职责	无	2017年1月15日
113	广东广州番禺检察院	番禺环保局	广州铁路运输第一法院	生态环境和资源保护领域	被告不依法履行职责	无	2017年1月16日
114	广东广州荔湾检察院	荔湾区综合行政执法局	广州铁路运输第一法院	生态环境和资源保护领域	被告不依法履行职责	无	2017年1月16日
115	广东广州天河检察院	天河环保局	广州铁路运输第一法院	生态环境和资源保护领域	被告不依法履行职责	无	2017年1月16日
116	吉林柳河检察院	柳河县国土资源局	柳河法院	生态环境和资源保护领域	被告不依法履行职责	无	2017年1月16日
117	吉林抚松检察院	抚松县林业局	抚松法院	生态环境和资源保护领域	被告不依法履行职责	无	2017年1月16日
118	吉林临江检察院	临江市林业局	临江法院	生态环境和资源保护领域	被告不依法履行职责	无	2017年1月16日
119	湖北黄冈麻城检察院	红安县林业局	麻城法院	生态环境和资源保护领域	被告不依法履行职责	无	2017年1月17日
120	湖北黄冈武穴检察院	武穴市林业局	缺	生态环境和资源保护领域	被告不依法履行职责	无	2017年1月17日
121	湖北黄石黄石港检察院	黄石市林业局	缺	生态环境和资源保护领域	被告不依法履行职责	无	2017年1月17日

续表

序号	公益诉讼人（原告）	被告	一审法院	所涉领域	起诉理由	备注	案例发布时间
122	湖北黄石西塞山检察院	黄石市经济技术开发区环保局	西塞山法院	生态环境和资源保护领域	被告不依法履行职责	无	2017年1月17日
123	吉林汪清检察院	汪清县卫生和计划生育局	汪清法院	生态环境和资源保护领域	被告不依法履行职责	无	2017年1月18日
124	吉林长春南关检察院	南关区卫生和计划生育局	南关法院	生态环境和资源保护领域	被告不依法履行职责	无	2017年1月18日
125	吉林长春经济技术开发区检察院	长春经济技术开发区建设发展局	长春经济技术开发区法院	生态环境和资源保护领域	被告不依法履行职责	无	2017年1月18日
126	长春净月高新技术产业开发区检察院	长春净月高新技术产业开发区林业局	长春净月高新技术产业开发区法院	生态环境和资源保护领域	被告不依法履行职责	无	2017年1月18日
127	长春榆树检察院	榆树市林业局	榆树法院	生态环境和资源保护领域	被告不依法履行职责	无	2017年1月18日
128	贵州黔西南安龙检察院	安龙县国土资源局	黔西南普安法院	生态环境和资源保护领域	被告不依法履行职责	无	2017年1月20日
129	贵州黔西南册亨检察院	安龙县栖凤街道办事处	黔西南普安法院	生态环境和资源保护领域	被告违法履行职责，不依法履行职责	无	2017年1月20日
130	贵州凯里检察院	凯里市国土资源局	福泉法院	生态环境和资源保护领域	被告不依法履行职责	无	2017年1月20日
131	贵州思南检察院	思南县国土资源局	播州法院	生态环境和资源保护领域	被告不依法履行职责	无	2017年1月20日
132	吉林敦化林区检察院	延边朝鲜族自治州林业管理局	吉林敦化林区法院	生态环境和资源保护领域	被告不依法履行职责	无	2017年1月20日
133	吉林省吉林市丰满检察院	丰满区林业局	丰满法院	生态环境和资源保护领域	被告不依法履行职责	无	2017年1月20日

续表

序号	公益诉讼人（原告）	被告	一审法院	所涉领域	起诉理由	备注	案例发布时间
134	安徽砀山检察院	砀山环保局	缺	生态环境和资源保护领域	被告不依法履行职责	无	2017 年 1 月 23 日
135	安徽南陵检察院	南陵环保局	缺	生态环境和资源保护领域	被告不依法履行职责	无	2017 年 1 月 23 日
136	安徽来安检察院	来安环保局	缺	生态环境和资源保护领域	被告不依法履行职责	无	2017 年 1 月 23 日
137	安徽芜湖三山检察院	繁昌环保局	缺	生态环境和资源保护领域	被告不依法履行职责	无	2017 年 1 月 23 日
138	安徽滁州琅琊检察院	琅琊环保局	缺	生态环境和资源保护领域	被告不依法履行职责	无	2017 年 1 月 23 日
139	安徽合肥瑶海检察院	瑶海区铜陵路街道办事处	缺	国有资产保护领域	被告不依法履行职责	无	2017 年 1 月 23 日
140	安徽肥西检察院	肥西县上派镇人民政府	缺	国有资产保护领域	被告不依法履行职责	无	2017 年 1 月 23 日
141	安徽舒城检察院	舒城县林业局	舒城法院	生态环境和资源保护领域	被告不依法履行职责	无	2017 年 1 月 23 日
142	安徽凤阳检察院	凤阳县林业局	凤阳法院	生态环境和资源保护领域	被告不依法履行职责	无	2017 年 1 月 23 日
143	安徽合肥蜀山检察院	合肥市国家税务局	蜀山法院	国有资产保护领域	被告不依法履行职责	无	2017 年 1 月 23 日
144	湖北武汉武昌检察院	湖北省随县水利局	武昌法院	生态环境和资源保护领域	被告不依法履行职责	无	2017 年 1 月 24 日
145	湖北石首检察院	石首市财政局	石首法院	国有资产保护领域	被告不依法履行职责	无	2017 年 1 月 24 日
146	湖北郧西检察院	郧西县地方税务局	缺	国有资产保护领域	被告不依法履行职责	无	2017 年 1 月 24 日
147	湖北武汉东湖新技术开发区检察院	钟祥市地方税务局	缺	国有资产保护领域	被告不依法履行职责	无	2017 年 1 月 24 日
148	湖北赤壁检察院	赤壁市林业局	缺	生态环境和资源保护领域	被告不依法履行职责	无	2017 年 1 月 24 日
149	湖北通山检察院	通山县林业局	缺	生态环境和资源保护领域	被告不依法履行职责	无	2017 年 1 月 24 日
150	湖北嘉鱼检察院	嘉鱼县林业局	缺	生态环境和资源保护领域	被告不依法履行职责	无	2017 年 1 月 24 日

续表

序号	公益诉讼人（原告）	被告	一审法院	所涉领域	起诉理由	备注	案例发布时间
151	广东始兴检察院	始兴县农业机械管理总站	始兴法院	国有资产保护领域	被告不依法履行职责	无	2017年2月3日
152	广东德庆检察院	德庆县国土资源局	鼎湖法院	国有资产保护领域	被告不依法履行职责	无	2017年2月3日
153	广东广宁检察院	广宁县林业局	鼎湖法院	生态环境和资源保护领域	被告不依法履行职责	无	2017年2月3日
154	广东仁化检察院	仁化县林业局	仁化法院	生态环境和资源保护领域	被告不依法履行职责	无	2017年2月3日
155	广东四会检察院	四会市财政局	鼎湖法院	国有资产保护领域	被告不依法履行职责	无	2017年2月3日
156	云南南涧检察院	南涧彝族自治县国土资源局	南涧法院	国有资产保护领域	被告不依法履行职责	无	2017年2月4日
157	福建永泰检察院	永泰县水利局	永泰法院	国有资产保护领域	被告不依法履行职责	无	2017年2月4日
158	福建泉州丰泽检察院	丰泽区农林水局	丰泽法院	生态环境和资源保护领域	被告不依法履行职责	无	2017年2月4日
159	福建福州仓山检察院	仓山区农林水局	仓山法院	生态环境和资源保护领域	被告不依法履行职责	无	2017年2月4日
160	福建龙岩永定检察院	永定区农机管理站	永定法院	国有资产保护领域	被告不依法履行职责	无	2017年2月4日
161	福建顺昌检察院	顺昌县国土资源局	缺	生态环境和资源保护领域	被告不依法履行职责	无	2017年2月4日
162	福建石狮检察院	石狮市国土资源局	缺	生态环境和资源保护领域	被告不依法履行职责	无	2017年2月4日
163	福建长乐检察院	长乐市国土资源局	缺	生态环境和资源保护领域	被告不依法履行职责	无	2017年2月4日
164	安徽宿州埇桥检察院	埇桥区国土资源局	埇桥法院	生态环境和资源保护领域	被告不依法履行职责	无	2017年2月6日
165	安徽滁州南谯检察院	南谯区国土资源局	南谯法院	生态环境和资源保护领域	被告不依法履行职责	无	2017年2月6日
166	安徽长丰检察院	长丰县国土资源局	长丰法院	生态环境和资源保护领域	被告不依法履行职责	无	2017年2月6日
167	安徽霍山检察院	霍山县国土资源局	缺	国有资产保护领域	被告不依法履行职责	无	2017年2月6日

续表

序号	公益诉讼人(原告)	被告	一审法院	所涉领域	起诉理由	备注	案例发布时间
168	安徽灵璧检察院	灵璧县国土资源局	缺	国有资产保护领域	被告不依法履行职责	无	2017年2月6日
169	安徽全椒检察院	全椒县国土资源局	缺	国有资产保护领域	被告不依法履行职责	无	2017年2月6日
170	安徽萧县检察院	萧县国土资源局	缺	国有资产保护领域	被告不依法履行职责	无	2017年2月6日
171	安徽明光检察院	明光市国土资源局	缺	国有资产保护领域	被告不依法履行职责	无	2017年2月6日
172	安徽界首检察院	界首市国土资源局	缺	生态环境和资源保护领域	被告不依法履行职责	无	2017年2月6日
173	安徽六安叶集检察院	六安市叶集区国土资源局	缺	生态环境和资源保护领域	被告不依法履行职责	无	2017年2月6日
174	安徽天长检察院	天长市国土资源局	缺	生态环境和资源保护领域	被告不依法履行职责	无	2017年2月6日
175	安徽芜湖鸠江检察院	鸠江区国土资源局	缺	生态环境和资源保护领域	被告不依法履行职责	无	2017年2月6日
176	安徽淮北检察院	淮北区国土资源局	缺	生态环境和资源保护领域	被告不依法履行职责	无	2017年2月6日
177	安徽旌德检察院	旌德县国土资源局	缺	生态环境和资源保护领域	被告不依法履行职责	无	2017年2月6日
178	安徽泾县检察院	泾县国土资源局	缺	生态环境和资源保护领域	被告不依法履行职责	无	2017年2月6日
179	安徽巢湖检察院	巢湖市环境保护局	巢湖法院	生态环境和资源保护领域	被告不依法履行职责	无	2017年2月6日
180	安徽怀远检察院	怀远县环境保护局	怀远法院	生态环境和资源保护领域	被告不依法履行职责	无	2017年2月6日
181	湖北咸宁咸安检察院	咸安区国土资源局	缺	生态环境和资源保护领域	被告不依法履行职责	无	2017年2月7日
182	湖北十堰竹山检察院	竹山县国土资源局	缺	生态环境和资源保护领域	被告不依法履行职责	无	2017年2月6日
183	湖北十堰张湾检察院	应城市国土资源局	缺	生态环境和资源保护领域	被告不依法履行职责	无	2017年2月6日
184	江苏兴化检察院	兴化市供销合作总社	海陵法院	国有资产保护领域	被告不依法履行职责	无	2017年2月7日

（三）提起公益诉讼之试点检察院名单

试点地区	试点检察院
北京	北京市人民检察院第一分院、第三分院、第四分院及它们所辖的基层人民检察院
内蒙古	呼和浩特市人民检察院、包头市人民检察院、呼伦贝尔市人民检察院、锡林郭勒盟检察分院、赤峰市人民检察院、阿拉善盟检察分院、鄂尔多斯市人民检察院及它们所辖的基层人民检察院
吉林	长春市人民检察院、吉林市人民检察院、四平市人民检察院、延边朝鲜族自治州人民检察院、白山市人民检察院、白城市人民检察院、通化市人民检察院、吉林检察院林区分院及它们所辖的基层人民检察院
江苏	南京市人民检察院、苏州市人民检察院、无锡市人民检察院、常州市人民检察院、泰州市人民检察院、盐城市人民检察院、徐州市人民检察院及它们所辖的基层人民检察院
安徽	合肥市人民检察院、阜阳市人民检察院、宿州市人民检察院、蚌埠市人民检察院、滁州市人民检察院、六安市人民检察院、芜湖市人民检察院、宣城市人民检察院及它们所辖的基层人民检察院
福建	福州市人民检察院、泉州市人民检察院、三明市人民检察院、南平市人民检察院、龙岩市人民检察院及它们所辖的基层人民检察院
山东	青岛市人民检察院、烟台市人民检察院、潍坊市人民检察院、临沂市人民检察院、德州市人民检察院、聊城市人民检察院及它们所辖的基层人民检察院
湖北	十堰市人民检察院、咸宁市人民检察院、黄冈市人民检察院、黄石市人民检察院、宜昌市人民检察院、武汉市人民检察院、荆州市人民检察院、湖北省人民检察院汉江分院、湖北省人民检察院铁路运输分院及它们所辖的基层人民检察院
广东	广州市人民检察院、深圳市人民检察院、汕头市人民检察院、韶关市人民检察院、肇庆市人民检察院、清远市人民检察院及它们所辖的基层人民检察院
贵州	贵阳市人民检察院、毕节市人民检察院、铜仁市人民检察院、六盘水市人民检察院、黔东南州人民检察院、黔西南州人民检察院及它们所辖的基层人民检察院
云南	昆明市人民检察院、曲靖市人民检察院、红河州人民检察院、楚雄州人民检察院、大理白族自治州人民检察院、普洱市人民检察院、临沧市人民检察院、德宏州人民检察院及它们所辖的基层人民检察院
陕西	西安市人民检察院、宝鸡市人民检察院、咸阳市人民检察院、榆林市人民检察院、汉中市人民检察院、陕西省人民检察院铁路运输分院及它们所辖的基层人民检察院
甘肃	兰州市人民检察院、天水市人民检察院、白银市人民检察院、嘉峪关市人民检察院、酒泉市人民检察院、张掖市人民检察院、庆阳市人民检察院、陇南市人民检察院及它们所辖的基层人民检察院

第二部分　研究与评述

2016 年度环境公益诉讼观察报告*

一、2016 年度述评

2016 年，环境公益诉讼在全国展开进入第二年，社会组织和检察机关齐发力成为显著特点。本报告重点分析由社会组织提起的环境公益诉讼，简单概述由检察机关提起的环境公益诉讼。环境公益诉讼可以分为环境民事公益诉讼和环境行政公益诉讼，根据提起诉讼的主体不同，本报告分别简称为社会组织环境（民事/行政）公益诉讼和检察机关环境（民事/行政）公益诉讼。另外，虽然一般认为，省级政府授权提起的生态环境损害赔偿案件是其基于自然资源权属而提起的诉讼，不属于公益诉讼范畴，但因该类诉讼保护的环境利益与环境公益诉讼所保护的利益相同，因此，本报告亦稍作分析。

（一）2016 年社会组织环境公益诉讼概况

2014 年新修订的《环境保护法》实施之后，从 2015 年 1 月 1 日至 2016 年 12 月 31 日，全国社会组织提起且获受理的环境公益诉讼案件有 112 起。① 相比 2015 年，2016 年社会组织参与环境公益诉讼的热情有所提升，提起环境公益诉讼的社会组织数量及提起的案件数量均有所增加。据本报告编写组统计，2016 年提起环境公益诉讼的社会组织为 14 家，比 2015 年多 5 家。《环境公益诉讼观察报告》（2016 年卷）收录 59 起 2016 年立案的社会组织环境公益诉讼案件材料，《环境公益诉讼观察报告》（2015 年卷）②收录 37 起 2015 年立案的社会组织环境公益诉讼案件材料。另外，《环境公益诉讼观察报告》（2016 年卷）还收录了 19 起 2015 年（含）之前立案在 2016 年审结案件的裁判文书。

本报告主要基于上述材料分析 2016 年社会组织环境公益诉讼的实践情况。

1. 2016 年提起环境公益诉讼的社会组织

2016 年提起环境公益诉讼的 14 家社会组织中，北京市朝阳区自然之友环境研究所（以下简称自然之友）、中国生物多样性保护与绿色发展基金会（以下简称绿发会）、中华环保联合会、福建省绿家园环境友好中心（以下简称福建绿家园）4 家社会组织曾

---

* 本文作者：葛枫，自然之友法律与政策倡导总监；王琪，武汉大学环境法硕士研究生（在读），自然之友法律项目实习生；马荣真，自然之友环境公益律师。

① 参见刘婧：《最高法发布十件环境公益诉讼典型案例》，载中国法院网：http://www.chinacourt.org/article/detail/2017/03/id/2573898.shtml，最后访问日期：2018 年 3 月 11 日。

② 参见李楯主编：《环境公益诉讼观察报告》（2015 年卷），法律出版社 2016 年版。

在 2015 年提起过环境公益诉讼;广东省环境保护基金会、绍兴市生态文明促进会、河南省企业社会责任促进中心、河南省环保联合会、镇江市环境科学学会、重庆两江志愿服务中心(以下简称重庆两江)、中华环境保护基金会(以下简称中华环保基金会)、安徽省环保联合会、长沙绿色潇湘环保科普中心(以下简称绿色潇湘)、江苏省环保联合会 10 家社会组织为 2016 年新增的环境公益诉讼原告。① 2016 年社会组织提起并获立案的环境公益诉讼案件情况见图 1。

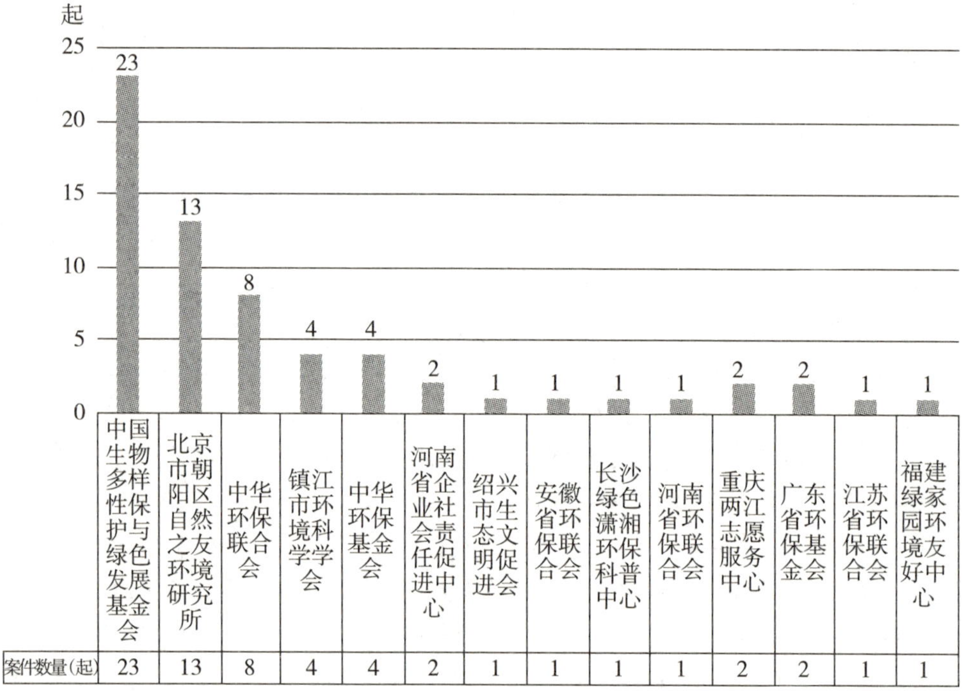

图 1　2016 年社会组织提起并获立案的环境公益诉讼案件情况②

2016 年提起诉讼比较多的环保组织包括绿发会、自然之友和中华环保联合会,三家机构均在北京注册。2016 年起诉的 68 起环境公益诉讼案件,其中 59 起案件截至 2017 年 3 月获立案,社会组织作为单一原告提起的案件有 58 起,社会组织作为共同原告的案件 8 起。另有 1 起案件是由省级人民政府指定的省环保厅与社会组织共同提

---

① 新增社会组织简介见附录部分。

② 本图表对两个以上原告共同提起的案件进行了分别计数。另:自然之友提起并获立案的 13 起案件中,包括于 2017 年 1 月 3 日立案的 3 起案件。

起,[①]1 起案件是由社会组织与检察机关作为共同原告。[②]

2. 2016 年社会组织环境公益诉讼案件的区域分布

相比 2015 年,2016 年社会组织提起并获立案的环境公益诉讼案件在全国各省分布更为广泛,由 2015 年的 10 个省市扩大到 21 个省市。其中江苏和北京案件数量较多,分别为 12 起和 6 起。2016 年社会组织提起并获立案环境公益诉讼案件区域分布见图 2。

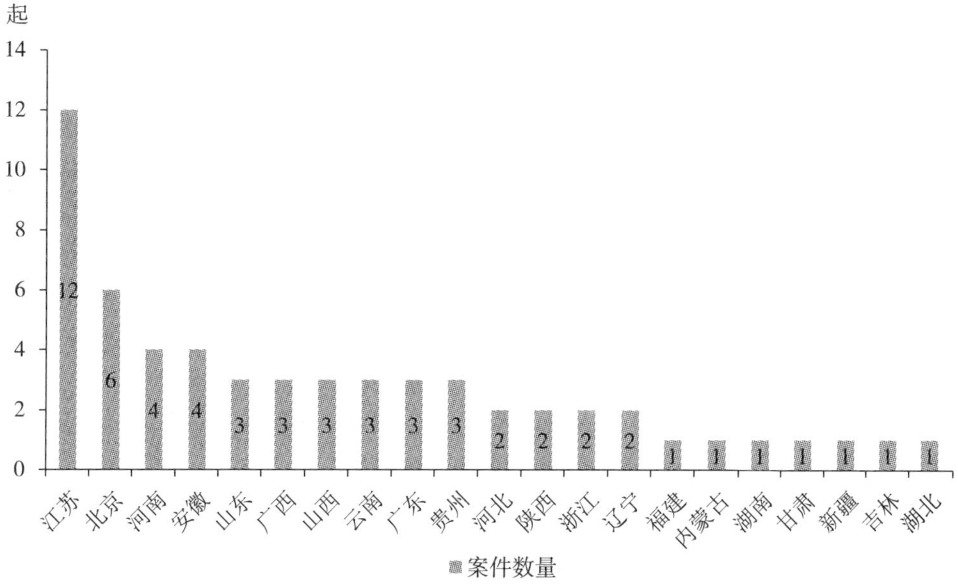

图 2　2016 年社会组织提起并获立案环境公益诉讼案件区域分布

3. 2016 年社会组织环境公益诉讼案件类型分析

2016 年社会组织提起并获立案的 59 起环境公益诉讼案件中有 57 起属于环境民事公益诉讼,包括大气污染案件 17 起,水污染案件 17 起,生态破坏案件 11 起,土壤污染案件 9 起,古树和文物破坏案件 3 起;另有 2 起行政公益诉讼案件。2016 年社会组织提起并获立案环境公益诉讼案件类型见图 3。

---

① 江苏省环保联合会与省政府诉南京德司达染料有限公司环境民事公益诉讼案。

② 2016 年 11 月 25 日绿发会申请作为"合肥市人民检察院诉合肥伟茂铝业有限公司环境污染公益诉讼案件"的共同原告参加诉讼,后法院同意该申请。

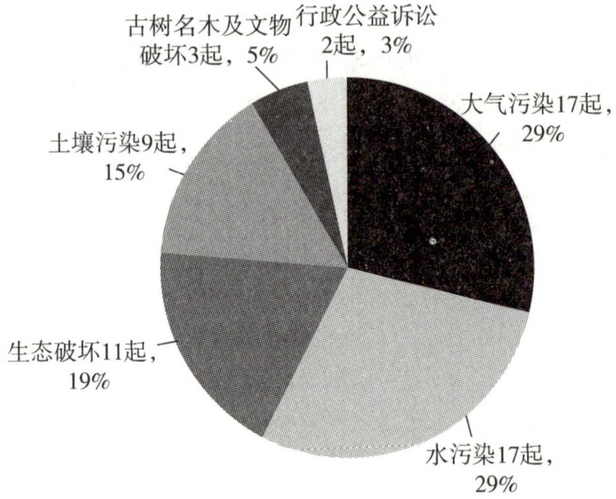

图 3　2016 年社会组织提起并获立案环境公益诉讼案件类型

4. 2016 年提起但尚未立案的案件

2016 年提起的环境公益诉讼中,仍有一些案件因为不同原因未能进入司法程序。据不完全统计,2016 年绿发会、自然之友提起的 9 起案件,截至 2017 年 5 月尚未立案。

5. 社会组织环境公益诉讼案件在 2016 年的结案情况

2016 年一审审结的 29 起社会组织环境公益诉讼案件中,电镀等金属表面处理行业废水非法排放和固体废弃物(含危险废物)非法处置类案件最多,分别为 10 起和 9 起;工业废气持续超标排放污染大气类案件 2 起;尾矿废水污染类案件、施工造成污水管网破裂致含油废水泄漏造成水污染类案件、垃圾填埋渗滤液违法处置类案件、养殖污染类案件、自然保护区内违法修路生态破坏案、非法采矿造成生态破坏类案件、文物保护案各 1 起,另有行政诉讼案 1 起。

上述案件中,诉讼请求中包含赔礼道歉的有 12 起,其中法院支持了 8 起;诉讼请求中包含了律师费的有 22 起,法院支持的有 20 起。①

(二)2016 年社会组织开展环境公益诉讼实践的特点

1. 原告涵盖所有类型的社会组织

民政部借鉴和参考联合国推荐的国际非营利组织统计分类体系,结合我国民间组

---

① 未支持律师费的 2 起案件分别是中华环保联合会诉德州晶华集团振华有限公司大气污染案和中国生物多样性保护与绿色发展基金会诉郭 × × 等环境污染责任纠纷案。

织的发展特点，将民间组织分为社会团体、基金会和民办非企业单位（社会服务机构）。[①] 2016年提起环境公益诉讼的14家环保组织包括：社会团体6家（中华环保联合会、安徽省环保联合会、江苏省环保联合会、河南省环保联合会、绍兴市生态文明促进会、镇江市环境科学学会），民办非企业单位5家（自然之友、福建绿家园、重庆两江、绿色潇湘、河南企业社会责任促进中心），基金会3家（广东省环境保护基金会、绿发会、中华环境保护基金会）。

2. 案件类型多样

社会组织开始探索环境行政公益诉讼。自然之友提起的两起诉云南省怒江州环境保护局的行政公益诉讼案件获得立案。[②] 绿发会提起的多起案件也试图突破民事主体的界限，将相关的行政机关一并列为被告。贵阳公众环境教育中心诉龙里县人民政府、贵州双龙航空港经济区管理委员会行政公益诉讼案在2015年12月立案，随后以签署"人民调解书"的方式确定了被告应该承担的责任，并将原环境公益诉讼案件做了撤诉处理。

除了生态破坏和环境污染类案件外，社会组织还提起了有关文物保护的案件。

3. 支持起诉制度在环境公益诉讼中发挥重要作用

《民事诉讼法》第15条规定了"支持起诉"制度。[③] 该制度在普通民事诉讼中发挥作用不明显，但在环境民事公益诉讼中却发挥了重要作用。目前，社会组织提起的环境民事公益诉讼中的支持起诉单位主要包括检察机关和社会组织两类。2016年立案的59起案件中，有9起案件由检察院支持起诉，11起由社会组织支持起诉。支持起诉制度可以弥补环境公益诉讼原告在取证、专业技能等方面的不足，一定程度上推动了环境公益诉讼实践的顺利开展。

检察机关作为支持起诉单位在调查取证等方面为社会组织原告提供支持，特别是当该公益诉讼案件涉及刑事案件时，相关检察机关的支持必要且有力。如在广东省环境保护基金会诉焦云环境污染案中，当地检察院作为支持起诉单位提供环境污染犯罪案件中掌握的材料，为原告解决了举证困难的问题；再如中华环保联合会诉陈××、马××环境污染责任纠纷案中，昆山市人民检察院支持起诉，并提交书面意见协助原告调查取证。检察院支持起诉的案件还有河南省企业社会责任促进中心诉洛阳市吉利区辉鹏养殖专业合作社、关××、河南省国有孟州林场污染环境案。镇江市环境科学

---

① 2016年通过并实施的《慈善法》第8条规定，慈善组织采取基金会、社会团体、社会服务机构等组织形式。为了更准确地反映社会服务机构的定位和属性、与《慈善法》的表述相衔接，民政部于同年5月26日启动《民办非企业单位登记管理暂行条例》修订工作，拟将"民办非企业单位"名称改为"社会服务机构"，将该条例名称改为《社会服务机构登记管理条例》。目前此次修订尚未通过实施。

② 这两起案件在立案后被驳回起诉。

③ 《民事诉讼法》第15条规定：机关、团体、企业事业单位对损害国家、集体、或者个人民事权益的行为，可以支持受损害的单位或者个人向人民法院起诉。

协会提起的4个案件均由扬中市人民检察院支持起诉。

法律专业性较强的公益组织作为支持起诉单位能够弥补原告法律专业能力的不足。如中国政法大学环境资源法研究和服务中心(又称"中国政法大学污染受害者帮助中心")作为支持起诉单位,支持自然之友提起8起民事公益诉讼案件。这类组织的支持主要体现在法律专业技能上的支持,包括帮助原告筛选案源、讨论确定诉讼请求、委派代理律师等。

2016年,地方环保组织作为支持起诉单位的数量明显增多。尚未取得环境公益诉讼主体资格的各地环保组织,通过支持起诉的方式参与环境公益诉讼案件,为原告提供案源、协助原告调查取证、参与后续修复行为等的监督,发挥了积极的作用。如绿色江南公众环境关注中心(以下简称绿色江南)、南京绿石、广州市越秀区鸟兽虫木自然保育中心、济南市绿行齐鲁环保公益服务中心(以下简称绿行齐鲁)等环保组织,在自然之友提起的公益诉讼案件中作为支持起诉单位,在调查取证等方面发挥了重要作用。同时,在参与诉讼的过程中,上述机构的法律专业能力也得到一定程度的提升。

4. 积极探索赔偿款的管理和使用方式

随着公益诉讼案件结案数量的增多,赔偿款的使用和管理日益成为环境公益诉讼实践顺利开展的"瓶颈"。在实践中,社会组织积极探索多种赔偿款管理方式,如自然之友探索在长安国际信托有限公司设立第一个环保慈善信托,将公益诉讼被告自愿拿出的100万元人民币通过公益信托的方式进行管理,用于泰州及泰州下游长江流域的水污染治理与监督。绿发会诉湖北宜化集团环境公益诉讼一案中,委托中铁信托管理数额为700万元人民币的赔偿款。无论以何种方式管理和使用赔偿款,"公开透明、接受监督"是关键。公益信托制度由《信托法》和《慈善法》来规制,并有严格的管理、监督和救济制度,可以尝试运用于环境公益诉讼赔偿款的管理中。

5. 社会资金为社会组织环境公益诉讼实践提供资金保障

由阿里巴巴公益基金会发起、在北京自然之友公益基金会设立的环境公益诉讼支持基金在2016年共支持了18起环境公益诉讼个案的调查取证等基本费用。中华环保基金会"环保先锋"项目支持自然之友100万元人民币用于2017年的环境公益诉讼。这些基金会的专项基金为社会组织开展环境公益诉讼实践提供了资金保障。

(三)新《环境保护法》实施两年来,社会组织环境公益诉讼实践的作用

在环境问题日益凸显、生态文明建设提上新高度的大时代背景下,经过10年的艰难探索和推动,2015年,我国社会组织环境公益诉讼制度在立法层面基本确立,该制度在我国环境治理制度架构中具有重要意义。环境问题复杂多样,产生的根源是经济发展与环境承载力的矛盾,需要立法机关、行政机关、司法机关、社会力量等多方协同推动解决。长期以来,我国环境保护重视行政执法,忽视司法监督和社会参与,而社会组织环境公益诉讼是环境多方治理制度架构中司法监督和社会参与的重要制度。

该制度实施两年来，成效初显，在推动环境法治、维护社会公共利益、建设生态文明方面做出了积极的贡献。

1. 社会组织环境民事公益诉讼产生威慑作用，有助于环境法律秩序的形成

社会组织环境民事公益诉讼提高了企业和个人的环境违法成本，促使环境外部成本内部化，使损害担责原则落实，产生威慑作用，对推动环境普遍守法、预防环境问题的产生、形成良性的环境法律秩序具有重要意义。江苏泰州废酸倾倒水污染1.6亿元人民币天价赔偿环境公益诉讼案、北京市朝阳区自然之友环境研究所诉谢××等4人采矿毁林生态破坏责任纠纷案（新环保法环境公益诉讼第一案）、中华环保联合会诉德州晶华集团振华有限公司大气污染责任纠纷案等使整个社会开始意识到违反环境法律、造成环境污染或生态破坏产生的巨大代价，从而促使企业或个人在前端和整个生产过程中即注意环境合规，遵守环境法律，以避免造成环境污染或生态破坏后需要付出的巨额代价。

2. 环境公益诉讼个案推动了具体环境问题的解决，帮助化解环境问题引发的社会矛盾

自然之友在全国提起的二十余起环境公益诉讼个案获得立案，其中7起已经结案，这些个案在很大程度上推动了案件所涉具体环境问题的解决。例如，在"北京市朝阳区自然之友环境研究所、广东省环境保护基金会诉广东南岭森林景区管理有限公司等生态破坏责任纠纷案"中，原被告在清远市中级人民法院的调解下达成调解协议，被告违法所修公路禁止投入旅游等使用，赔偿500万元人民币用于生态环境损害修复，并接受原告和社会的监督；若不足以修复生态环境，被告须继续承担修复费用。这个多年来通过多种途径没有得到有效制止的违法行为，通过公益诉讼的方式得到了遏制。当然，接下来的执行监督更为关键，本案的原告自然之友、广东省环保基金会及支持起诉单位广东鸟兽虫木自然保育中心、中国政法大学环境资源法研究和服务中心将在后续的监督中发挥积极的作用。另外，在"北京市朝阳区自然之友环境研究所诉中电投山西铝业有限公司环境污染责任纠纷案"中，被告在法院立案后积极采取密闭抑尘等整改措施，使当地的村民非常满意，并为自然之友送来写有"环保好卫士、为民办实事"的锦旗。可见，环境公益诉讼在推动具体环境问题解决、维护公众环境权益、化解环境问题引发的社会矛盾方面发挥了积极的作用。

3. 环境公益诉讼在推动大气污染、土壤污染等环境问题的制度性解决上做出很大努力

近年来，雾霾笼罩京津冀乃至全国大部分地区，公众的环境健康受到很大威胁。工业污染和机动车尾气排放是雾霾产生的两大源头。针对工业污染源，环保社会组织提起了系列公益诉讼。如中华环保联合会诉德州晶华集团振华有限公司大气污染责任纠纷案以及自然之友提起的近十起大气污染公益诉讼案件。针对机动车污染源，环

保社会组织也提起了以长安汽车、现代汽车为被告的公益诉讼。该系列案件旨在运用司法监督的力量推动雾霾这一事关民生的环境问题的解决。

相对于雾霾等环境问题,土壤污染更为隐蔽,但是却事关公众的食品安全及身体健康,自然之友也提起了一系列土壤污染案件,如北京市朝阳区自然之友环境研究所、中国生物多样性保护与绿色发展基金会诉江苏常隆化工有限公司等环境污染责任纠纷案等。

(四)2016 年检察机关公益诉讼和生态环境损害赔偿诉讼开展情况

1. 检察机关公益诉讼

最高院发布"环境公益诉讼十大典型案件"时公布:2015 年 7 月 1 日至 2016 年 12 月 31 日,全国法院共受理检察机关提起的环境公益诉讼一审案件 77 起。其中环境民事公益诉讼案件 25 起,审结 5 起;环境行政公益诉讼案件 51 起,审结 14 起;环境行政附带民事公益诉讼案件 1 起,审结 1 起。①

据最高检统计,从 2015 年 7 月检察机关进行环境公益诉讼试点到 2017 年 1 月为止,全国检察院共提起 495 起环境公益诉讼案件,其中民事公益诉讼 57 起,行政公益诉讼 437 起,行政附带民事公益诉讼 1 起。②

2016 年年底至 2017 年 1 月,检察机关提起公益诉讼呈现爆发性增长的态势。然而,检察机关提起公益诉讼试点工作存在的问题也显而易见:在检察机关提起民事公益诉讼过程中双方当事人地位是否平等,检察院是否会败诉,败诉后是上诉还是抗诉。这些问题都需要在试点工作完成后经过立法予以明确。

2. 省级政府授权提起的生态环境损害赔偿案件

自《生态环境损害赔偿制度改革试点方案》(以下简称《试点方案》)于 2015 年 12 月发布及实施以来,试点地方省级政府经国务院授权后,作为本行政区域内生态环境损害赔偿权利人,可指定相关部门或机构负责生态环境损害赔偿的具体工作。目前有两起生态环境损害赔偿案例:一起中贵州环保厅与息烽诚诚劳务有限公司、贵阳开磷化肥有限公司达成了试点工作实施以来第一份生态损害赔偿协议;另一起为江苏省环保联合会与省政府指定的省环保厅诉德司达(南京)染料有限公司案。2018 年,生态环境损害赔偿试点全面铺开以后,如何衔接生态环境损害赔偿与公益诉讼将成为重要课题。

二、问题和建议

环境公益诉讼全国开展两年来,已取得一定进展,然而随着实践的深入推进,也不断暴露出一些问题,亟须在制度上进行完善。

---

① 参见刘婧:《最高法发布十件环境公益诉讼典型案例》,载中国法院网:http://www.chinacourt.org/article/detail/2017/03/id/2573898.shtml,最后访问日期:2018 年 3 月 11 日。

② 参见周斌:《岁尾年初公益诉讼爆发式增长》,载《法制日报》2017 年 1 月 14 日第 3 版。

(一)进一步厘清社会组织与检察机关在环境公益诉讼中的作用和关系

环境民事公益诉讼制度是因环境污染或生态破坏行为而使社会公共利益受损时的环境民事责任追究机制,制度设计的目的是通过司法途径落实损害担责原则,使企业或个人环境成本内部化,对环境违法者起到威慑作用,倒逼其采取源头预防和风险防控措施,促成良性环境保护法律秩序的形成。环境行政公益诉讼制度是因环境污染或生态破坏相关行政行为而使社会公共利益受损时的环境行政责任追究机制,制度设计的目的是通过司法途径监督环境行政执法,督促有关行政机关依法履行保护生态环境的职责。

社会组织环境公益诉讼与检察机关环境公益诉讼在诉权来源、功能定位和目标设定上均不同。

环境保护社会组织属于独立的社会第三方,宗旨是维护环境公益,社会组织环境公益诉讼应涵盖环境民事公益诉讼和环境行政公益诉讼。其提起环境民事公益诉讼的权利基础是公众的环境权,当公众的环境权益受到损害或有受到损害之虞时,社会组织可以依法代表公众提起环境民事公益诉讼,维护公众环境权益。其提起环境行政公益诉讼的权利基础是对行政执法的社会监督权。

检察机关环境公益诉讼应限制在环境行政公益诉讼领域为宜,因为检察机关属于国家法律监督机关,环境行政公益诉讼可以成为其对行政执法进行监督的方式,而环境民事公益诉讼不属于其法律监督职能的范畴。

环境公益诉讼中,检察机关和社会组织可以密切合作。检察机关可以在案源提供、证据收集等方面支持社会组织提起环境民事公益诉讼;社会组织可以为检察机关监督环境行政执法提供线索、搜集证据等。检察机关应该建立畅通的沟通机制,便于双方密切合作。最高检可以设立环境公益诉讼信息公开平台,在此平台公示各地检察机关在履行职责过程中发现的应该提起环境民事公益诉讼的案源,督促适格的原告提起环境民事公益诉讼;该平台可以设立投诉举报信箱,社会组织和公民可以将发现的环境行政违法行为通过该途径举报给检察机关。

社会组织环境行政公益诉讼可以作为检察机关环境行政公益诉讼的补充,在检察机关未能有效监督行政执法的情况下,社会组织自己作为原告提起行政公益诉讼。2017 年 1 月,自然之友诉云南省怒江州环保局关于行政许可及行政处罚的两起公益诉讼案件在泸水县法院立案。在该案起诉之前,原告自然之友曾致函怒江检察院、泸水检察院,认为相关行政机关批准在三江并流自然遗产腹地——怒江中上游——建设高污染高耗能化工企业属于行政行为违法,建议其提起公益诉讼,均未得到回复。在此情况下,自然之友提起了诉讼并获立案。但遗憾的是,受理法院以“社会组织不是法律明确规定的适格原告”为由驳回了起诉。

(二)环境公益诉讼过程中的信息公开至为重要

环境公益诉讼涉及公共利益,社会组织作为公共利益的代表提起诉讼,对诉讼实体问题的处理应及时公开、接受社会监督;相关裁判文书应及时向社会公开,且其公开的方式应比普通民事案件更加广泛、易获取。目前各地公益诉讼立案和调解协议的公示平台都不一样,有的在当地受理该案的中级人民法院网站或其上一级人民法院网站公示,有的在《人民法院报》公示,但公示效果均不理想:在地方法院公示的,很难为更广泛的公众获知;而《人民法院报》由于业务量繁多,公示排队需要很长时间,且公示内容往往湮没在繁多的信息中。

因此,建议最高院牵头建立全国统一的环境公益诉讼信息公开平台,以下信息均在该平台公示公开:环境公益诉讼的立案 30 天公示,调解协议的 30 天公示以及公众的反馈意见的公开,判决书、调解书及裁定书(包括过程性的)的公开,执行情况的公开等。另外,建议将鉴定评估报告、作为定案依据的专家意见等作为判决书、调解书的附件同时公开。

(三)环境公益诉讼中的调解需要具体的规则来规范和引导

本报告搜集的 29 起 2016 年结案的案件中,调解结案的案件数量占比近一半。可见,调解已经成为环境公益诉讼的一项重要结案方式,可以最大限度化解矛盾,解决具体环境问题。但由于在实践中缺乏具体的规则,一些调解结案的案件引发争议,不利于该制度的健康发展。

因此建议调解结案的案件尤其要注意信息公开,同时最高院应针对调解协议和调解书的内容制定规则,要求调解书中写明诉讼请求、案件的基本事实、争议焦点、调解基础、怎么修复、如何监督、被告应承担的原告合理的办案成本(律师费、鉴定评估费、办案差旅费)等。另外,法院应当对调解协议公示期间的公众意见进行审查并作出回应,对确实存在损害公共利益(或存在损害风险)的调解协议,应不予认可。

(四)建立资金支持机制,在全国设立环境公益诉讼支持基金

由于涉及复杂的科学问题,大部分环境公益诉讼案件都需要鉴定评估,而这部分费用对于原告来说是一笔不小的开支,少则十万元,多则上百万元,很多案件因此停滞不前。应该利用不用于修复的环境公益诉讼赔偿款设立全国性的公益诉讼专项基金,来支持公益诉讼的鉴定评估费、败诉后的原告办案成本等。该基金可以设立回流机制,即判决或调解书中确定由被告承担该基金已支持的鉴定评估费用的,该笔鉴定评估费用应回流至该专项支持基金。

(五)更加重视专家意见在环境公益诉讼审理中发挥的作用

由于环境诉讼涉及环境污染和生态破坏领域复杂的科学问题,往往需要专业人士的介入来推进案件的审理。目前,专业人士的介入主要有两种方式:专家意见和司法鉴定。在环境诉讼领域,专家意见与司法鉴定相比具有如下优点:

其一，专家意见适用性更加广泛。由于环境污染和生态破坏涉及领域复杂多样，需要不同领域的专家介入，但具有环境专业司法鉴定资质的某一机构不一定在所有环境领域都有相应的专业人员和专业能力，且环境专业司法鉴定机构数量也比较少，选择范围小。与司法鉴定不同，采用专家意见方式时，原告、被告和法院可以在相应的专业领域内寻找专家。

其二，专家意见诉讼成本更低。运用专家意见的程序简单，因此在时间和金钱两方面都更加节省成本，有利于案件的推进。

其三，专家意见在专业性上更具针对性。

因此，建议鼓励专家意见在环境公益诉讼审理中发挥更大的作用。

（六）创新机制，保障环境公益诉讼赔偿款用于环境公共利益的保护

目前已执行案件的赔偿款尚未妥善地用于环境保护公益目的，面临如何管理、使用和监督的问题。很多环境公益诉讼的赔偿款放在法院的执行款账户或者当地设立的专项财政账户上，并未很好地管理并使用起来。如自然之友诉山东金岭化工股份有限公司大气污染责任纠纷案、泰州1.6亿元人民币天价赔偿案及自然之友后续提起的泰州废酸倾倒系列公益诉讼案件。

有的案件将资金使用起来，但使用的过程有待监督机制的细化。如广东南岭自然保护区违法修路生态破坏案中，被告之一景区公司向法院执行账户支付500万元修复费用，法院通过执行裁定的方式委托当地林业部门作为执行机构管理这笔钱用于修复。但同时林业部门也是被告之一，对于修复费用能否有效地用于生态修复，缺乏有效的监督，虽然调解书上也写明了应该在原告、支持起诉单位和社会公众的监督下使用这笔钱，并采用公开的招投标程序，但并未写明具体的监督程序等内容，监督机制的建立仍需要探索。

关于环境公益诉讼赔偿款的管理、使用及监督，应积极鼓励社会探索新的模式，包括第三方托管（有公益信托业务的信托公司、具有公信力的基金会等）的模式，保证赔偿款能够用于维护当地和全国的环境公共利益。

（七）环境及生态保护主管部门在环境公益诉讼中的作用

第一，需要将参与进环境公益诉讼中来的“环境保护主管部门”扩展为“环境及生态保护主管部门”。由于环境公益诉讼在很多情况下不仅涉及环境保护主管部门，还涉及其他具有生态保护职能的主管部门，在生态破坏类的环境公益诉讼案件中尤为明显。因此，相关生态保护主管部门亦需参与进来。

第二，环境及生态保护主管部门在调查取证等方面给予法院和原告的支持应该制度化。现有的公益诉讼个案中，相当多情况下需要有关行政机关在调查取证等方面给予支持。在实践中，法院会主动向相关行政机关调取证据；或者法院向原告签发调查令，由原告直接到相关行政机关去查阅或获取相关材料；或者原告通过申请信息公开

的方式获得相关材料。然而,在一些情况下,地方行政机关不太配合,导致关键的证据无法获得,以致案件无法顺利推进或环境公益难以得到全面维护。因此建议环境及生态保护主管部门的支持应该制度化、机制化。

第三,建议国家环境保护主管机关在鉴定评估等涉及环境技术关键问题上给予具体指引和规范。例如,国家环境保护主管机关可以通过制定统一的计算方式来引导大气污染类环境公益诉讼赔偿额的计算统一化、规范化,避免引起相似违法行为的法律责任承担差异过大。

第四,由于相当一部分案件中会涉及相关行政部门,建议法院审理过程中充分运用"第三人"制度,将所涉环境生态主管部门及其他有关部门引入,妥善且有效地解决案件所涉环境问题。

(八)复杂案件可以采用分阶段裁判的方式

一些复杂的环境公益诉讼案件耗时多年尚难以确定被告的责任大小,此类案件以土壤污染类为典型。例如,自然之友提起的云南曲靖铬渣污染公益诉讼案,2011 年立案至今,尚未开庭,原因就是原告不仅需要证明被告应该承担清理和修复的责任,还要证明其污染的范围和程度以及清理和修复需要的费用,这需要大量的资金(至少上百万元人民币)和专业机构相当长时间的调查评估。在此种情况下,案件的鉴定评估往往耗时多年、价格高昂,令环境公益诉讼原告难以承受。

针对此类案件,为推进案件进展,减少原告的诉讼成本,原告提出要求分阶段审理的,污染事实清楚的,法院可以根据案件审理具体情况分阶段判决。先裁判由被告承担清理、修复的责任,具体怎么清理、修复,由被告出资、法院牵头组织专家组进行详细的调查、评估,制定清理和修复方案。美国此类的环境诉讼即采取分阶段裁判的方式有效地推动了案件的审理,建议借鉴采纳。

(九)案件受理费、原告律师费及原告差旅费被告承担规则

常州"毒地"案判决原告承担 189 万元人民币的案件受理费引起社会普遍质疑,也引发学界关注环境公益诉讼案件受理费的收取标准问题。公益诉讼案件不同于普通的财产案件,赔偿不归原告所有,不能按照普通财产案件的标准收取案件受理费,按件收取才符合环境公益诉讼的公益性。因此,相当一部分学者建议按件收取环境公益诉讼案件的受理费。①

环境公益诉讼案件胜诉后,原告律师费可以由被告承担。2016 年结案的 29 起社会组织环境公益诉讼案件中,诉求中包含了由被告承担原告律师费的案件有 22 起,法院支持该项诉求的有 20 起。可以看出,法院支持了大部分案件的原告律师费由被告承担的诉讼请求,但具体的承担数额上差距比较大。因此,建议最高院牵头制定社会

① 中国人民大学法学院诉讼法教授肖建国即主张按件收取环境公益诉讼案件的受理费。

组织环境公益诉讼原告诉讼费用被告承担指导规则，规定：

1. 公益诉讼案件受理费按件收取。

2. 由被告承担的原告律师费参考商业律师收费标准，可以鼓励按时计费。考虑到公益组织的经济承受能力，为减少原告的诉讼成本，不应以原告已经支付原告律师费为法院判决被告承担原告律师费的前提。

3. 由被告承担的原告的市内交通补贴和餐饮补贴可以参考国家公职人员出差补贴统一标准计算。

（十）案件受理适用立案登记制

据不完全统计，2016 年绿发会、自然之友提起的 9 起案件截至 2017 年 5 月尚未立案。立案问题虽然在大多数情况下不是障碍，但在少数地区的少数情况下，某些案件仍然无法立案，且无不予受理的裁定。如在湖北的一起关于砷污染的案例，2016 年初起诉，至今没有得到任何回复。由于环境公益诉讼在全国推进已有两年时间，时机比较成熟，建议也适用立案登记制，以最大限度地维护社会公共利益。

（十一）同一环境事件不同原告的处理

2016 年，在几起案件中，符合资格的两家社会组织先后就同一环境事件起诉到法院，各地法院处理方式不一样。中华环保基金会、绿发会先后就长安汽车废气超标排放一事起诉到北京四中院，法院先后立案，但并未合并审理。重庆两江和中华环保基金会也先后就同一环境事件起诉并分别立案。自然之友就云南先锋化工环境违法行为起诉到当地法院，法院称中华环保基金会已经起诉，因此退回自然之友的起诉材料，要求自然之友在 30 天立案公示期内申请加入成为共同原告。后自然之友在该案 30 天立案公示期内申请加入成为共同原告并获同意。在后一个案例中，如此烦琐的程序徒然增加了原告和法院的成本。

此种情况下，应基于“最大限度地维护社会公益、节省司法资源”的原则来处理。法院在审查后应该单独立案，或者征求后一个原告的意见后直接加入成为共同原告。单独立案的，征求原告意见同意后可合并审理。

另外，对于共同原告的诉讼请求无法达成一致的，法院应该分别审理其不一致的诉讼请求。这样避免因原告的诉讼请求无法达成一致的情况下难以推进案件的进展。

附表

2016 年社会组织提起并获立案的环境公益诉讼案件一览

编号	案件名称	地区	案件类型	案件进展
1	中国生物多样性保护与绿色发展基金会诉湖北宜化化工股份有限公司等环境污染责任纠纷案	湖北	水污染、土壤污染	调解结案
2	广东省环境保护基金会诉焦×电镀水污染责任纠纷案	广东	水污染	判决结案

续表

编号	案件名称	地区	案件类型	案件进展
3	绍兴市生态文明促进会诉新昌县天和医药胶囊有限公司等水污染责任纠纷案	浙江	水污染	调解结案
4	河南省企业社会责任促进中心诉铜仁市铜鑫汞业有限公司等环境污染责任纠纷案	河南	土壤污染、水污染	已判决结案
5	中华环保联合会诉陈××等环境污染责任纠纷案	江苏	水污染	判决结案
6	北京市朝阳区自然之友环境研究所、广东省环境保护基金会诉广东南岭森林景区管理有限公司等生态破坏责任纠纷案	广东	生态破坏	调解结案
7	北京市朝阳区自然之友环境研究所诉山东金岭化工股份有限公司大气污染责任纠纷案	山东	大气污染	调解结案
8	镇江市环境科学学会诉陈×等环境污染责任纠纷案	江苏	水污染	调解结案
9	镇江市环境科学学会诉扬中市联合渔钩制造有限公司环境污染责任纠纷案	江苏	水污染	调解结案
10	镇江市环境科学学会诉被告吴正×等环境污染责任纠纷案	江苏	土壤污染、水污染	调解结案
11	镇江市环境科学学会诉被告张××等生态破坏责任纠纷案	江苏	生态破坏	调解结案
12	北京市朝阳区自然之友环境研究所诉中国石油天然气股份有限公司吉林石化分公司大气污染责任纠纷案	吉林	大气污染	审理中
13	北京市朝阳区自然之友环境研究所诉连云港碱业有限公司大气污染责任纠纷案	江苏	大气污染	审理中
14	北京市朝阳区自然之友环境研究所诉现代汽车(中国)投资有限公司大气污染责任纠纷案	北京	大气污染	审理中
15	北京市朝阳区自然之友环境研究所诉云南金鼎锌业有限公司环境污染责任纠纷案	云南	土壤污染、水污染	审理中
16	北京市朝阳区自然之友环境研究所诉中电投山西铝业有限公司环境污染责任纠纷案	山西	大气污染、土壤污染	审理中
17	中国生物多样性保护与绿色发展基金会诉河北大光明实业集团嘉晶玻璃有限公司大气污染责任纠纷案	河北	大气污染	审理中
18	中国生物多样性保护与绿色发展基金会诉中国铝业股份有限公司等侵权责任纠纷案	贵州	生态破坏	审理中
19	中国生物多样性保护与绿色发展基金会诉山东金诚重油化工有限公司等环境污染责任纠纷案	山东	土壤污染、水污染	审理中
20	中国生物多样性保护与绿色发展基金会诉秦皇岛方圆包装玻璃有限公司大气污染责任纠纷案	河北	大气污染	审理中
21	中国生物多样性保护与绿色发展基金会诉河南新郑市薛店镇花庄村委会等侵权责任纠纷案	河南	古树名木破坏	审理中

续表

编号	案件名称	地区	案件类型	案件进展
22	中国生物多样性保护与绿色发展基金会诉北京市朝阳区刘诗昆万象新天幼儿园和北京百尚家和商贸有限公司环境污染责任纠纷案	北京	大气污染	审理中
23	中国生物多样性保护与绿色发展基金会诉凯比（北京）制动系统有限公司等土壤污染责任纠纷案	北京	土壤污染	审理中
24	中国生物多样性保护与绿色发展基金会诉陕西延长石油（集团）有限责任公司管道运输第五分公司等环境污染责任纠纷案	陕西	土壤污染	审理中
25	中国生物多样性保护与绿色发展基金会等诉国网能源哈密煤电有限公司生态破坏责任纠纷案	新疆	生态破坏	审理中
26	中国生物多样性保护与绿色发展基金会诉合浦县白沙镇大海塘采石场生态破坏责任纠纷案	广西	生态破坏	审理中
27	中国生物多样性保护与绿色发展基金会诉合浦县公馆镇红砂港石场生态破坏责任纠纷案	广西	生态破坏	审理中
28	中国生物多样性保护与绿色发展基金会诉合浦县白沙镇独山泰盛石场生态破坏责任纠纷案	广西	生态破坏	审理中
29	中国生物多样性保护与绿色发展基金会诉扬州邗江腾达化工厂等环境污染责任纠纷案	江苏	水污染、土壤污染	审理中
30	中国生物多样性保护与绿色发展基金会诉深圳市速美环保有限公司等大气污染案责任纠纷案	浙江	大气污染	审理中
31	中国生物多样性保护与绿色发展基金会诉大连建安房屋拆迁有限公司等侵权责任纠纷案	辽宁	文物破坏	审理中
32	中国生物多样性保护与绿色发展基金会诉周××等侵权责任纠纷案	江苏	文物破坏	审理中
33	中华环境保护基金会诉长岛联凯风电发展有限公司生态破坏责任纠纷案	山东	生态破坏	审理中
34	中华环保联合会诉甘肃陇星锑业有限责任公司水污染责任纠纷案	甘肃	水污染	审理中
35	中华环境保护基金会诉中国石油天然气股份有限公司大连石化分公司等大气污染责任纠纷案	辽宁	大气污染	审理中
36	中华环保联合会诉延川县永坪石油货运车队等环境污染责任纠纷案	陕西	水、土壤污染	审理中
37	中华环保联合会诉李××等环境污染责任纠纷案	江苏	水、土壤污染	审理中
38	中华环境保护基金会诉北京张裕爱斐堡国际酒庄有限公司大气污染责任纠纷案	北京	大气污染	审理中
39	中华环保联合会诉内蒙古大雁矿业集团有限责任公司热电总厂雁南热电厂大气污染责任纠纷案	内蒙古	大气污染	审理中

续表

编号	案件名称	地区	案件类型	案件进展
40	中华环保联合会诉贵州黔桂天能焦化有限责任公司大气污染责任纠纷案	贵州	大气污染	审理中
41	中华环保联合会诉山西安泰集团股份有限公司焦化厂大气污染责任纠纷案	山西	大气污染	审理中
42	河南省企业社会责任促进中心诉洛阳市吉利区辉鹏养殖专业合作社等环境污染责任纠纷案	河南	水污染、土壤污染	审理中
43	安徽省环保联合会诉浙江乌镇镇人民政府等环境污染责任纠纷案	安徽	水污染、土壤污染	审理中
44	长沙绿色潇湘环保科普中心诉长沙县江背镇乌川湖村赤霞走马峡采石场等生态破坏责任纠纷案	湖南	生态破坏	审理中
45	河南省环保联合会诉山东省聊城东染化工有限公司环境污染责任纠纷案	河南	水污染、土壤污染	审理中
46	北京市朝阳区自然之友环境研究所、中华环保联合会诉中国石油天然气股份有限公司等环境污染责任纠纷案	北京	土壤污染、水污染	审理中
47	北京市朝阳区自然之友环境研究所、中国生物多样性保护与绿色发展基金会诉常州黑牡丹建设投资有限公司等环境污染责任纠纷案	江苏	土壤污染、大气污染	审理中
48	北京市朝阳区自然之友环境研究所、中国生物多样性保护与绿色发展基金会诉江苏常隆化工有限公司等环境污染责任纠纷案	江苏	土壤污染	二审审理中
49	中华环境保护基金会、中国生物多样性保护与绿色发展基金会诉重庆长安汽车股份有限公司大气污染责任纠纷案	北京	大气污染	审理中
50	中国生物多样性保护与绿色发展基金会诉马鞍山市玉江机械化工有限公司环境污染责任纠纷案	安徽	水污染、土壤污染	审理中
51	北京市朝阳区自然之友环境研究所诉华润新能源投资有限公司生态破坏责任纠纷案	贵州	生态破坏	审理中
52	合肥市人民检察院、中国生物多样性保护与绿色发展基金会诉合肥伟茂铝业有限公司环境污染责任纠纷案	安徽	水污染	审理中
53	重庆两江志愿服务发展中心诉广东世纪青山镍业等三家企业环境污染责任纠纷案	广东	水污染、土壤污染	审理中
54	北京市朝阳区自然之友环境研究所诉怒江州环境保护局环境保护行政许可案	云南	行政公益诉讼	审理中
55	北京市朝阳区自然之友环境研究所诉怒江州环境保护局环境保护行政处罚案	云南	行政公益诉讼	审理中
56	福建绿家园环境友好中心诉福州创世纪农业综合开发有限公司生态破坏责任纠纷案	福建	生态破坏	审理中

续表

编号	案件名称	地区	案件类型	案件进展
57	中国生物多样性保护与绿色发展基金会诉山西天脊潞安化工有限公司大气污染责任纠纷案	山西	大气污染	审理中
58	重庆两江志愿服务发展中心诉安徽淮化集团有限公司大气污染责任纠纷案	安徽	大气污染	审理中
59	江苏省环保联合会、江苏省政府诉德司达(南京)染料有限公司环境污染责任纠纷案	江苏	水污染	审理中

环境公益诉讼的损害救济理论与实践

——以大气污染环境公益诉讼为主要分析对象

马荣真*

一、环境损害的概念及民事责任

我国现有法律对环境公益诉讼的制度构建中,未对“损害”和“公共利益”这两个概念予以明确界定,若沿用《环境民事公益诉讼解释》的思路,环境公益诉讼的损害救济借鉴了侵权法的责任承担方式,即停止侵害、排除妨碍、消除危险、恢复原状、赔偿损失、赔礼道歉等民事责任。① 然而,传统侵权法意义上的“损害”概念并不能包括对生态环境本身的损害,有学者将该种损害称为“生态损害”“纯生态损害”“环境本身的损害”“纯环境损害”“环境损伤”“自然资源损害”等,其核心概念就是人类活动对生态环境本身所造成的损失(而不是对人类的人身及财产等民事权益造成的损失),这种损失被认为是对公共利益的损害,环境公益诉讼即是救济该种损害的途径之一。

通常意义上,因污染环境、破坏生态导致的社会公共利益损害也被纳入“环境侵权”的范畴予以规范②,在司法实践中,对社会公共利益的损害而引起的诉讼同样适用于环境侵权的司法解释,如《最高人民法院关于审理环境侵权责任纠纷案件适用法律若干问题的解释》(法释〔2015〕12 号),因此,本文对环境公益诉讼中的损害救济问题进行讨论时,仍采用“环境侵权”这一概念。

---

* 自然之友环境公益律师,主要负责生态破坏及大气污染类公益诉讼案件。

① 《最高人民法院关于审理环境民事公益诉讼案件适用法律若干问题的解释》(法释〔2015〕1 号)第18条:“对污染环境、破坏生态,已经损害社会公共利益或者具有损害社会公共利益重大风险的行为,原告可以请求被告承担停止侵害、排除妨碍、消除危险、恢复原状、赔偿损失、赔礼道歉等民事责任。”

② 即“环境侵权”的概念既包括私益损害,也包括公益损害,本文的讨论针对后者。

侵权责任法上的侵权责任方式包括停止侵害、排除妨碍、消除危险、返还财产、恢复原状、赔偿损失、赔礼道歉、消除影响、恢复名誉等。[①] 除了消除影响、恢复名誉、返还财产外,其他 6 种均被适用于环境公益诉讼领域。停止侵害、排除妨碍、消除危险、赔礼道歉这 4 种救济方式在环境公益诉讼中的适用与传统侵权法上并无明显不同。本文重点讨论"恢复原状"及"赔偿损失"这两种责任承担方式。

恢复原状最初的也是最基本的含义是"将受损坏的有体物恢复如初"。[②] 在环境公益诉讼中,原告请求恢复原状的情形与民法上的恢复原状含义大致相同,即将生态环境修复到损害发生之前的状态和功能。此外,司法解释还规定了无法完全修复的情况下,可以准许采用替代性修复方式,以及可以直接判决被告承担生态环境修复费用。[③] 笔者认为,若严格适用侵权责任法意义上的恢复原状概念,则该等费用属于"支付回复原状所必要之费用,以代替回复原状",[④]属于损害赔偿范畴。

损害赔偿,是指支付一定的金钱或者实物以赔偿侵权行为所造成的损失。环境公益诉讼中原告所提出的"损害赔偿"这一诉讼请求所指向的是"生态环境受到损害至恢复原状期间服务功能损失"。[⑤] 该种责任承担方式在环境公益诉讼的实践中予以适用,如北京市朝阳区自然之友环境研究所(以下简称自然之友)诉谢××等生态破坏环境公益诉讼一案[(2015)闽民终字第 2060 号],法院支持了原告主张的生态环境受到损害至恢复原状期间的服务功能损失(共人民币 127 万元)。

然而,在某些特定类型的诉讼中,上述救济方式的适用存在诸多问题。如大气污染类公益诉讼中,如何认定"损害"? 仅通过停止侵害、排除妨碍、消除危险等责任承担方式,能否实现对公共利益的损害救济? 本文将以大气污染类公益诉讼为例,阐述环境公益诉讼的损害救济存在的问题。

二、大气污染类环境公益诉讼的损害救济

大气污染治理与土壤污染、水污染等所采取的治理方式有所区别,大气污染的防控主要是污染源减排,因此,停止侵害、消除危险这两种责任承担方式必要且可行。除

---

① 《中华人民共和国侵权责任法》(2010 年 7 月 1 日生效)第 15 条:"承担侵权责任的方式主要有:(一)停止侵害;(二)排除妨碍;(三)消除危险;(四)返还财产;(五)恢复原状;(六)赔偿损失;(七)赔礼道歉;(八)消除影响、恢复名誉。"

② 杨彪:《论恢复原状独立性之否定——兼及我国民事责任体系之重构》,载《法学论坛》2009 年第 5 期。

③ 《最高人民法院关于审理环境民事公益诉讼案件适用法律若干问题的解释》第 20 条:"人民法院可以在判决被告修复生态环境的同时,确定被告不履行修复义务时应承担的生态环境修复费用;也可以直接判决被告承担生态环境修复费用。"

④ 参见台湾地区 1999 年"民法"债编第 213 条第 3 项。在大陆的学理上,"恢复原状"与"回复原状"的含义相同。

⑤ 《最高人民法院关于审理环境民事公益诉讼案件适用法律若干问题的解释》第 21 条:"原告请求被告赔偿生态环境受到损害至恢复原状期间服务功能损失的,人民法院可以依法予以支持。"

此之外,大气污染侵权责任主体超标向大气环境排放污染物的行为,是否对大气环境造成了损害、如何量化呢？这不仅是一个科学问题,也是一个法律问题。正因如此,在借助司法鉴定等技术手段的同时,需要从基本法理上厘清此类案件中“损害”的含义。

侵权责任法中,损害也称为损失,是指受害人财产或人身所遭受的不利影响,包括财产损害、非财产损害(人身损害、精神损害)。损害应当具备三个特征:(1)损害是侵害合法民事权益的结果;(2)损害的可补救性;(3)损害的确定性。第一个特征无须多言。第二个特征包含两层含义:第一层含义是,从量上看,损害已经产生且达到一定严重程度;第二层含义是,损害的可补救性并不是说损害必须是能够计量的,就客观而言,能够计量的损害往往是少数的,法律不能因为损害无法计量就不给予赔偿。第三个特征是指损害是真实存在而非主观臆测的事实,能够依据社会一般观念加以认可。损害的确定性与计算损害赔偿时能够确定具体数额是不同的两个问题,后者是指能够根据一定的标准和计算方法将损害较为精确地计算出来,往往针对具有市场价格的物的损害。①

在环境公益诉讼领域,需要对传统侵权法上“损害”的概念进行延伸和扩张,我国侵权责任法所救济的民事权益包括生命权、健康权、所有权、用益物权、担保物权等人身和财产权益,②并未包括涉及社会公共利益的“对生态环境本身的损害”。然而,关于环境公益诉讼的有关司法解释将侵权责任的承担方式扩展适用到了公益诉讼领域,也应该从实际出发,将传统侵权法上“损害”的概念延伸和扩张到“对公共利益的损害”,包括对“生态环境本身的损害”。

那么,大气污染公益诉讼中的“损害”如何认定？

自然之友诉山东金岭化工股份有限公司大气污染责任纠纷一案[(2016)鲁05民初11号]中,被告大气污染物排放长期持续超标,不正常使用大气污染物处理设施;在线监测设备未验收、未移交第三方运营、存在数据弄虚作假行为。原告认为其行为严重危及大气环境,损害了社会公共利益,诉请判令被告停止超标排污对大气环境的侵害,消除所有不遵守环境保护法律法规行为对大气环境造成的危险,并请求法院判令被告支付大气环境治理费用。自然之友单方委托环保部环境规划院环境风险与损害鉴定评估研究中心(以下简称环境规划院鉴定中心)对被告热电联产项目在鉴定时期内是否造成了大气污染以及大气污染造成的环境损害及相应费用出具专家意见。在环境规划院鉴定中心出具的专家意见认为:无法对废气排放造成的大气环境损害直接进行鉴定评估,故采用虚拟治理成本法计算因废气排放污染大气环境导致的“为防止污染扩大、消除污染而采取必要合理措施所产生的费用”,并依据最终计算得出,该费

① 参见王成:《侵权责任法》(第2版),北京大学出版社2014年版,第109~110页。

② 《中华人民共和国侵权责任法》(2010年7月1日起施行)第2条。

用为 532 万 ~910 万元。

与此相类似,在中华环保联合会诉德州晶华集团振华有限公司大气污染责任纠纷一案中,环境规划院鉴定中心采取了与上述案件相同的鉴定思路。经评估,二氧化硫单位治理成本为 0.56 万元/吨,超标排放 255 吨,虚拟治理成本为 142.8 万元(0.56 万元/吨 ×255 吨);氮氧化物单位治理成本为 0.68 万元/吨,超标排放 589 吨,虚拟治理成本 400.52 万元(0.68 万元/吨 ×589 吨);烟粉尘单位治理成本为 0.33 万元/吨,超标排放 19 吨、虚拟治理成本 6.27 万元(0.33 万元/吨 ×19 吨)。德州市中级人民法院在该案判决中,采纳了该鉴定评估报告所计算的虚拟治理成本,依据《环境损害鉴定评估推荐方法(第Ⅱ版)》及《突发环境事件应急处置阶段环境损害评估技术规范》,空气环境功能Ⅱ类区生态环境损害数额为虚拟治理成本的 3 ~5 倍,法院最终认定按照虚拟治理成本的 4 倍计算生态损害数额,即 2198.36 万元(142.8 万元 ×4 + 400.52 ×4 + 6.27 ×4)。自然之友诉山东金岭化工股份有限公司大气污染责任纠纷案中,法院在调解书中将赔偿损失的费用称为“生态环境治理费”;中华环保联合会诉德州晶华集团振华有限公司大气污染责任纠纷案中,法院在判决书中写明“赔偿因超标排放污染物造成的损失”。上述两起大气污染案件中,法院均认可了大气污染类公益诉讼中“损害”的存在,以及鉴定意见所采取的虚拟治理成本法和结论。

笔者认为,对大气污染公益诉讼中“损害”的认知,应结合法学语境中“权利”和“损害”的概念以及科学意义上的“环境容量”概念,进行综合分析。

毋庸置疑,使用目前的技术手段对污染源超标排放对大气环境造成的损失进行计量,的确存在困难。然而,通过对损害行为的违法性进行考察,若损害行为本身违法[超过国家规定的污染物排放标准(或总量控制制度)],则可以推定为对大气环境造成了损伤。国家发布的污染物排放标准是根据科学制定的环境质量标准确定的排放限值,该标准的制定本身已经考虑到了污染源所在地区的环境条件(如环境的自净能力)、区域范围内污染源的分布和特点、所规定的容许排放量在控制技术上的可行性和经济上的合理性等问题。因此,若超过该标准,即可以被认定为对大气环境容量造成损伤,也即产生了“损害”。

此外,学者对环境法相关权利的论述中,环境容量资源权属被广泛地探讨及认可。① 环境容量是指在人类生存和自然状态不受危害的前提下,某一环境所能容纳的某种污染物的最大负荷量。环境容量资源所有权及使用权满足财产权的基本特征,从而为排污权交易及抵押制度提供了可能。环境容量资源所有权具有公共属性,排污单位使用环境容量超过一定限度,既损害了社会公众对环境容量的使用权,也即损害了

---

① 参见汪劲:《进化中的环境法上的权利类型探析——以环境享有权的核心构造为中心》,载《上海大学学报》2017 年第 2 期。

社会公共利益。该等损害如何量化，笔者认为，可以参考我国正在实施的排污权交易制度中对排污总量的核定等技术规范，结合市场机制，对超标排放所占用的环境容量资源价值进行计量。

三、结语

基于上述分析，本文认为，在对民事法律相应概念进行延伸和扩张解释的情况下，可以将环境民事公益诉讼的损害救济纳入侵权法的框架，将停止侵害、排除妨碍、消除危险、恢复原状、赔偿损失、赔礼道歉等民事责任承担方式迁移适用于环境公益诉讼。大气污染类环境公益诉讼适用上述救济方式并无不妥，对于超标排放大气污染物所损害的公共利益之量化，或需认知及技术上的革新。

程序视角下的环境民事公益诉讼若干问题

——基于2016年我国环境公益诉讼案件的分析

肖建国* 宋史超**

随着环境民事公益诉讼案件的大量提起，特别是检察机关提起公益诉讼案件的增多，我国环境公益诉讼制度在2016年取得了长足发展，同时也突显了环境公益诉讼程序所面临的新问题、新挑战。本文通过梳理2016年案例，提炼出若干亟待理论上回答的实践问题，以问题为中心展开讨论，力图回应司法实践的需求。

一、环境民事公益诉讼中的当事人

（一）社会组织原告适格之判定——以“中国生物多样性保护与绿色发展基金会诉宁夏华御化工有限公司等多家企业环境污染公益诉讼系列案”为例

2015年，民间环保组织中国生物多样性保护与绿色发展基金会（以下简称绿发会）向中卫中院起诉多家向腾格里沙漠排污的企业，被中卫中院以“绿发会不是《环境保护法》第58条所规定的专门从事环境保护公益活动的社会组织”为由驳回起诉；绿发会随即向宁夏高院提起上诉，但仍以相同理由被驳回上诉。绿发会向最高院申请再审，最高院最终裁定确认绿发会有原告资格。

“专门从事环境保护公益活动”是《环境保护法》第58条为环保社会组织设置的起诉门槛。本案的核心问题是，如何理解这个起诉条件。《环境民事公益诉讼解释》第4

* 中国人民大学法学院诉讼法学教授。

** 中国人民大学法学院2017级诉讼法学研究生。

条对此作了规定,但司法实践中,各地法院在理解适用上出现偏差。最高院经由该案的再审裁定,推翻了中卫中院、宁夏高院的结论,将“专门从事环境保护公益活动”的识别判断具体化、统一化。最高院主张应当从“其宗旨和业务范围是否包含维护环境公共利益,是否实际从事环境保护公益活动,以及所维护的环境公共利益是否与其宗旨和业务范围具有关联性三个方面进行审查”。

关于“宗旨和业务范围是否包含维护环境公共利益”,最高院认为:“社会组织章程即使未写明维护环境公共利益,但若其工作内容属于保护各种影响人类生存和发展的天然的和经过人工改造的自然因素的范畴……均应认定宗旨和业务范围包含维护环境公共利益。”关于“是否实际从事环境保护公益活动”,最高院认为:“环境保护公益活动,不仅包括植树造林、濒危物种保护、节能减排、环境修复等直接改善生态环境的行为,还包括与环境保护有关的宣传教育、研究培训、学术交流、法律援助、公益诉讼等有利于完善环境治理体系,提高环境治理能力,促进全社会形成环境保护广泛共识的活动。”关于“所维护的环境公共利益是否与其宗旨和业务范围具有关联性”,最高院认为:“即使社会组织起诉事项与其宗旨和业务范围不具有对应关系,但若与其所保护的环境要素或者生态系统具有一定的联系,亦应基于关联性标准确认其主体资格。”

对于第一项判断标准,最高院可谓采取了实质解释论,即不要求章程表述与法条表述相同,而是审查章程表述的内容是否能够处于法条含义的射程内;对于第二项,可称为扩大解释论,认为环保活动不仅限于直接改善环境的活动,还包括有利于改善自然的活动;对于第三项,可谓采取了“联系说”而非“对应说”。这一再审裁定确立的三项判定标准,具有鲜明的从宽导向。

从司法政策上来说,我国环保组织发育不足,仍需呵护与培育,从宽把握环保组织的原告资格要件,符合我国公益诉讼的发展阶段。从法律方法论来说,法律事实是对社会事实的抽象概括,而不能要求社会生活屈从于法律表述,否则就是本末倒置。在本案中,司法解释有“社会组织章程确定的宗旨和主要业务范围是维护社会公共利益”的要求,但这并非要求章程本身写明“本组织的宗旨和主要业务范围是维护社会公共利益”,而是要求法官对章程进行整体把握和全面审查之后,判断它的宗旨和主要业务范围是否符合。从司法体制来看,最高院的这一再审裁定发挥了法律审的作用,统一了全国范围内对这一问题的理解和法律适用,具有指导意义。

(二)检察院民事公益诉讼原告适格之判定——以“江苏省常州市人民检察院诉许×甲、许×乙环境公益诉讼纠纷案”为例

《检察机关提起公益诉讼试点方案》(以下简称《试点方案》)施行之后,检察机关提起环境民事公益诉讼日趋常态化。《试点方案》规定了检察机关起诉的“备位性”:在欠缺适格主体或者适格主体不提起诉讼的情况下,检察机关可以向人民法院提起民事公益诉讼。2016 年,出现了一起被告以“备位性”抗辩的案例。

该案中,常州检察院在2015年就被告在2010年至2014年9月间的污染行为向常州中院提起公益诉讼。被告抗辩认为,已经生效的(2014)常环公民初字第2号常州市环境公益协会诉储卫清等民事公益诉讼一案确认了常州市环境公益协会具有公益诉讼原告资格。所以,常州检察院不能作为公益诉讼人提起环境公益诉讼。而事实是,常州市环境公益协会因《环境保护法》第58条设置的"成立时间满五年"的条件,从2015年1月1日起就丧失了起诉资格。那么检察机关的"备位性"原则是否还适用于本案?

一种观点认为,"有适格主体或者适格主体不提起诉讼"是对某个案件而言的。就本案而言,污染行为始于2010年终于2014年9月,故在2015年1月1日之前,常州市环境公益协会一直有起诉权,故本案检察机关无权提起公益诉讼;另一种观点则认为,"备位性"只要求审查检察机关提起诉讼时是否有其他适格原告即可,本案中检察机关有起诉权。

考察检察机关提起公益诉讼制度的目的和"备位性"原则的原因,第二种观点更合理。检察机关提起公益诉讼的目的是保护公共利益,而"备位性"是为了鼓励民间起诉、节约司法资源。故检察机关谦抑性的本质标准在于保证"某污染事件被诉"而非机械地审查"某污染事件曾有机会被诉"。因此,常州中院的"在常州市没有公益诉讼适格原告主体的情况下,江苏省常州市人民检察院有权作为公益诉讼人提起诉讼"的结论是正确的。

二、环境民事公益诉讼中的法院

(一)达成调解后不准撤诉之判定——以"江苏省镇江市生态环境公益保护协会诉江苏优立光学眼镜公司环境污染责任纠纷案"为例

公益诉讼适格原告具有诉讼担当的性质,①为防止调解、和解中被担当者的利益受损,《环境民事公益诉讼解释》对环境公益诉讼以和解、调解结案做出了限制:原则上禁止达成调解后撤诉;调解协议应当公示,调解书应当公开;公告期满后,人民法院审查认为调解协议或者和解协议的内容不损害公共利益的,应当出具调解书。"损害公共利益"是一项极其模糊的标准。在江苏省镇江市生态环境公益保护协会诉江苏优立光学眼镜公司环境污染责任纠纷一案中,镇江法院适用这一规定以判决结案,促进了"公共利益"标准的具体化。

在审理过程中,法院发现涉案废物的属性认定和管理模式存在问题,遂在职权调查之后推翻了地方环保行政部门的认定。就涉案废物的性质,判决书指出:本案中,该类废物不属于《国家危险废物名录》中的危险废物,丹阳市环境保护科技咨询服务中心在未进行危险属性鉴别、未经国务院环境保护行政主管部门组织专家认定的情况下,

---

① 《民事诉讼法》第55条规定的公益诉讼原告适格问题,主要是通过法定诉讼担当原理来进行解释的。参见江伟、肖建国主编:《民事诉讼法》(第7版),中国人民大学出版社2015年版,第116页。

在环境评价中将该类废物认定为危险废物 HW13,没有法律和科学依据。就监管模式,判决认为,该类废物作为一般固体废物,丹阳市环境保护局可以依法设定统一的监管标准,要求相关企业依法处置,无须对不同企业的同类废物分别进行属性鉴别。在该类废物的属性已经科学认定的情况下,依据《环境民事公益诉讼解释》第 25 条第 2 款的规定,本案应改采判决方式。

公益诉讼调解结案比普通民事诉讼调解结案有更严格的适用标准。本案中法院审理发现涉案废物认定有误、监管模式有偏差的情况下,以“公共利益”为由以判决方式结案,为“公共利益”标准的明确化提供了以下启示。

第一,公共利益并不要求是全体社会成员的公共利益。在不同的语境、不同的规范、不同的目的下,“公共利益”应得到宽窄不同的解释。一般而言,在“公共利益”和“私人利益”发生冲突而要以牺牲私人利益维护公共利益时,应当对“公共利益”从严掌握,比如物权法中为公共利益的征收征用。而在不存在利益冲突的情景,“公共利益”实际上是当事人之外的某些群体的利益,禁止调解结案是为了防止双方当事人处分他人的利益。因此,某个行业、某个地区、某些人群的利益都可以成为“公共利益”。①

第二,法院查明的事实和调解达成的协议有冲突之处,可以作为“损害公共利益”的辅助判断标准。本案当事人达成的调解协议中“同意对该类废物按照危险废物处置”,但法院职权调查后发现对该类废物做危险废物处理“没有法律和事实上的依据”。在这种情况下,维护法律的正确适用成为禁止调解的一种考虑因素,即调解协议与法律规定有所冲突,可以作为“损害公共利益”的辅助判断标准。当然,与法律规定的冲突,也要判断法律规定的性质——强行性还是任意性,归纳法律规定的目的——这种违反是实现了法律目的还是违反了法律目的。最终的判断标准还是看调解是否有损于当事人之外的第三方群体的利益。

(二)公益诉讼中“调整式二审判决”的解读——以“泰兴锦汇化工有限公司与泰州市环保联合会再审纠纷案”为例

2016 年年初,最高院做出民申字第 1366 号裁定书,驳回再审申请人的再审申请,至此“泰州天价公益诉讼案”暂时告一段落。再审申请人在再审申请中提出了程序上的异议,称:二审判决引用《民事诉讼法》第 170 条第 1 款关于维持原判的规定,但实际作出改判,属于适用法律错误。最高院则称:在维持一审判决的同时,对于锦汇公司支付环境修复费用的期限和条件进行适当调整,并非基于一审判决存在错误而改判,适用法律并无不当。这牵涉如何区分“维持原判”与“改判”,以及对原判的“调整”与处分原则的关系问题。

---

① 这种利益要求比公益诉讼所保护的“不确定多数人的利益”更宽松,“确定多数人的利益”也有可能满足。

根据《民事诉讼法》第170条，维持原判决、裁定的条件是“原判决、裁定认定事实清楚，适用法律正确”；改判的条件是“原判决、裁定认定事实错误或适用法律错误”或“原判决认定基本事实不清后查清事实的”。在本案中，二审判决在一审判决的基础上附加了“抵扣条款”：“本判决生效之日起一年内，如常隆公司等五家公司能够通过技术改造对副产酸进行循环利用，明显降低环境风险，且一年内没有因环境违法行为受到处罚的，其已支付的技术改造费用可以凭环保行政主管部门出具的企业环境守法情况证明、项目竣工环保验收意见和具有法定资质的中介机构出具的技术改造投入资金审计报告，向泰州中院申请在延期支付的40%额度内抵扣。”虽然二审判决仍然引用了《民事诉讼法》第170条第1款第1项“认定事实清楚，适用法律正确”作为其法律依据，但判决书中称“一审法院认定事实清楚，适用法律基本正确，程序合法，但所确定的判决履行方式和履行期限不当”，“适用法律基本正确”一词可谓颇具创造性，这不同于《民事诉讼法》司法解释第334条所说的“认定事实或者适用法律虽有瑕疵，但裁判结果正确”，倒可以归纳为“适用法律有瑕疵且裁判结果需调整”。

从理论上讲，二审法院既有权维持原判也有权改判，当然也就有权作出“调整”。从某种意义上来说，公益诉讼中判决已经不单纯是一种判断，而兼有执行的决定权，[①]而这种决定有公共决策的性质，并非只有“正确”或“错误”之分，审级制度可以用于公共决策微调，这种决策的微调和优化并非认定事实或适用法律的错误。从这个意义上说，在公益诉讼中创造出一种新的二审判决类型确实有其现实合理性。

本案涉及的另一问题是二审判决与上诉请求的关系。按照民事诉讼法理，二审中也要贯彻处分原则。作为处分原则的体现，二审判决还要受到“禁止不利益变更原则”的拘束，即上诉法院不得作出更不利于上诉人的判决。在本案中，上诉人并未提出有关“抵扣”的上诉请求，二审法院直接判决“抵扣”，是否违背了处分原则？上诉人请求降低赔偿数额，而二审法院判决上诉人履行一定行为后可以扣减赔偿额，所以“抵扣”判决符合“扣减”的诉讼请求，也符合处分原则。同理，上诉人请求降低赔偿费用，而二审法院判决40%的赔偿费可以抵扣，也可以不抵扣，本质上给了上诉人又一个选项，是更利于上诉人的判决，故不违反“禁止不利变更原则”。而且，在公益诉讼中处分原则和辩论原则要弱化适用，为更好实现公共利益法院可以适度发挥司法的能动性。

三、环境民事公益诉讼中的行政请求与司法请求的区分——以“中华环保联合会诉德州晶华集团振华有限公司大气污染责任纠纷案”“重庆市绿色志愿者联合会诉恩施自治州建始磺厂坪矿业有限责任公司水污染责任纠纷案”为例

司法裁判和行政解决是处理环境问题的两种基本方式，由于司法权和行政权有不

---

① 参见王明远：《论我国环境公益诉讼的发展方向：基于行政权与司法权关系理论的分析》，载《中国法学》2016年第1期。

同的作用范围,司法裁判和行政解决也有分工问题,而司法权扩张对行政权的侵蚀受到部分学者的批判。① 2016 年的两个不同判决展现了这一问题在实践中的不同理解。

在"中华环保联合会诉德州晶华集团振华有限公司大气污染责任纠纷案"中,法院以原告的两项诉讼请求不属于民事责任的承担方式而判决驳回。原告请求被告赔偿因拒不改正超标排放污染物行为造成的损失人民币 780 万元,法院认为:该项诉讼请求的依据是《大气污染防治法》第 99 条及《环境保护法》第 59 条,该两条规定的是行政处罚而非民事责任,且《环境民事公益诉讼解释》中并未规定惩罚性赔偿,故原告中华环保联合会的该项诉讼请求法律依据不足,本院不予支持。原告请求"增设大气污染防治设施,经环境保护行政主管部门验收合格并投入使用后方可进行生产经营活动",法院认为:该项诉讼请求不属于《环境民事公益诉讼解释》规定的承担责任的方式。不过,重庆市绿色志愿者联合会诉恩施自治州建始磺厂坪矿业有限责任公司水污染责任纠纷案中的类似诉讼请求却得到了法院认可。一审被告上诉辩称一审判决中"重新进行环境影响评价,未经批复和环境保护设施未经验收,不得生产""属于行政权范畴,不是民事责任的承担方式",二审法院却维持了这一判决,其理由为:"该部分判决内容,是对上诉人重新恢复生产作出的一种约束,是对停止侵害具体履行方式的明确、细化,不违反相关法律规定。"

《环境民事公益诉讼解释》第 18 条规定,对污染环境、破坏生态,已经损害社会公共利益或者具有损害社会公共利益重大风险的行为,原告可以请求被告承担停止侵害、排除妨碍、消除危险、恢复原状、赔偿损失、赔礼道歉等民事责任。该规定中"等"是否意味法院可以创造新的民事责任承担方式,存在解释空间。上述两份判决书认为此处完全列举了被告责任形式,但对"验收后再生产"是否属于法定的民事责任承担方式产生分歧。德州中院认为"验收后再生产"和"惩罚性赔偿"都超出了司法解释列举的方式而不予支持,重庆二中院则认为"验收后再生产"属于"停止侵权"的一种表现形式,仍被司法解释所覆盖。

在普通民事诉讼中,诉讼请求并没有类型上的限制,但《环境民事公益诉讼解释》特地列举了承担责任的方式。由于行政权和司法权都可以处理环境事务,这种列举颇有司法者自我限权、防止僭越行政权的意味。但这种列举不是绝对的,如对于"验收后再生产"是否属于停止侵权的范畴,两地法院就有不同理解。"验收后生产"的诉讼请求,无疑能预防对环境的破坏,符合停止侵权的精神实质和环境公益诉讼制度的目的;但是否需要环评、如何改造、如何验收都是环保行政部门的职权范围,法院直接判决这类内容,有争夺行政权的嫌疑和专业性不足的危险。在未来的司法实践中,既要适度

---

① 例如,有学者认为 2014 年年底的"泰州天价公益诉讼案"中江苏高院的"抵扣"判决"突破了环境民事公益诉讼所规定的责任形式,清晰地体现了司法权的强化和扩张倾向"。参见王明远:《论我国环境公益诉讼的发展方向:基于行政权与司法权关系理论的分析》,载《中国法学》2016 年第 1 期。

扩大解释法定责任方式以更好地实现环境公益诉讼制度的目的,也要完善行政权参与机制,听取行政部门的意见。

四、环境民事公益诉讼的诉讼保障机制

(一)诉讼费用"免、减、缓机制"评析与改进——以"北京市朝阳区自然之友环境研究所、中国生物多样性保护与绿色发展基金会诉江苏常隆化工有限公司等环境污染责任纠纷案"为例

在"北京市朝阳区自然之友环境研究所、中国生物多样性保护与绿色发展基金会诉江苏常隆化工有限公司等环境污染责任纠纷案"中,两公益组织原告一审败诉并被判承担高达人民币 189.18 万元的案件受理费,引发舆论关注。本案牵涉公益诉讼中诉讼费用分担机制的多个疑难问题,并对建立符合公益诉讼特点的诉讼费用机制有启示意义。

第一,法院是否对诉讼费用的免、减、缓有释明义务。现行法规定了以诉讼费用免、减、缓为内容的司法救助内容,但没有明确法院有义务对交费风险和免、减、缓进行释明。一般认为,在法律没有明文规定的情况下,释明权是法院的职权而非义务。[①] 况且,公益诉讼基本上都由法律专业人士代理,《环境民事公益诉讼解释》也规定了公益诉讼诉讼费用的免、减、缓,可以推定原告充分知晓我国诉讼费用制度,法院并无释明的必要。

第二,缓交诉讼费用是否及于二审。本案一审判决原告负担受理费,但原告随即提出上诉,那么在二审期间,一审缓交受理费是否还有效?根据《民事诉讼法》第 152 条,法院应当对诉讼费用的负担作出判决;而根据《民事诉讼法》第 155 条,依法不准上诉后超过上诉期没有上诉的判决、裁定,是发生法律效力的判决、裁定。显然,在二审审理期间,一审判决尚未发生法律效力,故作为一审判决内容的诉讼费用分担亦未发生效力,此时原告并没有支付诉讼费用的义务。《诉讼费用交纳办法》规定"人民法院对一方当事人提供司法救助,对方当事人败诉的,诉讼费用由对方当事人负担;对方当事人胜诉的,可以视申请司法救助的当事人的经济状况决定其减交、免交诉讼费用",此处的"败诉"与"胜诉",应当为终局的"胜诉"与"败诉",否则在二审改判的情况下就会发生诉讼费用的无谓转移。而且缓交诉讼费用制度的目的在于保障有困难的当事人行使诉权,在一审判决后缓交诉讼费就失去效力违背了这一制度的意旨。

第三,对一审案件诉讼费用的减免申请能否在二审提出。根据《环境民事公益诉讼解释》第 33 条第 2 款,败诉或者部分败诉的原告申请减交或者免交诉讼费用的,人民法院应当视原告的经济状况和案件的审理情况决定是否准许。因此,作为原告的公

---

① 释明权是法院义务的学说很难获得规范的支持。参见张卫平:《民事诉讼法》(第 4 版),法律出版社 2016 年版,第 85 页。

益组织在一审败诉后仍然可以申请减交或免交诉讼费用。

第四,将环境公益诉讼按照财产案件收费是否合理。从 2016 年案例来看,全国各地法院基本都按照标的额收费,江苏高院还曾将一起一审按非财产案件收费的案件二审改判成按财产案件收费的案件。[①] 但这种普遍做法值得推敲。按标的额收费是为了防止当事人滥用诉权和恶意诉讼的一种"恫吓机制",也体现了审判程序的利用者获益越大、代价越高的特点。但这两点在公益诉讼中都行不通,"真正的环境公益诉讼是为全社会公共环境利益有时候甚至是为不涉及某类人直接利益的生态安全而提起的诉讼,原告不能就自己的私利请求损害赔偿,原告本身的诉讼目的不具有财产性内容"。[②] 换言之,公益诉讼原告担当公益保护者的角色,没有自己的私人利益,并非为自己享用司法资源,所提出的诉讼请求也是基于修复环境的考量,而且公益诉讼原被告在资金实力上千差万别,继续沿用按标的额收费的机制会造成实质上的不平等。因此,按照非财产案件固定收费标准(如每件 50 元)更合理。

(二)对于鉴定费用的先行判决——以"北京市朝阳区自然之友环境研究所诉云南金鼎锌业有限公司环境污染责任纠纷案"为例

在"北京市朝阳区自然之友环境研究所诉云南金鼎锌业有限公司环境污染责任纠纷案"中,原告依据《民事诉讼法》第 153 条关于先行判决的规定,请求法院先行判令被告承担鉴定评估费用,以推进本案进程。

在普通民事诉讼中,先行判决的条件是"其中一部分事实已经清楚",[③]鉴定费用由谁负担,取决于案件主要事实的审理情况,即被告是否应对环境污染承担责任。如果主要事实不清晰,鉴定费用的分担也无法确定。

环境公益诉讼则不同,由于高额的鉴定费用会成为环境公益诉讼的阻碍因素,通过修改立法或出台司法解释肯定这种先行判决,更符合实践的需要。法院可以先行对鉴定费用进行判决并直接移送执行,但本案原告败诉的,则在本案判决中再对鉴定费用重新作出判决,否则不必再对鉴定费用作出判决。鉴于鉴定费用判决和本案判决的牵连性,在本案判决作出之前,鉴定费用的判决不能因本案理由提起上诉,而只能对先行判决的必要性是否充足而提起上诉。本案判决原告胜诉后,被告仍可对鉴定费用分担的判决提起上诉。

总体来说,2016 年的环境公益诉讼反映了以私益诉讼为中心制定的《民事诉讼法》下公益诉讼程序特则的立法供给严重不足的现状,这对当事人和司法者熟练运用法解释技术和学理知识提出了更高的要求。未来应通过修改立法、发布司法解释、出台指导性案例等途径,进一步细化、完善公益诉讼程序特则。

---

① 参见(2014)苏环公民终字第 00001 号民事判决书。

② 张颖:《环境公益诉讼费用规则的思考》,载《法学》2013 年第 7 期。

③ 参见张卫平:《民事诉讼法》(第 4 版),法律出版社 2016 年版,第 416 页。

2016年检察机关提起行政公益诉讼:数据分析与理性思考

姬　祥*

2014年10月召开的中国共产党十八届四中全会通过了《关于全面推进依法治国若干重大问题的决定》,明确提出了"行政公益诉讼"制度探索和构建的问题。检察机关提起行政公益诉讼,行使法律监督权以制衡行政权,是司法建设中一次里程碑式的进步。2015年7月1日,全国人大常委会表决通过了《全国人民代表大会常务委员会关于授权最高人民检察院在部分地区开展公益诉讼试点工作的决定》(以下简称《决定》),授权最高人民检察院在北京等13个省、自治区、直辖市开展提起公益诉讼改革试点。这项授权为期二年,从2015年7月到2017年6月。本文试图从数据分析的角度,对2016年我国行政公益诉讼试点活动中案件起诉情况进行总结,简要分析从中发现的问题并提出解决途径。

一、行政公益诉讼立法概况

到目前为止,检察机关提起行政公益诉讼的规范依据除了上述《决定》外,还包括最高人民检察院出台的《检察机关提起公益诉讼改革试点方案》(以下简称《试点方案》)、《人民检察院提起公益诉讼试点工作实施办法》(以下简称《实施办法》)。《决定》授权检察机关在履行职责中发现生态环境和资源保护、国有资产保护、国有土地使用权出让等领域负有监督管理职责的行政机关违法行使职权或者不作为,使国家和社会公共利益受到侵害,公民、法人和其他社会组织由于没有直接利害关系,没有也无法提起诉讼的,可以向人民法院提起行政公益诉讼。为实施《决定》,最高人民检察院制定了《试点方案》和《实施办法》,详细规定了检察机关如何向法院提起行政公益诉讼。

二、统计方法

本文节选最高检网上发布厅于2016年1月至12月发布的检察机关提起行政公益诉讼的133例案件,①分别就受案范围、被告类型及身份、起诉主体身份、起诉理由、地域分布、起诉时间、检察建议7个方面进行归纳整理,通过对这些核心信息统计发现其中存在的特点,最后对从中发现的问题提出解决建议。选择上述7个方面归纳分析的理由分别如下。

---

* 山东大学法学院法律硕士(法学)专业民诉方向2016级研究生。

① 参见中华人民共和国最高检网上发布厅发布的一系列案例,载最高人民法院网:http://www.spp.gov.cn/spp/wsfbt/index.shtml,最后访问日期:2018年3月11日。

(一)受案范围

通过分析133例检察机关提起行政公益诉讼的案件在生态环境和资源保护、国有资产保护和国有土地使用权出让三个领域行政公益诉讼案件的分布数量,得出各个领域行政公益诉讼所占比重,对于比重较高的领域需要在试点过程中重点关注。

(二)被告类型及身份

被告类型可分为共同被告或单独被告,被告身份是指被告在不同具体行政机关的分布。通过分析被告身份可以得知各行政机关的职权范围和何种职权下容易出现行政公益诉讼案件,有助于督促行政机关严格依法行政。通过分析被告类型可以得出在职权交叉范围内提起行政公益诉讼可能出现的问题。

(三)起诉主体身份

通过分析133例案件中的起诉主体身份,对比地市级人民检察院和基层人民检察院在行政公益诉讼中起诉案件数量,可以看出行政公益诉讼在各级检察机关中的工作量分布,从而可以有重点有方向地规划行政公益诉讼试点工作。

(四)起诉理由

行政公益诉讼的起诉理由包括行政机关违法履行职责和行政机关不依法履行职责,通过分析两种理由在整体案件中所占比重,探究行政机关违法行政行为与行政公益诉讼之间的关系,有助于促进行政机关依法行政、严格执法。

(五)地域分布

将133例行政公益诉讼案件按照省域分布进行归纳,可以得知我国各地区行政公益诉讼的发生情况,以及各地区在行政公益诉讼中工作的特点,从而进一步分析地域分布的形成与环境状况和经济水平之间的关系。

(六)起诉时间

将133例案件按起诉时间的月份整理,可以看出案件的时间分布及数量变化,进而分析行政公益诉讼的试点推进情况和检察机关提起行政公益诉讼的内在动因。

(七)检察建议

《试点方案》规定了检察机关在提起行政公益诉讼之前,必须经过诉前程序,即检察机关应当先行向相关行政机关提出检察建议,督促其纠正违法行政行为或者依法履行职责。只有在检察建议监督没有被采纳的情形下,检察机关才可以提起行政公益诉讼。通过分析对比诉前程序案件和起诉案件的数量,得出检察建议在行政公益诉讼中起到的作用,从而分析其中可能存在的问题。

三、数据分析

(一)案件范围主要集中于生态环境和资源保护领域

在最高检发布的133例检察机关提起行政公益诉讼的案件中,按生态环境和资源保护领域、国有资产保护领域和国有土地使用权出让领域三个领域进行归纳整理(见表1)。

表1　2016年行政公益诉讼起诉案件领域分布情况

案件领域分布	项目	
	案件数量(件)	比例(%)
生态环境和资源保护领域	96	72.18
国有资产保护领域	30	22.56
国有土地使用权出让领域	7	5.26

从表1数据中可以看出，行政公益诉讼主要集中在生态环境和资源保护领域，国有资产保护领域也占有一定比例，而国有土地使用权出让领域则数量较少。究其原因，在于《试点方案》中指出：试点期间，重点是对生态环境和资源保护领域的案件提起行政公益诉讼。因此，行政公益诉讼主要集中于环境公益诉讼领域，这也主要是因为环境问题严重侵害国家和社会公共利益，成为公益诉讼制度需要解决的主要问题。

(二)被告类型及身份

1. 被告类型

在行政公益诉讼中被告绝大部分案件是单独被告，只有一例是共同被告(见表2)。该例是安徽金寨检察院对金寨县商务和粮食局、金寨县财政局不依法履行职责案提起的行政公益诉讼。在本案中金寨县商务和粮食局、金寨县财政局存在职权交叉，二者均对骗取国家财政补贴资金的违法行为有作为义务却不作为，导致了国有资产的大量流失。①

表2　2016年行政公益诉讼起诉案件被告类型情况

被告类型	项目	
	案件数量(件)	比例(%)
单独被告	132	99.3

① 金寨检察院在办理原金寨县商务局副局长聂某滥用职权、受贿、贪污案中发现，原金寨县商务局(2015年与原金寨县粮食局合并成立“金寨县商务和粮食局”)、金寨县财政局违法初审金寨县家佳乐超市有限公司“万村千乡市场工程”农家店项目验收和资金拨付申请，导致46.69万元国家财政补贴资金被骗取。2016年3月24日，金寨检察院分别向金寨县商务和粮食局、金寨县财政局发出检察建议，督促两局依法追回被骗取的国家财政补贴资金。收到检察建议后，金寨县商务和粮食局、金寨县财政局仅向金寨县家佳乐超市有限公司发出“关于限期退缴骗取的国家财政补贴资金通知书”，但未对该公司依法作出行政处罚决定，未采取实际措施履行资金追回职责，亦未将办理检察建议的情况书面回复检察机关。鉴于金寨县商务和粮食局、金寨县财政局违法初审涉案农家店项目验收和资金拨付申请，且在收到检察建议后不积极履行追缴职责，被骗取的财政补贴资金至今未被追回，国家和社会公共利益仍处于受侵害状态。金寨检察院依据《全国人大常委会关于授权最高人民检察院在部分地区开展公益诉讼试点工作的决定》《人民检察院提起公益诉讼试点工作实施办法》的规定，向金寨法院提起行政公益诉讼。

从表2中可以看出,行政机关在职权交叉范围内出现共同违法履行职责或者行政机关均不依法履行职责时,才会出现共同被告的情况。这里就体现了多个行政主体的责任认定问题,由于行政机关的部分行政职权相互交叉,职责权限划分不明确,检察机关面对这种情况,极少选择以共同被告的形式提起行政公益诉讼。

2. 被告身份

根据对133例案件的分析,被告包括国土资源局、环保局、林业局、人民政府及其派出机构(街道办事处)、水利局、财政局、农机管理站、城乡规划与城市管理局、农林水局、税务局(含地税局和国税局)、综合行政执法局、人民防空办公室、建设管理局、卫生与计划生育局、畜牧业管理局、社保局、供销合作社(共计17个行政机关)(见表3)。

表3　2016年行政公益诉讼起诉案件被告身份分布情况①

被告身份	项目	
	案件数量(件)	比例(%)
国土资源局	42	31.6
林业局	19	14.3
环保局	18	13.5
水利局	13	9.8
人民政府及其派出机构(街道办事处)	12	9
财政局	6	4.5

从表3可以看出,被告为国土资源局、环保局、林业局、人民政府及其派出机构(街道办事处)、财政局的案件数量较多,其原因在于生态环境和资源保护领域的政府管理职责并不是只由环保局承担,而是由国土资源局、林业局、水利局等部门共同承担。国土资源局承担着生态环境和资源保护领域中土壤生态保护职责,同时还承担着国有土地使用权出让职责,同时林业局管理林区的生态环境和资源保护,水利局管理水域的生态环境和资源保护。财政局作为被告的案件,主要是集中在国有资产保护领域,也占有一定比例。

(三)起诉主体身份

在最高检发布的133例检察机关提起行政公益诉讼的案件中,对比地市级人民检察院和基层人民检察院在行政公益诉讼中起诉的案件数量,可以看出绝大部分案件由县级检察机关提起(见表4)。

① 表中节选了案件数量为5件以上的被告,总计案件为110件。

表 4　2016 年行政公益诉讼起诉案件起诉主体身份情况

起诉主体身份	项目	
	案件数量(件)	比例(%)
市人民检察院	2	1
基层人民检察院	131	99

分析其原因,在于违法履行职责和不依法履行职责,造成国家和社会公共利益受到侵害的行政行为多由基层行政机关作出,《实施办法》第 29 条规定:"人民检察院提起行政公益诉讼的案件,一般由违法行使职权或者不作为的行政机关所在地的基层人民检察院管辖。"因此大部分案件是由基层人民检察院提起。只有侵害国家和社会公共利益的行政行为是由市级行政机关作出时,才由市级人民检察院提起行政公益诉讼。

(四)起诉理由

表 5　2016 年行政公益诉讼起诉案件分布

起诉理由	项目	
	案件数量(件)	比例(%)
行政机关违法履行职责	5	3.8
行政机关不依法履行职责	128	96.2

笔者将 133 例行政公益诉讼案件按照起诉理由进行分类归纳(见表 5),从表 5 中可以看出绝大部分案件的起诉理由是行政机关不依法履行职责,这说明行政机关不作为是导致行政公益诉讼产生的主要原因。在行政机关履行职责的情况下,违法履行职责的情况并不多见。但是行政机关的不依法履行职责现象存在较多,对于危害国家和社会公共利益的行为或视而不见,"睁一只眼,闭一只眼";或相互推诿,不积极主动地履行职责,或浅尝辄止,作出一定行政行为后不继续跟进,上述行为不能实现维护公共利益的目的。

(五)地域分布

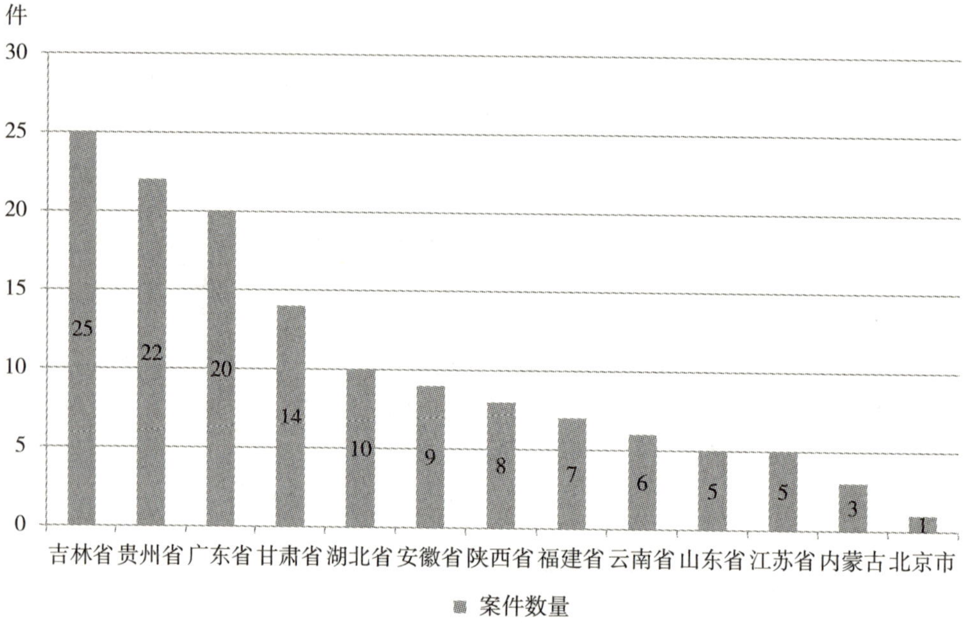

图1　2016年行政公益诉讼起诉案件地域分布

从图1数据中可以看出,《决定》中确定的13个试点地区(北京市、内蒙古自治区、吉林省、江苏省、安徽省、福建省、山东省、湖北省、广东省、贵州省、云南省、陕西省、甘肃省)均有行政公益诉讼案件,就数量上而言,主要集中在吉林省、贵州省、广东省、甘肃省、湖北省、安徽省。众所周知,一个地区环保类案件与该地的生态资源富集程度、经济水平、环境状况等因素相关。上述13个地区,案件数量领先的省份既不是生态环境最富集,也不是经济水平最发达或环境状况最恶劣的地区,因此各省份案件数量并不与环境状况和经济水平有必然联系,提起公益诉讼的原因可能更多的是政治驱动而非内在动力驱动。

总体上看,试点工作开展得比较顺利、效果比较好的地方,都是在试点工作开展之前就有比较好的行政检察基础的地区。2015年4月,贵州省连续出台了两个有关生态环境保护的"问责办法",即《贵州省林业生态红线保护党政领导干部问责暂行办法》和《贵州省生态环境损害党政领导干部问责暂行办法》,明确将严格问责、惩戒在生态环境保护中失职渎职的党政领导干部。湖北、吉林、安徽等省级检察院和高级法院就诉讼程序、法律适用等问题联合出台文件,与政府法制办、国土资源、食品药品监督管理部门建立信息共享、技术咨询等协作机制。① 这些措施有效地促进了公益诉讼试点工

① 参见胡卫列、田凯:《检察机关提起行政公益诉讼试点情况研究》,载《行政法学研究》2017年第2期。

作的开展。

（六）起诉时间

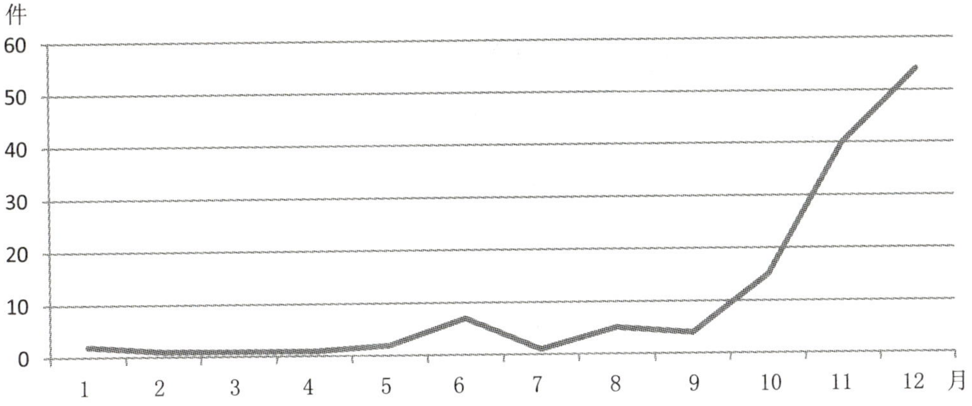

图 2　2016 年行政公益诉讼起诉案件时间分布

从图 2 数据中可以看出案件量在 2016 年的前 10 个月趋于平缓，在 11 月和 12 月迎来“井喷式”增长，其中可能的原因有以下 3 个。

1. 最高检规定：2016 年上半年，各公益诉讼试点地区要实现起诉案件零的突破；2016 年年底，所有试点的市级检察院均要有案件起诉到法院；2017 年上半年，所有试点的基层检察院消灭起诉案件的空白。因此，在政治压力下出现了年底案件数量“井喷”的现象。

2.《实施办法》规定：地方各级人民检察院拟决定向人民法院提起公益诉讼的，应当“层报”最高检审查批准。由于“层报”审批的标准严格，时间周期长，导致了试点前期案件数量较少。后最高检将审批权下放到省级检察院，这大大提高了检察机关提起行政公益诉讼的工作效率。

3. 检察机关主动性不足，在试点初期大多持观望态度，不敢先行尝试。在试点的前期，检察机关处于线索查找阶段，公益诉讼线索不足，能够提起的案件数量不够。在后期检察机关总结出了相应的工作方法，案件数量也随之水涨船高。

（七）检察建议

由于最高检网上发布厅并没公布有关于检察建议的相关数据，这里我们截取《检察日报》上的相关数据。2015 年 7 月至 2016 年 12 月，试点地区检察院共办理的行政公益诉讼案件 4200 件，其中诉前程序案件 3763 件，占 90%；起诉案件 437 件，占 10%①（见图 3）。

---

① 王地：《检察机关提起公益诉讼案件数量“井喷”的背后》，载《检察日报》2017 年 2 月 26 日第 1 版。

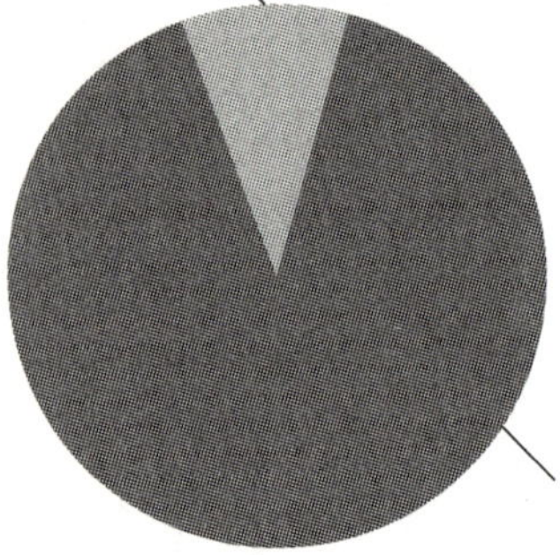

图 3　试点地区检察院提起诉前程序案件与起诉案件对比

可以看出,90% 的公益诉讼案件能够通过诉前程序得到解决,行政机关接到检察建议后,基本能按照建议的内容,及时纠正违法行为,防止公共利益继续受损,这也是当前行政公益案件难以进入诉讼阶段的重要原因。只有 10% 的行政机关在收到检察建议后一个月内,仍拒不纠正违法行为或者不履行法定职责,国家和社会公共利益仍处于受侵害状态。虽然取得了可喜的效果,但仍然存在一系列问题:检察建议应该如何作出,内容应该宏观笼统还是具体细化,作出检察建议的行为由谁监督,这都是检察建议能否发挥应有效果的重要因素。

四、问题研究及对策分析

(一)存在的问题

1. 检察机关主动性不足

根据对最高检发布的 133 例检察机关提起行政公益诉讼案件起诉时间的分析,可以看出在试点前期,检察机关提起的行政公益诉讼数量较少,主动提起诉讼的积极性不高。行政公益诉讼没有直接的利害关系人,故公众缺乏对诉讼过程和诉讼结果的特别关心和监督。若检察机关怠于履行职责或者不当履行职责,将给公益诉讼带来巨大的损失。

2. 公益诉讼线索不足

根据对案件数量的分析,可以看出在试点期间,检察机关提出行政公益诉讼线索不足,导致案件量不够。从试点省份案件线索收集情况看,案源匮乏的情况比较严重,最高检的数据显示,试点开展近 10 个月内,行政公益诉讼案件线索只有 554 件,平均每个省每个月只能发现线索 5 条左右。[①] 虽然不是每个案件线索都会引发诉讼,但案件线索是办案的前提和基础,没有线索就不会有后续各项程序。在政策高压下,如何发

① 参见刘子阳:《稳步推进试点 325 起案件启动诉前程序——全国检察已提起公益诉讼 15 件》,载《法制日报》2016 年 4 月 14 日第 3 版。

现公益诉讼线索成了检察机关重点关注的问题。

3. 多个行政主体的责任认定

根据上文对被告类型的分析，可以看出在部分行政机关违法行使职权或者不作为，造成国家和社会公共利益受到侵害的情况下，由于行政机关的部分行政职权相互交叉，职责权限划分不明确，可能导致具体案件发生时相关主体推诿扯皮，无法明确认定行政机关职权的问题。这也是试点中提出共同被告的行政公益诉讼数量较少的重要原因之一。同时，鉴于行政职权交叉案件案情复杂，检察机关可能对该公益诉讼线索放弃起诉。

4. 检察建议缺乏规范

基于司法资源的有限性与司法克制主义的立场，检察机关把检察建议作为提起行政公益诉讼的前置性程序，对于行政机关及其工作人员危害公共利益的违法履行职责和不履行职责的行为，检察机关应当及时提出检察建议督促纠正，只有在检察建议监督没有被采纳之后，才可以提起行政公益诉讼。一般而言，行政机关接到检察建议后，出于弥补过错和避免被诉的考虑，基本能按照建议的内容，及时纠正违法行为，防止公共利益继续受损。可以预见，检察建议将成为检察机关行使法律监督权的主要手段。检察机关如何发出检察建议，相关法律法规中并没有规定，这就存在检察建议过于细化而干预行政权和检察建议无人监督之虞。

5. 案件代表性不足

检察机关在试点期间内提起了一定数量的行政公益诉讼案件，虽然在一定程度上实现了维护国家和社会公共利益的目的，但案件大多千篇一律，没有涵盖行政公益诉讼的全部内容。根据笔者的整理，在最高检发布的133例检察机关提起的行政公益诉讼案件中，行政机关只提起一例共同被告的行政公益诉讼，一例行政附带民事公益诉讼，没有一例检察机关败诉的案例，检察机关参与行政公益诉讼每诉必胜，尚无败绩，这有可能增加检察机关提起诉讼的随意性而导致滥诉。在试点的最后阶段，应鼓励检察机关提起更多非典型性的行政公益诉讼，以发现更多实践中的问题。

（二）对策分析

1. 构建合理的办案激励制度

如何提高检察机关办案主动性，秦前红教授认为：一是要建立检察机关工作人员参与行政公益诉讼奖惩措施，只有制定切实可行的奖惩措施，才能既激励工作人员认真办案积极履行检察机关职能，又防止工作人员因为缺乏惩戒措施而在诉讼中恣意行使自由裁量权，不能审慎认真地参与诉讼；二是要完善下级检察机关和工作人员在政策制定中的参与权，当前各项方案制度，基本由最高检制定，下级检察机关和工作人员的参与程度较低，使政策制定难以体现基层第一线办案人员的意见建议，若能在政策制定中增加基层检察机关的参与度,必将提高办案人员的主动性和积极性。① 笔者认为,在试点期间,检察机关对提起行政公益诉讼的工作方法不熟悉,对制度意义认识不够,因此大多持观望态度。如何构建一套完善的行政公益诉讼制度,提升公众对行政公益诉讼的关注度,发掘社会的内在动力,是试点结束后立法机关需要重点考虑的问题。

2. 树立检察机关"一盘棋"思维

公益诉讼试点是检察机关一项全局性工作,不只是民行检察部门一个部门的任务。侦监、公诉、控申、预防等部门要有"一盘棋"的思想,在办理案件过程(如职务犯罪侦查、批准或决定逮捕、审查起诉、控告检察、诉讼监督等)中只要发现国家和社会公共利益被侵害的,都应当将相关情况及时通知民行检察部门,让更多的案件线索进入监督视野,以提高公益诉讼办案质效,将线索及时移送民行检察部门,形成定期排查、随时移送线索的惯例。② 具体措施可以包括在督促行政机关依法履职过程中查找线索、结合查办职务犯罪案件查找线索、结合刑事检察工作查找线索。③ 同时可以对《实施办法》第 28 条中的"履行职责"做扩大解释,包括结合媒体曝光新闻事件筛选的线索,人大、政协、政府等机关移送的案件线索和公民、法人、其他组织在控告申诉中发现的线索。检察机关的重要职能是法律监督,接受以上主体转交的线索是履行法律监督职能的体现,也是履行职责的应有范畴。

3. 加强检察机关队伍建设

如何解决多个行政主体的责任认定问题,关键在于确定各行政机关的职能范围。对于职责权限划分不明确的情况,检察机关可以向职责不明的行政机关发出检察建议,行政机关可以对自己不享有该项职责发表意见。同时检察机关可以加强与地方党委、人大、政府和有关部门的沟通以寻求帮助。对于行政机关职能交叉的情况,检察机关应大胆提起共同诉讼。④ 由于当前民刑检察干警力量薄弱,专业化水平低,与行政公益诉讼发展的需求相比,其人员结构和业务素质还需进一步提高,检察机关亟须加强自身队伍建设,提升检察人员的工作能力和业务水平。

4. 合理规范检察建议

对于如何做出检察建议,出于司法克制主义的立场,笔者认为检察建议宜粗不宜细。检察建议应该载明国家和社会公共利益受到侵害和行政机关违法行使职权或者不作为的初步证明材料。至于行政机关如何作为,则不需要检察机关提出建议。行政

---

① 参见秦前红:《检察机关参与行政公益诉讼理论与实践的若干问题探讨》,载《政治与法律》2016 年第 11 期。

② 参见黄涛、付厅:《甘肃省检察机关行政公益诉讼试点工作调研报告》,载《中国检察官》2017 年第 1 期。

③ 参见刘小勤:《行政公益诉讼案件线索发现》,载《中国检察官》2015 年第 10 期。

④ 参见黄涛、付厅:《甘肃省检察机关行政公益诉讼试点工作调研报告》,载《中国检察官》2017 年第 1 期。

机关应当在收到检察建议书后一个月内将办理情况及时书面回复人民检察院，回复内容分为三种：第一种是行政机关纠正了自己的行政行为，合法地维护了国家和社会公共利益；第二种是行政机关认为不存在国家和社会公共利益受到侵害的事实，或者认为自己不存在违法履行职责行为或者不作为；第三种是行政机关尽到了自己的义务，但国家和社会公共利益仍然处于被损害的状态，行政机关应提供相应的理由和依据并建议检察机关督促提起民事公益诉讼。

需要注意的是，现行制度没有规定对检察建议的监督，只有检察机关内部掌握是否发出检察建议和行使提起行政公益诉讼的权利，这就有检察机关滥用检察建议权之虞。合理规范检察建议，要求我们既要防止行政机关对检察建议置之不理，又要防止检察机关滥发检察建议而干预行政权，还要防止检察机关对收到检察建议后拒不纠正行政行为的机关选择性地提出行政公益诉讼的情况。

笔者认为，检察机关要谨慎地行使检察建议权。针对行政机关对检察建议置之不理的情况，检察机关可以加强请示报告和沟通协调，积极争取地方党委、人大、政府和有关部门的支持，协调好独立行使法律监督权与沟通协调之间的关系，避免检察建议处于无人问津的尴尬地位。① 为了防止检察机关滥发检察建议而干预行政权，应健全检察机关参与公益诉讼的监督措施。同时可以将行政机关拒绝接纳检察建议并证明其行政行为合法的情况纳入检察人员的考核标准。对于检察机关选择性行使起诉权，笔者认为，为了达到维护国家和社会公共利益的目的，督促检察机关谨慎行使检察建议权，可以将《实施办法》第 41 条的“可以”改为“应当”，即经过诉前程序，行政机关拒不纠正违法行为或者不履行法定职责，国家和社会公共利益仍处于受侵害状态的，人民检察院应当提起行政公益诉讼。

5. 厘清检察机关在诉讼中的角色

检察机关虽然具有公益诉讼人和法律监督机关的双重身份，但在诉讼中其公益诉讼人的身份是第一位的，法律监督机关是第二位的。检察机关作为公益诉讼人提起诉讼本身就是在履行法律监督机关的职责，实现保障公益维护公平公正社会秩序的目的。② 检察机关在诉讼中要明确自身定位，不得利用自身职权，频繁提起诉讼，干涉审判机关的公正审判和行政机关依法行政。法院在审理行政公益诉讼案件时，要公平公正地行使审判权，做到“依法审查，独立审判。当胜则胜，当败则败”。

五、结语

检察机关提起行政公益诉讼是我国全面推进依法治国的重要举措，可以预见，在当前国家监察体制改革的背景下，以行政公益诉讼的方式监督行政机关将成为检察机

① 参见解文佚：《行政检察工作的现状与发展》，载《国家检察官学院学报》2015 年第 5 期。

② 参见姜涛：《检察机关提起行政公益诉讼制度——一个中国问题的思考》，载《政法论坛》2015 年第 11 期。

关新的“拳头”领域。何海波教授曾经说过:“通往法治的道路绝不是一马平川,因为法治镶嵌在一个社会的政治、经济和文化结构中,决非几人之力就能成功。”①对一项新的制度,我们应该多一些包容和鼓励,多一些关心和呵护,方能使新制度愈加完善,相信不久的将来,行政公益诉讼会还我们真正的绿水青山。

检察院提起民事公益诉讼诉前程序研究

刘加良**

自2015年7月至2017年6月,检察院在两年间进行民事公益诉讼试点工作。2015年7月1日施行的《全国人民代表大会常务委员会关于授权最高人民检察院在部分地区开展公益诉讼试点工作的决定》(以下简称《授权试点决定》)、2015年7月由最高检提出的《检察机关提起公益诉讼改革试点方案》(以下简称《改革试点方案》)、2015年12月最高检发布的《人民检察院提起公益诉讼试点工作实施办法》(以下简称《检察院实施办法》)和2016年2月最高院发布的《人民法院审理人民检察院提起公益诉讼案件试点工作实施办法》(以下简称《法院实施办法》)、2016年12月最高检下发的《关于深入开展公益诉讼试点工作有关问题的意见》(以下简称《深入开展意见》)、2016年12月最高院下发的《关于进一步做好检察机关提起公益诉讼案件登记立案工作的通知》和2017年1月最高检发布的第八批指导性案例(检例第28~32号)是其主要的专项性规范依据。检察院提起民事公益诉讼诉前程序(以下简称诉前程序)是指检察院在履行职责中发现特定领域存在损害社会公共利益的行为,在提起民事公益诉讼之前,应当依法督促或者支持对民事公益诉讼享有优先诉权的法律规定的机关和有关组织(适格主体)②起诉的制度安排。自试点之初,诉前程序和提起诉讼即被放在同等重要的位置。有关诉前程序的试点成效在不同的地区、领域和案件类型上呈现出非均衡化的特征,诉前程序的特有功能亟待更具深刻性的阐释,有关诉前程序的基本法理并未得到很好的厘清,以致出现了诸如“法律规定的任意诉讼担当”③的术语误用和错误表达。本文的探讨拟从学理层面为检察院办理诉前程序案件提供基础性的智力

---

① 何海波:《行政法治,我们还有多远》,载《政法论坛》2013年第6期。

** 山东大学法学院副教授。

② 《改革试点方案》《检察院实施办法》《法院实施办法》和《深入开展意见》均把《民事诉讼法》第55条中的“法律规定的机关和有关组织”称为“适格主体”。故在讨论检察院提起民事公益诉讼时,适格主体的内涵具有限定性,其可与法律规定的机关和有关组织等同使用。

③ 刘艺:《准确理解和把握公益、诉讼、试点概念的内涵》,载《检察日报》2015年10月23日。

支持。

一、诉前程序的功能诠释

诉前程序的功能发挥得越到位，公共利益受到的侵害就会得到越有效的制止与制裁，可能侵害公共利益的危险就会得到越早越好的消除。厘清诉前程序的特有功能，有助于增加检察院办理诉前程序案件的信心与动力，进而有助于以良好的制度实效提升诉前程序入法的必要性并可为适度扩大检察院办理民事公益诉讼案件的适用范围提供正当性论证。

（一）诉前程序有助于敦促政府权力主体履行法定责任

“善政是通向善治的关键；欲达到善治，首先必须实现善政。”[①]责任政府是善政的基本要求，政府责任分主动责任和被动责任，自觉、正确、全面、及时地履行法定职责是政府权力主体应承担的主动责任。在我国当下，公共利益受损普遍而且严重，这与作为公共利益之法定管护者的政府权力主体未能履行好主动责任高度相关。

当前，我国民事公益诉讼所针对的生态环境和资源保护领域以及食品药品安全领域的侵权行为多为大规模侵权行为，被侵权人广泛、损害巨大、因果关系难以证明是其主要特征。实施这类侵权行为的主体有不少是当地的利税大户、支柱企业或招商引资的重点企业。在经济发展重于环境保护、食药安全的政绩观惯性作用和强势影响下，相关的政府权力主体针对侵害社会公共利益的行为往往没有动力去履行法定职责，不履行职责、违法履行职责、履行职责不到位、履行职责不全面和履行职责不及时的情形时常可见。落实绿色发展和维护食药安全是我国目前政府治理的重点所在，保护环境和监管食药安全的政绩已成为考核评价与任免公职人员的重要指标，公职人员任期内的生态环境损害责任和食药安全保障不力责任将会被力度不减、尺度不放、节奏不变地严厉追究。经过诉前程序，民事公益诉讼定会被提起。新闻媒体和一般民众对民事公益诉讼案件的关注热情极高，其从起诉、受理、证据交换到开庭审理、宣判再到执行都会成为社会热点和舆论兴奋点，这必将给政府权力主体带来自上而下的政治压力和自外到内的社会压力。民事公益诉讼案件的立案数量和裁判结果将在事实上与公职人员的任职责任追究相挂钩，挂钩后的压力传导将反向敦促政府权力主体履行主动责任，从而减少相关领域的权力乱作为、滥作为、不作为与慢作为，进而通过到位的行政执法增加侵权行为实施者的违法成本。在履行诉前程序中，检察院可向政府权力主体发出社会治理型检察建议，推动其就共性问题进行专项整改或专项执法检查，实现“办理一案，带动一片”，以规模性消除有法不依、依法不当、选择执法、消极执法的现象。

出现污染海洋环境给国家造成重大损失的行为时，检察院经过诉前程序督促行使海洋环境监督管理权的部门依《海洋环境保护法》第 89 条第 2 款提起赔偿诉讼，是检

---

① 俞可平：《善政：走向善治的关键》，载《文汇报》2014 年 1 月 19 日。

察权对行政权于法有据、师出有名的监督与制约。行使海洋环境监督管理权的部门对检察院发出的督促起诉意见书几乎不可能无动于衷,康菲溢油事故发生后国家海洋局对启动民事公益诉讼程序的社会诉求置之不理的做法将面临权力层面的反制。

我国对有权提起民事公益诉讼的社会组织将继续实行登记管理机关和业务主管单位双重负责的管理体制,这些社会组织的官方性或半官方性色彩将继续存在。尽管社会组织按照其章程开展活动不受地域的限制,但社会组织的属地管理原则会让社会组织在当地提起民事公益诉讼前不得不谨慎地评估来自地方政府的压力。地方政府对公共利益损害者的放纵、偏袒、护短以及或明或暗的保护,都会重挫社会组织起诉的热情,让其感到不敢惹、惹不起。随着检察权依据《宪法》规定独立行使日渐实效化和省以下地方检察院人财物省级统一管理体制在全国范围内的次第建立,借助诉前程序的履行,"去地方化"的检察院可让政府权力主体对社会组织的干扰和压制在很大程度上归于无效,也可让社会组织义正词严地行使民事公益诉权。

(二)诉前程序有助于补强社会组织的诉讼行为能力

2013 年 10 月首次修改的《消费者权益保护法》赋予中国消费者协会(以下简称中消协)和省级消协以民事公益诉讼的原告资格,但该法修改后于 2014 年 3 月 15 日开始施行至 2017 年 3 月,消费民事公益诉讼难负厚望,仅有上海市消费者权益保护委员会诉天津三星通信技术有限公司和广东欧珀移动通信有限公司侵权责任纠纷案、中消协诉雷沃重工股份有限公司等违法违规生产销售正三轮摩托车案、吉林省消费者协会诉韩某等三被告销售不符合食品安全标准的食用盐案、江苏省消费者协会诉南京水务集团有限公司供用水格式合同(户表用户)约定违约金过高案、广东省消费者委员会诉李某文等 20 名被告违法生产销售病猪死猪案等少数几起被法院受理的案例。

作为《环境保护法》修改后实施的首年,2015 年被视为中国环境民事公益诉讼的元年,相关案例的"井喷"现象被寄予莫大的预期。然而,2015 年仅有 9 家环保组织成为环境民事公益诉讼的原告。①

既有的案例和统计数据表明,适格主体中的绝大多数消协组织和环保组织在提起民事公益诉讼方面迄今依然无所作为,它们所享有的民事公益诉权一直处于"沉睡"的状态,社会组织经由民事公益诉讼很好地参与国家治理的外在期待依然未被满足。有效的国家治理离不开政府治理、市场治理和社会治理的独立并存、各司其职与齐头并进。社会组织是社会治理的主力军,提起民事公益诉讼是社会组织参与社会治理的新型载体,借其可将损害公共利益的行为纳入程序理性的规控之下,进而降低相关群体性事件的发生概率。社会组织提起诉讼的意愿和应对诉讼的能力(主要包括财力和人力)实质性地影响着民事公益诉讼案件的受理状况。社会组织有心无力(有起诉的意

① 参见刘蓉:《环境公益诉讼任重道远》,载《经济日报》2016 年 3 月 22 日。

愿但无应对诉讼的能力）、有力无心（有应对诉讼的能力但无起诉的意愿）和无心无力（无起诉的意愿也无应对诉讼的能力）都会导致民事公益诉讼案件的受理量在低位徘徊。在促进社会组织健康有序发展的语境下，鉴于提起民事公益诉讼有助于社会组织加快转型、扩大影响以及提升地位，社会组织提起民事公益诉讼的意愿因实行双重管理体制而受到抑制的可能将越来越少，应对民事公益诉讼的能力不足将继续成为社会组织的“短板”。消协组织和环保组织过往的上述表现足以说明社会组织的诉讼行为能力亟待补强，“工欲善其事而力不足”的窘境亟待破除。

公共利益受到损害的事实应由民事公益诉讼的原告承担证明责任，对这一事实的证明目前主要依赖收费很高的鉴定评估，加之诉讼代理收费亦不低，这要求消协组织和环保组织应具备不错的经费支撑能力。食品药品安全领域、生态环境和资源保护领域知识的复合性与专业性很高，消协组织和环保组织目前的人力资源储备在很长的一段时间内都将无法满足应然的要求。经费支撑能力和专业能力的不理想使消协组织和环保组织在提起民事公益诉讼中普遍遭遇到严重的取证难问题。在取证难的压力下，为创造打开局面的业绩，很多案例中的环保组织选择走“先刑后民”或“边刑边民”的捷径。即在犯罪行为被生效裁判文书确认或进入刑事追诉程序后，环保组织就迅速提起民事公益诉讼，借刑事诉讼中控诉方收集的证据来解决民事公益诉讼中最为艰难和烦琐的取证问题。这种自降门槛、趁风扬帆的举动被视为“退一步的胜利”。[①] 这固然有利于形成刑事追责和民事追责的合力以确保民事追责不会缺位或迟延，但长此以往就会使被迫无奈之举演化为投机取巧之举，公众对此举的同情式理解就会演化为鄙视和指责，社会组织就会连续不断地失去借实战壮大自己的契机，社会组织独立自主地应对民事公益诉讼的格局就会继续推迟出现。

对损害公共利益的违法行为及其损害后果进行调查核实是检察院履行诉前程序前的必经环节，在这一环节中，检察院可以采取除限制人身自由以及查封、扣押、冻结财产等强制性措施以外的其他任何措施，可依其职能优势收集到消协组织和环保组织无法取得的证据，这些证据通常能够确保民事公益诉讼的诸项请求得到法院的支持；对需要由法院依职权或申请调查收集的证据，检察院可事先自行依法收集，将固定这些证据的时间大为提前。经过诉前程序，消协组织和环保组织提起诉讼时，可直接利用检察院此前已收集到的证据来减轻自己对证明责任的负担，增强与实力通常强大的被告“硬碰”的底气和胜诉的可能。

二、诉前程序的基本特征

检察院办理公益诉讼案件欲获得接连不断的规范性和实效性，离不开对诉前程序之基本特征的准确认知和有意遵从。从既有的规范性文件、试点做法和有关诉权顺

---

① 参见刘晓星：《为何环境公益诉讼叫好不叫座?》，载《中国环境报》2015年3月31日。

位、诉讼担当的法理出发,可解析出诉前程序具有先行适用的法定性、履行方式的特定性和后续衔接的强制性三大特征。

(一)先行适用的法定性

效力相当于法律的《授权试点决定》规定,检察院提起民事公益诉讼前,必须先履行诉前程序。诉前程序的先行适用由此具备了法定性的特征。设置诉前程序并要求先行适用,有利于促进检察院办案资源的良善利用与有效节省,也有利于实现对适格主体之民事公益诉权的充分尊重与合理鞭策。诉前程序的设置,意味着适格主体享有的民事公益诉权与检察院享有的民事公益诉权在行使层面存在严格的先后顺序,检察院不能与适格主体同时提起民事公益诉讼,也不能在适格主体提起的民事公益诉讼案件受理后以共同原告的身份申请参加,更不能优先于适格主体提起民事公益诉讼。未经过诉前程序,检察院径直提起民事公益诉讼的,构成对适格主体之民事公益诉权的冒犯与侵害,僭越之举将面临强烈的合法性质疑。在诉前程序经过前,检察院的民事公益诉讼原告资格处于备而不用的潜在状态,对其进行激活,经过诉前程序是必要条件。经过诉前程序,适格主体没有起诉或者没有适格主体,检察院方可提起民事公益诉讼,这显然不属于诉权冲突,而属于必要的诉权补位,检察院的民事公益诉讼原告资格由此进入用而不弃的现实状态。

诉前程序先行适用的法定性,不仅决定了检察院提起民事公益诉讼的案件数量必定少于诉前程序案件的数量,而且决定了检察院提起民事公益诉讼的案件数量与履行诉前程序后适格主体提起民事公益诉讼的案件数量之间存在此消彼长的关系。履行诉前程序后适格主体提起民事公益诉讼的案件数量越多,检察院提起民事公益诉讼的案件数量就会越少,诉前程序的有效性和预期功能就越会得到更好的体现。此外,相较于适格主体没有起诉的情形,没有适格主体的情形越少,检察院经由提起民事公益诉讼而对诉权补位之特征的捍卫就越好,诉前程序先行适用的法定性就越趋于名副其实,检察院所享有的民事公益诉权与适格主体享有的民事公益诉权之间就越不可能形成并列关系;相较于适格主体没有起诉的情形,没有适格主体的情形越多,检察院经由提起民事公益诉讼而对诉权补位之特征的坚守就越差,诉前程序先行适用的法定性就越趋于名不副实,检察院所享有的民事公益诉权与适格主体享有的民事公益诉权之间就越有可能形成并列关系。2015年7月至2016年6月,试点地区检察院共办理诉前程序案件59件,相关适格主体(均是环保组织)提起民事公益诉讼11件,检察院提起民事公益诉讼11件、行政附带民事公益诉讼1件,[①]这些案例均集中在生态环境和资源保护领域,在食品药品安全领域则付诸阙如。2015年7月至2016年12月,试点地区检察院共办理诉前程序案件120件,督促或支持适格主体提起民事公益诉讼22件,检察

① 参见王治国:《检察机关公益诉讼试点全面"破冰"》,载《检察日报》2016年7月19日。

院提起民事公益诉讼57件、行政附带民事公益诉讼1件,[①]时至2016年下半年,食品药品安全领域的案例开始出现,相关适格主体已不再局限于环保组织。

截至2016年12月,在检察机关提起、通过媒体公开报道的42件案例中,至少有19件针对的是"辖区内没有适格主体",针对"辖区内有适格主体,但在收到督促起诉意见书或检察建议书后到期未回复或回复不起诉"案例明显偏少;在试点首年的12件案例中,属于救济型公益诉讼的有11件,属于预防型公益诉讼的只有1件。由于《检察院实施办法》第2条第1款确定提起民事公益诉讼的案件由市级检察院(包括省、自治区、直辖市人民检察院分院,自治州和省辖市人民检察院)管辖,故"辖区内"相当于地市级别的行政区划范围内。无论是把《检察院实施办法》第13条中的"辖区"按字面解释为"起诉主体的辖区",还是扩大解释为"起诉主体的辖区加线索发现主体的辖区",由于我国当前社会组织的发展存在很大的区域差异,很多地市级别的行政区划范围内迄今没有适格主体,这使"辖区内没有适格主体"的情形比比皆是。试点一年半的统计情况表明,诉前程序先行适用的法定性遭遇到严峻的挑战,检察院提起民事公益诉讼本应恪守的"谦抑补位"在很大程度上变成了"包办代替"。为有效应对如此挑战,可行之策是有管辖权的市级检察院主动先向辖区外的适格主体发出提起民事公益诉讼的检察建议并支持起诉,以在全国范围的媒体上刊登公告的形式寻找适格主体是最为理想的方案,但采取这一方案应该诚意满满而非试图作秀。

(二)履行方式的特定性

督促起诉和支持起诉是检察院履行诉前程序的两种方式。作为民事诉讼中检察院之一般监督权的实现方式之一,督促起诉在2003年初由浙江检察系统首创试点,后被写进最高检的工作报告并为浙江、福建制定的省级地方性法规所确认,但在2012年错失被写进《民事诉讼法》的良机,迄今未被狭义上的法律所规定。[②] 在支持起诉中,支持者必须是单位,其包括但不限于检察院;检察院可以主动支持起诉,也可以应被支持者之邀而支持起诉。支持起诉原则是我国民事诉讼法对社会干预主义的具体化和本土化,[③]1982年《民事诉讼法(试行)》第13条和1991年《民事诉讼法》第15条均把其规定为基本原则,2008年《水污染防治法》第88条第2款规定环境保护主管部门和有关社会团体可依法支持因水污染受到损害的当事人起诉,但支持起诉的制度化与现代转型至今毫无起色,在学理上更多地属于被否定的对象,克服支持起诉原则的空洞化已成为既紧迫又困难的事项。与《授权试点决定》和《改革试点方案》未区分督促起诉和支持起诉的适用条件不同,《检察院实施办法》第13条则根据适格主体的身份不同来区分履行诉前程序的法律文书,明确规定适格主体是法律规定的机关时适用

---

① 参见徐日丹:《公益诉讼试点以来检察机关办理相关案件4378件》,载《检察日报》2017年1月5日。

② 相关论述可见刘加良:《当下中国纠纷解决的基本立场》,北京大学出版社2014年版,第57~60页。

③ 参见陈刚:《支持起诉原则的法理及实践意义再认识》,载《法学研究》2015年第5期。

督促起诉意见书,适格主体是辖区内的法律规定的有关组织时适用提起民事公益诉讼检察建议书,有关组织收到检察建议书后提出需要支持起诉时适用支持起诉意见书。

依《消费者权益保护法》第 47 条和《环境保护法》第 58 条的规定,适格主体中的法律规定的有关组织包括中消协、省级消协(在省、自治区、直辖市设立的消费者协会)以及依法在设区的市级以上人民政府民政部门登记并专门从事环境保护公益活动连续 5 年以上且无违法记录的社会组织。在公益诉讼入法后,检察院支持社会组织提起环境民事公益诉讼的案例并不鲜见。检察院主动联系辖区外的适格主体或应其之邀并予以支持起诉,在《民事诉讼法》对支持起诉的原则性规定下可获得合理的解释空间,此举可以降低检察院行使民事公益诉权的概率并更有力度地彰显诉前程序的有效性。

诉前程序的履行状况与实际效果可为加快督促起诉和支持起诉的制度化进程提供强大的动力和很好的机会。随着检察院试点提起民事公益诉讼的推进,有关督促起诉和支持起诉的规则供给很可能会接踵而至。

(三)后续衔接的强制性

诉前程序如何与诉讼程序衔接是检察院提起民事公益诉讼所特有的程序问题。检察院在民事公益诉讼中享有与适格主体相竞合的诉讼实施权,在实现顺序上其具有后位性且自始至终不能排斥和否定适格主体的诉讼实施权。在检察院提起民事公益诉讼后,适格主体有权申请参加诉讼以与检察院成为共同原告。需要申明的是,检察院所享有的民事公益诉权具有权责一体性。具体而言,履行诉前程序后,适格主体没有起诉的,检察院依法行使职权的条件即告成就,其即负有提起民事公益诉讼的义务,不正当的选择性起诉将使民事公益诉权的行使主体处于不应有的缺位状态。《改革试点方案》中"主要内容"之"民事公益诉讼"部分第 1 条和《检察院实施办法》第 1 条均规定,经过诉前程序,适格主体没有起诉的,检察院可以提起民事公益诉讼。这两个条文中"可以"一词的使用目的在于赋权,应被解释为"有权",不存在"可以不"的意蕴。有学者认为,督促起诉后适格主体未起诉的,检察院负有提起民事公益诉讼的义务,而支持起诉则不具有这种效力。① 这种持区别对待之立场的观点很难成立,因为其忽视了检察院所享有之民事公益诉权的权利与责任的复合性,且未充分认识到检察院所享有之民事公益诉权的法定补充性。

作为新型案件,民事公益诉讼案件专业性很强、社会影响很大、办理难度很高。诉前程序后续衔接的强制性可能会对检察院履行诉前程序产生不小的阻力,检察院对提起并应对民事公益诉讼之难度的顾虑会使其在是否履行诉前程序方面迟疑不决或畏缩不前,检察院对民事公益诉讼之裁判文书生效后能否得到有效实现的预判必定会或

① 参见肖建国:《充分吸收已有经验》,载《检察日报》2015 年 7 月 23 日。

多或少地引发选择性办案,院内的强力控制与院外的多元监督是消解这些道德风险的必备机制。后续衔接的强制性意味着检察院只能一次性履行诉前程序,“有继续沟通协调和监督催促的必要”不能成为检察院再次或多次履行诉前程序的理由,否则久督不决、久促不诉就难以避免。

附　录

中国环境——生态问题

马荣真*

2015年年末至2016年年初，短短一个多月内，北京市政府两次发布空气重污染红色预警，这也是空气污染预警四级响应政策出台后，北京首次启动红色预警。在大气环境方面，全国空气质量主要指标改善好于年度目标，颗粒物浓度持续下降，但城市空气质量普遍超标，臭氧污染问题进一步显现。

2016年是中国推进结构性改革的攻坚之年，环境保护工作以及环境质量的改善被给予前所未有的高度重视。大气、水、土壤污染防治进入新的阶段：《京津冀地区大气污染防治强化措施（2016—2017年）》发布实施，进一步推动能源结构化调整；《水污染防治行动计划》全面落实，流域水污染防治、城乡饮用水水源保护、黑臭水体整治等项目正在开展；《土壤污染防治行动计划》实施，《污染地块土壤环境管理办法》出台，全国开展土壤污染状况详查，为《土壤污染防治法》的制定预备条件。

生态环保领域的改革正在深化。中央全面深化改革领导小组审议通过《关于划定并严守生态保护红线的若干意见》，31个省（自治区、直辖市）均已启动生态保护红线划定工作，多个省份出台了相应的管理规定。保护优先，预防为主，生态保护红线的实质是生态环境安全的底线。

2016年，在环境治理的技术层次上，无论是新环境保护法的实施，还是环境领域法律法规的修编、执行，我们都能够看到令人欣喜的进步，涉及环境保护督察、查处严重破坏生态事件、长江经济带环境保护、农村环境保护、地下水污染防治、环境社会风险防范、确保核与辐射安全等众多领域和方面，形成了中央和地方两级督察体系；在省以下环保机构监测监察执法进行垂直管理改革；实施控制污染物排放许可制，构建了全国排污许可证管理信息平台；开展生态环境损害赔偿制度改革，在全国7个省份进行试点。除了环境立法、执法部门，更广泛的社会公众也更多地参与到多元共治的环境

---

* 自然之友环境公益律师。

治理中。环境公益诉讼制度继续得以实施，更多的民间环保组织得以使用法律的手段尝试解决环境问题，环保组织参与到了重大环境事件的处理过程，如常州外国语学校污染事件，两家环保组织提起公益诉讼。

环境保护与经济发展总是密不可分。当前我国经济增长进入“新常态”，东部一些地区经过近几十年的高速发展，已形成稳定的经济增长极，逐渐向创新和绿色发展阶段迈进，环境与经济的关系在统一，环境质量出现好转态势。但中西部、东北等以传统产业为主的地区经济发展、环境改善压力较大。中西部地区重化工项目投资持续攀升，相关产业自东向西转移的趋势已经比较明显。东北地区经济发展滞后，同时环境质量不容乐观，经济发展与环境关系呈现明显异化趋势。陈吉宁在2017年全国环境保护工作会议上的讲话中指出：“经济发展好的地区，要把环境保护作为推进经济转型升级的抓手；经济困难的地区，要注意解决群众反映强烈的突出环境问题；西部地区，要坚决守住环境底线和空间。”

诚如陈吉宁所言：加强环境保护，既要有时不我待的紧迫感，也不能急于求成、期待毕其功于一役。必须保持清醒头脑，保持战略定力，讲究方式和手段，常抓不懈，久久为功。中国的生态环境状况仍不容乐观，尤其是现有经济形势下，环保工作的开展面临极大的压力和困难，切实解决环境问题、改善环境治理，仍需综合性改革的配合与实施策略的落地。

中国环境公益诉讼综述

王 琪*

自改革开放以来，中国环境问题日趋严重。早期在报纸新闻中多见泥石流、沙尘暴、台风等自然灾害问题，随着社会的发展，近年来，化工厂爆炸、毒地污染等人为灾害屡屡见诸报端和各种自媒体端，人们对于自然环境的安全感越来越弱。让每个人喝上干净的水，呼吸新鲜的空气，吃放心的食物，这个最底线的要求日益变成了全国人民最高的祈求。目前，中国的环境问题仍主要是环境污染和生态破坏，但也渐渐出现了新型的问题，如珍稀野生动植物濒危、古文物遭破坏等。解决环境问题手段多种多样，可以是政治的，也可以是经济的、行政的，诉讼作为环境权益救济的最后一道屏障，日益彰显其重要性和活力。

---

* 武汉大学环境法研究所硕士研究生（在读）。

一、环境公益诉讼发展历程

(一)环境公益诉讼立法过程

1954 年我国《人民检察院组织法》第 4 条第 6 项规定检察机关有权提起或参加公益诉讼,但由于缺乏社会经济基础和法治基础,当时的司法实务并未产生过判例,公益诉讼也未能引起理论界的注意。直到 1999 年,重庆发生一起公共安全事故——“彩虹桥”倒塌事件,天津师范大学学者韩志红在《中国律师》上发表了一篇题为《公益诉讼制度:公民参加国家事务管理的新途径——从重庆綦江“彩虹桥”倒塌案说开去》的论文,公益诉讼至此才走进法学理论界的视野。随后的十多年间,公益诉讼逐步发展,截至 2017 年 7 月 24 日,以“公益诉讼”命名,收录于中国期刊全文数据库的文章有 14034 篇,博士学位论文 127 篇,优秀硕士学位论文 2817 篇,重要报纸全文数据库的文章 4008 篇,会议论文 433 篇,专著 39 部。

2012 年《民事诉讼法》第 55 条笼统地规定了法律规定的机关和有关组织可以针对环境污染行为提起诉讼,接着 2015 年 1 月 1 日起实施的《环境保护法》第 58 条明确了原告主体是符合条件的社会组织,2015 年 7 月 1 日发布的《检察机关提起公益诉讼改革试点方案》中授权试点省份的检察机关提起公益诉讼,2017 年 7 月 1 日起新修订的《民事诉讼法》和《行政诉讼法》中确立检察机关提起环境民事公益诉讼和行政公益诉讼的地位。另外,《海洋环境保护法》中也规定了海洋环境监管部门可以代表国家向污染者提起损害赔偿要求。

(二)环境公益诉讼在实践中的发展状况

1. 法院对起诉的回应及案件的审理和裁判

在新《环境保护法》颁布之前,《民事诉讼法》中规定只有法律规定的机关和组织能够提起公益诉讼,法院通常以社会组织不具有提起公益诉讼的资格驳回原告的起诉。腾格里沙漠案件是该问题的典型案例。新《环境保护法》颁布后,主体资格已经不再是最主要的困难,更大的困难在于案件审理过程中实体问题的解决,如鉴定问题和专家证言的认定等。但令人欣喜的是,迄今为止已结案的大部分环境公益诉讼案件都以原告胜诉告终。

2. 公益诉讼在传媒中的反映

图 1 表明 2012 ~ 2016 年“环境公益诉讼”在报纸媒体报道的数量变化,可以看出,媒体关注在 2015 年出现了最高峰,毋庸置疑,新《环境保护法》的出台使环保议题更深入公众的生活。

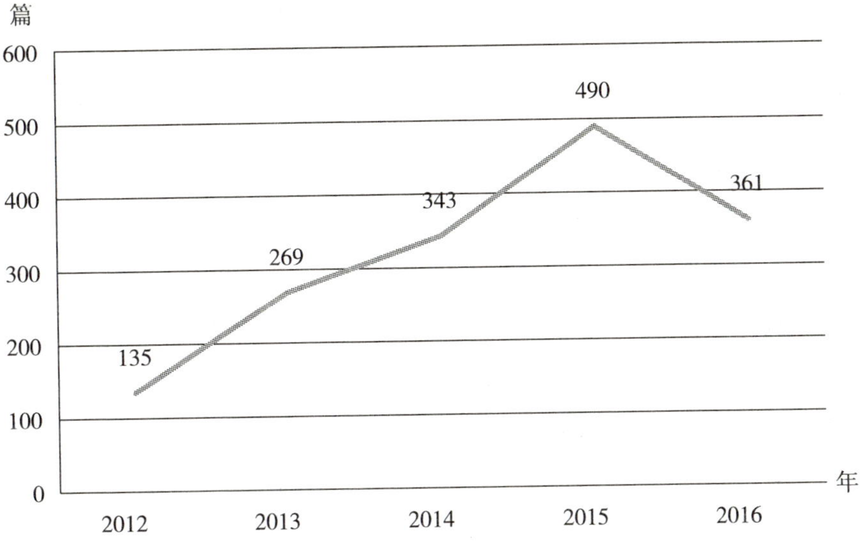

图1 2012~2016年报纸媒体中主题为“环境公益诉讼”的报道数量变化趋势

二、环境公益诉讼学术研究情况

中国人民公安大学常光玮对2000~2007年的公益诉讼案件类型进行了梳理，[①]认为这些年的公益诉讼存在适格原告问题、法院受案范围问题、举证责任分配问题和诉讼费用问题。根据笔者的统计，自2007年以来，这些问题的讨论仍很多，但是出现了新的问题，如赔偿金的使用和管理，诉讼费用等问题，实践的发展推动着理论向前发展。

（一）原告适格问题

就原告适格问题而言，已不限于讨论社会组织提起公益诉讼的资格问题。由于2015年新出台的《检察机关提起公益诉讼试点方案》，目前针对检察机关提起公益诉讼主体资格的讨论更多。另外，关于《生态环境损害赔偿制度改革试点方案》中确立试点13个省级政府及相关部门可以向责任者提出环境损害索赔，竺效教授提到我国未来应建立“以环保行政机关为基本求偿主体”“以检察机关为主要监督主体”“以公众为督促主体”的三位一体的生态损害求偿主体结构，并将这三类主体融于“国家索赔优先”“社会组织索赔为补充”“检察机关润滑其中”的有机结合的索赔机制中。[②] 对于行政机关和社会组织提起公益诉讼的顺序问题，王曦教授提出的建议是：通过立法解释或者司法解释建立环境行政公益诉讼制度，在行政机关不履行或不正确履行环境保护职责时，环保组织可以向其提起行政公益诉讼。“这样既尊重了行政机关对环境事务的

① 参见常光玮：《公益诉讼在路上——近年来我国公益诉讼研究状况综述》，载《法律文献信息与研究》2007年第1期。

② 参见竺效：《生态损害公益索赔主体机制的构建》，载《法学》2016年第3期。

优先管辖权,又保障了环保团体通过环境行政公益诉讼监督和纠正政府在环保履职中的不当作为的权利。"①由此可见,目前我国出现多元主体结构,适格问题已不再是主要矛盾,各主体间如何处理好相互之间的关系,确保顺畅衔接成了最主要的问题。

(二)法院受案范围

就法院受案范围问题而言,张式军教授认为,目前环保法庭受案范围的局限性还体现在受案范围过窄。受传统环境侵权理论的影响,无论是"三审合一"还是"四审合一"模式,在确定环保法庭的受案范围时,仍然偏重于环境污染方面的刑事、行政案件以及环境侵权赔偿案件,生态破坏与自然资源纠纷类案件相对较少涉及;设置受案范围时具体思维仍然停留在传统三大部门的思维路径中,环境法思维和理论吸收较少;环保法庭设立与运作至今,受理的案件多为行政非诉执行案件和检察机关提起的刑事诉讼案件,相比之下,环境公益诉讼案件数量较少,部分法庭甚至出现"零公益诉讼"的尴尬情况。②

(三)赔偿金使用和管理

张洁提出对于资金管理制度的构想,即通过制度设计,鼓励、引导已有公益基金管理者(基金会或者政府)、公益捐赠人(民间组织或个人)或者强制污染行为人设立环境公益信托基金或将其纳入已设立的环境公益信托基金之中,并委托具有资本管理资质的专业性信托投资公司具体负责运营管理该笔信托资金,由该投资公司将信托基金及其收益移转给受益人,即代表公众利益的政府或者环境类基金会并由其负责该笔资金的具体使用,即与第三方治理公司签订行政或者民事合同以实现生态环境的治理、恢复。为确保公共利益的实现,应当完善内部信托监察人制度,如可选任独立的会计或律师事务所,也可选择由基金会的监事会承担监察人的职责。同时,还应明确各级环境保护部门在环境公益信托设立、运行方面的监管部门地位,并就其与其他可能的监管部门,如水利部、银监会、农业部、国土资源部等之间的监管职责予以协调。③

(四)诉讼费用承担

我国 2007 年开始实施的《诉讼费用交纳办法》中规定的"诉讼费用"包含三类:一是案件受理费;二是申请费(当事人申请执行人民法院发生法律效力的判决、裁定、调解书、仲裁机构依法作出的裁决和调解书等的费用);三是证人、鉴定人员、翻译人员、理算人员出庭的交通费、住宿费、生活费和误工补贴费。然而这一规定针对的是私人主体为了自己利益提起的私益诉讼而建立的规则,是否能够同样适用于公益诉讼还有

---

① 王曦:《论环境公益诉讼制度的立法顺序》,载《清华法学》2016 年第 6 期。

② 参见张式军:《环保法庭的困境与出路——以环保法庭的受案范围为视角》,载《法学论坛》2016 年第 2 期。

③ 参见张洁:《论中国环境公益信托法律制度的构建——兼论环境公益诉讼损害赔偿金的管理和使用》,载《陇东学院学报》2016 年第 6 期。

待讨论。

于是,公益诉讼诉讼费用的承担的探讨在“北京市朝阳区自然之友环境研究所、中国生物多样性保护与绿色发展基金会诉江苏常隆化工有限公司等环境污染责任纠纷案”一审宣判后十分热烈,尤其是关于案件受理费的讨论。关于受理费的缴纳方法有观点认为公益诉讼应该按件收费,也有观点认为应该利用好公益诉讼诉讼费用减免制度。其中张颖认为,案件受理费按件收取,胜诉原告的诉讼费用和当事人费用由被告承担,并且应该建立原告奖励制度,以鼓励原告为公共利益付出。① 大部分学者持相同观点。当然也有一小部分学者认为,按件收取费用对于为案件付出人力和时间成本的法院稍显不公平,只要运用好诉讼费减免制度就能很好地平衡原告的风险。

三、环境公益诉讼未来发展走向

目前,我国关于环境公益诉讼的立法体例已初有格局,未来应进一步细化相关规定。例如,环境行政公益诉讼的程序性和实体性规定有待细化;司法权与行政权之间的关系亟待理顺。如何做到既尊重行政机关的专业性,又充分发挥司法机关和环保公益组织的监督作用,是未来环境行政公益诉讼面对的一大挑战。

此外,在多主体有资格提起公益诉讼的情况下,明确分工、建立衔接机制显得尤为重要。

最后,作为一种新型的诉讼制度,环境公益诉讼制度在我国的完善不是一朝一夕就能完成的事情,出现问题必不可免。但我们要有足够的耐心和信心,进行深入的理论分析和实践探索,建立具有中国特色的环境公益诉讼制度体系。

美国环境公民诉讼和解规制与监督

林燕梅*

公民诉讼制度是美国环境法一项开创世界先河的特色执法制度,几乎所有的联邦环境法案都包含有公民诉讼的条款。② 公民诉讼条款授权除联邦政府以外的主体,任

① 参见张颖:《环境公益诉讼费用规则的思考》,载《法学》2013年第7期。

* 美国佛蒙特法学院副教授,中国政法大学环境与资源法博士研究生(在读)。

② 几乎所有的联邦环境法律都包含公民诉讼条款,如《清洁空气法》《清洁水法》《资源保护和恢复法》《综合环境反应、赔偿和责任法》等。

何公民和法人在符合美国《宪法》第 3 条规定的诉讼主体资格的情况下[①]可以对联邦政府(United States)在未能履行其非自由裁量的义务时向联邦法院提起民事执法诉讼,同时还可以在政府未能对违反环境法律义务的企业或个人进行勤勉执法时,向联邦法院起诉违法主体,要求其承担民事责任。公民诉讼制度被认为在促进联邦政府和州政府勤勉执法,纠正环境违法行为,督促排污企业守法和监督联邦政府及时出台环境规制的详细规则方面起到了重要作用。公民诉讼制度充分发挥了社会组织和公民保护环境的积极性,是美国联邦政府执法的有效补充,被世界各国竞相效仿。我国在建设环境公益诉讼制度的过程中,也借鉴美国公民诉讼。[②]

美国大多数公民诉讼在提起后都以原被告双方达成和解(settlement)告终,开庭审理直至法院下达判决的案例并不多见。[③]据统计,95%的公民诉讼都以和解方式解决。[④]双方达成的和解方案通常会以法院确认的同意命令(consent decree)作为生效的司法裁定,具有强制约束力。为了促进我国环境公益诉讼调解的良性发展,本文旨在介绍美国公民诉讼的和解规则、监督和实践,分析其经验和启示,以供借鉴。本文首先扼要概述美国公民诉讼制度的基本要素,其次分析以排污企业为起诉对象的公民诉讼和解规则与实践,再次简述以联邦环保总署为起诉对象的公民诉讼的和解实践,最后进行分析和总结。

一、公民诉讼制度的基本要素

(一)公民诉讼是执法诉讼

美国公民诉讼的实质是执法诉讼,是指私人主体在政府未能(unable)或不愿意(unwilling)对违法排污企业进行执法通过向联邦法院提起民事诉讼寻求救济。联邦政府作为执法主体向联邦法院提起的执法诉讼成为民事执法诉讼(civil enforcement suits)。公民诉讼与联邦政府提起的民事执法诉讼的目标都是执行法律的规制规定,惩治违法行为,促进排污企业符合环境法律和许可证规定的规制要求。公民诉讼能够得到与民事执法诉讼相同的司法救济,包括民事罚金、禁止令,因此也被称为"私人检

---

① 美国《宪法》第 3 条第 2 款规定了联邦司法权的适用范围包括:由于本宪法、合众国法律和根据合众国权力已缔结或将缔结的条约而产生的一切普通法和衡平法的案件;涉及大使、公使和领事的一切案件;关于海事法和海事管辖权的一切案件;合众国为一方当事人的诉讼;两个或两个以上州之间的诉讼;一州和他州公民之间的诉讼;不同州公民之间的诉讼;同州公民之间对不同州让与土地的所有权的诉讼;一州或其公民同外国或外国公民或国民之间的诉讼。

② 参见巩固:《大同小异抑或貌合神离?——中美环境公益诉讼比较研究》,载《比较法研究》2017 年第 2 期。

③ See Andrew M. Thompson, *Negotiating Resolution of CWA Citizen Suits and 60 - Day Notice Letters*, "*Tactical Tips and Practical Strategies*", February 24, 2016, http://www.iadcmeetings.mobi/assets/1/7/25.1 - _Thompson - _Citizen_Suits.pdf.

④ See Michael B. Gerrard, *Environmental Law Practice Guide: Federal and State Law*, Volume 2A - 12A § 12.07, Matthew Bender (2017).

察长”(private general attorney)[①]之诉。

(二)原告

公民诉讼可以由任何具有宪法规定原告资格的人(any person，包括自然人和法人)提起。州政府可以是原告,一群公民组成的联合体,无须正式注册成法人也可以以组织的名义提起诉讼。但公民诉讼的原告必须满足以下三个要件才具有主体资格:(1)原告或原告的成员遭受自身利益的实际损害,利益可以识别,例如审美、健康环境等而不局限于经济利益,但不是环境受到损害本身;(2)原告所遭受的损害与被控违法行为具有可追溯的因果关系;(3)若能得到有利判决,原告的损害很可能(likely)为有利判决所补救。

(三)被告

大多数公民诉讼条款规定被告是违法、违反标准或许可条件或违反美国联邦环保总署(Environmental Protection Agency，EPA)命令和授权执行联邦环境法的州政府规定的任何人以及未能履行非自由裁量义务的联邦政府机构。与中国的“行政不作为”定义不同,联邦政府机构决定是否对某一违法企业进行执法属于自由裁量权而不能被提起不作为之诉。在《资源保护和回收法案》(RCRA)中规定的公民诉讼条款还要求被告的违法行为对公共健康和环境有即刻和实质性的危险(imminent and substantial endangerment)。

(四)通知[②]

识别潜在被告及其违法行为后,原告在提起公民诉讼前,必须提前60天发出通知,告知违法行为人、EPA总部、EPA区域办公室负责人和所在州环保署即将提起公民诉讼。通知的内容应使被控违法者能够辨识:(1)被指控违反的标准、限制或命令;(2)被指控违法的具体行为;(3)对被指控违法行为应负责的人;(4)违法行为发生的地点;(5)违法行为实施的时间以及(6)通知人的全称、地址和电话号码。[③] 如果通知的内容不完整,被告可以据此向法院提出撤诉动议。[④]

(五)勤勉执法与自动守法

公民诉讼制度的通知提示规定旨在促使EPA和/或州环保署对违法行为人进行执法,同时也给予被指控的违法者自动改正的机会。如果EPA和州环保署在60天的期限内,采取行政措施对违法企业进行执法,且执法的力度与EPA一般执法力度相当,就

① 一般代理联邦政府提起诉讼的政府机构是司法部,其负责人是总检察长。

② EPA出台了有关公民诉讼通知的详细规定,《清洁水法》见40 C. F. R. § 135;其他法规有关公民诉讼的规定见:《清洁空气法》40 C. F. R. § 54 ;《资源保护和恢复法》40 C. F. R. § 254 ;《综合环境反应、赔偿和责任法》40 C. F. R. § 374 。

③ 40 C. F. R. § 135.

④ See Atwell v. KW Plastics Recycling Div., 173 F. Supp. 2d 1213 (M. D. Ala. 2001).

属于勤勉执法,公民原告就不能提起诉讼。因此,企业在收到通知后,可能会主动联系所在地州环保署或/和 EPA 区域办公室,提请他们来执法,从而可以提出“勤勉执法”(diligent prosecution)的抗辩。但在实践中,除非是重大的污染源,行政执法部门已经相当繁忙,基本没有额外的资源立即进行执法。① 并且,美国联邦政府在公民诉讼进行中的任何一个阶段都可以介入。

公民诉讼仅针对现在或将来产生影响的违法行为。若被指控的违法企业能够在60 天的通知期限内完全改正其违法行为,就可以阻止公民原告提起诉讼。根据联邦最高法院 1987 年在判例中的决定,公民诉讼条款并没有授予法院对完全发生在过去的违法行为行使联邦管辖权。② 因此,公民原告只有证明被告存在或很可能存在持续的或不断重复的(ongoing)违法行为,才能够提起公民诉讼。

(六)救济方式

法定的公民诉讼救济方式只有两种:一是民事罚金(civil penalty),二是禁止令(injunction)。公民诉讼的救济方式与联邦政府提起的民事执法诉讼的救济方式是一致的,法律规定民事执法诉讼的计算违法处罚额度的标准和颁发禁止令的法定条件同样适用于公民诉讼。禁止令一般是要求被告采取各种积极措施,确保在一定时间内能够稳定守法。法院在判罚民事罚金时会充分考虑 EPA 出台的处罚规则。EPA 的民事罚金计算规则的关键是计算出违法经济收益作为处罚的基础数额,再根据一系列影响因子进行调整。“处罚机制坚持公正、公平原则,最大限度维护环境利益原则,为达有效威慑目的,对累犯、故意违法行为提高处罚力度;鼓励自查、自报和与执法部门的合作行为,将违法处罚的环境效果与违法者的利益、社会效果共同考虑。”③表 1 显示了民事罚金的具体计算步骤、方法,EPA 还开发了模型和软件,使民事罚金的计算更具有可预见性。在原被告双方都清楚潜在的民事罚金是多少的情况下,更容易达成和解,也为和解设置了边界。

---

① 加州水资源控制委员会追踪了将近一年的有关清洁水法公民诉讼的实践,发现加州内的公民诉讼一般不会干预州政府的行政执法行动,在大多数情况下公民诉讼针对的违法行为都是加州水资源控制委员会没有足够的资源去采取执法行动的。See Citizen Suit Enforcement Under the Federal Clean Water Act A Snapshot of the California Experience Based on Notices of Intent to Sue March 2009 through June 2010, May 2011.

② See Gwaltney of Smithfield, Ltd. v. Chesapeake Bay Foundation Inc . 转引自张辉:《美国环境法研究》,中国民主法制出版社 2015 年版,第 505 页。

③ 张建宇、严厚福、秦虎编译:《美国环境执法案例精编》,中国环境出版社 2013 年版,第 43 页。

表1　计算民事处罚数额的考虑因素样表①

设施名称:XYZ. Inc.			
不遵守法律规定(如超标排放)而获得的经济利益			例子
逃避支出的费用			$10,000
延迟支出的费用			$5,000
分项合计	————————(a)		$15,0000(a)
违法行为的严重性			
罚款额度计算矩阵			
违法程度 / 潜在危害	高	中	低
高	$4000~5000	$3000~3999	$2200~2999
中	$1600~2199	$1000~1599	$600~999
低	$300~599	$100~299	$20~99
依据潜在危害和违法程度考虑的处罚额度			
	————————(b)		$3,000(b)
依据违法持续时间调整额度			
违法天数	————————©		50©
分项合计=(b)×(c)	————————(d)		$150,000 (d)
合计=(a)+(d)	————————(e)		$165,000(e)
罚款额度调整因子			
1. 合作的程度(±20%)	————————(f)		-5% (f)
2. 历来的守法表现(±20%)	————————(g)		+5%(g)
3. 补充环境项目(±20%)	————————(h)		-10%(h)
4. 支付能力(±20%)	————————(i)		-20%(i)
合计=[(f)+(g)+(h)+(i)]×(e)	————————(j)		- $49,500
罚款额度总计=(e)+(j)			$115,500

① See INECE, *Principles of Environmental Compliance and Enforcement Handbook*, April 2009, p. 89. 转引自张建宇、严厚福、秦虎编译:《美国环境执法案例精编》,中国环境出版社2013年版,第43~44页。

二、诉企业公民诉讼的和解规制

(一)和解的动力

公民诉讼制度给予公民诉讼原告重要的杠杆,激励被告迅速与公民原告达成和解。这些杠杆包括:(1)证明被告存在违法行为相对容易,被告也难以在实体问题上进行抗辩。以《清洁水法》的违法为例,任何点源的排污设施都需要获得排污许可证,[①]排污设施的经营者应定期向监管机构,通常是州政府的环保署,提交每日监测报告(Daily Monitoring Reports, DMRs)。排污许可证和监测报告都属于公开文件。公民诉讼原告(通常是排污企业所在流域的水域守护者)在巡河过程中发现企业有违法排污的嫌疑,就会申请获得排污设施的许可证、监测报告和其他相关的审计材料等。一般而言,企业会如实报告其违法排污的次数、指标等详细数据。[②] 公民原告仔细分析和比较材料后,即可列出被告违法的详细情况。由于公民原告所指控的违法行为是被告自己报告的,被告在这一实体问题上几乎没有抗辩的可能,最多可以证明的是被告已经尽力合规而非有意违法。(2)原告可以要求法院判罚被告支付每日每次违法行为最高可达37 500美元的民事罚金收归国库和要求被告采取措施合法合规的禁止令。排污许可证通常规定排污设施污染物排放的平均浓度(日平均或月平均),监测报告显示的每日每一次不达标都属于一个违法行为。不达标的违法行为可能是由于污染治理设施未能稳定运行导致的,因此很容易就会累积多次违法,被告将会面临巨额的民事罚金。为了避免支付巨额罚金,被告有动力与原告尽快和解。(3)公民原告胜诉时,要求被告支付律师费和相关诉讼费用会得到法院的支持。美国诉讼从证据开示、开庭审理到判决是一个耗时耗力的过程,其中还有各种程序的动议,庭前会议,如果走完全程,律师费会相当高昂。虽然公民诉讼属于公益类诉讼,法院支持律师费的标准引用的是市场标准(prevailing market rate) 而非法律援助等公益收费标准。市场标准是指在该案件所在区域内,同等经验和技能的律师提供法律服务的一般时薪。[③]

从公民原告的角度来看,与被告达成和解的激励因素也很明显。首先,和解能够更快地促进企业守法,尽早减少污染;其次,原被告的和解通常会达成一系列的监督方案,使公民组织可以参与执法监督,确保被告能够持续守法;最后,为了避免缴纳高额的民事罚金,和解方案会设计补充环境项目,实施有利于环境或当地社区公共健康情

---

① 美国的排污许可证不仅是准入凭证,而是具有法律约束力的法律文件,对于获得许可证的企业而言就是为企业排污量身定做的法律。企业通过排污许可证建立监测、记录和报告方案,证明自己履行责任,合乎许可证规范排污。许可证一般分为两种:国家污染物消减系统许可证(National Pollution Discharge Elimination System,NPDES)和全国通用许可证(National Wide Permits,NWPs)。

② 每日监测报告(DMRs)的提交需要设施负责人或企业高级管理人员的签字,虚假报告数据的签字人员将会面临刑事检控,承担刑事责任。见 33 U. S. C. 1362 (4)。

③ 有关律师普遍收费标准,参见 *Prevailing Market Rate for an Attorney Law and Legal Definition*, https://definitions. uslegal. com/p/prevailing - market - rate - for - an - attorney/。

况改善的项目。

（二）和解的规制

原被告双方可以自由协商达成和解方案，只要和解方案的内容与法律规定一致，并基本与行政执法部门类似执法案件的和解方案一致即可。EPA 就环境执法制定系列的政策，指导执法实践，其中包括民事罚金计算政策，①补充环境项目政策，②同意判决的指导文件等。EPA 的执法政策属于实体规则，虽然没有明确适用于公民诉讼，但法院在审理公民诉讼时会参照 EPA 的政策，因此对公民诉讼形成规制。

1. 程序规则

公民诉讼的和解应遵循一般的民事和解程序，需得到法院确认的裁定，称为"同意判决"或"同意命令"。公民原告与被告达成的同意判决草案需提交给美国联邦政府。EPA 和美国司法部作为草案的接收单位应在 45 天内审查方案，并向法院提出是否同意，是否需要修改等意见。③ 除了需要得到美国联邦政府的同意以外，法院对公民诉讼和解的审查和对其他民事诉讼和解方案审查是一样的。法院最终作出"同意判决"或"同意命令"的司法裁决具有法律约束力。原被告双方也可以决定自行达成和解，但在实践中这种情况并不多见。究其原因，违反同意判决的规定会构成"藐视法庭"，而违反和解协议只是违反合同义务。同意判决具有法院命令的执行效力。④

法院对于同意判决的方案审查主要根据程序和实体的公平性的三个标准来确定：（1）属于法院的管辖范围；（2）在起诉书指控和诉讼请求范围内，不能违反法律的规定；（3）能够实现起诉所依据的法律的目标。法院只需要同意命令实现法律目标，而不限于法定的救济，允许原被告双方可以有创造性的解决方案，以使双方能够达成有效可执行的协议。⑤

2. 和解方案的基本内容

EPA 出台了很多指导各州和区域办公室与违法企业达成同意命令的模板和规

---

① EPA 的网页上公布了 22 项与民事罚金相关的政策文件，详见：*Enforcement Policy, Guidance & Publications*, https://www.epa.gov/enforcement/policy-guidance-publications。

② EPA, *U. S. Supplemental Environmental Projects Policy*, 2015 *Update*, https://www.epa.gov/enforcement/2015-update-1998-us-epa-supplemental-environmental-projects-policy.

③ 33 U. S. C. § 1365(c)(3) and EPA, *Procedures for Agency Responses to Clean Water Act Citizen Suit Activity*, June 15, 1989, https://www.epa.gov/sites/production/files/documents/agcyrespcwacitsuit-mem.pdf.

④ Anthony DiSarro: *Si × Decrees of Separation: Settlement Agreements and Consent Orders in Federal Civil Litigation*, American University Law Review, Volume 60, Issue 2, 2010.

⑤ See Mitchel S. Jofuku, "Consent Judgement in Environmental Lawsuits: More Than You Thought", 31 *Nat. Resources J.* 921 (1991).

则。[1] EPA 要求同意判决的内容一般包括以下方面:[2]

- 法院拥有管辖权;
- 适用范围(诉讼各方及其承继者、承揽人等);
- 民事罚款数额以及如何支付;
- 达致持续合规的措施和步骤(以大气污染公民诉讼为例,详细列明设施各个窑炉氮氧化物的控制技术、排放限制和监测要求;还可以要求先行对不合规的各种事项进行全面诊断后列出整改措施以及合规的时间表);
- 有关计划、报告、申请提交的审查和批准的规定;
- 报告的要求和进入到场地以及获得相关信息的要求;
- 环境治理项目(environmental mitigation,被告有法定义务开展的项目,即因过去的违法造成的危害做出的治理修复项目);
- 补充环境项目(被告没有义务,但自愿同意开展对环境有益的项目,以减轻处罚);
- 在涉及危险废物的案件里,需要指定一位场地协调员,有权随时监督和改正修复工作;
- 约定处罚(如果违反同意判决的义务,应当向联邦和其他受影响方规定的约定处罚,除非根据不可抗力的规定被告可以免责);
- 保留其他救济和其他指控的权利;
- 不可抗力;
- 费用(诉讼各方各自承担与本诉讼有关的费用,除了原告为了收缴被告应付而未付的民事罚款、约定罚款所发生的费用(包括律师费);
- 持续管辖权(法院对本同意判决的争议解决、修订和促使合规执行保留管辖权,直到协议终止为止);
- 修订;
- 终止。

公民诉讼原告会参考 EPA 的模范文件与被告达成和解方案,在实践中公民诉讼的和解方案主要有 4 个主要组成部分:(1)被告如何实现持续"合规";(2)被告提供一定数额的资金资助补充环境项目;(3)被告支付原告合理的律师费和相关的诉讼费用;(4)被告允许公民组织定期进入被告的设施,监督检查被告是否按照和解方案整改、合

① EPA 同意判决的模板文件:https://cfpub.epa.gov/compliance/models/view.cfm? model_ID=81。

② See Michael B. Gerrard, *Environmental Law Practice Guide: State and Federal Law*, Volume 2A-12A § 12.07, Matthew Bender (2017).

规,定期检查和监督补充环境项目的实施,相关的监督费用由被告承担。①

3. 补充环境项目政策(Supplemental Environmental Projects, SEP)

由于民事罚金都会收入国库,非经国会的预算和决算不能用于对环境有益的项目,这笔费用很多情况下只会成为"杂项收入"而"消失于一般收入中",②为了使环境执法可以使环境直接受益,EPA 和公民组织在 20 世纪 80 年代初开始试验补充性环境项目,90 年代以后在和解中广泛使用。为了更有效地指导和规制民事执法诉讼和公民诉讼在和解中达成的补充环境项目,EPA 在 1998 年正式出台了使用补充环境项目的政策,并且不时对政策文件进行更新,最新的一次更新是在 2015 年。③

补充性环境项目是指被告没有法定义务进行,但在和解针对其执法行动时同意进行的环境受益的项目。"环境受益"(environmentally beneficial)是指 SEP 必须能够提高或保护人类健康或环境质量,或者降低对人类健康或环境风险。在和解针对其执法行动时(In settlement of an enforcement action)是指在项目实施之前,原告有机会确定该项目的范围,在执法诉讼之前,该项目不会实施。没有法定义务进行(not otherwise legally required to perform)是指该项目或活动并非任何联邦、州或当地法律或规章所要求的。④

补充环境项目政策规定了可接受的补充环境项目的类型,在什么条件下 SEP 可以被接受,SEP 评估程序,SEP 的实施和监督,如何计算 SEP 的成本以帮助最后确定处罚金额,以及未能完成补充环境项目的约定处罚。EPA 和公民诉讼原告与被告达成的补充环境项目有很大的自由度,只要补充环境项目符合政策的规定,能够促进法律目标的实现。

EPA 列出了 8 种可接受的补充环境项目的类型:(1)公众健康项目,包括为社区居民进行体检;(2)污染预防项目,主要指"源头削减"减少污染物的项目,包括设备或技术更改,原料替代,过程回收(in - process recycling);(3)污染减少项目,主要指通过不符合"预防项目"的减少释放到环境污染物数量和/或毒性的项目;(4)环境恢复和保护项目,主要指能够改善受到不利影响的邻近地区域的生态系统条件的项目,例如为濒

---

① See Andrew M. Thompson, *Negotiating Resolution of CWA Citizen Suits and 60 - Day Notice Letters*, "*Tactical Tips and Practical Strategies*", February 24, 2016, http://www.iadcmeetings.mobi/assets/1/7/25.1 - _Thompson - _Citizen_Suits.pdf.

② Michael P. Stevens, *Supplemental Environmental Projects to Settle Citizen Suits Under the Clean Water Act*, Proceedings of the 1995 Georgia Water Resources Conference, http://gwri.gatech.edu/sites/default/files/files/docs/1995/StevensM - 95.pdf.

③ See EPA, *U. S. Supplemental Environmental Projects Policy*, 2015 *Update*, https://www.epa.gov/enforcement/2015 - update - 1998 - us - epa - supplemental - environmental - projects - policy.

④ 参见张建宇、严厚福、秦虎编译:《美国环境执法案例精编》,中国环境出版社 2013 年版,第 6 页、第 55 页。

危物种提供保护的项目,恢复工厂所在地鸟类迁徙路径沿线的同一生态系统的湿地;(5)评估和审计项目,包括污染预防评估、环境质量评估和守法审计;(6)促进环境守法项目,指违法者为其他成员提供培训或者技术支持促进守法;(7)紧急情况规划和准备项目;(8)其他类型的项目。①

EPA 评估自身的和公民诉讼和解适用 SEP 应当使用下列 5 个步骤:第一,确保该项目符合补充环境项目的定义;第二,确保满足所有法律要求,包括证明该项目与诉争中的违法行为有一定的联系;第三,确保项目符合一种或几种指定的补充环境项目类型;第四,确定减轻多少处罚是适当的;第五,确保该项目满足所有的实施及其他标准。②

在原被告达成和解方案时,基本上对于实施哪些 SEP 已经有比较明确的方案或方向。在没有明确方案时,也会规定具体程序和时间表确定 SEP 方案和总金额,并且确定由被告自己还是聘请第三方来实施 SEP。在实践中,公民诉讼原告不会实施 SEP,而是要求被告聘请第三方来实施,并在项目进行过程和实施完毕时向原告提供实施报告。③

(三)和解的监督

原被告达成的和解方案除了上述介绍的法律政策的规制以外,还受到 EPA、司法部、公众和法院的多维度、多主体的监督。EPA 和司法部代表的美国联邦政府在公民诉讼的任何一个时间点都可以介入诉讼,包括和解阶段,同时对最后达成的和解方案进行审查,在 45 天内向联邦法院提出意见。联邦法院在审查和解方案后以同意命令的形式做出判决,对和解方案的实施保持管辖权。正在协商的同意命令需要向公众公开,允许公众提出建议,但社区团体和公众不能直接参与和解谈判。之所以这样限制,是因为和解谈判的过程的机密性质以及缺乏公众程序来决定哪个社区、哪个团体可以直接参与谈判。④ 如果双方达成的和解并没有通过法院的同意命令做出,那么只是双方达成的协议,以原告撤诉为告终则没有上述的监督机制。⑤

三、诉政府公民诉讼的和解规制

(一)诉政府的公民诉讼

美国的行政程序法(Administrative Procedure Act, APA)和环境法案都规定公民可以对联邦政府在未能履行其非自由裁量的法律规定的行政义务(legal mandate)时向联

---

① 参见张建宇、严厚福、秦虎编译:《美国环境执法案例精编》,中国环境出版社 2013 年版,第 56 ~ 60 页。

② 参见张建宇、严厚福、秦虎编译:《美国环境执法案例精编》,中国环境出版社 2013 年版,第 60 页。

③ See Consent decree: Conservation Law Foundation, Inc. and Healthlink, Inc v. Dominion Energy New England, Inc. ,https://www. clf. org/wp - content/uploads/2012/02/Signed - Consent - Decree - 12_11. pdf.

④ 参见张建宇、严厚福、秦虎编译:《美国环境执法案例精编》,中国环境出版社,2013 年版,第 62 页。

⑤ See Courtney R. McVean & Justin R. Pidot, "Environmental Settlements and Administrative Law", 39 *Harv. Envtl. L. Rev.* 191 (2015).

邦法院提起民事执法诉讼。[①]

非自由裁量的法律规定的行政义务主要是指在负有职责的行政部门(通常是EPA)应当在法律规定的限期内出台实现立法目标的详细环境规制的规定,通常也称"限期立法"(rulemaking deadline)和其他行政规制职责(regulatory activity)。例如,在《清洁空气法》中,国会总共规定了328个限期立法或规划的要求,然而EPA能够在法定期限内完成立法要求的只占17%。[②] 至于是否对某一污染者进行执法以及如何执法则属于行政部门的自由裁量权,即使行政部门有充分证据证明污染企业已经违法。在实践中提起这类诉讼的公民原告包括行业协会、企业、地方环保组织和全国性的环保组织。他们提起这类诉讼的主要目标是影响行政机关的立法及其政策实施的优先性。例如,在1990年新修订的清洁空气法规定,EPA要出台法规保证自然保护区内的空气能见度。EPA在1999年为了此立法目标,出台了"区域雾霾规则",要求老工厂采取有效的措施限制污染物的排放,使156个国家公园和荒野的空气质量更加优良,限期各州在2007年12月17日之前出台实施规划。如果州逾期未出台实施规划,EPA应在两年内制定该州的规划。然而,2009年EPA发现37个州未能提交实施规划。[③] 可是两年过后,EPA自身也未能为这些州出台规划。据此,2011年8月29日,10个环保组织起诉了EPA,敦促EPA出台具体的实施规划。2011年11月9日,EPA和公民原告达成了和解,向法院提交了协商中的同意命令。同意命令规定了EPA审议自2009年以来州政府提交的实施规划,若实施规划不充分或缺乏,EPA将实施联邦的规划。根据清洁空气法的要求,提交到法院的同意命令应在《联邦公报》(Federal Register)上向公众公开。EPA考虑了公众意见后,向法院提请正式审议同意命令的申请。2012年3月30日,法院批准了申请,正式作出同意判决。

(二)和解规制和监督

诉政府公民诉讼的和解与诉企业公民诉讼和解的途径基本一致:一是私下达成和解后,向法院撤诉;二是达成和解后,向法院提出确认和解方案,由法院批准后下达同意命令。私下和解的协议属于一般合同,只要不违反一般合同法和其他法律要求即合法有效,同意判决属于法院的裁判文书,法院拥有持续的管辖权。除法律要求被诉的环境行政机关提交给法院协商中的同意命令同时在《联邦公报》上公开以外,并没有特别的法律规制行政机关应如何与公民诉讼原告达成和解。法院会对同意命令的内容

---

① 例见《濒危物种法》16 U.S.C. § 1540(g)(2012)(citizen suit provision);《清洁水法》33 U.S.C. § 1365(2012)(公民诉讼条款)。

② See Courtney R. McVean and Justin R. Pidot, "Environmental Settlements and Administrative Law", 39 *Harv. Envtl. L. Rev.* 191 (2015).

③ See Courtney R. McVean & Justin R. Pidot, "Environmental Settlements and Administrative Law", 39 *Harv. Envtl. L. Rev.* 191 (2015).

进行审查并最后确认。

四、总结与分析

(一)明晰的边界

在过去四十多年,美国绝大多数环境公民诉讼以和解的方式解决,这与美国公民诉讼制度为和解方案的达成设定了明晰的边界密切相关。诉企业公民诉讼,原被告双方对于被指控违法企业应该承担的法律责任,特别是民事罚款数额都是比较清楚的,不需要等待"环境损害鉴定"确定的结果。EPA 出台的民事罚款计算政策、补充环境项目政策等执法政策不仅指导自身的民事执法诉讼,也对公民诉讼设定边界,引导公民诉讼发挥补充环境执法的功能。

同理,美国的环境法对政府行政职责也进行清晰界定,特别是经常规定政府在特定时间内必须出台特定法规。由于法律规定只有在特定的、法律明确规定的行政职责未被履行的时候才能提起诉讼,应该履行的职责是很清楚的,为和解的达成确定了明确的边界。环境公共治理必须依赖政府和社会的良性互动。这样的制度安排促进起诉与和解(sue and settle)能够一方面尊重现实,允许冲突和对峙,另一方面通过法律方式引导冲突得到理性的、有效的、合法的解决。用疏而不是堵的方法解决政策资源分配及优先性的问题。

(二)清楚的程序

美国公民诉讼和解最重要的规制是程序清楚。诉企业公民诉讼和解方案需要提交给美国联邦政府审查,向公众公开,法院审查批准后才能成为同意判决。同意判决和其他诉讼文书都是公开的。其他公民原告与被诉企业或相关利益方很容易搜查到过往的同意判决,[①]实现统一的法律适用尺度。诉政府公民诉讼的和解方案也需要在向法院提出申请时在《联邦公报》上向公众公开。公民诉讼通常以法院的同意命令对和解方案进行确认,使法院对和解方案的实施具有持续的管辖权,并进行监督。

(三)灵活的解决方案

美国诉企业公民诉讼的和解实践最重要特色之一是在明确边界内允许原被告双方达成促进公众参与和实施环境友好项目的解决方案。民事罚金最令人诟病的一点是被收取进国库后,混同进一般财政,很难真正用于修复环境的项目。公民诉讼的和解可以调动社区的力量、智库、被告等共同评估,为被违法行为致害受损的环境达成创新的修复方案,以期不仅修复自然环境而且修复社区和企业的关系。在诉政府公民诉讼方面,公民诉讼通过督促行政职责履行,为环保署颁布某些优先保护环境的政策和法规作民意背书,促进环境行政权力的建设及其合理扩张,在联邦政策的尺度上提出解决方案。

---

① 美国的环境法研究所(Environmental Law Institute)的数据库提供了美国联邦政府达成的所有同意命令。See DOJ Proposed Consent Decrees.

美国土壤污染法律框架与相关公益诉讼制度分析

自然资源保护协会(NRDC)中国项目组*

由于有害污染物处置不当、工业污染和农业污染严重,土壤污染成为世界各国都面临的严峻问题。据世界自然基金会统计,1930 年到 2000 年间,全球化学物质产量增长了 400 倍。① 工业活动产生的有毒物质渗透到土壤中,影响食品安全和人类健康。2005 ~ 2013 年我国首次开展的土壤污染状况调查结果表明,全国土壤环境状况总体不容乐观,部分地区土壤污染较重。全国土壤总的点位超标率为 16.1% ,其中轻微、轻度、中度和重度污染点位比例分别为 11.2% 、2.3% 、1.5% 和 1.1% 。

自 20 世纪 70 年代以来,美国政府开始颁布法令控制和修复土壤污染。该法律监管框架复杂完备,各州政府与联邦政府共同执法,有权要求潜在责任人清除污染,负责污染整治。本文将重点分析其中的《综合环境反应、赔偿和责任法》(CERCLA)和《资源保护和恢复法》(RCRA)的司法框架,研究其在风险管控、调查评估、责任和修复资金、信息公开、公众参与等方面的可借鉴之处。最后通过对美国环保组织依据《资源保护和恢复法》提起的一起环境公益诉讼案例的分析,着重说明公众参与在促进执法中的作用。

美国《综合环境反应、赔偿和责任法》是美国现代环境法律体系形成的重要里程碑,是美国有史以来最严厉的针对历史遗留污染问题采取治理行动的法律。《综合环境反应、赔偿和责任法》的立法宗旨是通过建立完备的监管制度,修复治理已经受到污染的地块,其核心内容是规定明确造成污染责任方要承担的赔偿责任,设立治理污染的超级基金,授予美国环保署执法权,实施历史遗留的污染地块的治理,并在确定污染者法律责任方面的"杀手锏"是溯及既往的、严格的无限连带责任。

《综合环境反应、赔偿和责任法》的核心价值是确立了土壤污染修复中的环境责任体系。因为明确了严格责任原则和责任构成要件,使潜在的责任主体包括了设施(包括船舶)当前所有人和经营人、处置危险废物时的所有人和经营人、处置安排人和危险废物运输人的宽泛范围,而且潜在责任人要承担连带责任。在一定条件下,公司股东和职员也可能成为连带责任人。法律也明确了污染清理费用和自然资源损害赔偿的

---

* 本文是自然资源保护协会(NRDC)、美国哈佛大学法学与国际发展协会(Harvard LIDS)和奥睿律师事务所 (Orrick,Herrington & Sutcliffe LLP)的研究项目成果。

① See WWF, "Overview of Global Pollution", http://www.worldwildlife.org/threats/pollution.

原则,以及责任主体之间如何追偿和分摊费用的诉讼规定。其中由国家作为自然资源信托人提起的自然资源损害赔偿的诉讼规定,赋予了自然资源信托人代表公众利益提起损害赔偿的权利。法律实施过程中,通过修正案和判例的积累,这些制度趋向严密、合理和适用。

保障法律的有效实施离不开政府执法体系和公众监督。《综合环境反应、赔偿和责任法》和《资源保护和恢复法》规定了公众参与和公民诉讼条款及相关的执行程序。除法律规定的少数情形外,公民可以以个人名义提起公民诉讼,对违反环境标准、规则和行政命令的个人、政府部门和机构提起民事诉讼。但是《综合环境反应、赔偿和责任法》规定的公民诉讼限定公民或公民组织不能提起要求采取行动强制清理污染场地的诉讼,这类行动只能等待美国国家环保局发起。《综合环境反应、赔偿和责任法》也规定了公民诉讼的事先告知程序,任何诉讼需在原告向被告发出违反行为告知后 60 日开始,被告知者在这期间启动勤勉的执法行动,诉讼程序不得启动。

目前,我国首部土壤污染防治的专门法律《中华人民共和国土壤污染防治法(草案)》已公布并在征求公众意见。《土壤污染防治法(草案)》中也明确规定"防治土壤污染应当坚持预防为主、保护优先、分类管理、风险管控、污染担责、公众参与"的原则。任何环境法律的制定和完善都是为了预防和治理特定的环境问题。三十多年过去了,美国所要规制的土壤污染场地清理问题仍然很严峻,在中国制定土壤污染防治法和实施环境公益诉讼制度的过程中,美国法律的许多方面对我们有参考和借鉴意义。

一、美国土壤污染治理有关法律的发展

20 世纪 70 年代,纽约拉芙运河事件、宾夕法尼亚州多诺拉烟雾事件、俄亥俄州凯艾哈格河因严重化学污染引起河面着火事件等多起环境公害频发,引起美国民众的广泛关注,要求颁布更有效的法律对环境污染进行管控。

1972 年,美国国会修正颁布了《清洁水法》(CWA)。同年,美国国会修正了《联邦杀虫剂、杀菌剂和灭鼠剂法》(FIFRA),将杀虫剂使用监管责任从农业部(USDA)移交至美国环境保护署(EPA),授权美国环境保护署检测微生物杀虫剂产品及植物中杀虫剂含量,确保达到联邦安全标准。1980 年国会通过了《综合环境反应、赔偿和责任法》。该法与 1976 年颁布的《有毒物质控制法》(TSCA)和《资源保护和恢复法》形成了针对有毒物质和废弃物的监管框架。这些法律旨在治理清除,而非防治污染。1990 年,国会通过了《污染防治法》(PPA),相较之前法律强调污染后的治理,该法聚焦在减少污染源。以下表格按时间顺序列举了美国联邦与土壤污染相关的法律。

美国联邦土壤污染法律概览

法律/法规	年份	政策层面	政策简介	对土壤污染防治的影响
《联邦食品药品和化妆品法案》(FDCA)	1938年	联邦	赋予食品药品监督管理局(FDA)监督监管食品安全、药品及化妆品的权力	授权美国环境保护署制定食物中允许杀虫剂残留量标准,一旦超标,美国环境保护署有权没收该商品。监管食品杀虫剂残留量有助于环境保护,包括土壤污染防治
《联邦杀虫剂、杀菌剂和灭鼠剂法》	1947年	联邦	美国杀虫剂使用监管的法律框架基础,保护了使用者、消费者和环境免受农药残留或农药污染食品危害	在衡量杀虫剂使用的代价及收益后,确定清洁土壤的价值,减少杀虫剂的使用从而减少土壤污染
《联邦环境杀虫剂控制法》(FEPCA)	1972年	联邦	是《联邦杀虫剂、杀菌剂和灭鼠剂法》修正法,将杀虫剂使用监管责任从农业部移交至美国环境保护署	授权美国环境保护署证明杀虫剂的使用不会对包括土壤在内的环境造成不合理的危害
《清洁水法》	1972年	联邦	制定了美国控制污水排放的基本法规和地表水水质标准。《清洁水法》规定,除非获得污水排放许可证,任何人不得从点污染源向可航行水道中排放污水	排除了对包括农村、牧场等农业活动的监管,以致允许严重依赖化肥、杀虫剂及水资源的大型工业化农业渗滤的废弃物,造成土壤及地下水污染
《资源保护和恢复法》	1976年	联邦	关于固体及危险废物排放管理的联邦主要法律	从产生到排放,全程监督监管危险废物的处理
《土壤和水资源保护法》(RCA)	1977年	联邦	赋予农业部制定国家自然资源战略评估及规划的权利	授权农业部监管非联邦土地的土壤状况,以评估其能力能否满足当前及未来需求,并负责制定国家土壤保护项目
《地表采矿管理和复垦法》(SMCRA)	1977年	联邦	授权内政部(DOI)负责露天采矿管理及复垦事宜	对采矿者行为作出一系列规定以最大限度减少对环境、土壤的侵扰及危害。优先处理采矿后复垦规划事宜
《综合环境反应、赔偿和责任法》(CERCLA)	1980年	联邦	颁布针对关闭及废弃危险物质排放点的禁令及要求;规定上述排放点责任人对危险物质的排放承担责任;建立信托基金,若无法追溯事故责任人,治理费用由基金承担	规定造成污染事故的责任方承担赔偿责任,负责受污染土壤的治理费用。设立污染场地国家优先目录,把急需清理的土地列入其中

续表

法律/法规	年份	政策层面	政策简介	对土壤污染防治的影响
《超级基金修正及再授权法》(SARA)	1986 年	联邦	根据美国环境保护署最初 6 年管理复杂的超级基金项目经验,制定了《综合环境反应、赔偿和责任法》的修正法	增加信托基金规模至 85 亿美元,强调人类健康、社区参与、各州及地方政府合作,以及有害物质清理的永久修复方法。要求美国环境保护署评估污染场地国家优先目录中的场地对人类和环境健康的风险
《综合预算调整法案(1990)》(OBRA-90)	1990 年	联邦	主要目的是减少政府财政赤字。该法案包括《废弃矿山复垦法案(1990)修正法案》,并将超级基金的资金延续 3 年	对受开采行为影响而未充分复垦的土地,分配资金进行复垦和污水减排活动。由内政部长负责维护符合复垦和废水减排条件的土地和水域名录,名录每年更新
《食品质量保护法》(FQPA)	1996 年	联邦	对用于食物的杀虫剂制定了以健康为基础的标准,简化了安全性提高的杀虫剂批准流程,制定针对更安全杀虫剂的激励机制,确保更新杀虫剂注册的数据	将重点从避免对环境造成不合理危害转为对人体健康的危害,进一步限制了对土壤保护的不利影响
《公众环境应对促进法》(CERFA)	1996 年	联邦	对《综合环境反应、赔偿和责任法》进行修订,适用于根据《军事设施关闭与调整法》(1988)而关闭的军事基地	要求联邦政府在其活动终止之前,确保其所活动的土地未被有害废物或石油产品污染
《财产保存、贷方责任及抵押保险保护法》(ACA)	1996 年	联邦	《综合环境反应、赔偿和责任法》修订法,保护有担保债权人利益,尤其是受信托者、放款人和持有受污染土地而未参与其管理的其他政府主体	改变了《综合环境反应、赔偿和责任法》责任权的规定。承担《综合环境反应、赔偿和责任法》规定的责任不能仅是有影响能力或决定权的一方,而应是实际运营或管理方,须有对设施运营是否符合环境法规的决策权
《超级基金回收平衡法》(SREA)	1999 年	联邦	《综合环境反应、赔偿和责任法》修订法,鼓励废弃料的重复、循环使用,以最大化减少废弃物排放,保护自然资源	"安排循环使用(某种)可重复利用材料的"人员可免受《综合环境反应、赔偿和责任法》§107(a)第(3)款和第(4)款规定的严格赔偿责任

续表

法律/法规	年份	政策层面	政策简介	对土壤污染防治的影响
《小规模企业责任减免和棕色地块振兴法》	2002 年	联邦	扩大美国环境保护署棕色地块项目的基金规模；免除主要行为人的《综合环境反应、赔偿和责任法》规定的赔偿责任；赋予州政府更多责任清理污染场地	扩大美国环境保护署棕色土地项目的基金规模，使社区得以评估、清理受污染土地并再次使用该土地

1.《综合环境反应、赔偿和责任法》

《综合环境反应、赔偿和责任法》的主要目标是保护公共健康和环境，使其免受危险废弃物排放场地的危害。该法授权联邦政府对已排放或可能排放的有害物质采取清理和补救措施。不同于当时的其他环保法令，该法规定了严格的赔偿责任，政府可责令潜在责任人赔偿危险废弃物的清理和其他相关费用，即便责任人是过去与污染实施有关联的主体。该法要求美国环境保护署编撰《污染场地国家优先目录》。设立超级基金作为此项目资金来源，根据污染者付费原则征收赋税。

根据各州及机构的实践经验，《综合环境反应、赔偿和责任法》得到了多次修订和调整。例如，《超级基金再授权法案》(1986)(SARA)，限制了美国环境保护署选取清理措施的司法审查，并要求超级基金相关的行动要考虑联邦和各州环境保护法律法规及各项标准和要求，让各州更多地参与到超级基金项目中，并鼓励更多市民参与污染场地清理的决策过程。在《综合环境反应、赔偿和责任法》出台后，很多州也相继实施了各州自己的相关法令。面对州及联邦标准，若非优先原则（联邦法律法令或全国最高法律优先于州法令），法庭通常采取更为严苛的标准执行。

在政府监管不足时，违反联邦或州环境保护法律的企业会面临刑事和/或民事诉讼。联邦和州法庭将对依成文法和普通法提请的诉讼执行清理标准。司法部的环境犯罪科(ECS)主理严重违反环境法规的刑事案件。美国环境保护署协助环境犯罪科处理民事和刑事诉讼，州机构则主要受理民事诉讼，对未达排放标准的个人和企业作出罚款或制裁等民事处罚。尽管政府或机构多为提请土壤污染诉讼的主体，《综合环境反应、赔偿和责任法》也狭义规定了公民诉讼程序。《资源保护和恢复法》排除了那些已有机构在采取行动的公民诉讼。

公民诉讼虽效用有限，但在这一过程中仍发挥作用，因为公众参与有助于确保政府执法，保护社区免受土壤污染。在“拉芙运河事件”中，政府一再拖延市民疏散，直到在市民强烈呼吁要求的巨大压力下，政府才开始组织市民疏散。来自公众呼吁的压力还可避免政府机构颁布有争议的许可证，如美国冶炼公司(ASARCO)因其在德州艾尔帕索运营的冶炼厂导致了当地土壤铅含量超标，而无法办理大气许可证续期手续。

2.《资源保护和恢复法》

1976 年,国会通过《资源保护和恢复法》,成为固体及危险废弃物排放管理的主要联邦法律。该法确定了以下目标:①

- 保护人类健康及环境免受潜在危险废弃物危害。
- 节约能源及自然资源。
- 减少废弃物产生。
- 确保废弃物通过有利于环境保护的方式利用或处置。

为实现上述目标,该法制定了三个不同但相互关联的项目:

- 《资源保护和恢复法》副标题 D 的固体废物项目,鼓励各州出台综合方案以管理无害工业固体废物及城市固体废物,制定城市固体废物填埋地和其他固体废物处理厂的操作标准,禁止露天倾倒固体废弃物。
- 《资源保护和恢复法》副标题 C 的危险废弃物项目规定了对危险废弃物"从摇篮到坟墓"的监管制度。
- 《资源保护和恢复法》副标题 I 的地下储油罐项目(UST)规定了对含有危险物质和化学产品的地下储油罐的监管。

《资源保护和恢复法》的主要监管责任在各州及地方政府。美国环境保护署监管该法项目的合规行为,确保对设施的审查。对于危险废弃物,美国环境保护署和各州监管的重心在于确定危险废弃物的制造者、运输者、所有者,以及危险废弃物管理、存储和处理的操作者。②

《综合环境反应、赔偿和责任法》适用于污染场地,《资源保护和恢复法》侧重于管控废弃物的产生以及特定废物流的管理。但同时,《资源保护和恢复法》也和《综合环境反应、赔偿和责任法》一样,有条款要求对污染场地清理。《资源保护和恢复法》要求对处理、存储和处置危险废弃物的设施采取清理行动,可通过《资源保护和恢复法》的许可证、自愿协议、行政或司法命令授权完成。

二、公民诉讼和环境正义

《资源保护和恢复法》包括了公民诉讼条款(§7002),然而,公民作为"私人检察官"被赋予的权力,尽管比《综合环境反应、赔偿和责任法》规定的权力范围更广,但仍然是有限的。《资源保护和恢复法》通常不会通过公民诉讼执行,是因为违法行为很难被发现。《资源保护和恢复法》中包含"临近发生和重大危害"标准,可被解释为造成暴露和伤害的风险,而非必须证明实际损害。这项规定对潜在原告有利,但也会受严格

---

① 参见 EPA 有关《资源保护和恢复法》(RCRA)的介绍,https://www.epa.gov/history/epa - history - resource - conservation - and - recovery - act。

② 参见 EPA 有关《资源保护和恢复法》(RCRA)合规和监督的介绍,https://www.epa.gov/compliance/resource - conservation - and - recovery - act - rcra - compliance - monitoring。

的通知条款[①]和“勤勉执法”的限制，即当政府机构已经作出回应行动时，公民诉讼就不能进行。

即使在《资源保护和恢复法》允许的情况下，当污染源为多个时，这类诉讼还会面临因果关系难以证明的困境。在社会经济地位较低、社会经济状况较差的工业区社区，这一问题更为严重。《资源保护和恢复法》公民诉讼条款中还严禁对许可证颁发和危险废物选址决议提出异议。《资源保护和恢复法》§7002 规定赔偿胜诉方的诉讼费用，实际案例中通常是原告获得赔偿。[②] 总而言之，《资源保护和恢复法》关于临近危害的规定为清理提供了有效方案。在实践中可以更好地促进公民诉讼，需要修改《综合环境反应、赔偿和责任法》给予公民诉讼更多的法律效力，并修改《资源保护和恢复法》，撤销其中的一些限制条款。下文中将提供一个美国环保组织依据《资源保护和恢复法》成功诉讼的案例进行详细分析。

环境正义问题是美国环境伦理学的前沿问题之一，也是美国环保组织在近年实践中开始关注的重要领域。环境正义是“所有公民，无论种族、肤色、国籍或收入高低，一律享有公平参与环境法律、法规、政策制定、实施和执行的权力”。[③] 在实践中，有效解决生态危机和环境问题就必须落实环境正义问题。美国研究人员和环境倡导者研究表明，少数民族和低收入群体受环境危害的影响更大，而这类群体在影响其健康和环境的决策中经常没有选择权。

关于环境公平的研究表明，不同社区的公众参与度差距很大，公众参与和监督水平的提升对已被污染的地区大有裨益。有研究表明，棕色地块分布在贫困人口和少数民族聚集地区。这可能是20世纪60年代非工业化和工厂拆迁造成的，城市内部的物质资本和人力资本的剥夺，致使居民失去收入来源。就少数民族和贫困地区的污染地块修复工作是否受到同等重视而言，研究结果不一。有研究结果表明，专项拨款是公平分配的；而另一些研究发现，得到清理的棕地大多集中在那些非裔、西班牙裔及低收入人口比例低于平均水平的人口普查区域。[④] 促进公众参与这类社区有助于提高公正水平，确保获得与其他社区同等的资源进行修复和清理。

三、环保组织案例分析

自然资源保护协会诉田纳西州迪克森县案（Natural Resources Defense Council v. Dickson）

---

① See Hallstrom v. Tillamook County, 493 U. S. 20 (1989).

② See CharlesDe Saillan: “The Use of Imminent Hazard Provisions of Environmental Laws to Compel Cleanup at Federal Facilities”, 27 *Stan. Envtl. L. J.* 43, 2008.

③ 参见 EPA 有关环境正义的介绍：https://www. epa. gov/environmentaljustice/learn - about - environmental - justice。

④ See Sangyun Lee: “Environmental Justice Implications of Brownfield Redevelopment in the United States”, *Society and Natural Resources* 25(6):602 - 609, June 2012.

(一)案例背景

涉案领域:地下水污染,环境正义

案件编号:Case No. 08 - cv - 0229 (not reported in F. Supp. 2d)

主审法院:美国联邦田纳西中区地区法院

判 决 日:2011 年 1 月 3 日

相关法律:《资源保护和回收法》,《美国法典》第 42 篇第 § 6972(a)(1)(B)

判决结果:除非原告提出涉及管辖权问题的简易判决申请,法庭不接受其他简易判决申请

关 键 词:清洁水,有毒物质,和解,简易判决

案件综述:迪克森县地下水遭有毒工业化学品(TCE,PCE)污染,控辩双方最终达成和解,保证为当地居民提供清洁饮用水。原告(自然资源保护协会,Beatrice Holt 和 Sheila Holt - Orsted)依据《资源保护和回收法》中规定的公民诉讼条款提起诉讼。Holt 家族成员提起的另外单独民事权利诉讼也达成和解,被告同意为其因接触有三氯乙烯而受到的伤害提供赔偿。

2011 年,自然资源保护协会(NRDC)提起诉讼,认为田纳西州迪克森县及迪克森市应对当地水源受到污染负责。以往数十年间,由于工业化学品三氯乙烯(TCE)不断倾倒至本地垃圾填埋场,水源因此受到污染。三氯乙烯渗入地表污染了地下水,并造成填埋场几英里范围内井水和泉水的水质不能安全饮用。自然资源保护协会依据《资源保护和回收法》提起诉讼,此类诉讼案例以往并不常见。根据《资源保护和回收法》的规定,原告可对"导致或正在导致已发生的或目前……重大的和实质性的对健康或环境的损害"的任何人提起诉讼。①

原告曾接触一些私人代理律师考虑过接受本案,但由于案件的诉讼成本较高且风险较大,最终还是放弃了。自然资源保护协会是唯一有意愿且有能力接手此案的机构,截至案件开庭前,共在本案上花费了 8000 ~ 10000 小时,这要归功于得到外部的私人捐款资助。

原告依据《资源保护和回收法》的公民诉讼条款对田纳西州迪克森县、迪克森市、ALP 照明和顶棚产品公司、美国耐马克公司以及州际包装有限公司提起诉讼。② 原告认为,"位于田纳西州迪克森县的迪克森垃圾填埋场所处理的三氯乙烯(TCE)和四氯乙烯(PCE)等化学物质对人体健康及自然环境造成了重大的和实质性的危害"。③

---

① 《资源保护和恢复法》,42 U.S.C. § 6972(a)(1)(B)。

② 《资源保护和恢复法》,42 U.S.C. § 6972(a)(1)(B)。

③ 参见判例:First Amended Complaint for Declaratory and Injunctive Relief, *Natural Resources Defense Council, Inc., et al. v. Cty of Dickson, Tennessee, etal.*, Case No. 08 - cv - 0229 (M. D. Tenn., Oct. 28, 2009)。

本案与美国全国有色人种协进会(NAACP)提起的民权诉讼案存在关联,这也是案件的一个关键所在。迪克森县居民多数为白人,涉案填埋场只占该县面积很小的一部分,但居住在该区域的人口以非裔美国人为主。这样的差异使本案上升到了捍卫民权的高度,也为自然资源保护协会提供了更强的申诉依据,而不仅局限于环境保护这一个维度。

(二)案例时间轴和关键时点

• 2008 年 3 月 4 日:Beatrice Holt, Sheila Holt Orsted 以及自然资源保护协会提起诉讼。原告于 2009 年 10 月 28 日提交了对起诉书的修订,追加 ALP 照明、美国耐马克以及州际包装为被告。[①]

• 2011 年 1 月 3 日:田纳西地区法院驳回了针对迪克森以及各被告公司的简易判决请求。[②]《资源保护和回收法》规定,如果废物处置导致了"重大的和实质性的危害",可以通过提起"公民诉讼"来加以抵制。[③] 法院裁定,由于在真正重要事实上存在争议,即无法断定是否每一位被告都与污染所导致的危害有关,因此驳回简易判决的请求。

• 2011 年 12 月 9 日:各方在开庭前夕达成和解,和解协议同意设立补救基金,交由专家管理,以确保当地居民能够获得清洁的水源,并加强对三氯乙烯含量的监测。[④]

(三)关键和解条款

和解协议中包括设立一个独立的科学研究小组,以确保居民用水不会受到污染水的威胁,并就如何对居民进行保护对迪克森县提供建议。[⑤] 作为众多维权行动的一部分,本案也为解决该地区种族以及环境不公的问题作出了自己的贡献。由全国有色人种协进会发起的相关民事权利诉讼与《资源保护和回收法》诉讼案几乎同时达成了和解。

2011 年 12 月 9 日,在开庭前不久,各方最终达成和解,法院对于 Beatrice Holt 及 Sheila Holt - Orsted 提出的诉讼出具同意判决书,并达成以下补救措施:[⑥]

---

① 参见判例:First Amended Complaint for Declaratory and Injunctive Relief, *Natural Resources Defense Council, Inc., et al. v. Cty of Dickson, Tennessee, etal.*, Case No. 08 - cv - 0229 (M. D. Tenn., Oct. 28, 2009)。

② 参见判例:*Natural Resources Defense Council, Inc., et al. v. City. Of Dickson, Tennessee, et al.*, Case No. 08 - cv - 0229, 2011 WL 8214 (M. D. Tenn., Jan. 3, 2011)。

③ 《资源保护和恢复法》, 42 U. S. C. § 6972(a)(1)(B)。

④ 基于对 NRDC 的 Selena Kyle 律师的采访,2016 年 4 月 13 日。

⑤ 参见 NRDC 新闻稿,"Natural Resources Defense Council, Tennessee Residents Protected from Toxic Chemical Exposure" (Dec. 8, 2011), https://www.nrdc.org/media/2011/111208。

⑥ Consent Order, Natural Resources Defense Council, Inc., et al v. County of Dickson, Tennessee, et al., Case No. 08 - cv - 0229 (M. D. Tenn., Dec. 9, 2011).

1. 设立补救基金

迪克森县应出资 500 万美元设立救济基金,以降低和/或消除该地区受三氯乙烯和四氯乙烯威胁的风险,并确保上述氯化物溶剂一旦发生迁移将能够及时发现并及时处理。

2. 建立专家小组

和解书中还要求成立一个专家小组,由自然资源保护协会和迪克森县分别任命两名专家组成,负责管理补救基金。专家小组的职责还包括划定一个扩大范围的环境风险区,制定一套地下水和地表水监测方案,并为当地居民普及相关知识。

3. 提供公共水源

和解协议中要求迪克森县确保所有受影响的居民能够使用公共水源。

4. 律师费

和解协议还要求被告向自然资源保护协会支付律师费。

(四)案件要点和启示

1. 公民诉讼

公民诉讼条款是本诉讼案的基础。如果没有《资源保护和回收法》中有关公民诉讼的规定,自然资源保护协会就失去了提起诉讼的依据,只能转而依靠其他法律实现救济。

2. 有说服力的陈述

该案件中的种族歧视因素是个切入点,自然资源保护协会可以此做出有说服力的诉讼陈述。

3. 寻求与律所的合作

该案件的诉讼过程要耗费大量的时间和精力,需要其他合作伙伴施以援手。自然资源保护协会与奥睿律师事务所(Orrick, Herrington & Sutcliffe)展开合作,后者无偿提供了法律服务。

四、结论

美国对土壤污染的防控和治理所采取的主要策略是通过尽快识别和清理最危险的场所,并广泛应用法律和财务责任来引导责任方清理其他污染场所。在法律实施过程中,不断发现问题并及时完善法律和监管框架,促进各州、私营企业和当地社区的合作,使更多主体的参与及合作能更迅速、全面地清理污染场地。尽管超级基金有效地清理了一些场地并使当事方对过去的污染负责,但一些积极甚至严厉的方法也依然存在问题和局限性。面对成千上万的受污染场地,美国在土壤污染治理的问题上依然任重而道远。

美国经验证明,公众参与、公众教育和信息透明有助于确保土壤污染法实施中的一致性和有效性。例如,《综合环境反应、赔偿和责任法》的《污染场地国家优先目录》

使公众可以参与其中,对危险的公共场地及时警示。公开披露污染场地,政府的积极应对为周边群体提供了减少与污染场地的接触和保护身体健康所需的信息。信息的公开传播应始终考虑当地社区,以及何为最有效的方法。作为一种保障措施,公众参与还能够确保所有地区从超级基金中受益,所有污染者都应担起责任。

公民诉讼使社区团体和个人都在环境保护中发挥积极作用,政府和私营部门各司其职,而保持整个流程的透明度对于确保社区和组织获取信息并有能力参与其中至关重要。

2016 年《环境公益诉讼简报》目录

自然之友《环境公益诉讼简报》自 2014 年 12 月开始,到 2016 年 12 月 31 日止,共 25 期。以下为 2016 年《环境公益诉讼简报》目录,见 https://MV. lingxi360. com/m/h9l2kh。

2016 年 1 月

2016 年 2 月

【民间行动】

1. 腾格里沙漠污染公益诉讼 8 案件全部立案
2. 自然之友山东大气污染公益诉讼调解

【资讯与评论】

1. 腾格里沙漠污染案 8 起案件作出有罪判决
2. 环保部印发《环境损害鉴定评估推荐机构名录(第二批)》
3. 最高法发布审理检察院提起公益诉讼试点工作实施办法
4. 2015 年推动法治进程十大案件评选揭晓
5. 2015 年十大公益诉讼公布,5 起环境公益诉讼入选
6. 山东:探索环保禁止令
7. 东方评论:递状纸都要惊动最高法,公益诉讼难在哪

【理论探索】

1. 加快建立生态环境损害赔偿制度体系
2. 论我国环境行政诉讼"理想图景"的法律建构

2016 年 3 月

【民间行动】

1. 自然之友诉泰州 3 家企业倾倒废酸一审开庭
2. 即将开庭——南岭国家级自然保护区核心区内非法建路公益诉讼
3. 开庭:绿发会电镀违法排污公益诉讼案
4. 又立案啦:绿发会济南章丘危废公益诉讼获立案
5. 又立案啦:秦皇岛中院受理绿会大气污染公益诉讼
6. 法院立案受理保护长江的环境公益诉讼
7. 公益诉讼案件新进展
8. 2015 年环境公益诉讼观察报告预发布

【资讯与评论】

1. 福建南平案写入最高法工作报告典型案件
2. 全国首例行政公益诉讼环保部门败诉,贵州锦屏环保局局长被免
3. 最高法发布环境保护行政案件十大案例(第二批)
4. 2015 年 9 家社会组织成为环境公益诉讼原告

2016 年 4 月

【民间行动】

1. 自然之友、中国绿发会对常州“毒地”案件提起公益诉讼
2. 山东东营大气污染公益诉讼调解协议公告
3. 环保组织提交关于《环评公众参与办法》的建议
4. 绿会保护长江公益诉讼第一案获立案
5. 中国绿发会为护古树提环境公益诉讼
6. 中华环保联合会与陈亮山等环境污染责任纠纷案获受理

【资讯与评论】

1. 全国检察院已提起 15 件公益诉讼
2. 环保部:将启动全国土壤污染状况详查
3. 法律空白 环境赔偿金成僵尸资金?
4. 检察日报:排污企业修复“毒地”之责应写入法律
5. 地方环保 NGO 及律师环境公益诉讼能力建设一期培训开班

2016 年 5 月

【民间行动】

1. 立案:常外“毒地”污染环境公益诉讼立案
2. 结案:湖南环境公益诉讼首案和解
3. 受理:北京四中院受理大气污染公益诉讼
4. 立法建议:自然之友建议野保法增加公益诉讼条款
5. 支持起诉:检察机关支持跨三省水污染公益诉讼
6. 执行:全国首例畜牧养殖水污染案执行
7. 和解:绿发会与公益诉讼被告达成和解

【资讯与评论】

1. 湖北检察机关提起的首例行政公益诉讼胜诉
2. “土十条”:国务院印发《土壤污染防治行动计划》
3. 公益诉讼试点地区已履行诉前程序案件 689 件
4. 检察机关对宝鸡市环保局凤翔分局提起公益诉讼
5. 司法创新:环境公益诉讼判决“劳役代偿”

【理论探索】

1. 新《环境保护法》实施评估报告发布
2. 吕忠梅:长江立法到了历史最好机遇期

2016 年 6 月

【民间行动】

1. 立案:自然之友诉现代汽车尾气超标公益诉讼立案
2. 起诉:绿发会就“毒跑道”事件提起公益诉讼
3. 开庭:中环联诉德州晶华大气污染公益诉讼开庭
4. 法院公告:大连中院受理大气污染公益诉讼案
5. 能力培养:环境公益诉讼司法实务

【资讯与评论】

1. 首例检察机关公益诉讼案胜诉
2. 云南设环境公益诉讼赔偿金使用招投标制度
3. 盐城检察机关提起公益诉讼
4. 江苏设立县级生态修复基地

【理论探索】

1. 探究创新环境侵权救济机制
2. 广东高院发布生态文明建设白皮书
3. 专家热议《水污染防治法》

2016 年 7 月

【民间行动】

1. 一审宣判:全国首例大气污染环境公益诉讼案
2. 立案:“毒跑道”环境公益诉讼立案
3. 生活垃圾焚烧厂信息公开与污染物排放报告

【资讯与评论】

1. 全国 13 个试点检察机关已提起 30 件公益诉讼
2. 福建检察机关提起民事公益诉讼

【理论探索】

1. 最高法发布《中国环境资源审判》(白皮书)
2. 环境司法理性不能止于“天价”赔偿:泰州环境公益诉讼案评析

2016 年 8 月

【民间行动】
1. 自然之友提三起大气污染公益诉讼
2. 河南社会组织提起跨省含汞危废公益诉讼
3. 自然之友诉中电投山西铝业环境公益诉讼立案
4. 绿发会诉国网能源哈密煤电生态破坏案获立案
5. 自然之友发布环境公益诉讼民间行动观察报告
【资讯与评论】
1. 江苏 1.6 亿天价环保公益诉讼案执行到位
2. 粤东地区首例检察机关提起民事公益诉讼案开庭
3. 环保部委托社会机构开展典型公益诉讼
【理论探索】
1.《海洋环境保护法修正案(草案)》提请审议
2. 国家能源局公布 2015 年全国可再生能源发展情况

2016 年 9 月

【民间行动】
1. 自然之友诉中石油吉林石化大气污染责任获立案
2. 中环联诉汉中环境污染公益诉讼案立案
3. 绿发会腾格里沙漠污染公益诉讼案入选最高院公报
4. 盐城检察院提起的环境民事公益诉讼案撤诉
【资讯与评论】
1. 各地检察机关参与环境公益诉讼
2. 四川省成立川南首家环境资源审判庭
3. 中国庭审公开网正式开通
【理论探索】
1. 学者呼吁将“生物多样性”加入新《森林法》
2. 自然之友关于《海洋环境保护法修正案(草案)》的修改建议

2016 年 10 月

【公益诉讼动态】

1. 中环联诉苏州环境污染责任纠纷公益诉讼案胜诉

2. 中环联诉苏州另一环境公益诉讼立案

3. 淮南首例环境公益诉讼案将开庭

4. 绿发会诉宜化公益诉讼案变更诉讼请求

5. 自然之友、绿发会回应南京检方征集公益诉讼原告

【检察机关环境公益诉讼动态】

1. 山东聊城市检察院 10 月 9 日对一起非法处置废酸污染环境案提起民事公益诉讼

2. 陕西三原县检察院 10 月 12 日对三原县大程镇政府不依法履行职责案提起行政公益诉讼

3. 广州市人民检察院提起第一起民事公益诉讼案件,索赔金额达 1050 万元

4. 江苏盐城检察院 10 月 18 日决定支持盐城中级法院受理的绿发会环境公益诉讼案

5. 贵州铜仁市碧江区检察院 10 月 25 日对铜仁市国土资源局提起行政公益诉讼

6. 广东清远市清新区检察院对清新区浸潭镇政府提起行政公益诉讼

7. 安徽阜南县检察院诉阜南县住房和城乡建设局违法行使职权行政公益诉讼案胜诉

【环境法治资讯】

1. 东川首个“环境公益诉讼林”落成

2. 环保部审议通过《水污染防治法(修订草案)》

3. 最高检就全国公益诉讼改革试点情况进行介绍

【理论探索】

1. 巩固:2015 年中国环境民事公益诉讼的实证分析

2. 吕忠梅、王国飞:中国碳排放市场司法问题研究

3. 自然之友:《森林法》修订,请听听我们的声音

2016 年 11 月

【社会组织环境公益诉讼动态】

1. 自然之友诉中石油吉林石化大气污染案一审开庭

2. 河南社会组织跨省环境公益诉讼开庭
3. 杭州中院受理绿发会诉淘宝网案
4. 大连中院受理不可移动文物案
5. 自然之友诉中石油吉林油田立案

【检察机关环境公益诉讼动态】
1. 行政公益诉讼
2. 民事公益诉讼

【环境法治资讯】
1. 青海省高院成立环境资源审判庭
2. “毒地治理”,将设立基金制度
3. 贵州率先出台生态环境损害赔偿制度改革方案
4. 环保部就污染地块等问题征求意见
5. 排污许可证制度方案出台:一企一证不得无证排污

【交流研讨 & 能力培养】

11 月 5 日,由福州大学、福建省科学技术协会、中国环境科学学会环境法分会联合主办,福州大学法学院、自然之友、福建省绿家园环境友好中心承办的第二届生态环境共治会议在福建福州举行。研讨会就环境公益诉讼的实践问题、公众环境社会治理参与、环境保护生态修复共治对策讨论主题展开研讨交流。

【理论探索】
1. 王曦:论环境公益诉讼制度的立法顺序
2.《巴黎协定》生效的法律要求和法律意义
3. 秦天宝:中国环境侵权案件审理机制的新发展

2016 年 12 月

【社会组织环境公益诉讼动态】
1. 自然之友和绿发会诉常州土地污染第一起诉讼开庭
2. 河南跨省固废污染环境公益诉讼宣判
3. 中国首例古树名木保护环境公益诉讼开庭
4. 绿发会诉盐城排放危险废物案开庭
5. 自然之友和绿发会诉常州土地修复污染案立案
6. 云南怒江傈僳族自治州第一起环境公益诉讼案立案
7. 北海中院受理绿发会诉广西环境污染案
8. 湖南“绿色潇湘”诉生态破坏案立案

9. 绿发会诉淘宝网“年检神器”案进展

10. 中环联加入成为中石油吉林油田案共同原告

11. 绿发会诉河南不可移动文物案与被告达成和解协议

【检察机关环境公益诉讼动态】

1. 行政公益诉讼

2. 民事公益诉讼

【环境法治资讯】

1. 国务院发布“十三五”生态环境保护规划

2. 两高最新发布环境污染刑事案件司法解释

3. 我国首部环境保护税法将于 2018 年施行

4. 天津 5 渔民诉康菲漏油案开庭:要求恢复污染前生态

5. 泰州养猪场埋“毒”案提起公诉　涉案企业赔 1.9 亿元

6. 上海垃圾跨省倾倒案 4 名被告获刑

【理论探索】

1. 秦前红:检察机关参与公益诉讼的问题与出路

2. 常纪文:《大气污染防治法》修订的综合评析

自然之友环境公益诉讼简报合集二维码:

2016 年提起环境公益诉讼新增社会组织简介

1. 广东省环境保护基金会

广东省环境保护基金会是经广东省人民政府同意,对全省环境保护公益事业给予资助的公募性基金会。基金会业务主管单位是广东省环境保护厅,登记管理机关是广东省民政厅。2003 年 2 月 26 日正式成立,目前是广东省成立最早也是唯一的省级公募性环保基金会。

2. 绍兴市生态文明促进会

绍兴市生态文明促进会是绍兴市环保局设立的社会组织，其理事长即现任环保局局长。其业务范围是开展生态文明和环境科学学术交流，普及环保科学技术，开展环保协作，提高全民生态环保意识。

3. 河南省企业社会责任促进中心

河南省企业社会责任促进中心成立于2010年12月，是经河南省民政厅批准、由河南省工商业联合会领导的促进企业积极履行社会责任的非营利性服务机构，旨在推动企业履行对消费者、员工、商业伙伴、社区、环境资源等社会责任，并开展相关理论研究、社会宣传、公益活动，促进经济社会健康、可持续发展。

4. 河南省环保联合会

河南省环保联合会是经省政府同意，民政厅注册，省环保局主管，由热心环保事业的人士、企业、事业单位自愿结成的、非营利性的、全省性的社会组织。

5. 镇江市环境科学学会

镇江市环境科学学会为社会团体，位于江苏省镇江市，主要提供理论研究，学术交流，业务培训，咨询服务等。

6. 重庆两江志愿服务发展中心

重庆两江志愿服务发展中心成立于2010年2月，并于2011年8月正式在重庆市民政局登记注册。使命：推动公众参与、削减环境污染；人人享有环境知情、参与和监督的权利。

7. 中华环境保护基金会

中华环境保护基金会（CHINA ENVIRONMENTAL PROTECTION FOUNDATION，CEPF）成立于1993年4月，是中国第一个专门从事环境保护事业的基金会，是具有独立法人资格、非营利性的社团组织。

8. 安徽省环保联合会

安徽省环保联合会成立于2006年7月22日，是经安徽省人民政府批准，安徽省民政厅注册，安徽省环境保护局主管，由各界热心于环境保护事业人士、企事业单位和其他社会组织自愿结成的、非营利性的、全省性社会组织，具有社团法人资格。

9. 长沙绿色潇湘环保科普中心

长沙绿色潇湘环保科普中心是湖南民间环保公益组织，成立于2007年，2011年正式在民政部门注册。长沙绿色潇湘环保科普中心的使命是致力于湖南省生态环境保护，提倡可持续的生活方式。目前主要开展"河流守望者"行动网络、环保公众参与活动、环境法律与政策倡导、绿行家公益徒步活动等项目。2013年带领的湘江守望者群体获全国普法办、司法部和中央电视台联合颁发的"CCTV2013年度法治人物"称号。

10. 江苏省环保联合会

江苏省环保联合会是由江苏省民政厅批准注册、江苏省环境保护厅主管、会员代表范围最广的省级环保社团组织。2009 年成立。江苏环保联合会充分发挥政府与社会之间的桥梁和纽带作用,秉承为会员服务、为社会服务的理念,积极联合环境保护有识之士,组织协调各类社会团体和民间组织,大力开展宣传教育、社会监督、环境维权、环保培训、国际合作等方面工作,组织各类环保公益活动,得到社会各界的广泛好评,为江苏环境保护事业作出了积极贡献。

图书在版编目(CIP)数据

环境公益诉讼观察报告. 2016年卷 / 李楯主编. --
北京：法律出版社，2018
ISBN 978-7-5197-2733-8

Ⅰ. ①环… Ⅱ. ①李… Ⅲ. ①环境保护法-行政诉讼
-研究报告-中国 Ⅳ. ①D925.304

中国版本图书馆CIP数据核字(2018)第221866号

环境公益诉讼观察报告(2016年卷)
HUANJING GONGYI SUSONG GUANCHA BAOGAO
(2016 NIAN JUAN)

李 楯 主编

策划编辑 李天一
责任编辑 李天一
装帧设计 乔智炜

出版 法律出版社
总发行 中国法律图书有限公司
经销 新华书店
印刷 固安华明印业有限公司
责任校对 杨锦华
责任印制 张建伟

编辑统筹 独立项目策划部
开本 710毫米×1000毫米 1/16
印张 27.5
字数 480千
版本 2018年10月第1版
印次 2018年10月第1次印刷

法律出版社/北京市丰台区莲花池西里7号(100073)
网址/www.lawpress.com.cn
投稿邮箱/info@lawpress.com.cn
举报维权邮箱/jbwq@lawpress.com.cn
销售热线/010-63939792
咨询电话/010-63939796

中国法律图书有限公司/北京市丰台区莲花池西里7号(100073)
全国各地中法图分、子公司销售电话：
统一销售客服/400-660-6393
第一法律书店/010-63939781/9782
西安分公司/029-85330678
重庆分公司/023-67453036
上海分公司/021-62071639/1636
深圳分公司/0755-83072995

书号:ISBN 978-7-5197-2733-8
定价:130.00元
(如有缺页或倒装,中国法律图书有限公司负责退换)